中国旅游业普通高等教育应用型规划教材

会展场馆经营与管理

主　编　张　兵
副主编　王　婧　谭庆莉

中国旅游出版社

前　言

现代会展业经过几百年的发展，特别是经历了20世纪80年代以来的高速增长后，正日益成为全球信息交流、技术进步和文化发展的重要载体，成为与通信、交通运输、城市建设、旅游等产业关联度极高的综合性服务贸易行业。会展经济的发展是第三产业成熟化和完善化的标志之一，是现代城市发展、地区经济发展的助推器，有着多方面的积极作用。目前，全球每年国际性会展开销总额达2800多亿美元，经济效益相当可观。据不完全统计，我国近十年来通过会展实现外贸出口成交额340多亿美元，国内贸易成交额120多亿元人民币。

会展场馆是指从事会议展览活动的主体建筑和辅助功能附属建筑组成的大型建筑综合体，以及相配套的设施和设备，由专业人员对会展场馆与设施设备进行有效的管理并提供优质的服务，是保证会议展览活动正常进行的基本条件，也是会展业发展的重要基础。

随着我国会展业的快速发展，各地新建会展场馆不断出现。现代化的会展场馆通常投资额巨大，其精美的外观、独特的造型、全面的功能，使其不仅成为功能性的大型公众建筑，也成为城市的地方标志性建筑。但随之而来的是要管好、用好会展场馆；对会展场馆从投资建设到经营运作、保值增值过程进行全面的管理，实现良好的经济效益和社会效益，因此会展场馆的经营与管理成为会展场馆经营管理者面临的首要问题和任务。

然而，由于我国的会展教育起步较晚，会展场馆经营与管理相关的系统理论十分欠缺。无论是高等院校会展专业的学生、还是会展场馆经营管理人员和与会展行业相关的从业人员，都渴望获得对会展场馆经营与管理实践具有指导作用的教材及参考书，考虑这些现实因素，我们针对会展管理专业的特点，在充分借鉴、吸纳前人和同行已有成果的基础上，编写了这本教材。

在教材的编写过程中，我们始终坚持以下几个原则：一是在内容安排上从会展管理专业的培养目标出发，紧密结合教学要求，强调教材的理论性和实用性；二是理论与实践相结合，通过大量的课堂练习和案例加强学生对理论知识的理解；三是强调教材的可读性，为此我们收集了国内外近年来优秀的有关会展场馆经营与管理的相关文献资料，穿插在相关章节中，加深学生对理论知识的理解；本教材既注重对会展场馆经营和管理基础理论的阐述，又比较全面地介绍了相关的会展场馆经营与管理技术和方法，适合于会展管理专业的在校学生；同时对缺乏基础理论知识，又对会展场馆经营与管理感兴趣的人士也具有较强的借鉴价值。

本书由云南财经大学旅游与酒店管理学院张兵担任主编，谭庆莉、王婧担任副主编。具体分工如下：张兵编写第1、7、8章全部和第3、5章的部分内容，并负责全书总纂定稿；王婧编写第2、6、9章；谭庆莉编写第4、10章；董少华编写第3、5章；张春生编写第11、12章；云南财经大学会展14—1班的锁洁、范婷、覃武辑，中华会管15—1、2、3、4班的朱梓兮、李一恒、罗琳容、刘胜杰等同学也为案例、资料的编辑做了大量工作。在此表示感谢！

本书在编写过程中，参阅并借鉴了国内外专家、学者的相关著作。谨向所有相关作者及单位表示诚挚的谢意！中国旅游出版社的段向民编辑在本书课程理念定位、教材设计等方面做了大量工作。我们对他们付出的辛勤劳动，表示衷心的感谢！

由于编者水平有限，难免有不妥之处，敬请读者不吝赐教。

张兵

2017年11月于云南财经大学康园

目 录

第一章

会展场馆经营与管理概述

【本章导读】

会展场馆是一个城市举办会展活动的最基础设施，是城市会展业发展的基本条件，也是城市经济发展的重要载体和标志性地标建筑。没有好的会展场馆，也难以有好的会展活动和会展业。本章从会展场馆经营与管理入手，分别介绍了会展场馆和会展场馆管理的概述、会展场馆的运营、会展场馆经营管理发展。

【学习目标】

1. 明确会展场馆的概念与内涵、分类和作用；
2. 了解、掌握会展场馆管理的概念与内涵、目标、理念和方法；
3. 了解、掌握会展场馆的运营模式、运营现状；
4. 了解会展场馆经营管理的发展。

【导入案例】

昆明滇池国际会展中心

昆明滇池国际会展中心位于昆明市官渡区福保半岛滇池之滨，是第三届中国南亚博览会暨第二十三届昆明进出口商品交易会（昆交会）的会场。纵贯南北2600米，横跨东西1000米，是云南省集展会、酒店、商业、休闲于一体的重大标志性工程，占地面积540万平方米，位列全国第三，西南地区第一。一期展馆及配套建筑面积约117万平方米，室内展厅23个，可提供30万平方米室内展览面积、10万平方米室外展览面积、10万平方米会议、宴会、洽谈及相关服务设施，地下固定停车位8000个。

此外，还配备22套弱电智能化系统，展馆内设置了视频监控、广播、无线网络、多媒体广告发布系统以及自助查询系统等。

项目分为国际博览区、国际会议区、会展风情旅游区、会展配套生态社区四大功能区，地上总建筑面积约404.8万平方米，地下建筑面积约103.8万平方米，总投资约344.62亿元，其中：土地及基础设施投资约20亿元，建筑工程投资约287.62亿元，建设期利息约37亿元。昆明滇池国际会展中心定位为国际会展、国际会议、旅游服务、商业文化娱乐等功能为一体的大型城市综合性公共建设项目，且云南省政府要求国际博览区部分2014年6月昆交会正式投入使用，该部分投资约59.31亿元。

昆明滇池国际会展中心将按照“国内一流、国际领先”的目标定位，以打造“世纪精品、传世之作”为宗旨，建成以会展为核心，集会议展览、文化体验、休闲娱乐、商贸商业于一体的低碳、生态、环保、多功能型国际会展中心。让建筑更具有标志性、独特性和唯一性。充分体现时代特征、专业特色和云南特点。使昆明滇池国际会展中心既是云南的，也是世界的；既属于当代，也属于未来。

昆明滇池国际会展中心项目由云南新世纪滇池国际文化旅游会展投资有限公司投资，中建钢构有限公司负责屋盖及外网格钢结构深化设计、制造、安装。该屋盖钢结构为国内罕见变截面薄壁异型弯扭全焊接空间结构，其结构新颖、复杂，外弧网格均为空间三维弯扭箱型构件，每根构件的弯扭角度、方向均无相同之处。

昆明滇池国际会展中心所在地昆明处于中国—东盟自由贸易区和泛珠江经济合作区域两个国际、国内经济圈的有利接合部。现代新昆明建设核心区为“一湖四片”，城市发展中心和重心向东推移，昆明经济技术开发区正好处于主城、呈贡新城、昆明国际机场和规划中的新机场的几何中心位置，是连接主城与新城的产业连接带，区位优势明显。

昆明滇池国际会展中心距离原昆明国际机场（巫家坝机场）仅4公里，距离昆明长水国际机场15公里。位于昆明市公路交通枢纽位置，昆石（至石林）、昆玉（至玉溪）、贵昆路（至贵阳）、昆洛路等高速路及国道穿区而过，是连接滇西、滇东、滇南以及省外和国外的重要交通枢纽位置。

昆明滇池国际会展中心距昆明东部铁路货运站5公里（昆明铁路货运中心）；距王家营铁路货运站和正在规划建设中的呈贡王家营国际物流中心5公里。

昆明滇池国际会展中心云南省湄公河水运已具备开航条件，货物可通过水路运到东盟五国。为沿岸地区输出当地产品和输入外地商品的交通动脉，起着产品集散地的作用。

昆明滇池国际会展中心根据经济学500公里经济圈理论，所处地域的覆盖范围不但有云南、四川、贵州、广西、湖南，同时还包含了越南、泰国、老挝、缅甸、柬埔寨。扩大了企业的发展空间、采购及销售范围。

图 1-1　俯瞰图

图片来源：第一展会网2015-1-15

仅展馆建筑面积达 117 万平方米，整个展馆及配套设施不仅国内一流，在整个亚洲也首屈一指。

之所以用恢宏大气来形容昆明滇池国际会展中心，是因为她从孕育之时就具备了“国内一流，国际领先”的基因，“省委、省政府决定要建滇池国际会展中心之时，目标定位就很明确：国内一流、国际领先、世纪精品、传世之作”。滇池国际会展中心工程建设指挥部指挥长、云南城投集团副总裁蔡嘉明如是说。滇池国际会展中心图如图 1-1，图 1-2，图 1-3 所示。

图 1-2　模型图

图片来源：第一展会网2015-4-2

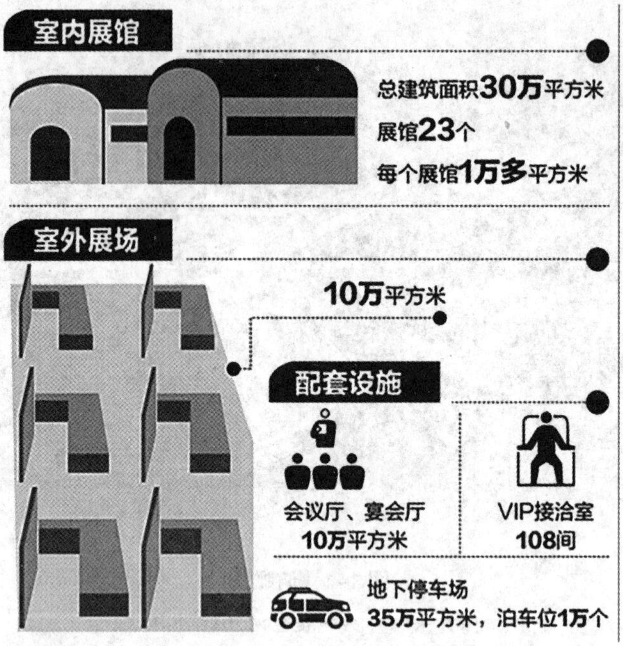

图 1–3　投入使用

图片来源：云南日报　美编　张维麟　制图

一切都按照既定目标建设而成。昆明滇池国际会展中心共有展馆 23 个，其中无柱展馆 13 个、有柱展馆 10 个，每一个室内展馆面积均超过 1 万平方米，整个室内展馆面积达 30 万平方米，能提供 1.2 万个标准展位，仅室内展馆面积就可以让昆明滇池国际会展中心进入国内展览行业的第一方阵。"我们还有 10 万平方米的室外展场。"蔡嘉明说，昆明滇池国际会展中心跻身"国内一流、国际领先"水准的还有直接为展会服务的 10 万平方米会议、宴会设施，为展会配套了 108 间 VIP 接洽室，另外还将建设 20 万平方米的配套商业以及能满足 1 万辆车泊车需求的 35 万平方米的地下停车场，"仅展馆建筑面积达 117 万平方米，整个展馆及配套设施综合在一起，在整个亚洲都是首屈一指的"。

据了解，今年南博会开幕式场地 7 号馆及 6 号馆和 8 号馆是重点打造的精品展厅，主要用于承接政务、商务接待，大型展会的开（闭）幕式，新闻发布，大型宴会，精品展，文艺展，科技展等多规格的展会活动。而所配套的 45 个大中小型会议室，以及 1620 平方米的多功能展厅和 12 个各型宴会厅，将配备国际化多功能会议系统，可为不同类型的会议、活动提供优质硬件设备和精细化服务。

要做"国内一流、国际领先"，昆明滇池国际会展中心凭的不只是展览规模，更重要的是一流的配套设施。据了解，在未来几年，滇池国际会展中心还将建设 50 万平方米的旅游小镇，这将作为会展综合体的高端商业配套；60 万平方米的主题公园及西南最大的酒店集群，"五星级酒店房间约在 1500 间，客栈还可以提供约 5000 个房间的接待"。蔡嘉明告诉记者，为了提升展会服务质量，云南城投集团专门成立了展馆运营公司，分批次派遣展会服务管理人员到知名的展会服务公司培训，前后派出学习培训的会展服务管理人员就接近 400 人。

对外，将直接发挥与南亚东南亚地区经贸和文化的交流作用；对内，将推动云南更快融入长三角经济圈、珠三角经济圈和成渝经济区，强化云南与环渤海经济圈的联系。

昆明滇池国际会展中心担负着提升云南乃至西南地区对外开放水平的重要使命，因此，云南省委、省政府将昆明滇池国际会展中心定位为中国面向南亚东南亚、通向印度洋大市场最重要的国际商务平台。云南对昆明滇池国际会展中心的定位与国家倡议高度切合，国家发改委、外交部、商务部联合发布的《推动共建丝绸之路经济带和21世纪海上丝绸之路的愿景与行动》明确要继续发挥中国—南亚博览会在“一带一路”中的建设性作用，而昆明滇池国际会展中心则是中国—南亚博览会的永久性会址。

摊开地图不难看到，云南往东几百公里就是太平洋，往西跨过缅甸几百公里就是印度洋，背靠东亚，连接南亚和东南亚，处于第三欧亚大陆桥的枢纽位置……在“一带一路”、沿边开放等的带动下，云南独有的区位优势迅速释放。“昆明滇池国际会展中心的建成使用将有效提升云南省乃至中国西南地区对外开放水平和昆明城市国际化进程。”中国会展经济研究会会长袁再青认为，对外，昆明滇池国际会展中心将直接发挥与南亚、东南亚地区经贸和文化的交流作用，这种作用甚至可以扩展到更广的范围；对内，昆明滇池国际会展中心将依托长江经济带建设、泛珠三角合作，推动云南更快融入长三角经济圈、珠三角经济圈和成渝经济区，强化云南与环渤海经济圈的联系。“我们可以借助昆明滇池国际会展中心这个大平台，以云南为中转站，加速与东南亚南亚地区的经贸交流。”四川省商务厅一位负责人如是说。

“昆明在办会展方面有天然的优势，但需要良好的会展基础设施支撑。”云南贸促会负责人说，对于正在谋求会展经济强市的昆明而言，昆明滇池国际会展中心使其会展基础设施得到质的提升，同时将有效提升昆明城市的国际化进程。事实上，昆明市已经具备了一定的会展经济基础，全市拥有四星级以上可供举办一定规模会议的酒店和专业会议中心近50家。更为重要的是，昆明长水国际机场已经开通了国际国内航线300多条，而云南正在形成“七出省、四出境”的公路运输体系和“八入滇、四出境”铁路运输体系。这些都将为昆明加快发展现代会展经济提供必要的支撑。

资料来源：根据百度网、新浪网、云南信息网网上信息搜集、整理而成。

第一节　会展场馆概述

一、会展场馆的概念与内涵

（一）会展场馆的概念

会展场馆是指进行会议、展览及节事活动的主体建筑和附属建筑，以及相配套的设施设备和服务，它由硬件和软件两部分组成。由专业人员对会展场馆与设备设施进行管理，是保证会展活动正常进行的基本条件，也是会展业发展的重要依托，其国际化、智能化、标准化、特色化、专业化的程度是会展业发展水平的重要衡量标准之一。

会展场馆主要指会议和展览功能兼备的会展中心，而单独具备会议或展览功能，以及以其他功能为主（如体育馆、科技馆、博物馆、纪念馆、文化宫、青少年宫、剧场、艺术中心、美术馆、童乐厅等）同时兼备会议、展览功能的场馆都可以参照。

（二）会展场馆的内涵

它是一个建筑物或者由多个建筑物组成的接待设施。

必须能够提供会议或展览设施，也能够提供其他相关的服务设施。

其服务对象范围包括会议主办方、与会者、参展商、参展观众以及其他活动的发起者与参与者，等等。

它是商业性质的，所以使用者要支付一定的费用。

二、会展场馆的分类

会展场馆根据不同的分类标准，可分为多种类型。

（一）按照会展场馆的主要用途划分

1. 博物馆

博物馆是指对有关历史、自然、文化、艺术、科学、技术的实物、资料、标本等进行收集、保管、研究、分类并陈列其中一部分，为公众提供知识、教育和欣赏的文化教育机构、建筑物、地点或者社会公共机构。比如杭州除了有西湖等旅游名胜之外，还有位于龙井的中国茶叶博物馆、与北京同仁堂齐名的胡庆余堂中药博物馆、展示丝绸发展史的中国丝绸博物馆、南宋官窑博物馆等。

2. 展览馆

展览馆有两种含义，一种是指展览专用建筑物；还有一种是指从事展览业务的，具有法人资格的事业或企业单位。展览馆还可以进一步分类：一类展馆，举办国际性大型展览的，展出净面积为5000平方米以上的，展览、展销金银珠宝饰品、钻石、字画、钟表等特殊物品和三级以上文物（参照国务院、文化部的相关规定）；二类展馆，凡不符合一类展馆条件的展馆，均为二类展馆。

3. 美术馆

美术馆是指以陈列展出美术工艺品为主，主要收集有关工艺、美术藏品，进行版面陈列和工艺美术陈列等的建筑物，有些也设立美术创作室。

4. 纪念馆

纪念馆是指为纪念具有历史意义的事迹或人物而建造的建筑物。例如，上海的鲁迅纪念馆、江西吉安县文天祥纪念馆等。

5. 陈列馆

陈列馆是指一般为了单纯的陈列展出，或设于建筑的一角，或成为独立的建筑，其中多陈列实物以供人们参观学习。陈列馆中的陈列技术如下：

（1）陈列区位。包括：地面（地台）陈列、拴面陈列、壁面陈列、架上陈列、空间陈列。

（2）陈列形态。包括：吊挂陈列、置放陈列、壁贴陈列、互动陈列。

（3）陈列视区。包括：商位陈列、低位陈列、浅位陈列、深位陈列。

（4）陈列品组合。包括：专题陈列、系列陈列、关联陈列、季节陈列、节庆陈列。

6. 会议中心

会议中心主要是指为各种会议活动提供专门场地、设施设备和服务的场所。一般以承办接待国际国内会议及展览活动等其他大型活动为主要经营项目。一般来说，会议中心具有最新的视听和通信技术装备，能够提供专业的会议视听服务，还配套提供餐饮、商务、信息咨询、票务、旅游等服务及视听、办公等设施设备的出租服务。会议中心的场地和设施应符合实用性，与公共装置、绿化、步行道、停车场等构成一个有机的整体。会议中心的室内、温度、湿度、柔光、音响、交通等应符合以人为本的需要。

在美国，会议中心（conference center）专指带会议室、住宿，但不带专门展厅的建筑物。构成"专业会议中心"至少需要以下几个条件：一是具有满足中型（300~500 人）以上会议基本需求的类型齐全的会议室，而且这些会议是在空间上相对比较集中；二是会议室的专业性较强，如具备专业视听设备等；三是具备餐饮及住宿功能。此外，从发展趋势分析，未来会议中心需要具备一定的展览功能以及丰富的休闲、娱乐、餐饮、购物、健身、文化等配套设施，从而成为真正意义上的"会议综合体"（综合体——all-in-one）。"专业会议中心"的综合配套水平是决定其竞争力高低的重要因素之一，而缺乏酒店等配套设施的"专业会议中心"竞争力将会大打折扣。

7. 展览中心

展览中心是指固定场馆来展示陈列和举办一些定期、不定期的临时性展览会、博览会的场所。展会主办者为了一定的目的，提出一定的主题，按照主题要求选择相应的展品，在展厅里或其他场所，运用恰当的艺术手法，在一定的材料和设备上展示出来，以进行宣传、教育或交流交易。具有认识、教育、审美、娱乐等作用，又有传递信息、沟通产销、指导消费、促进生产等方面的功能。

根据美国 tradeshow week 统计，美国会展中心的会议空间与展览空间之比平均为 25∶100。我国建成的"会展中心"实际上绝大多数是"展览中心"，会议功能薄弱，以会议、展览功能为主，再辅之以其他相关功能，这类设施就成为"会展综合体"。

8. 体育场

体育场是指为开展群众性体育活动而设置的用于体育活动教学、训练和竞赛的公共体育场所，有单项的，也有综合性的，体育场设有专职或兼职的技术指导和管理人员负责日常工作。

9. 体育馆

这是室内体育运动场所的统称。大规模的体育馆包括篮球、排球、乒乓球、羽毛球等比赛馆和练习馆。

10. 文化广场

文化广场是指面积广阔的文化场地和场所。

11. 文化馆

文化馆是国家设立在县（自治县）、旗（自治旗）、市辖区的文化事业机构，隶属于当地政府，是开展社会主义宣传教育、组织辅导群众艺术（娱乐）等活动的综合性文化部门和活动场所。文化馆的展览用房占总使用面积的10%，由展室、展廊等展览空间及储藏间组成。

12. 城市规划展示馆

城市规划展示馆是供人们进行传授、学习或增进知识等活动的公共建筑。它要求有幽静的环境、必要的设备、适宜的空间和充足的光线等。如上海城市规划展示馆，建筑面积2万平方米，主体结构高43米，地上5层，地下2层。

13. 剧院

剧院是指用于戏剧或其他表演艺术的演出场所。

14. 剧场

剧场是指供演出戏剧、歌剧、曲艺等的演出场所。

（二）按照会展场馆规模大小划分

可以划分为大型会展场馆、中型会展场馆、小型会展场馆和临时会展场馆。

大型会展场馆是指会展场馆规模庞大，一般举办大型的国际性会议和综合性的展览活动，如广州国际会展中心、上海国际展览中心等。

中型会展场馆是指会展场馆规模较大，一般举办区域性的国际会议，大中型的行业会议和行业性的展览活动，如西安国际会展中心、昆明国际会展中心等。

小型会展场馆是指会展场馆规模较小，一般举办地区性的会议和地区性、专业性的贸易展览活动，如广州锦江展览中心、广州百越展览中心等。

临时会展场馆是指不是专门用于会展的临时性会展场所，一般不会经常性举办会展活动，如广东国际大酒店等各种大型物业的展览馆。

（三）按照会展内容不同划分

可以划分为综合型、展览型、博览型、会议型会展场馆。

综合型会展场馆是指可同时和分别举办会议和展览活动的场所，如上海国际会展中心、大连星海会展中心等。

展览型会展场馆一般举办各类产品和信息的展览活动，一般不举办交流会议，如广东现代国际展览中心（东莞）、上海国际展览中心等。

博览会展场馆是指举办各种画展、花卉展、艺术品展、文物展等博览性活动的场所，如上海新国际博览中心、广州花卉博览园等。

会议型会展场馆是主要举办国际会议、行业会议等大型会议的场所，如北京国际会议中心、博鳌亚洲论坛中心等。

（四）按照会展场馆性质不同划分

可以划分为项目型、单纯型和综合型会展场馆。

项目型会展场馆是指不是专门用于会展，只是偶尔举办会展的场所，如白天鹅宾馆展示厅、广东国际大酒店展览馆等。

单纯型会展场馆是指专门用于某种产品展览、某个行业展示和某种会议举行的活动场所，如广州花卉博览园、中国农业展览馆等。

综合型会展场馆是指可以举办各种商贸展览和交流会议的活动场所，如上海光大会展中心、武汉国际会展中心等。

（五）按会展场馆功能划分

近代会展场馆大致可以划分为：大型展览中心、大型会议中心和会展中心。

大型展览中心和大型会议中心的功能较为单一，主要就是各类的展览和会议，如上海新国际博览中心、香港会议中心。

会展中心又可分为会展建筑综合体和会展城。大型展览建筑体是当今较为流行的一种会展场馆类型，包含了展览、会议、办公、餐饮、休憩等多种功能。如加拿大大厦、墨尔本国际会展中心、上海世贸商城、大连星海会展中心。会展城是指超大规模的会展中心，如英国国家展览中心、德国汉诺威会展中心等。我国尚未具备建设此种规模会展场馆的条件。

三、会展场馆的作用

（一）能够大力推进会展产业和区域经济的发展

会展业的发展，能够改善城市的产业结构，提升城市形象，是构成城市竞争力的重要组成部分。会展场馆在会展业的发展中起着举足轻重的作用。一个城市所处的区域产业基础、市场规模等因素能推动当地会展业的发展，但先进适用的展馆条件无疑是举办展览的硬件基础，会展场馆经营的准确定位是推进会展业发展必不可少的前提。

汉诺威展览中心的发展已经形成了会展城市的规模，可以说整个展览中心就是一个城镇，这极大地带动了汉诺威会展经济大发展。上海新国际博览中心的展览会拉动系数达1∶8.4（根据胡平等人的研究），并且对浦东新区和整个上海地区经济有积极的拉动效应和影响。

（二）能够积极培育城市的展览品牌

会展场馆不仅仅是为会议和展览提供场地和相关服务，其经营策略还关系到城市展览品牌的培育。按照国际惯例，展馆存在着六个月内不承接相同题材展览的行业惯例。接哪些展不接哪些展，对展览品牌的成长甚至生存至关重要。如德国汉诺威、慕尼黑、杜赛尔多夫在上海投资建设展馆和办展，不仅加剧了上海展览场地方面的竞争，而且在一定意义上影响了上海整个城市展览业的发展方向。

（三）能够提高会展业的市场化程度

会展场馆的市场化运作有助于会展业的市场化经营。会展业市场化经营的主体主要包括展览公司、展台搭建公司、展品运输公司、酒店、餐饮、礼仪服务公司等。如果会展场馆采用垄断性经营及提供垄断性展览服务，那么行业内的展览公司、装修公司、运输公司等经营主体就无法获得公平竞争的市场环境及发展空间。

（四）能够适度调控会展业的市场运作

政府对会展业的宏观管理主要体现在展览项目审批方面。目前，改革的发展趋势是审批制向备案制转变，并最终取消展览的审批手续。在城市会展业的发展过程中，特别是对发展尚未成熟的中国大中城市来说，政府对产业的宏观指导及调控作用是不可缺少的。通过展览经营，能够给需要扶持培育的展览品牌以发展的空间，能够在一定程度上对会展市场的健康发展起到宏观调控作用。

（五）能够大力培养会展人才

作为会展市场主体之一的会展场馆。需要大量高素质的专业人才队伍，以保证场馆管理、展览服务的圆满完成。如香港会展中心有正式员工 817 人，大部分是从世界各地招聘和自己培养的高素质专业化人才。因此，会展场馆的经营和运作，可以为城市会展行业吸引大批高素质、高水平的专业人才并培养大量本土的专业化人才。此外，会展场馆的兴建和维护也会对解决城市就业问题产生积极的作用。

（六）能够强化城市的服务职能

会展业具有极大的产业带动效应，除直接产生经济效益外，还对社会和经济发展有着巨大的影响和催化作用，其中，会展场馆的带动作用不可低估。强化和提高会展场馆的服务水平、服务质量，可以推动会展业的发展，同时，可以对完善城市化功能起到积极的作用。

四、理想会展场馆应具备的条件

（一）从展馆外部环境来说

1. 政府的政策支持

从各城市申办奥林匹克运动会的例子来说，如果没有政府的政策支持，或者没有当地民众的拥护，要取得奥运会的举办权几乎不可能。作为一个会议或会展中心，如果获得了政府的支持，自然会得到很好的发展。众所周知，由于会展中心所能带来的“1∶8”的效应，会展场馆在会展城市规划时会被重点考虑。香港会展中心的发展壮大很大程度上受益于香港特别行政区政府的支持。

2. 地理优势

会展业发达的城市往往有一定的地理优势，该地区通常交通便捷，有大型码头、机场或者是铁路枢纽。另外，会展活动的参与者除了参加活动，还会希望能有一个美好的旅程，游览当地独特的人文和自然景观，这也可以理解为什么会展场馆会建在风景名胜区。除此之外，地理的优势还表现在经济地理方面，如该地区可能拥有丰富的原材料，是某类商品的销售集散地或生产加工集散地等，这些都很容易带动该地区的会展场馆的发展。我国现在之所以拥有越来越多设计独特、规模宏大及服务优良的展馆，这与我国经济的快速发展及在国际经济中的地位提高有着密切的联系。

3. 展馆周边环境配合

除了政府的政策支持和优越的地理环境外，成为一个理想的场馆还需要有安全、舒适的外部环境。可以想象，若会展场馆位于犯罪猖獗、社会治安极其恶劣的环境中，可能带来更为严重的恐怖活动。因此要成为理想场馆还必须有安定团结的政治环境、蓬勃发展的经济环境、友善热情的人文环境。

（二）从场馆内部环境来说

1. 高素质的员工团队

场馆管理和服务离不开人，会展活动是个高层次的项目管理工程。会展活动的参与者往往个人素质较高、专业性强、消费支出较大，因此要求场馆的员工有较好的个人素质和文化修养，只有这样才能与客户进行有效的沟通和服务。在会展活动项目管理过程中，对于团队之间的合作要求较高。就场地管理来说，会展活动涉及工程部门、保安部门、会务部门、清洁部门等，如果没有一个相互信任、相互支持、密切合作的团队，就不可能办好会展活动。

2. 多功能的建筑结构

对于理想的会展场馆，特别是大型会展中心来说，展馆结构应尽可能满足不同会展活动的需求，既要求可以成为展览中心，也可以举办会议或者举办宴会。会展场馆还可以根据需要灵活地间隔成不同大小的区域，以适合不同规模的会展活动。同时在会展场馆的建筑结构中，还需要考虑各类展会的需要，如重型机械展、航空展、帆船展等，这对场地的承载力、室内层高等要求较高。此外，场馆建筑中还需要有良好的采光、通风系统。

3. 齐全的综合设施和服务

会展活动并不是简单的会议或商品展示展销，还需要提供相应的设施和服务，如住房、通信、运输、餐饮、购物等。当然，不是所有的场馆都提供这些设施或服务，这些场馆可能不提供住宿，有些场馆可能不能安排运输，但若会展场馆能与一些配套服务公司建立战略合作联盟，为客户提供更全面和完善的设施和服务，对于提高客户的满意度是十分有益的。

4. 优美的内部环境和外部环境

各类场馆在内部环境和外部环境美化方面都特别注意，内部窗明几净、地面光洁、干净整洁；外部繁花似锦、绿树成荫。优美的环境使人赏心悦目、心情愉快，从而使会展成功的可能性变得更大。

5. 高效率的内部运作

成功地举办一个会展活动需要面面俱到，要求在内部管理上高效运作，既能防患于未然，又能及时处理突发事件。如场馆内所配套的设备种类繁多，为保障短短几天的会展期内设备运作良好，平时就必须勤修和保养，尤其是涉及场馆安全的设备。

第二节　会展场馆管理概述

一、会展场馆管理的概念与内涵

（一）会展场馆管理的概念

会展场馆管理是指对会展场馆的经营过程负主要责任的企业法人，通过对会展场馆的日常事务进行管理运作，保证经营增值的活动全过程。

（二）会展场馆管理的内涵

会展场馆的管理活动是以满足社会需求并实现场馆最大经济效益为目的的。会展场馆管理的内涵，主要包括以下几个方面。

1. 会展场馆规划管理

会展中心的建设是一笔很大的投资，必须根据经营思路，通过严密的可行性保证，本着“技术上先进、经济上合理、经营可行”的原则，在场馆建设、规划、配置方面做好基础工作。在会展场馆选址、规划、功能设置、标准及评估要求、验收等方面合理分工，完成这个多流工作。如在选址上，一般应选在城郊接合处，交通便利、具有良好的配套服务设施，与周边环境协调、考虑未来改扩建的潜能。

2. 会展场馆设施设备管理

种类繁多的设施设备是会展中心服务产品的硬件依托，应合理完成会展场馆设施设备的配置、系统管理、系统运行工作规范、环境卫生管理、车辆交通管理，保证正常运作。

3. 会展场馆出租管理

会展场馆出租是会展场馆日常经营中最常见的工作，涉及会展场馆出租决策、出租流程、出租期的管理等工作，目的是保证出租工作顺利。

4. 会展场馆营销管理

会展场馆营销管理包括场馆产品设计、价格制定、分销渠道和促销等过程，其核心是吸引顾客，保证会展场馆的顺利运行。

5. 会展场馆人力资源管理

会展场馆管理从某种意义上来说就是对人的管理，必须将人力资源的开发利用放在重要的位置。会展场馆人力资源管理包括：人力资源管理及流程、招聘与志愿者管理、专业化培训、绩效考核与激励。

6. 会展场馆财务管理

会展场馆财务管理是保障会展场馆经济目标、经营目标实现的重要手段，主要包括：会展场馆财务预算管理、会计核算、财务分析、利润管理、经营价格、票务与收费管理。

7. 会展场馆现场管理

会展场馆现场管理是会展场馆实际运营中最实际、最重要的环节，主要包括：展览场馆现场管理及流程，会议场馆管理及流程，展览会的开幕式，参会人员的登记、进出和各类证件管理。

8. 会展场馆服务管理

会展场馆服务是保证会展顺利进行和会展质量水平高低的重要因素，主要包括：秘书礼仪服务、设计安装服务、物品租赁服务、运输仓储服务、广告宣传服务、后勤保障服务。

9. 会展场馆危机与安全管理

会展活动的重要特性是大量的人员在活动进行期间逗留和进出会展场馆，且此会展场馆必须设有完善而可靠的紧急事故应变系统，要求安全设施时刻保证运作正常，工作人员要有足够的经验和能力去处理随时可能发生的突发事故。会展场馆危机与安全管理主要包括：会展场馆危机管理的预防、会展场馆危机管理的过程、会展场馆安全管理。

二、会展场馆管理的目标

会展场馆的管理水平，并不是仅仅关心其活动数量或使用率，其重点是场馆能否发挥预期的作用和贡献。目前全国投入运营的会展场馆很多，但绝大部分都还没有能够实现盈利。会展场馆的投资回报期相当长，要维持生存、促进发展，必须要对会展场馆运营管理方面进行研究。从总体上看，会展场馆管理的目标有以下几个层面。

（一）增加场地出租的经济效益

一般商业展览活动都有非常强烈的季节性。展览活动由于性质各异，对使用场地都有特定要求，一个展览活动由进馆到退馆起码需要几天的时间，开展日期一般也不太会跨周或假日，这些因素都导致会展场馆的使用率偏低（一般而言，会展场馆的整体使用率为30%~70%）。目前我国许多会展场馆在一年内综合展览及布展的时间不过几个月，甚至只有一两个月，剩余的日子闲置，而维持费用高得惊人。所以，场馆的所有者要追求经济效益，关键是合理地增加场地的使用率以及提高单位面积的出租金额，这就要求会展场馆不断地完善配套功能和设施，提高服务的质量和水平。

（二）处理好相关利益关系

目前我国很多会展场馆还没有完善的销售机构，会展场馆经常自办展览活动以增加收入和场地使用率。自办展览从提高投资回报率和资源利用率的角度来看是可以理解的。但是这样做，是把会展场馆作为服务提供者的角色来看，容易引起与其他专门经营展览活动的客户之间的利益冲突，从长远看，很可能会影响会展场馆的效益。在这种情况下，场馆管理者需要有特别的沟通技巧和策略来处理相关的利益关系。实现经济效益和社会效益的全面发展。一方面，以市场观念进行管理规划，并有效控制场馆的运作成本，讲求经济效益。另一方面，要体现一定的服务社会职能，除了提供场地给商业会议或展览活动外，还应当适当顾及非商业活动对场地需要。

另外，会展场馆在一定程度上也是一个公益性的建设项目，在场馆运营和管理方面也要充分考虑它的公益效果，要以综合指标来衡量场馆的效益。

（三）合理配置场地档期

大部分的会展活动都是商业性质的，适当的档期对展览活动的成功而言非常重要。很多情况下，参展商们是商业竞争的关系，同类型或性质接近的展览项目经常会有争取同一档期的情况。因此场馆管理者有必要制定适当的政策来合理调配场地的档期，避免项目冲突的情况出现。场馆方不能仅仅考虑增加租金的收入而不顾场馆使用者的利益，要妥善地处理与客户间的商业关系。为各种会展活动提供一个合适的场地和舒适安全的环境，并在此基础上提供卓越和高效率的服务，满足会议和展览组织者、参加者、会展场馆人员及租用场馆办公的物业使用者等各方面的需要。

（四）合理规划

搞好建筑物本体及设备设施的维修养护，场馆的环境绿化、保洁、消防安全等基本工作，最大限度发挥物业的使用价值，使物业保值增值。

三、会展场馆管理理念

（一）市场理念

市场观念主要表现在以下方面：

1. 市场是场馆生存与发展的依托

由于场馆的经营受到政治、经济、文化、地域、气候等多方面因素的影响，所以，树立市场观念，把握市场的脉络，了解竞争对手的情况和市场的需求是极为重要的。场馆生存和发展的基础来自对市场需求的认识及满足这种需求的程度。优胜劣汰是市场机制铁的法则。场馆必须在投资、价值、客源、经营内容和人力资源方面全方位进入市场、依靠市场、引导市场，才能在市场经济的竞争中生存和发展。

2. 树立以顾客为中心的经营理念

在市场经济条件下，场馆要生存和发展，取得理想的社会经济利益，就必须树立以顾客为中心的经营理念。

3. 增强场馆经营服务的透明度

场馆应有意识地增加经营服务的透明度来提高顾客的满意度，使顾客对场馆的服务产生信任感。

（二）服务理念

服务理念是指会展场馆全体工作人员在与一切和企业利益相关的人或企业的交往过程中，要体现出为其提供热情、周到、主动的服务的欲望和意识。会展场馆是会展活动的载体，其经营的实质就是为会展组织者、参展商和观众等提供各种各样的服务，因此，会展场馆经营还应注意服务理念，会展场馆提供的产品主要是服务，由于会展本身就属于第三产业，所以服务才是核心。服务质量是会展场馆经营管理的生命线，它直接关系到会展场馆的声誉、客源和经济效益。

（三）效益理念

会展场馆是一个经济组织，其经营活动的最终目的就是要取得经营效益。场馆经营效益的表现形式主要为经济效益，场馆最基本任务之一就是谋求最佳的经济效益。效益理念还强调场馆必须重视社会效益，有了良好的社会效益，场馆才能建立声誉，吸引更多的宾客，才能取得预期的经济效益。

（四）竞争理念

随着近几年会展场馆建设数量逐步增多，会展场馆经营不可避免地要面临市场竞争，开展会展经营活动，必须引入竞争机制，在竞争中发挥自己的优势，扬长避短，改革创新，使会展场馆对会展参与者和观众更具吸引力。

（五）人才理念

现代化的会展场馆经营的核心就是要拥有一批专业性会展人才。按照现代企业制度的要求，必须坚持以人为本的原则，并将企业文化作为吸引人才的重要机制。作为现代企业的员工不仅仅要求有高水准的专业知识，更注重个人能力和其他技能的培训。并通过积累和总结，提炼企业优秀基因，使之成为会展场馆发展的底蕴。

（六）创新理念

按照市场经济规律、现代企业的原则建立全新的企业，将制度创新、管理方法创新、经营思路创新作为企业经营管理的法宝。在管理上追求新制度的建立，保持企业制度的超前性，并以此获得收益，经营上把握会展场馆的个性特色，围绕会展业实施多元化的思路，树立“先之谋势，后之谋利”的观念，依靠会展带动其他产业的发展，以市场化为原则，以为社会创造效益，为客户创造价值，为员工创造机遇为宗旨。

四、会展场馆的管理方法

（一）综合管理

会展场馆的管理是会展中心管理的重要方面，其内容纷繁复杂，已经不仅局限于纯技术方面，还涉及各种经济分析和组织协调工作等，并要求管理部门有较强的综合能力。

（二）全员管理

会展场馆管理体现劳动密集型行业的特点，必须十分重视人员管理。场馆维护工作量很大，而且很多技术工作是分散的，因此要求员工责任心很强、技术过硬且有一专多能的素质。在管理过程中让所有员工都认识到自己对场馆管理有一定的责任，让所有员工都自觉参与。

（三）系统管理

单个会展管理的时间都比较短，在一个相当有限的时间内要保证大量人流、物流进入会场有条不紊，保证各种设施运转正常，保证发生紧急情况时能快速应变，这些都需要会展场馆各部门之间、上下级之间以及个别员工之间协调合作。系统化要求会展场馆用系统的观点和方法来进行现场管理，形成分工明确的组织系统，把场馆管理工作纳入各级领导的职责之中，逐级落实责任制和岗位责任制。

（四）制度管理

会展场馆管理中很多工作都是日常性的，平时的严格管理是会议或展览短暂活动期间场馆作用正常发挥的基础，必须要依靠完善的基础制度来规范管理工作。一方面，要十分重视规章制度建设工作；另一方面，要狠抓规章制度的贯彻落实。

【知识链接】

中国香港亚洲国际博览馆

2005 年 12 月建成，选址于香港国际机场附近的亚洲国际博览馆是香港继会展中心后的另一世界级会议展览设施。亚洲国际博览馆可提供 6.6 万平方米的展览场地，将与目前约 6 万平方米展览场地的会展中心相辅相成，积极推动香港迈向“亚洲展览之都”的目标。亚洲国际博览馆共有 10 个大型展馆，其中有 8 个面积分别为 5680 平方米的展馆，另外还有 2 个面积分别达 1 万平方米及 1.1 万平方米的大型展馆。据悉，博览馆总投资 23 亿多港币，其中约 20 亿港币由香港政府出资，余下 3.5 亿港币则由香港“禹铭”及法国“宝嘉”合资参与，并拥有 25 年运营权。

亚洲国际博览馆所处位置毗邻国际机场，拥有先天条件作为国际会议场地。为配合亚洲国际博览馆的交通，香港地铁公司已经落实多建一个地铁站接驳机场及博览馆，以方便参观人士往返。

与现时在会展中心举办的展览行业略有不同，亚洲国际博览馆主要是针对国际机构以及重工业方面。香港政府认为，占地 6.6 万平方米的亚洲博览馆对香港具有很重要的意义，能与现时会展中心有效配合。亚洲国际博览馆副行政总裁哈永安估计，博览馆设立后，若成功吸引海外机构及公司到香港举办活动，将可以带动香港零售、酒店及航空业务。当年的经济效益将达到 30 亿至 50 亿港币。

资料来源：根据中国香港亚洲国际展览馆、百度网、新浪网网上信息整理而成。

第三节　会展场馆的运营模式

一、场馆租赁运营模式

场馆租赁运营模式是会展场馆所有者通过合同形式将经营场地出租，并从中收取一定租金的盈利方式。该模式体现的经营权与所有权的分离，承租人按合同规定支付租金和维护资产外，享有较大的自主经营权。目前，场馆租赁是中外所有会展馆利润来源之一，特别是对那些缺乏经营条件和经营人才的场馆来说，是最主要的利润点，会展场馆由于有足够的空间，一般可以提供场地给各种展览会、会议、大型商业活动、体育活动、综合演出等。

二、增值服务运营模式

会展活动是一个综合性的项目，涉及展览、会议、交通、餐饮、住宿、广告、商务礼仪、休闲娱乐购物等方面。随着会展业的不断成熟，越来越多会展场经营者意识到主办方、组织者、观众需求的全方位与多元化，通过向上下游客户提供各类增值服务来获取利润的方式，就是服务增值运营模式。伴随着市场竞争的加剧，会展场馆通过提供差异化的增值服务不仅能有效同竞争对手区别开来，形成核心竞争力，还可以拓展利润渠道、增加利润点、开辟盈利空间，同时满足客户个性化需求。因此，越来越多的会展场馆经营者认识到增值服务这一利润空间，增值服务盈利模式也是现代会展场馆一种重要的盈利模式。

三、管理输出运营模式

管理输出运营模式是指会展场馆在其经营理念和管理水平成熟时，通过输出方式，接管国内若干场馆，实现以管理创新效益的盈利模式。一方面，一些刚刚新建的会展场馆特别是民营场馆虽然设备、设施与国际一流的场馆相当，但在经营管理上还不成熟，这为一些有管理经验的场馆进行管理输出提供了市场；另一方面，会展场馆管理经验向外输出，不仅可以使其管理模式得以传播、延续、发展，也可建立明显的市场领先性和示范性，进一步提升会展场馆的品牌和形象，还能通过管理其他会展馆获得较好的收益，拓宽盈利渠道。

四、资本运作营运模式

会展场馆资本运作模式是以利润最大化和资本增值为目的，以价值管理为特征，将本场馆的各种资本，不断与其他企业、部门的资本进行流动与重组，实现生产要素的优化配置和资产结构的动态调整等，以到达自由资本不断增值的经营方式，会展场馆的投入大、周期长、风险大的特点，仅靠国家投入和企业自身积累，是不符合风险与收益对等原则的，这就要求各会展场馆积极有效利用资本市场，通过直接投资、发行股票，发行债券、银行借款和租赁等方式，有效地应用资本、合理地配置资本，迅速筹集资金，盘活存量资本，加速资本周转，提高会展场馆的资本效益，实现会展场馆资本的保值、增值，并通过优化资本结构或者壮大资本实力率增强展馆的竞争力，从而提高展馆的盈利能力。

五、物业增长运营模式

会展场馆作为一种物业类型，场馆长期的保值、增值也成为很多会展场馆投资者盈利的方式。在这种模式下，以盈利的视角从场馆的出租所带来的租金收益、增值服务提供与会展投资所带来的利润中转移到物业的增值，通过对所拥有的会展场馆进行一段时间的运营来获得更高的市场价值，主要包括地段增值和场馆设施增值。一方面，对于场馆所有者和经营者来说，都能从地段增值中获得极大收益，在完成会展场馆初级基础设施建设后，地价将会有一定的升值，到场馆正式运营后，还将大幅上涨，而土地的增值将会提高场馆的租赁，相关增值业务如：酒店、餐饮服务的营业收入；另一方面，场馆可以通过包装，利用场馆及设备，形成场馆的物业增值运营模式。

六、会展投资运营模式

会展投资运营模式是指会展场馆所有者通过会展来获取盈利，拓展经营空间。如美国的部分展览场馆所有者仅可以出租场地，俄、日等国且还能从事自办展览，集场馆优势、服务优势、本土优势为一体。在欧洲，以德国为代表的会展场馆经营实践中，参观所有者不仅以参观出租获取利润，还通过自办展览提升经营利润。与此同时，我国的会展场馆也在积累招展经验的基础上逐步通过自办展览来拓宽盈利渠道。

【知识链接】

中国香港会议展览中心

香港会展中心是亚洲第二大的会议及展览场馆，规模仅次于日本。会展中心同时拥有两幢世界级酒店，一幢办公大楼，一幢服务式住宅。

香港会展中心由香港贸易发展局拥有，是亚洲首个专为展览会议用途而兴建的大型设施，并由香港会议展览中心管理有限公司负责管理。大会堂前厅的玻璃幕墙高达30米，拥有180度宽广的海港景观，香港会展中心新翼与原有的会展中心间，由一条110米的天桥走廊连接。

展馆规模：香港会展中心新翼坐落在面积为6.5公顷的填海人工岛上。有三个大型展览馆，提供2.8万多平方米的展览面积，可容纳2211个标准展台；又有不同大小的会议厅房共占地3000平方米，以及一个面积4300平方米的会议大堂。在此大堂举行会议可容纳4300人，用来举行宴会则可招待3600名宾客，是全球最大的宴会厅之一。会展中心有五间展览厅，总共4.66万平方米，2个会议大厅共6100平方米，52个大小会议室。

资料来源：根据香港会议展览中心、百度网、新浪网网上信息搜集整理而成。

七、我国会展场馆运营现状

近几年来，我国各地会展场馆建设进入一个新的浪潮。但在个别城市，会展场馆沦为一种形象工程和摆设。据不完全统计显示，我国会展场馆的使用率偏低，部分超过30%，而多数在20%左右。

但是，在个别发达城市其会展场馆的利用率远高于平均值。以上海为例，上海新国际博览中心展馆的利用率高达68%，高于我国香港地区60%的水平，更高于欧美发达国家35%的水平。这种场馆建设和使用率的极大反差普遍存在于我国大部分地域的场馆，发展不平衡、不协调的现象可能仍会扩大。

会展场馆利用率直接决定着会展场馆的收益，也决定着会展场馆的生存与发展。会展场馆的收益主要有三个来源：一是场地租金；二是广告和赞助；三是自办展收入。其中场地租金是最主要的收入，会展场租的多少取决于会展场馆的出租率，也就是会展场馆的利用率。

会展业发达国家，如德国、美国等国会展场馆的利用率大多达到70%以上，而我国会展场馆的利用率仅北京、上海、广州几个会展业发达的城市场馆利用率能达到50%以上，其他大多数城市的会展场馆利用率都在20%左右，全国会展场馆的平均利用率不足30%，哈尔滨会展中心每年承接大约50个会展项目，但它的利用率也只有19%。

一般来说，导致我国会展场馆利用率低下的原因归纳为以下几个方面。

（一）场馆建设过于盲目

我国一些城市的政府本着发展地方会展经济或出于“政绩工程”的需要，在建设场馆时不考虑场馆建设上的科学规划与选址上的统筹布局，盲目兴建场馆。有一些城市的政府在场馆建设时出于“形象工程”的需要，把场馆建成城市的标志性建筑，片面追求外部设计的新颖独特，不考虑内部构造是否适合布展需要，这不仅增加了场馆的建筑成本，而且浪费了许多有效利用面积，而实际上可用于展览的面积却不大。而德国在建设场馆时却始终本着实用主义的原则，慕尼黑展览中心从外面看起来就像一排排的厂房或仓库，却承接了无数个世界级的大型展览。

（二）场馆多但会少且小

由于会展场馆建设的盲目性造成我国会展场馆数量多，而我国会展数量及规模的增长远不及场馆面积的增加，造成了我国现在馆多但会少且小的局面，制约了我国会展场馆的利用率。如2006年，我国举办的会展项目仅有3800个，但大多数是不足1万平方米的小型展会。

（三）场馆经营观念落后

由于我国大部分的会展场馆长期处于政府的直接管理下，其经营管理还带有浓厚的计划经济色彩，市场化水平较低，很多场馆处于一种“等食吃”的状态，缺乏灵活的市场营销手段。虽然现在很多场馆都在转变经营机制，但固有观念很难一时转变过来。

（四）场馆之间恶性竞争

在有些城市，有多个会展场馆，在展会数量不足、规模不大、场馆闲置严重、经营困难的情况下，为了吸引更多的展会到本场馆举办，场馆之间的竞争就会十分激烈。而在我国当前政府监管不力和行业协会功能弱化的情况下，场馆之间的恶性竞争变得非常普遍。会展场馆之间的竞争表现为：场馆之间竞相压价；招租过程中不顾在同一档期已有类似题材展会而在这个城市的另外场馆签约，不管大展小展、好展坏展，只要能在本馆举办给租金就行，这不仅造成了城市资源的内耗，而且客观上滋生了一些欺展骗展现象的发生。

（五）场馆服务水平低下

场地、自办展和服务是会展场馆能够提供的三大产品，其中场馆服务的弹性最大，场馆服务水平的高低直接影响场馆的形象，是提高场馆社会效益和经济效益的重要手段。目前，我国大部分会展场馆的服务仅停留在场馆设施设备的维修保养、安全保卫、环境卫生、消防、绿化以及车辆交通管理等物业管理方面，缺乏会展组织、展商招待以及相关的配套服务，服务水平低下。

（六）缺乏专业会展场馆经营管理人才

对于会展场馆来说，人才结构为：场馆市场的营销人才、项目统筹人才、技术保障人才、场馆物业人才四个层面。我国目前的会展场馆从业人员大多是半路出家，缺乏专业的会展理论知识，更缺乏在会展场馆经营与营销方面的经验与管理，使得现在很多会展场馆经验管理水平低下。因此，职业管理人才，尤其场馆市场营销、项目统筹人才缺乏是问题的症结所在。

要提高我国会展场馆利用率，需要在以下几个方面采取有效措施：

1. 加强政府宏观调控，严格执行会展场馆建设的审批制度

会展场馆的建设之前与区域经济社会发展相协调，与会展业整体发展相适应。在规划建设会展场馆之前对所在地经济状况、产业结构、办展环境深入调研、实事求是地论证项目可行性。在会展业比较发达的城市，如北京、上海、广州等可规划新建或扩建大型会展场馆，以满足当地会展业快速发展的需要。其他区域性会展中心城市，应根据市场需求合理布局。区域内同一城市或城市之间会展场馆资源应该共享，避免低水平重复建设和资源闲置。政府应加强会展场馆建设项目的前期评估领导工作，强化对会展场馆建设的审批管理。

2. 巩固现有展会，吸引巡回展、创办自办展

每个会展场馆每年都有一些固定档期的展会，对于这些固定档期的展会，场馆要通过优化服务、加强联系、巩固关系使这些会展长期驻扎下来，并且要帮助会展组织者扩大会展的规模。另外，会展场馆还可以通过吸引巡回展和创办自办展的方式提高会展场馆的利用率。首先，从巡回展来看，大型的巡回展不仅可以提升主办城市、会展场馆的知名度，还能给城市的相关产业以及会展场馆带来巨大的经济效益。其次，自办展对于弥补场馆淡季业务不足，提高场馆淡季利用率也起到重要作用。

3. 转变经营观念，变被动等待为主动出击

会展场馆要提高利用率，就必须转变“等食吃”的思想，主动出击，争取灵活的市场营销手段。具体来说，会展场馆可以与旅游企业合作，参与城市整体促销，在城市的推介活动中推销自己；还可以加入某一专业行业协会，利用行业协会的营销渠道推销自己；或者通过电视、广播、报纸、专业杂志、移动传媒以及网络等营销手段宣传自己，让目标客户了解会展场馆进而接受会展场馆，自愿与会展场馆合作。

4. 选择行业协会的作用，规范会展场馆之间的竞争

会展行业协会的最主要职能就是行业管理和协调。一方面，它与政府密切配合，共同制定一套行业道德与行为规范，一旦有会员违反，就召集会议讨论解决，甚至提出制裁措施，以维持公平竞争的秩序；另一方面，在会展项目，展出时间安排，摊位价格，会展质量水准等方面，在会员单位之间进行协调，以便更好地维护会员的权益。为规范我国会展场馆之间的竞争，就必须建立专业的会展行业协会，政府授予会展行业协会一定的职权，强化会展行业协会的作用，利用会展行业的监管机智规范竞争。

5. 加强会展场馆的服务

会展场馆的服务是场馆取得竞争优势的重要保障。加强会展场馆的服务就是要借鉴国外先进会展场馆的服务经验，结合提供进入场馆到离开场馆期间所需要的全部服务，具体包括展位预订，展商接待，信息咨询，装撤展位，现场管理，展会评估以及配套服务等一系列服务，并且服务要做到热情、周到、细致，增加展商的满意度和好评率。

6. 多渠道吸引人才

目前，我国的一些本、专科院校以及职业技术学院在培养专业人才方面起着关键的作用，近几年来为会展行业输送了大量的会展专业人才。会展场馆可每年从这些毕业生中择优录用适合其需要、有成长潜力的专业人才；会展场馆还可以聘用会展业发达国家会展场馆的优秀人才，利用国外的人才优势带动本地场馆管理人才的成长；会展场馆还可以与国外会展场馆合作，使得人才引进与人才进修相结合，提高现有会展场馆从业人员的管理水平。

【知识链接】

珠海国际会展中心

珠海国际会展中心位于珠海十字门中央商务区湾仔片区，占地面积26.9万平方米，一期总建筑面积约70万平方米，是国内首屈一指的集展览、会议、酒店、剧场、音乐厅、甲级写字楼及配套商业于一体的大型会展综合体。

珠海国际会展中心由会议中心和质量中心组成，是珠三角功能最完善、配套最齐全、设施最先进的专业场馆之一。会议中心设有4500平方米无柱大宴大厅、2000平方米多功能厅、1200座剧院厅、800座音乐厅及35个设施先进的会议室；质量中心一期净展览面积为33000平方米，6大展厅可提供1600个国际标准展位。各类设施设备高档齐全，专业餐饮服务团队，4000平方米的专业厨房，可同时提供6000人高规格宴会服务，形式灵活丰富以满足各种需求。

——大跨度无柱式展厅。展览中心（一期）拥有300000平方米室内展览空间，可以分隔成5000~30000平方米不等的独立展厅，最大可提供20000平方米的无柱式展览面积，无柱式展厅最低净高达14米，跨99米。

——多功能高水准展厅。展览中心地面最大承重为5吨，可以举办大型专业机械展；

1，2 号展馆在 AV 设计和声学装修方面做了特殊处理，可举办大型演艺综艺活动；中心走廊长 288 米，宽 17.6 米，能够举办各种类型的展会相关活动。

——舒适的办公及休闲环境。展览中心在每个展厅的二楼夹层为展商提供舒适的办公休闲及会客空间；室外的休闲广场经过专业的园林设计，是社区居民的娱乐休闲场所。

——4500 平方米宴会厅。大宴会厅面积达 4500 平方米，净高 13.8 米，可根据需要灵活分隔成 9 个 500 平方米的独立空间。会议中心还配有国际先进的同声传译系统，可举办国际性大型专业会议。

——2000 平方米多功能厅。2000 平方米多功能厅可拆分为 3 个厅，并根据需要组合成 600~2000 平方米的独立空间。

——分会议室。会议中心坏拥有 35 个可以自由组合的分会议室，设施先进可实现多达 50 种面积组合，提供 20~5000 平方米的会议空间。

资料来源：珠海国际会展中心简介 [EB/OL]，[2015-12-21]，http：//www.zhuhaiicec.com/

第四节　会场展馆经营管理发展

一、会展场馆的特点

（一）现代会展场馆的特点

1. 规模宏大

规模宏大是现代会展场馆的重要标志，当前国外新建的会展场馆占地面积一般都超过 100 万平方米，例如，巴黎北维勒滔特会展场馆的占地面积高达 115 万平方米。会展场馆的建筑呈现越来越大的趋势，一些会展场馆的展馆面积达 20 万平方米，并且出于前瞻性的考虑，国外新的会展场馆均有一定比例的预留地，以便于将来增建场馆。如德国汉诺威展览中心经多次扩充，已达到占地面积 100 万平方米，内有 1 万至 2 万平方米的巨型展厅 24 个，其中，好几个是多层展厅；室内展出面积共达 47.9 万平方米，露天展场 27.8 万平方米，还配备有功能齐全的会议中心。

2. 设施齐全

现代会展场馆不仅有展馆，还有会议中心，餐饮服务等设施。现代化会展场馆既可以展览、开会，又可以进行文艺汇演、体育比赛等活动，因此是完整意义上的会展场馆。会展场馆的建设必须考虑“停车难”的问题，所以多建有大面积的停车场，如德国慕尼黑会展中心就建有可容纳 10000 辆车的停车场。

3. 智能化水平高

高科技在现代化会展场馆得到了充分的利用。国际上发达国家的会展场馆基本上都配备了智能化程度很高的网络系统，如观众、参展商电子登录系统，电脑查询系统等。

此外，多媒体、手机短信等多种通信手段也在场馆内得到了应用。

4. 规划设计“以人为本”

（1）场址选择。现代化会展场馆的选址一般都选在城乡接合部，并将交通、环境和地形条件作为选址的三大要素进行论证，同时，场址选定后，仍要与市政规划相吻合。

（2）内部布局。会展场馆内部合理布局，可使会展场馆内部管理有序，方便参展商和观众，提高工作效率。

（3）展馆设计。现代化场馆展厅基本上都是单层、单体，面积约 1 万平方米，高度为 13~16 米。这一设计具有科学的依据。单层、单体，面积约 1 万平方米的场馆，正好是长 140 米、宽 70 米，处于人眼的正常视觉范围内，观众不容易迷失方向；而高度 13~16 米是基于展台特殊装修设计的要求，它更加适合于布展作业。

5. 经济实用

现代化的会展场馆占地规模虽然大，但在总体规划上却要做到不浪费一寸土地，达到经济又实用的目的。

6. 政府支持

现代化会展场馆公益性很强，因而从规划到建造都需要得到政府的大力支持。有些城市在建设会展场馆时，政府不仅在土地方面给予了很多优惠政策，而且还为场馆建设提供了资金和人才。

（二）我国会展场馆的特点

1. 会展场馆规模偏小，国际影响力差，市场容量有限

先进的国家会展场馆大多有很大规模和国际影响力，如德国汉诺威展览会拥有世界上最大、最具影响力的展览会场地，总占地面积为 100 多万平方米，是世界展览会的发源地，已有 70 余年举办展览的历史。而我国虽然有会展场馆近 200 个，但与世界展览发达国家相比存在较大差距，首先表现为场馆分散、展览面积普遍偏小。

2. 展馆建设重复率高，缺乏合理规划

在会展业发达国家和地区，一般一个城市里相同题材的会展十分罕见，但我国普遍出现重复建设现象，如上海信息电子展有 6~7 个，医药展有 3~4 个，家具、食品展各 4~5 个，建筑材料展 7~8 个，房产展近 10 个。如此办展让人无所适从，也会使参展商和专业观众因此分流。所以我国场馆建设“规划不利、重复建设、杂而不全”。

3. 场馆设施不配套，相关设备不健全

会展是一种复杂且高效率的社会活动，要求有齐全的设施、先进的设备才能保证会展的顺利进行。由于我国的展馆建设普遍存在“重复建设、轻管理”的现象，造成展前接待、展中运作、展位服务设施配套不完善、设备不齐全的特点。

4. 场馆建设政府性强，市场化水平低

中国的粗放式、外延式经济增长模式决定了中国会展业走的也是一种政府建设、行政管理的道路。这种发展模式追求的是绝对数量的增加，而不是经济总体效益的提高，导致我国会展场馆收益水平和市场化水平的低下。目前，我国会展业每年举办近 2500 个展览会，会展规模已经很大，但会展效益差、产值不高。

5. 会展场馆科技含金量少，智能化水平低

在科技迅猛发展的今天，运用现代高新技术对会展场馆进行智能化设计，创新舒适、安全便捷的展览环境，已成为会展场馆建设的内在需求和必然趋势。在当前的国内会展场馆设计中，科技含金量低是一个亟待解决的问题。

二、会展场馆的国际组织

（一）世界场馆管理委员会（WCVM，The World Council for Venue Management）

1. 规模

世界场馆管理委员会（WCVM）集结了全世界代表公共集会场馆行业专业人士和设施的一系列主要协会。它目前的六个成员协会一起为5000多个管理经营场馆设施并在这个行业中联合在一起的人士提供专业资源、论坛和其他有益的帮助。这些人士又代表了世界上1200个会展中心、艺术演出中心、体育场馆、竞技场、剧院和公共娱乐、会议场所。

2. 成立时间和目的

世界场馆管理委员会成立于1997年。为促进公共集会场馆行业内的专业知识的提高和相互理解，它积极地致力于通过在成员协会和这些协会成员中的信息和技术交流来提高沟通和促进专业发展。

3. 成立的动力支持

建立世界场馆管理委员会的动力来自想争取国际听众和观众并在实际范围内分享信息数据的世界场馆管理委员会的创始协会。这并不意味着将会影响这些协会对它们自己会员所提供的服务的质量。这一动力又在1996年由欧洲场馆协会、亚太场馆管理协会和国际会议场馆经理协会于西班牙巴塞罗那主办的会议上得到进一步的加强。这次会议还肯定了满足公共集会场馆管理行业中大量现存协会对全球信息和沟通资源需求的世界性组织的价值。

4. 协会成员

世界场馆管理委员会的现有协会成员是：会议场馆国际协会（AIPC）、国际会议经理协会（IAAM）、欧洲活动中心协会（EVVC）、亚太场馆管理协会（VMA）、体育场馆经理协会（SMA）。

世界场馆管理委员会的现任主席是奥地利的汉斯·密克斯纳，现任秘书长是美国的得克斯特·金。

5. 世界场馆管理委员会的目标

（1）有助于世界更好地了解公共集会场馆行业。

（2）鼓励成员协会中的相互帮助和合作。

（3）促进有关公共集会场馆管理专业信息、技术和研究的分享。

（4）推动成员协会和这些成员协会之间的沟通，以提高和改进全世界公共集会场馆管理行业的知识水平和了解程度。

（5）提供给成员协会及其与世界场馆管理委员会所代表场馆和个人直接有效的通道。

（6）召开由世界场馆管理委员会主办的周期性会议，以便分享与公共集会场馆管理经营专业有关的信息和教育专业开发活动。

6. 世界场馆管理委员会为实现上述目标采取的战略

（1）在世界场馆管理委员会的所有出版物和文具信笺上指出展示世界场馆委员会的标志。

（2）在世界场馆管理委员会成员协会与她们各自的成员之间提供成员互惠。

（3）为共同的资源中心提供信息和数据。

（4）参与成员合作活动。

（5）同意和赞助世界场馆管理委员会的指导性报告书。

7. 为了实现上述目标，世界场馆管理委员会还应采取的措施

（1）收集和传播关于经营管理公共集会场馆有效方法的新信息。

（2）为与公共集会场馆管理事件有关的信息、报告、论文和研究交流提供论坛。

（3）通过成员互惠在出席会议、订购出版物、参加培训教育项目、获取数据及其他资料等方面，为所有世界场馆管理委员会的协会个人成员提供利用各成员协会资源的便捷通道。

（4）鼓励成员协会和它们各自成员间的互相帮助。

（5）探索对所有世界场馆管理委员会成员协会互利的项目和活动的交流。

（6）推动国际互联网的沟通与交流。

（二）国际展览业协会（The International Association of the Exhibition Industry）

原名国际博览会联盟（UFI，Union des Foires International），是世界展览业界权威的全球性组织。它是非政治性非营利性的组织，其会员来自展览行业相关的各类机构，包括会展公司、会展场馆、行业管理和促进组织，以及拥有品牌展会的各行业协会和商业企业。

1.UFI 的主要任务

主要任务是提高全球展览会举办水平，促进国际贸易，加强行业监督、管理和协调，为会员搭设开展合作和交流的平台。目前有越来越多的展览公司及机构申请加入 UFI，特别是来自欧洲以外的国家和地区。

截至 2004 年 9 月，UFI 成员总数达到 269 个，覆盖五大洲的 72 个国家、156 座城市，全世界共有 629 个得到 UFI 认证的展览会中，有 80% 是在欧洲举办的。UFI 会员每年举办 4000 多个国际、国内及地区性展览会或贸易博览会，总展出面积达 5000 万平方米，参展商数量超过 100 万，参观者数量达到 1.5 亿。

UFI 于 1925 年成立于意大利米兰，最初由欧洲的 20 家展览公司发起创建。目前 UFI 总部位于法国巴黎，机构设置中包括管理机构和顾问机构，管理机构包括会员大会、UFI 主席事务局和指导委员会以及秘书处。此外，UFI 在亚太、欧洲、美洲以及中东非洲分别设立4个地区分部。UFI主席在会员大会由会员选举产生，任期3年。UFI的日常事务由秘书处负责处理。UFI的工作经费来源于会员缴纳的会费，会费的数额由两年前获UFI认可的展览会出租面积来计算。

2. 如何取得UFI认证

会展中心申请成为UFI会员的前提是必须拥有至少一个经过UFI认证的展览会。如果暂时还没有认证的展会，可以申请成为UFI的准会员或者叫预备会员。但是申请认可时，展会最少定期举办过三届。

具体申请程序为：准备申请成为UFI会员的会展场馆必须尽早向UFI提出申请，UFI首先备案，如果申请UFI将其纳入当年工作日程，那么申请在理论上最迟为前一年的年底前向UFI秘书处提交所有正式申请文件。申请被受理后，UFI下设的指导委员会将委派一名或者多名代表前往会展中心实地考察、实地核查所提交材料的情况，然后出具审核报告。相关的所有费用由申请人承担。审核报告由指导委员会先行审核，审核通过后向UFI大会提交认可提议。

UFI每年举办一次全体会员大会，其中一项议程即为审核由指导委员会提交的认可提议，如果会员出席或代表出席人数2/3多数票支持通过认可提议，则可授予其UFI认可或UFI会员资格。在这之后若发现会员、展览中心不具备或者不再具备有关条件，将撤销对其的认可。UFI大会一年只召开一次，一般从递交材料到通过审核可能会持续2年左右。

会展场馆通过UFI认证的几方面主要包括：

（1）首先必须获得会展场馆所在国家有关部门的认可，认可其为国际会展场馆。

（2）直接或间接外国参展商数量不少于总数量的20%。

（3）直接或间接外国参展商的展出净面积比例不少于总展出净面积的20%。

（4）外国观众数量不少于总观众数量的4%。

（5）会展场馆必须可以提供专业的软硬件服务，展场必须是适当的永久性设施，在具体接待服务方面，向参展商、观众，尤其是外国观众提供接待、协助以及商旅服务。

（6）所有相关申请表格、广告材料及目录必须使用尽可能广泛的外文，括英语、法语、德语等。

（7）在展会举行期间不允许进行任何非商业性活动，但与展会主题内容一致的科学类技术或者教育类研讨会可以允许举办。

（8）参展商必须是生产商、独家代理商或者批发商，其他类的商人不允许参展。

（9）严格禁止现场销售展品或者现场买卖。

（10）展会定期举办，展期不超过两周。

（11）申请认可时会展场馆最少定期举办过三届展会。

UFI将特别审核申请认证展会近三届的相关数据，以考察该展会的连续经营成果，但同时也会根据实际情况个案处理。

3. UFI的品牌效应

从中国展览业整体层面分析，获得UFI认证的展会数量无论从绝对还是相对角度来讲，都明显偏少，所以国内相当数量的已经有一定基础和影响力的展会，完全应该把争取 UFI 认证的工作提上议事日程。通过 UFI 认证后对会展场馆各个层面的整体提升是不言而喻的。

UFI 每年除举行一次全体会员大会外，其各个技术委员会、地区分会或者咨询机构还在全世界不同地区，在不同的行业领域内举办许多不同类型和规模的研讨会及培训班，参加此类活动都是在会员自愿的基础上。已经成为 UFI 的会员应充分利用 UFI 所提供的平台，与其他会员开展合作和交流。非会员展览机构也可以在一定的范围内参与 UFI 的各项活动。UFI 的年会同时也是世界知名展览机构交流经验的最重要的峰会，也是会员之间合作和沟通的最好时机。

作为世界展览业质量品牌的唯一全球认证，UFI 的品牌提升效应必将推动中国会展业的品牌化发展。

以下列举部分中国内地 UFI 会员会展场馆：

（1）广东现代国际展览中心。

（2）中国国际贸易中心（2004 年）。

（3）深圳中国国际高新技术成果交易会展览中心（2003 年）。

（4）上海新国际博览中心（2002 年）。

（5）中国国际展览中心（1998 年）。

以下列举部分香港地区 UFI 会员会展场馆：

（1）亚洲国际博览馆（香港）。

（2）香港会议展览中心（2001 年）。

三、国外著名会展场馆及发展经验

（一）国外著名会展场馆

1. 荷兰的阿姆斯特丹 RAI 展览中心——人性化

有关调查显示，凡是到过阿姆斯特丹 RAI 展览中心的人士，都对其高质量的硬件设施和舒适的展览环境印象深刻。无论是观众，还是组展商，他们对 RAI 展览中心的评价都可以简而言之为：享受高质量的展览生活。

展览中心对自身的评价则集中在以下五个方面。

吸引力：环境温馨，人性化，参展、观展经历难忘。

创造力：建筑、信息通信技术、后勤保障等各方面的创新随处可见。

可持续：整个展览中心的软硬件环境常变常新，总能带给人们全新的感受。

国际化：RAI 没有自己的设施和服务标准，也没有荷兰标准，他们只认同国际标准。

和气生财：自己适度盈利，但要让客户和观众获取最大利益。

为了保证设施和服务的“星级”水平，RAI 展览中心每年都投入专项资金，用于人员培训、技术更新、设施改进。

当然，RAI 的部分魅力还来自地理位置，其毗邻荷兰王国首都的市中心。这与大多数欧美国家的情况大相径庭。

2. 澳大利亚墨尔本展览会议中心——设施先进

墨尔本展览会议中心 MECC 是业内各种专业奖的有力竞争者，在国际会议中心协会的“年度最佳会议中心”评选中，MECC 是首届大奖得主；至于澳大利亚国内的专业奖项，MECC 更是频繁光顾。

MECC 有自己的一套质量控制体系，但是这套体系又具有灵活性，可以为会展活动的组织者提供定制服务。在 MECC 的所有房间里都安装了采用最新通信技术的视频设备，对于会议举办者来说，这是最到位的服务，尽管 MECC 每年都要为此支付大笔的费用，但“设备最先进的会议中心”的口碑，足以使他们挣到更多的钱。

MECC 有非常完备的餐饮设施，这在世界其他会展场馆中很少见。一个会议中心配备许多高等级的厨师，这对很多业内场馆来说，不外乎是天方夜谭，但这些事实的的确确已经成为 MECC 声名远播的“扩音器”。

3. 巴黎会议中心——联盟优势

对于世界各地的商务人士来说，巴黎本身就是一个颇具诱惑力的圣地，而占有地利优势的巴黎会议中心无疑在全球业界人士心中占据着特殊的位置。

巴黎会议中心可以承接各种活动，它的专业化程度极高，可以满足不同活动的各种需要。最近，以巴黎会议中心为首的四家会议中心组成一个大联盟，这在欧洲是独一无二的。联盟形成后，将垄断在巴黎举办的几乎所有大型会议活动。“巴黎”对于全球商务人士而言，将形成一个统一的会展目的地品牌，这对于巴黎会议中心的未来发展一定会产生巨大的影响。

在这个联盟中，成员可以彼此共享各方面的优势；两个成员分别位于戴高乐国际机场和高速铁路车站附近，交通便利；一个成员就在举世闻名的凡尔赛宫内。“请到凡尔赛宫来开会”——这种诱惑谁能漠视？巴黎会议中心则位于城市的心脏地带，这使它不由自主地戴上了王者的皇冠，而且巴黎会议中心自身的硬件设施和服务标准也都是世界一流的。

4. 英国格拉斯哥展览会议中心——“苏格兰风格”

格拉斯哥展览会议中心 SECC 是苏格兰举办大型公众活动的官方场所，同时也是整个英国最大的综合性展览会议中心。

SECC 拥有五个展厅，面积从 700 多平方米到 1 万多平方米不等，可以举办各类展览，更让组展商和参展商们满意的是，SECC 各展厅之间的隔离墙是可以移动的，只要客户提出要求，展厅面积大小可以随意调整，最大可以“扩容”到 2 万多平方米，为展会组织者提供了极大的便利条件。

SECC 的基础设施还包括：两家酒店、餐馆、金融网点、医务中心、停车场（3000 个车位），它自身独立的火车站点、公共汽车站，甚至还建有直升机停机坪。

在很多商务旅游杂志上，这座城市被做如下定义：格拉斯哥是全英国最大、最有趣的城市之一，也是最具有苏格兰风格的城市，至于什么是“苏格兰风格”，恐怕只有亲身体验过的人才会有鲜活的感受。同样，在一个“保守”的国家，SECC 能被评为十佳会展中心之一，必定有其独到之处。

5. 英国伦敦展览中心

伦敦展览中心由两部分组成，即“伯爵院”（EARLSCOURT）和“奥林匹亚”（OLYMPIA），二者相距不过十分钟的步行路程。展览中心享誉世界，每年在此举办130多个公共和贸易展览会，吸引300多万观众，总展览面积超过10万平方米。其中，“伯爵院”的单侧可调空间面积从100平方米到4.1万平方米不等。而“奥林匹亚”则从5300平方米到5.8万平方米不等。

展览中心不仅交通方便，而且住宿也十分方便，距奥林匹亚展览馆两公里处，就有2.7万个客房饭店，并配有出色的餐厅和招待服务。展览中心的工作人员经验丰富，管理水平高，能够很好地组织各种要求不同的展览会和会议。展览中心的硬件设施现代化而且实用，技术服务周到健全。为了更上一层楼，更好地满足展览会的要求，展览中心已开始实施一项2000万英镑的投资计划，使基础设施更加完善。

6. 澳大利亚悉尼会展中心——会展合一

悉尼会展中心为全世界人民所关注，是在2000年的悉尼奥运会期间。当时，悉尼奥组委将悉尼会展中心分为不同的比赛场馆，柔道、摔跤和击剑比赛都在这里举行。奥运会结束后，拆除挡板，会展中心又恢复了原来的功能，悉尼会展中心所表现的多功能性，为奥组委节省了大量的资金。

多年以来，悉尼会展中心是澳大利亚最大和最先进的会展场馆。同时，悉尼会展中心也是全球场馆“会展合一”的典型代表，目前它的主要营收来源大致是：展览收入占总营业额的42%，餐饮收入占29%，会议收入占22%。“所有鸡蛋没有放进同一个篮子”的收入模式保证了悉尼会展中心的稳定发展。

7. 加拿大温哥华会展中心——政府扶持

温哥华会展中心是1986年温哥华世界博览会的主要会场。从那时起，它的“五帆竞发”的设计形象已成为这座城市的全新标志之一。

温哥华会展中心拥有8500平方米的展厅和总面积1540平方米的会议室，这些设施都可以被独立分为三个自由空间，以满足客户的不同需要。中心另有总面积2600多平方米的休息室和玻璃幕墙隔离的代表区。单纯从面积的角度看，温哥华会展中心并不算太大，但它所提供的出色服务和专业化设备，使得它在全球会展场馆中独树一帜。

不久前，加拿大联邦政府总理和不列颠哥伦比亚省省长共同宣布“温哥华会展中心计划”，通过支持温哥华会展中心的业务拓展，以达到促进当地经济发展的目的。“温哥华会展中心计划”包括一系列的改扩建工程，总投资4.95亿美元，其中旅游部门出资0.9亿美元，其余款项由联邦政府调查局和省政府共同筹措。国家和地方政府共同扶持一个会展场馆的发展，这在全球范围内鲜有案例可查。温哥华会展中心的魅力可见一斑。

8. 澳大利亚凯恩斯会议中心

凯恩斯会议中心是澳大利亚第一座严格按照环保标准建造的大型公共建筑，曾多次获得节约能源和保护环境方面的奖项。

会议中心采用特殊设计的双层褶状顶棚，可以收集大量雨水，直接输入储水箱。这些雨水，可以使会议中心草坪和花样的全部灌溉用水量节约50%。会议中心的所有水龙头都安装了特殊装置，可以节水 25%~30%，太阳能热水器满足了会议中心 30%~35% 热水需求量。

会议中心的建筑旁边安装了特殊的遮蔽设备，它能随着阳光照射的角度不同，不断自动调整方向，以最大限度地保持室内阴凉，这项措施据说能节约 5% 的空调用电量。在会议中心的所有制冷设备中，还统一采用了新型制冷剂，不会破坏大气臭氧层。

所有这些绿色环保措施，使凯恩斯会议中心完全突破了人们对会展场馆的传统观念，会展中心也名副其实地成为“公共设施”。这恐怕是凯恩斯会议中心对于会展业最大的贡献。

9. 意大利博洛尼亚展览中心

博洛尼亚展览中心建于 1965 年，它是欧洲最现代化、最有效率的展览地点之一。展览中心共有 17 个展览大厅，室内展览面积 15 万平方米，室外展览面积 8 万平方米，其他设施与服务占地 2.7 万平方米。它还拥有 11 个内部会议厅，一万个车位停车场。1995—1996 年在展览中心内部新建一个火车站，重要展览会举办期间，开通特别列车，使参观者能直接乘火车进入展览会场内，或到达其中特定的地点，比如宾馆等。同时还有通向特定制造地区或其他城市的专列。

每年在博洛尼亚展览中心举行约 30 个各种专业展览会，其中 15 个在世界同行业中居领先地位。1996 年在该中心共接纳了展览会 29 个，其他特别活动 9 个，国内外参展商超过 1800 家，观众总计 120 多万名，其中国外观众为 11 万。总的展览场地面积达 37.9 万平方米，办展同时，还举办了 277 个有关的会议。

10. 意大利维罗纳展览中心

维罗纳展览中心是意大利最古老、最传统、最悠久的展览场所之一（1930 年 10 月启用），拥有 12 座展馆，7 个入口，20.3 万平方米展出面积，其中近 10 万平方米配有各项服务设施，还有一个车位众多的停车场。该中心除了举办各类展览以外，还可在“欧洲与古罗马剧场会议中心”组织各种规模的会议。该会议中心拥有 8 个会议厅，1300 个座位，以及可容纳 600 人的大礼堂；因是模块式自由组合结构，总容量超过 2000 人，并配有声像录放设备和电视 、电话会议设备。

维罗纳展览中心历年以来经营良好 ，1996 年营业额达 685 亿里拉，共举办 30 个展览，历时共 120 天，参展者计 11451 家，租场面积 48 万平方米，接待了 90 万名参观者，其中大多为专业观众。维罗纳展览中心举办的展览主要面向以下领域：农业和食品、建筑、后勤、家具、健康和福利。

11. 意大利米兰国际展览中心

意大利米兰国际展览中心有限公司成立于 2000 年 7 月，于同年 10 月投入运营，这是意大利主要的展览中心，从展会质量及组织能力上讲在欧洲也数一数二。

米兰国际展览中心上一个多元化的集团，除了展馆管理外，经营范围已涉及贸易展的其他领域：为贸易人员提供服务包括增值服务如供应点心饮料、出租展台器具、辅助参展商和观众举办的研讨会及大型活动等。

意大利米兰展览中心毛展览面积为 348230 平方米，占意大利展览场馆总面积的 17%，从展会出售面积和所举办的国际性活动的数目来看，意大利米兰国际展览中心集团是意大利展览行业的领头羊，组织和管理的展会活动，有的是米兰国际展览中心自行办的，有的是为客户办的。2000—2001 年期间，米兰国际展览中心所接待的参展商数量占到全国参展商数量的 33.5%，观众占全国总数的 40.5%。从出售的净展览面积看，米兰国际展览中心在欧洲排名第一，它是欧洲排位第二大展览中心（汉诺威展览中心排第一）。

意大利米兰国际展览中心的优势：展览中心的规模、展览中心优越的地理位置、展览中心的品牌效应、展会内容多样性及展会收入的透明度。

意大利米兰国际展览中心的战略目标是巩固它的意大利展览市场上的领导地位，同时有选择地向海外扩展。从这点看，米兰国际展览中心在场馆及服务的管理上，它将有以下重点：提高会展场馆的设施、扩大展会服务的范围、把服务推广至米兰国际展览中心以外的展会。而展会组织和会议组织方面是今后工作的重点，吸纳长期积累的经验，并作进一步的发展；完善及扩大在米兰国际展览中心中已有的展会，扩大展会组织范围之其他展览中心，主要是海外的展览中心，利用已有的联络网资源及展会的品牌效应使得组织工作能够更容易地渗透到展览市场、会议业务的发展。

12. 伯明翰国家展览中心

伯明翰市各种展览会的主要承办者是国家展览中心。此中心于 1976 年由女王揭幕启用，以后面积逐年扩大。现共有 16 个展览大厅，总面积达 1.58 万平方米，是欧洲最大的展览中心之一。每年在此举行的展览会是国际有名的，而且展览会的内容丰富多彩，灵活性和创新精神是伯明翰国家展览中心取得成功的另一个重要原因。这一点也表现在建筑风格及结构上。国家展览中心外观宏伟，从钢材和玻璃制成的拱形顶棚和墙壁到宽敞透风的地板无不引人注目。展厅格局并非一成不变，可以根据展览会的内容要求加以分割利用。另外，中心还附有健全的服务娱乐设施，能够满足客商和观众多方面的需要。

13. 布鲁塞尔展览中心

布鲁塞尔展览中心位于欧洲的心脏，离布鲁塞尔市仅 15 分钟，距国际机场也只需 15 分钟车程。这是一座多功能的展览中心，拥有 12 个展厅、12 个座位不等（20~2000 个）的会议室，总展览面积 11.5 万平方米。它是欧洲著名的展览和会议中心之一，每年接待 300 万观众，举办 100 多个各种规模和类型的活动，主要有国际性、区域性专业及普通展览会、国际会议、国家级会议、各种体育和文化活动、会议、商业聚会、报告会和宴会等。

14. 日内瓦展览中心

该展览中心的地理位置极为优越，它紧邻飞机场，靠近市中心，无论是乘飞机而来，还是驾车前来，甚至步行都非常方便，因为客人不管是在飞机场、火车站、停车场都可在 10 分钟内步行到展览中心。这个中心有 7 个展厅，总面积为 9000 平方米，而且所有展厅都在一层，另外还有 20 个多功能的会议厅，可容纳 1.1 万参加者。

这个展览中心还配有最先进的声、像和同声传译设备，能满足各种会议的需求，4 个餐厅可满足 2000 位客人同时就餐。

15. 法国里昂展览中心

里昂展览中心有 9.2 万平方米室内展览面积，从 6000 到 1.1 万平方米不等的 10 个大厅，分布在底层，高 12 米。室外展览面积为 11 万平方米。该建筑中心是一个圆形大厅，用来指示方向和进行活动。会议中心可容纳 1000 人，另外有一个研讨会和会议区域，有 17 个房间，可容纳 25~900 人，该中心设备先进，具有现代化的通信系统，与微信网络连接。新闻中心是常设机构，服务设施齐全，饭店和住宿及娱乐场所可为来参加展览的客人提供优质服务。展览中心地处交通方便地带，距飞机场和火车站均只有 15 分钟的路程。还有多条公路直接通向这里。中心还为参展商、供货汽车和观众分别提供专门入口。

（二）国外会展场馆发展经验

1. 管理机构归一化

作为国家经济和国际贸易发展战略中的一个重要环节，作为城市发展建设的标志性建筑，欧美会展场馆的发展受到了各国政府的高度重视，几乎所有的国家都没有单一的国家级的会展场馆管理机构或专业协会。

2. 场馆管理人才培训正规化

会展业是一个有着广阔发展前景的行业。目前国际会展场馆的招待和接待服务工作也越来越专业化，专业化的工作需要高素质的专业人才，高素质的专业人才需要良好的培养训练机制。欧美已出现诸如英国伯利兹大学旅游接待管理学院等以培养会展人才为目的的名牌学院。

场馆真正创造效益的是智力（包括信息、组织及综合协调能力等）而不是资金（建设场馆），而目前中国缺少的就是这样的具有会展场馆经营管理知识，具备营销技能的专业人员。会展场馆从业人员多数是半路出家，而非招展、广告、策划、布展等方面的专业人士。可喜的是中国场馆已经意识到这个问题的存在，开始加大场馆专业人才的培养计划。

3. 在场馆举办展览和会议的机构专业化

欧美在 20 世纪五六十年代，许多专业的展览和会议都是由行业协会主办的。随着展览会之间竞争日趋激烈，越来越多的行业协会把隶属自己的展会全部或部分交给专业展览公司去运作与经营。这样，在场馆举办展览和会议的机构都是专业公司，增强了专业度，促进了场馆发展。

我国会展场馆曾经由一些非市场化的发起单位和部门全部或部分垄断，这些单位和部门还没有意识到中介公司提供服务的效率会更高。因此，场馆经营和管理在目前还处于一定的垄断阶段。

4. 场馆经营集团化

场馆的激烈竞争体现为场馆经营公司在资金、人力资源国际网络等方面全方位竞争，大型场馆经营集团凭借自身优势，通过兼并收购中小型场馆来整合场馆经营，场馆经营管理层呈现规模化、集团化趋势。例如法国会展市场主要由爱博、博闻、巴黎展览委员会、励展四大集团控制。德国的汉诺威展览公司负责协调和筹备在汉诺威举办的所有展览的展场营建、出售展位、广告公关等全部活动。而经营法兰克福博览会场馆的MESSE FRANKFURT GMBH公司共有员工550人，在全球设立64家代理公司，负责全球103个国家的业务联系工作。场馆内有15家配套服务公司，涉及交通运输，旅店餐饮、银行保险、广告装修等，服务十分完善。

而我国目前有很多小型会展场馆，往往依附于政府办展，而有独立办展能力的场馆很少，即使独立办展，也要拉上政府作为后盾。在这些场馆承接的展览中，展会规模很小，没有形成名牌展会。这样的场馆，自然不具备和世界上集团化的会展场馆竞争的能力。所以我们应该将场馆做大做强，做成集团化、品牌化的场馆，举办品牌化的会展。

5. 场馆经营品牌化

场馆要创品牌，一个著名的品牌能救活一个企业，一个品牌化的场馆是场馆赖以生存和发展的根本，几乎所有的场馆都已认识到创造品牌化场馆的重要性和迫切性。一个场馆必须创出品牌，一届一届办下去才可能盈利。因此，成功的场馆需要有鲜明的特点和长远的规划。欧美国家在进行场馆经营时，每个展览会的举办计划都是由组织者与参展商、参观者、各国联合会、协会等密切协商后制订出来并根据不断变化的市场条件进行调整。比如每年春天在德国汉诺威举办的“工业博览会”，其前身是1947年的“德国出口博览会”，到目前已举办了50多届。

在场馆品牌化方面，北京已经初露端倪。20世纪90年代以来，北京兴建了很多的会展场馆，在这些场馆先后举办了很多的展览和会议。但是目前中国的会展场馆没有担当起承办一个大型品牌会展的责任，而仅仅是会展的承办方，这就要求我国的会展场馆要有长远眼光、勇于投资、勇于承担风险，去主动创办品牌化的场馆，而不是恶性竞争，去克隆知名品牌会展场馆。

6. 场馆运作国际化

随着全球化的发展，欧美场馆的国际化水平也越来越高。场馆不再满足吸引本地区、本国的参与者，而是力争提高场馆的国际参与程度，提高场馆的全球影响力。

四、国内会展场馆的发展

经过20多年的发展，会展业在我国逐步壮大，成为近年来我国最具活力的产业之一。中国的会展业在“十五”（第十个五年计划，2001—2005年）期间取得了超过14%的增幅。就展览项目而言，中国仅落后于全球第一的美国，而会展场馆数量则居世界第三，排在美国和英国之后。会展经济作为新兴的朝阳产业，已在国民经济中发挥着越来越重要的作用。近年来，上海、广东、北京、浙江、江苏、福建、山东、辽宁等省市会展业发展较快，已初步形成了以上海、北京、广州三大会展城市为中心的长三角地区、环渤海地区和珠三角地区会展产业带。

会展场馆是会展经济发展的载体，被誉为会展经济服务的火车头，是会展业发展的基础，没有具有相当规模及配套设施齐全的会展场馆，就难以催生具有影响力的品牌展会。一段时间以来，随着我国各地一批新型展馆的建设及投入使用，现代风格的展览馆成为一个城市体现经济快速发展的“名片”。同时，会展场馆作为会展行业发展的硬件设施，是会展业发展的风向标。一般而言，会展场馆集中的地区往往也是会展业发展的中心。我国会展场馆的发展主要经历了两个过程。

（一）20 世纪 80 年代——我国会展场馆建设的起步期

1. 国内第一个规范的现代会展场馆

1985 年 11 月，北京为举办亚太地区贸易博览会，规划建设了中国国际展览中心（以下简称北京国展），这是我国为举办国际性贸易展览会而兴建的一个大型会展中心。该中心规划总占地面积 15 公顷，1985 年 6 月完成一期工程，1989 年建成综合楼，1991 年中央主馆投入使用。1991 年中央主馆投入使用，静安庄馆占地面积 15 万平方米，室内展出面积 6 万平方米，室外展出面积 7000 平方米，停车场 1 万平方米，海关监管仓库 7000 平方米。天竺新馆总规划用地 155.5 公顷，室内使用面积 20 万平方米。北京国展在设计上参考了国外先进经验，相比以往的展览馆，其建筑结构不仅更加合理，更能符合国际展览标准，配备设备也更加精良，并增加了会议中心，能够满足国际展会“展中有会，会中有展”的要求。自 1985 年成立以来，北京国展已举办展会约 350 个，这些展会大多在国内外有较大影响，包括国际知名的汽车展、化工展、电信展、计算机展等。

北京国展是北京 20 世纪 80 年代十大建筑之一，在设计上强调“实用、经济、美观”的原则，是传统与现代建筑理念有机结合的产品。它无论在展览规模、展览设施还是建筑设计上都已具备现代会展建筑的特征，代表了我国改革开放形势下会展建筑的全新形象，为国内会展建筑的建设做出了可贵的探索。但由于经验较少，在规划设计上也留下一些遗憾，如在确定选址方案时缺乏长远考虑：北京城区在 20 世纪 80 年代后迅速扩张，北京国展目前处于北京市中心的繁华区，交通流量极大，周边道路严重不足，且规划时预留的发展用地经多年变迁早已易作他用，交通问题成为国展当前面临的最严峻的问题。每当大型展会举办时，周边道路严重拥堵，甚至会影响到整个北三环地区的交通，因而不得不实行交通管制。当时的展厅形式和规模都留下了历史的痕迹：单个展厅规模较小，空间容量不足，同时，配套设施已经陈旧，已不适应现代展会的要求。

2. 地方会展建筑建设的启动与发展

20 世纪 80 年代以来，各地逐渐认识到会展业对繁荣地方经济、促进贸易发展的重要作用，于是纷纷开始兴建会展场馆。随着城市的发展，一些会展建筑充分利用城市本身固有的高密度、高效率的优势，集中多功能，向综合化发展，逐渐出现各种的会展建筑；同时，开始引出外来设计力量，给会展建筑注入了新鲜活力，国内会展建筑设计开始与国际接轨。

北京中国国际贸易中心于 1985 年 9 月动工，1990 年竣工，是一大型综合性商贸会展综合体，具有办公、居住、酒店、会议、展示、购物、娱乐等多项功能。占地面积 12 公顷，总建筑面积 43 万平方米，总投资 4.5 亿美元；其中，展览大厅 1 万平方米，由 3 个展厅及序厅组成，内设两个小型会议室。建筑构图主次分明，将简单的几何形体稍加变化，在严谨中求变化，色彩凝重，体现出现代建筑的庄重气氛。

天津国际展览中心于 1986 年建成，是一座包括展厅、写字楼、酒店和公寓的综合性建筑。总建筑面积 26460 平方米，其中，展览面积约 8000 平方米。由高 29.7 的服务大楼和高 18.9 米的展厅组成，服务楼 2~8 层为标准客房层，第一层为中西餐厅，健身、康乐设施及商务中心。展厅共 2 层，楼层净高 6.5 米，分别为 6 个 22.8 米 ×22.8 米的无柱大空间。大楼中部 6 层高的门洞和左右两翼，分别隐喻中国传统建筑的“门”和“厥”。平面采用对称布局，序列空间的安排体现了传统建筑中的“门堂”的形制。

北京国贸和天津国展都是由海外建筑师设计，给国内建筑师带来了一些新的思路和经验，是我国会展建筑开始与世界接轨的标志。

同一时期建成的还有广州科技贸易交流中心、深圳国际展览中心、广西桂林国际贸易展览中心、福建工业展览大厦等。为带动地方经济发展，在内陆一些发展较慢的地区也建设了一些会展场馆，如内蒙古展览馆和宁夏展览馆。

3. 小结

20 世纪 80~90 年代是我国会展建筑的自我探索时期，展览模式已向正规的商贸会展发展。由于经济上的局限，会展业与会展建筑都没有与国际接轨；但国外建筑师已经开始进入中国市场，引入一些先进的设计理念和方法、技术优势及丰富的设计经验。由于对国际化的会展运作不了解，会展建筑普遍规模较小，服务设施缺乏，设备较为简陋。同时，对会展建筑的前期策划、城市规划选址方面认识不足，缺乏系统的交通组织规划。

（二）20 世纪 90 年代至今——我国会展场馆建筑的成长期

1. 重点会展城市的会展场馆建设及扩充

1990 年至今为国内会展建筑的建设高峰期。据调研资料统计，我国会展场馆建设全面升温。随着各地政府对会展项目给予的扶持资助力度不断加大、规范监管体系不断健全，可以预计在未来几年中国会展经济发展的政策环境会有所改善，“会展兴市”的作用将受到社会各界人士广泛的认可。

国际会展活动最发达的城市以北京、上海、广州为首，2000 年国内举办各类展会共 1500 余个，这三个城市就占 50%。在这三个城市早就建有会展场馆，在 20 世纪 90 年代后又开始新一轮的建设和扩充。

2. 经济活跃城市的会展场馆建设

20 世纪 90 年代，一些城市由于其特殊的地理位置，经济贸易活动日趋活跃，包括边贸活动及一些地区性商贸活动等，如 1992 年创办的乌鲁木齐对外经济贸易洽谈会（简称“乌洽会”）、1993 年创办的昆明出口商品交易会（简称“昆交会”）、哈尔滨经济贸易洽谈会（简称“哈洽会”）和厦门举办的中国投资贸易洽谈会等。另外如江苏、大连等地区，经济发展速度较快，也产生了对会展设施的需求。这些城市为了经贸活动的需求，开始建设自己的会展场馆。

南京在 1990 年建成江苏展览馆，建筑面积 2.5 万平方米，地上 3 层展厅，展览面积 1.8 万平方米。但其设计仍停留在国内会展建筑刚刚起步时的水平，模式陈旧，现大部分展厅已常年作为家具展销和办公之用。

1996 年建成的大连星海会展中心位于星海湾商务中心区北端，是集展览、会议为一体的大型综合性会展建筑。该会展中心的建设与运营有效地带动了该地区的整体发展，星海湾一带由荒凉的废弃地一跃成为大连市的繁华地区。

20 世纪 90 年代中后期至今，更多的经济活跃城市加入到了建设会展中心的热潮中来，其中，展览规模 5 万 ~10 万平方米的大型会展建筑有福州国际会展中心（1998 年）、成都国际会展中心（2001 年）、沈阳国际会展中心（2001 年）、武汉国际会展中心（2001 年）、宁波国际会展中心（2002 年）、厚街广东现代国际会展中心（2002 年）、湖南国际会展中心（2003 年）。展览规模 1 万 ~5 万平方米的中型会展建筑有南京国际展览中心（2005 年）、深圳高交会展览中心（1999 年）、厦门国际会展中心（1999 年）、青岛国际会展中心（2000 年）、温州国际会展中心（2002 年）、长沙现代农业博览会展中心（2002 年）等 30 余个。

2002 年建成的宁波国际会展中心是宁波市政府投资建设的大型现代化会展场馆，它地处宁波市 6 个区的中央位置，交通十分便利。一期工程占地面积 37.7 公顷，总建筑面积 8.26 万平方米，总投资 7 亿元。它集展览、会议、商贸洽谈、餐饮、仓储等功能于一体，是一座大型智能化现代会展中心。共设 6 个单层展厅，其中，主展厅高达 35.8 米，其余展馆高 21.3 米，空间宽敞，设施完备。主入口前面设有 12.3 万平方米的大型广场，环境优美舒适。

2012 年 6 月 10 日，重庆国际博览中心的钢结构吊装已建设完成。据了解，重庆国际博览中心以超越国际大型会展中心建设标准的施工方案修建，室内展馆使用面积 20 万平方米，共设 16 个展厅，多功能厅、会议厅、酒店等配备齐全。展览中心钢结构部件总重量超过 2.5 万吨，2012 年 8 月全部完工。

中国·哈尔滨国际农业博览中心项目于 2013 年项目竣工后，成为中国农业总部基地、会展总部基地和永不落幕的世界农业食品博览会。中国·哈尔滨国际农业博览中心项目是由华鸿集团、红星美凯龙集团投资建设的世界一流、亚洲最大的国际农业展会项目，位于哈尔滨长江路与南直路交会处，总建筑面积 110 万平方米，总投资约 80 亿元，预计可拉动 10 万人就业。据悉，该项目由世界顶尖设计团队——德国欧博迈亚公司担纲设计规划，包括国际农业会展和会展商务配套两大功能区，整个建筑群由世界农业发展论坛永久会址、世界农业科技馆、世界农业展览馆、世界农业发展大厦、世界农业金融大厦和办公楼、公寓、配套住宅等组成。其中，世界农业发展大厦总高度达 228 米，建成后成为哈尔滨城市级标志性建筑。

2011 年 12 月，展览面积达 50 万平方米的国家会展中心在上海青浦徐泾正式开工兴建，总投资 200 亿元，在 2015 年年初建成并投入运营。这一会展“巨无霸”成为上海建设亚太会展中心城市的重要抓手，有力地促进上海现代服务业的发展，进而推动“四个中心”的进程。

值得注意是，还有更多的城市正在筹划建设自己的会展中心，已有会展中心的城市则在计划着更新与扩建。一些经济发达的中小城市也将发展会展业列为未来的发展方向。在不久的将来，会展建筑将同城市广场、图书馆、博物馆、音乐厅、体育馆等设施一同成为城市基础公共设施的组成部分。

3. 超大型会展建筑的场馆

在 2000 年以前，我国仅有广交会展馆的展览面积将超过 10 万平方米，随着会展热的升温，会展设施的建设在国内全面开花，国内也开始筹划建设新的超大型会展建筑。

20 世纪 90 年代后期至今，我国建设了一大批高标准、现代化的会展建筑，其中，很多都是直接由国外建设师设计，吸取了很多国外的先进经验。由国外建筑师或事务所设计的代表作有：上海新国际博览中心（美国）、广州新国际会展中心（日本）、深圳会展中心（德国）、山东青岛国际会展中心（英国）、厦门国际会展中心（加拿大）、安徽国际会展中心（法国）。国内设计院也更多吸取了国外的先进经验，在设计上趋于成熟。

4. 小结

自 20 世纪 90 年代以来，我国会展业努力与国际接轨，吸取国外的先进经验，同时，也兴建了一批有较高水平的会展建筑。一些会展建筑直接由国外有经验的建筑师设计，并参与国外的经典模式，这同时促进国内的设计者从空间布局、交通组织、室内空间、设施配合等方面进行多方位、多层次的探索。国外展览公司开始进入中国市场，对我国会展的管理运作水平也有很大的带动作用。

【复习思考题】

1. 简述会展场馆的概念、内涵、作用。
2. 简述会展场馆管理的概念、内涵、目标、理念。
3. 简述会展场馆的运营模式、运营方法。
4. 简述现代会展场馆的特点，会展场馆的国际组织。

【案例分析】

德国汉诺威展览中心

1. 概述

汉诺威展览中心是世界上最大的展览中心，拥有 49.8 万平方米室内场馆，5.8 万平方米户外场地，27 个馆和一个拥有 35 个功能厅的会议中心。作为世界最大的展览场地，可容纳大约 2.6 万个参展商和 230 万名观众。1947 年在那里举办了第一次展览会，从那以后，这个地方就成了展览会场。除了 2000 年的世博会，每年的汉诺威国际信息及通信技术博览会（CEBIT）和汉诺威工博会都在这里举行。

2. 综合配套设施

汉诺威在城市基础设施建设上，尤其是展览会的各种硬件设施上都堪称一流，还配有功能齐全的会议中心，其展览技术和设备一直在不断改进和完善。汉诺威展览中心的配套硬件设施如图 1–4 所示。

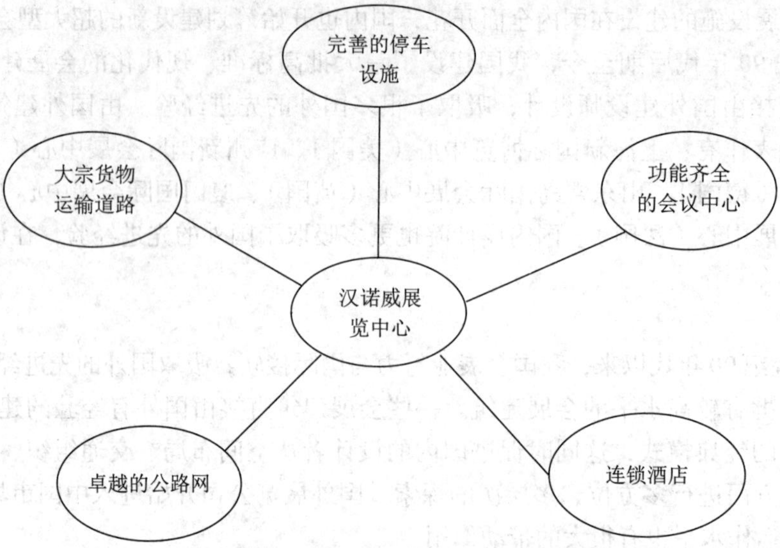

图 1-4 汉诺威展览中心的配套硬件设施

除了完善的硬件设施外，汉诺威展览中心在展会的组织和服务等“软件”方面也有口皆碑。它们为展商和观众提供一本册子或一本书，内容不仅包括历年展会的情况回顾，而且还介绍整个欧洲甚至整个世界某个行业的发展趋势及动态，同时涉及参展费用、装修费用等信息。一些宣传材料仅酒店介绍就有五六页篇幅，罗列上百家不同档次的酒店供用户挑选，并详细介绍价格、优惠幅度等情况。

3. 经营模式

与英国及美、法等国的展览公司不同，德国的会展中心全部由各州和地方政府投资兴建，会展公司由政府控股，实行企业化管理，展览公司既是展览中心的管理者，又是许多大型博览会的举办者和实施者。汉诺威展览公司是由下萨克森州政府和汉诺威市政府分别控股 49.8%，所以它既是汉诺威展览中心的拥有者，又是 CEBIT 和汉诺威工业博览会等大型展览会的举办者。

（1）汉诺威国际信息及通信技术博览会（CEBIT）。一年一度的德国汉诺威国际信息及通信技术博览会是世界上规模最大、最具影响力的国际信息和通信技术行业的高科技品牌展会，由德国汉诺威展览公司主办。CEBIT 源于 1947 年在德国汉诺威创立的旨在向国际市场展示德国产品的汉诺威工业博览会。而 CEBIT 独立于汉诺威工博会之外的首次展出是在 1986 年，当年就吸引了 2142 家厂商参展，取得非常成功的效果。之后，CEBIT 展会始终保持持续增长的趋势并在业内展会中具有举足轻重的地位，2010 年为期 6 天的展会共吸引了来自 69 个国家和地区的 4300 家企业在 24.1 万平方米的华丽展馆展示最新的信息通信技术、产品和解决方案，40 万名观众来到展会现场洽谈新的贸易订单。

（2）汉诺威工业博览会。作为世界最大的工业博览会，汉诺威工业博览会始创于 1947 年 8 月，经过半个多世纪的不断发展与完善，由最初的德国出口贸易展览会成长为当今全球工业贸易的旗舰展和影响力最为广泛的国际性工业贸易展会。它汇集了各个工业领域的技术，引领着世界工业的创新与发展，成为名副其实的“世界工业发展的晴雨表”。在60多年的发展历程中，汉诺威工业博览会显示了它顺应潮流的适应性，它采用单双年不同分展的策略，除工业零部件与分承包技术展、能源展、工业自动化展、工业服务与设备展、数字化工业展、微系统技术展、研究与技术展每年举办外，每逢单年将有动力传统与控制展、表面处理技术暨欧洲粉末涂层技术展以及空压与真空技术展出现在汉诺威工业博览会的展览主题中，而在双年则增加管道技术展。汉诺威工业博览会凭借其独一无二的品牌形象，已逐渐成为众多公司，尤其是中小型企业开启全球市场的金钥匙。

4. 场馆所在地的区位经济与交通情况

汉诺威承办过两届世界博览会，拥有世界上最大的展览场馆——汉诺威博览中心，世界十大展览会中的5个在汉诺威举办，CEBIT高峰时曾吸引过75万名来自各国的参观者，大大超出汉诺威市52万的人口数；展出面积达41万平方米，相当于55个足球场；门票价格高达38欧元，主办单位汉诺威展览公司光营业收入一项就达数亿欧元，更不要说其他消费收入了，汉诺威因此也被誉为“世界会展之都”。

一到汉诺威这个城市，市内的交通就为展览大开绿灯，开设专线地铁，观展人士甚至还可以坐直升机到达展馆。展览中心内，免费交通车不停穿梭，运送参观者；不同的线路还用不同的颜色标在站牌和车窗上方，方便参观者搭乘。展场的北面和东面各有一条干线地铁，并有连通法兰克福、汉诺威和汉堡的德国南北干线的火车站。

两条“空中走廊”（装备有人行电梯），一条从西面连通火车站和13号馆入口，一条从东面连通停车场和8/9号馆入口。一条新的地铁线路提供了从汉诺威机场途经汉诺威中央火车站到达展场的快速交通。展场的停车场可停放5万部车辆，其中有遮盖的泊位有8700个。

5. 相关产业和城市的影响

汉诺威是德国下萨克森州首府，北德重要的经济文化中心，水陆交通枢纽。独特的地理位置为当地展览业的发展提供了重要的自然条件。第二次世界大战期间，汉诺威大半个城市曾被毁，战后在废墟上建起现代化新城。从1947年举办了第一届汉诺威博览会的70多年来，在汉诺威举办的各个展览会不仅为全世界提供了沟通交流的机会，也给当地带来了滚滚财源。

汉诺威是依靠展览业托起的城市，汉诺威展览业的发达与汉诺威展览公司的拓展有着必然的联系。可以说，两者互为因果，相互依存。这种情况在全球也并不多见。一个展览公司就是一个会展城市。应该说，汉诺威会展业的发展离不开汉诺威展览公司的成功经营和悠久历史。从1947年举办第一届工业博览会至今，汉诺威展览公司已发展成为世界第一大展览公司。目前负责协调和筹备在汉诺威举办的所有展事，每年平均承办的国际展事大约在20个，几乎月月都有一两个大展览。

同时，汉诺威展览公司还不失时机地在新兴国家和经济增长较快的地区大力开拓海外市场，一方面是吸引了大量的德国及欧洲以外的厂商来汉诺威参展；另一方面就是在海外建设新场馆，并将自己成熟的展览会延伸到海外。比如，进入20世纪90年代以来，汉诺威两大展事上来自德国和欧洲以外的厂商均在40%以上。而在2000年汉诺威参与投资兴建了上海新国际博览中心，其著名的 CEBIT 展，如今已经有了亚洲版、美洲版等。

资料来源：根据 http：//www.expo-china.com/pages/hall/200406/613/hall-gaikuang.shtml 和 http：//wenku.baidu.com/view/5edbb72e0066f5335a812101.html 整理而成。

思考题：

1. 归纳汉诺威展览中心在经营管理上的成功之处。
2. 联系实际，你认为中国场馆在经营管理方面有哪些地方需要改进？

第二章

会展场馆规划管理

【本章导读】

会展场馆是举办展览及组织会议、节事活动等在技术和基础设施上的先决条件，会展场馆建设是会展管理的重要内容，场馆的质量和管理水平对于各种会展活动能否成功举办有着持续的影响。

【学习目标】

1. 能够掌握会展场馆选址的主要原则；
2. 明确会展场馆的布局类型及布局规划原则；
3. 熟知会展场馆验收的流程及注意事项；
4. 了解会展场馆的公众评估标准。

【导入案例】

珠海国际会展中心

珠海国际会展中心位于珠海十字门中央商务区湾仔片区，占地面积 26.9 万平方米，一期总建筑面积约 70 万平方米，是国内首屈一指集展览、会议、酒店、剧院、音乐厅、甲级写字楼及配套商业于一体的大型会展综合体。

珠海国际会展中心由会议中心和展览中心组成，是珠三角功能最完善、配套最齐全、设施最先进的专业场馆之一。会议中心设有 4500 平方米无柱大宴会厅、2000 平方米多功能厅、1200 座剧院厅、800 座音乐厅及 35 个设施先进的会议室；展览中心一期净展览面积为 33000 平方米，6 大展厅共可提供 1600 个国际标准展位。各类设施设备高档齐全，专业餐饮服务团队，4000平方米的专业厨房，可同时提供6000人高规格宴会服务，形式灵活丰富以满足各种需求。

——大跨度无柱式展厅。展览中心（一期）拥有30万平方米室内展览空间，可以分隔成5000~30000平方米不等的独立展厅，最大可提供约2万平方米的无柱式展览面积，无柱式展厅最低净高达14米，跨99米。

——多功能高水准展厅。展览中心地面最大承重为5吨，可以举办大型专业机械展；1、2号展馆在AV设计和声学装修方面做了特殊处理，可举办大型演艺综艺活动；中心走廊长288米，宽17.6米，能够举办各种类型的展会相关活动。

——舒适的办公及休闲环境。展览中心在每个展厅的二楼夹层为展商提供舒适的办公休闲及会客空间；室外的休闲广场经过专业点的园林设计，是社区居民的娱乐休闲场所。

——4500平方米宴会厅。大宴会厅面积达4500平方米，净高13.8米，可根据需要灵活分隔成9个500平方米的独立空间。会议中心还配有国际先进的同声传译系统，可举行国际性的大型专业会议。

——2000平方米多功能厅。2000平方米多功能厅可拆分为3个厅，并可根据需要组合成600~2000平方米的独立空间。

——分会议室。会议中心还拥有35个可以自由组合的分会议室，设施先进可实现多达50种面积组合，提供20~5000平方米的会议空间。

资料来源：珠海国际会展中心简介［EB/OL］，［2015-12-21］.http：//www.zhuhaiicec.com/

第一节　会展场馆选址

会展场馆是专营会议和展览活动的场所，是各种会展活动开展的最主要硬件依托，是会展业运作和发展不可或缺的基础条件。会展场馆选址的正确与否，对于会展业的发展而言，可以算得上举足轻重，因为会展场馆与所在的外部宏观环境之间存在相互耦合的关系。场馆的长足发展受到其所在空间区域的限制，这一区域是否有各种必备的基础设施、便捷的道路交通条件、完善的会展配套设施等，制约着会展场馆的使用与发展，而更重要的是，会展所在区域必须有较为发达的经济贸易条件、相关产业基础等，来支撑一个庞大会展场馆的存在与发展，即会展举办数量能否保证场馆的利用率。同时，会展场馆一旦落成，也对其赖以生存、借以发展的城市空间区域起带动作用，每个新会展场馆的修建，都不可避免地带来邻近地区硬件设施的完善、经济的发展以及相关产业特别是服务业的繁荣。道理很简单，即整个宏观环境将随着会展场馆的建设得以发展和完善，宏观环境的好坏直接影响着会展场馆以及场馆所在地区会展业的发展，会展场馆的建设也为该地区环境的改善带来新的契机，它们之间是相互制约、相互促进的关系。所以，在会展场馆选址的时候要充分考虑场馆与地区宏观环境之间是否存在良性互动。

一、会展场馆选址的含义

会展场馆选址有两层含义：一是指总体布局的选择，即会议展览中心在全国的分布；二是指某个地区或城市当中，场馆具体选择的地点。

二、会展场馆总体布局

（一）会展场馆总体布局的影响因素

一般情况下，会展场馆的总体布局要综合考虑以下因素：场馆的分布密度、场馆所在市之间的关联性、城市不同的功能特色、城市的贸易活跃度，以及产业基础、政府未来的发展策略、已有的会展资源等。

例如，会展发展较为成熟的德国，其会展场馆的总体布局具有合理性。德国拥有的展览面积以及会展中心的分布密度在全球是最高的。展览面积在 1.5 万平方米以上的会展中心共有 24 家，总展览面积超过 250 万平方米。其场馆的密度与其发达的会展业紧密相关。德国的会展场馆总体布局是受其历史发展因素影响的。

众所周知，第二次世界大战之后，德国分裂为东德、西德。由于历史的原因，东德的经济落后于西德，由于这种不平衡的经济水平，德国的会展场馆主要位于西南部。其成功之处主要在于其充分考虑城市的特点以及产业基础，形成合理的分布，避免会展场馆之间的资源抢夺与恶性竞争，同时充分利用会展场馆形成的会展经济圈，带动地区经济的发展。

因此，布局的合理促成了其会展业的健康发展。这些会展城市不仅拥有设施完善的场馆，并已成功经营了若干名牌展会，取得了良好的业绩。

例如，法兰克福展览中心是世界第三大展场，由 10 个展览厅组成，占地面积 47 万平方米，室内展场 32.1 万平方米，每年有 50 多个展览会在这里举办，其中汽车展、春秋两季消费品展是世界级的品牌展会，参加博览会的人数平均每年超过 100 万。

汉诺威展览中心拥有世界上最先进的展览设施。整个场地占地 100 万平方米，共 27 个展馆，室内展览面积达到 49.8 万平方米，欧洲最宏伟的人行天桥连通城市高速路和 8 号馆。除了室内展览空间，展场还提供 5.8 万平方米的室外展览面积。汉诺威的 CEBIT 展会闻名遐迩，成为世界品牌展会的代表。

（二）我国会展场馆的总体布局

我国会展场馆总体区位布局与会展产业带分布基本对应，已初步形成以上海、北京、广州三大会展城市为中心的长三角地区、华北地区和珠三角地区会展产业带。会展场馆的总体布局呈现以下分布状况：

以北京为中心的华北会展产业带起步早，具有良好的政治、经济环境，历史文化底蕴深厚，人才集聚，所承办展会的级别较高。但由于历史原因，华北地区各城市的经济发展不平衡。从空间分布上看，展览馆主要集中在北京市和天津市，共占该地区总数的 61.11%，华北会展产业带共有展览馆 20 个，展览面积较小，有 68.75% 的展览馆展览面积在 1 万 ~3 万平方米之间，不能满足大型展会的举办。

以上海为中心的长三角会展产业带地处沿海地区，开放性高，经济发达，产业优势明显，具有丰富的旅游资源以及良好的国际都市形象，社会服务体系较为完善，其所承办展会的起点高。在空间分布上，以上海及江浙地区居多，共有 38 个场馆，占场馆总数的 58.46%。各大城市（如上海、苏州、杭州、义乌）会展业发展均衡，已经形成城市互动发展的良好会展格局。长三角地区是展览场馆分布数量最多的地区之一，该区共有会展场馆 65 个，展览面积以 3 万平方米以下的居多，共有 39 个场馆，占场馆总数的 60%。

以广州为中心的珠三角地区是我国最先对外开放的窗口，经济贸易往来频繁，制造业发达，具备良好的产业基础以及完善的产业链。在展览馆的空间分布上，沿海经济发达的广东和香港特区的展览馆数量较多，已经形成了以广州为中心，会展经济向周边的深圳、东莞、顺德等地区辐射的会展模式。该地区共拥有 43 个会展场馆，展览面积以 1 万 ~ 8 万平方米居多，也不乏超过 10 万平方米的展览馆。

西北地区的会展业发展滞后，究其原因，主要在于产业结构不甚合理，基础设施尚未健全，加之气候干燥，交通不很便捷，相关的服务业发展迟缓，种种因素阻碍了西北地区会展业的发展。会展中心主要集中在陕西西安。东北地区、中南地区会展业处于起步阶段，会展场馆主要集中在中心省会城市。东北地区的会展场馆则主要集中在沈阳和大连，西南地区的会展场馆主要集中在成都和重庆。

从总体布局上看，我国会展场馆建设总体上已出现“失衡”状态，主要表现为：

第一，会展场馆盲目建设，场地利用率低下。在会展经济热潮的带动下，许多城市在没有充分考虑地方产业与区位优势的情况下，盲目建设会展场馆。加上会展场馆建设追求规模，忽略实际效用，导致会展场馆空置率过高。由于会展场馆维护成本高，许多会展场馆已成为城市经济的一大负担。

第二，会展场馆地区分布失衡。会展场馆规划建设前期没有进行充足的市场调研，导致某些地方会展场馆资源过剩，会展场馆之间相互抢夺客源，会展场馆以低廉价格出租场地，形成恶性竞争；而有的地方却出现会展场馆资源不足，面对良好的展会资源却无力举办展会，导致展会流失。

第三，会展场馆关联互补性差。各个会展场馆各自为政，缺乏区域之间的互助合作，会展场馆资源不能实现有效共享。某些会展场馆虽然实现了合作，但也是名存实亡。例如，杭州和平会展中心与上海光大会展中心的合作，由于各会展中心都有其发展的模式和条件，杭州和平会展中心不具备上海所有的资源和环境，其引入的管理方式水土不服，合作结果并不理想。

三、会展场馆区位布局

会展场馆的区位布局是指在某个城市或者地区，会展场馆应该选择的具体地点、场馆建设的规模，以及场馆是一次性工程抑或分期工程。一般情况下，根据会展场馆的规模不同，会展场馆的选址也不同。

根据会展场馆规模进行选址主要依据在于：1 万平方米的场馆对城市交通的影响小，适用于档次高、精密度高、规模不太大的展会，如钟表展、化妆品展、汽车嘉年华等展会；大中型场馆建在城市边缘，交通便利，住宿方便，对城市具有较大的影响力；特大型的场馆可以选择建在新城市或长期没有开发的城市废墟，化腐朽为神奇，在不利的环境下带动当地经济的发展。由于我国没有足够的资源支撑场馆规模的细化，目前只有北京、上海、广州这些大城市，在一定程度上按照场馆规模进行选址建设。长远看来，我国还是应当充分利用会展场馆规模的不同，发挥其各自的效用。

四、会展场馆选址的原则

会展场馆地址的选择，一般而言，应当遵循以下三个原则：

（一）市场容量原则

市场容量原则是指根据城市经济发展水平、会展资源分布情况、交通状况、行业聚集程度等相关指数进行资源规划，合理地进行会展场馆的选址。

例如，德国会展场馆的建设遵循市场容量的原则，其会展业并非分散于全部城市，而是集中于某些城市，而且彼此之间具有关联性，如慕尼黑、法兰克福等。此外，每个城市都有自己的特色，并根据自身的特色发展会展业。慕尼黑与巴黎、罗马看齐，被称为“文化艺术之都”，其自由主义气氛浓厚。慕尼黑根据其特色发展品牌节庆——啤酒节，节日期间，人们像潮水般涌向慕尼黑，热闹非凡；而法兰克福则以其图书展、美容展闻名遐迩。我国某些城市忽略了市场容量原则，相邻各个城市都有会展场馆，各个城市在没有考虑自身资源及特色的情况下盲目建设场馆，每个地方都建设会展场馆就把有限的展会资源摊薄了，造成许多场馆闲置。同时会展场馆的经营需要高额的费用，这笔费用是来自纳税人的钱，这会造成城市负担沉重。例如，某城市由于临时举办世界级博览会需要而建设会展场馆，但是临时性展会结束之后，由于该城市会展市场尚未开拓，展会数量极少，造成场馆长期闲置，最后无力经营，场馆亏损严重。某些城市试图凭借大型场馆创建市场，最后由于缺乏产业支持而失败。比如，内蒙古某城市因为举办一个边贸会议的需要而投资 20 亿元建设了规模 10 万平方米的场馆，结果由于该地区会展资源不足，该场馆利用率极低，每年才开一次会议，投资无法回收而以失败告终。

（二）交通便捷原则

交通便捷原则是指根据运输工具、运输能力、收发货物方便程度等指数进行会展场馆的选址。好的会展场馆应处于交通网络发达地区，四周交通便利，换乘方便，各种交通设施齐全，便于游客和参展者的参展行为。英国著名学者 J.M. 汤姆逊曾把大城市的交通问题归纳为七个主要方面：交通速度、车祸、公共交通高峰时间拥挤、公共交通非高峰时间乘客稀少、步行人困难、冲击环境和停车困难等。虽然在各个城市所表现出来的交通问题也许并不雷同，引发交通问题的各种内外原因具有多样性与复杂性，但其内容无法逃出这些基本范畴，且根本原因还在于城市的规划问题。会展中心往往需要庞大的用地和便捷的交通条件。例如，德国基本形成了处于城市边缘、靠近主要交通干线的会展中心选址模式。

我国某些城市在盲目兴建会展场馆的同时，忽略了交通问题，导致众多的问题应运而生，最为严峻的就是场馆给周边环境带来了负效应。其负效应主要体现在以下四个方面：

（1）带来城市安全隐患。例如，某些展会无视城市交通状况，在市区中心建设会展中心，举办大型展会。结果每天人流量高达8万~10万人，造成严重的交通堵塞，影响展会正常运行；某些会展场馆在展会期间由于周边的正常交通工具数量有限，非法车辆借机出没市区，带来严重的安全隐患。

（2）给参展商和观众带来困难。例如，举办珠海航空展的会展场馆位于珠海西区，该地点是珠海的交通死角。每当展会开展期间，车队排成几十公里毫无退路，由于堵车时间过长，还曾经发生过参展商在途中饥饿晕倒事件。

（3）影响城市正常的政务与商业运行。例如，北京市朝阳区拥有CBD、使馆区等重要商务区域，但朝阳区国税一所距离中国国际展览中心仅几百米，众多外企公司都要到税务所去缴税，每当该展览中心举办大型展览会时就造成交通拥堵，严重影响了这些企业的效率。

（4）造成物价飞涨。中国第一展——广交会（中国出口商品交易会），其会展场馆原址位于广州市中心流花路，其路段交通容量小，展会期间堵车时间长达几小时，许多参展商为了减少路途时间，无奈之下选择会展场馆附近价格昂贵的酒店，如中国大酒店、东方宾馆等，结果附近的酒店房价飞涨。例如，东方宾馆在广交会期间，一个标准间的价格最高可达3000多元人民币，按小时计算则为1小时20美元。众多酒店在广交会期间价格的飙升，增加了参展商的参展成本，参展商为此叫苦不迭。

与此不同的是，广东现代国际展览中心选址的成功之处就在于充分考虑交通便利因素。广东现代国际展览中心一改传统的建馆于中心城市的思路，选址于广州、香港、深圳三个中心城市的腹地——东莞厚街镇。东莞厚街镇地处珠江三角洲的腹地，是穗、港经济走廊的中心，空间开阔，交通便利，选址于此，有利于集中和充分发挥珠江三角洲的区域资源优势。

（三）发展空间原则

会展场馆在选址的时候应该考虑会展场馆周边空间拓展能力，合理的会展场馆选址必须留有空间，才能长远发展。例如，深圳高交会展览中心采用分期方式进行建设。深圳高交会会展中心一期占地2.1万平方米，后来由于展会数量的增加与规模的扩大，在原会展场馆的基础上又扩建了1万平方米，这正是因为其考虑到未来的发展空间需要，在一定时间内满足了市场发展的需要。但是随着深圳会展业的发展，深圳高交会展览中心还是不能适应市场的需要，因此深圳市政府不得不重新选址建设新会展中心。如何平衡初始规划与长期发展的冲突，已经成为一个城市必须思考的重要问题。

考虑发展空间原则，会展中心的选址应该注意以下几点：

（1）城市中心区适宜建设小型会展场馆，作为城市配套设施。由于展会的承办会带动周边地区产业的发展，作为城市中心地带的政治、商业中心需要相应的会议、展览设施作为配套。小型会展场馆适宜举办某些小型展览、会议，不仅不会给城市的交通带来负担，同时还将带动相应服务业以及其他相关产业的发展完善。

（2）大型会展场馆选址应远离居民区和其他行政机构服务区域，避免给附近居民带来困扰或者妨碍其他公共事务。城市边缘交通便利的廉价土地是建设会展中心的首选。美国建筑师联合会成员比尔·霍特尔在深圳举办的一次论坛上提出，那些位于城市边缘的未经充分利用的廉价土地是建设会展中心的首选。在设计时可以让会展中心面对城市，但交通和物品运输不能紧靠市中心，这样服务区与交通边缘便被密切地联系起来。他还强调，会展中心如果能够有助于加强城市的核心特色，就可以成为城市旧貌换新颜的催化剂，带动城市周边地区经济的发展。以费城宾夕法尼亚会展中心为例，该中心在废弃的四个街区场址上修建而成，由于在设计上注重规模和特色，随着往来人口的增加，刺激了新的旅馆建成，以往空荡荡的大楼进驻了新的餐馆，带动了相邻的唐人街地区的零售生意，成为一种经济的刺激。

（3）遵循城市—环境—场馆的思路。以南京国际展览中心的选址为例，该会展场馆在总体设计上首先考虑城市的宏观环境，其次考虑微观的建筑设计。南京国际展览中心东侧有高架桥、林业大学综合楼，会展场馆设计首先考虑使之与原有的这些建筑物和谐共存，并处理好与周边自然环境的融合，强化城市的综合配套功能，建立便利、生态、环保、辐射力强的会展功能区。在完成以上规划后，才进入解决内部展示功能的设计阶段，在内部设计理念上，以参展商和观众为本，加强基础设施建设。

（4）充分利用周边配套设施。会展场馆附近最好配套齐全的基础设施，如宾馆、酒店、商场、健身场所等，可以利用现有资源为展会和旅客提供方便，避免重复建设造成的浪费。在不具备配套设施的情况下，可以考虑将原有的某些商业场所进行改造，使之适应会展场馆自身发展的需求。

（5）具备良好的交通条件。好的会展场馆应处于交通网络发达地区，四周交通便利，换乘方便，各种交通设施齐全，便于游客和参展者的参展行为。作为一个服务设施，会展场馆不仅是参展商与专业观众贸易往来的场所，同时也是一个发挥社会效应的公益场所。便利的交通条件有利于发挥其展示功能、社会功能，并提升会展场馆的品牌。

第二节　会展场馆规划

一、会展场馆规划含义

专营会议和展览活动的场所是各种会展活动开展的最主要硬件依托，是会展业运作和发展不可或缺的基础条件。会展场馆规划是指在会展场馆建设前期，根据会展场馆经营思路来进行会展场馆的建筑设计、空间规划、设备配置等工作。

二、会展场馆的总体布局规划

会展场馆的建设必须纳入城市总体规划。会展场馆面积、会展场馆数量、会展场馆建设的分期进程、会展场馆的后续建设等，都是涉及布局和规划的问题。

会展场馆的总体布局可有以下几种方式：

1. 分组式

分组式布局是将总体规划布局作为一个统一的整体，按照不同功能区域进行划分，每一组功能区域都有固定的位置，共同组成一个完整的构想，各个功能区域不能随意移动、增减。例如，北京农展馆、上海工展馆、深圳原高交会展览中心，就属于分组式的布局。

分组式布局的特点：每个功能缺一不可，具有条理性；整体气派、美观，但不一定实用。

2. 区域式

区域式布局是指展览、会议不是统一的整体规划，而是各得其所。展览会议的各个版块功能区相对独立，且各个区域都可以打通。区域式布局的特点是展览区域、会议区域集中，整体感强，实用性强。

3. 并列式

并列式布局是指会展场馆只满足单一的展览功能，会展场馆数量根据需求依次递增建设。例如，上海浦东国际展览中心便是这种布局，它开始只有 2 个展馆，第二年增加 2 个展馆，第三年增加 1 个展馆。并列式布局的特点是投资少，利用率高，成本低。并列式布局的好处在于展馆可以合并使用，缺点在于缺乏总体规划。

4. 扇形式

扇形式布局是以一个功能区域为中心向外辐射，造型特点与周围建筑相匹配。扇形式布局的优点是管理集中、方便，缺点是实用性不强。

5. 混合式

混合式布局是指兼有以上各种模式特点的场馆建设模式。例如，深圳会展中心兼具并列式会展场馆、分组式会展场馆的特点。

三、会展场馆内部布局规划

展览中心内部规划是否合理，直接影响着整个会展活动的进行。合理的布局可以使管理更为有序，参展商和观众可以按照既定的区域进行展出与参观，并得到便捷的服务，工作人员也能够提高工作效率。通常情况下，内部布局设计应当根据会展场馆一般展览的内容、性质和外部环境的具体形式来确定。

（一）内部功能区域划分

（1）展览展示区：主要功能是用于商品的陈列展出、贸易洽谈。

（2）会议研讨区：主要用于举办会议，是进行沟通交流的场所。

（3）观众服务区：检查观众出入证、安全检查、观众登记、会刊发放、观众导引、咨询服务、旅游预订等相关服务的场所。

（4）仓库储存区：仓储物品的场所。

（5）加工制作区：展位制作的场所，除了参展商自己已经制作的展位，某些参展商还需要现场制作展位，通常需要预留场地，由会展中心的工程队或展会主办单位另请的工程施工单位进行展位制作。

（6）商业服务区：商店、餐饮区、社会性停车场等场所。

（7）中心广场区：人员集中、休闲的地方，通常用于举办开幕式。

（8）行政办公区：工作人员进行办公的场所，通常设在场馆内部，欧洲式的行政办公区不在场馆内部，而是在场馆旁边另购写字楼。

（9）绿化休闲区：场馆周边的绿化带。

（二）展厅要素规划

（1）展厅外观。展厅外观必须经济实用、坚固美观，这是展厅外观设计的基本要求。

（2）展厅面积。通常展厅面积大约为净面积的 2 倍。单层单体展厅面积大约为 1 万平方米。

（3）展厅层高。展厅层高一般为 13~16 米。不同的展厅层高有所差异，层高的设计会影响到展位搭建，应该根据场馆展会的定位合理选择。例如，机械展会以及特装展位较多的品牌展会，对层高要求较高。

（4）地面条件。展厅地面状况和地面承重具有特殊要求。通常一层展厅地面承重为 5 吨，二层展厅地面承重为 3 吨。某些会展场馆地面承重较低，例如，杭州和平会展中心一层地面承重为 3.5 吨，二层地面承重为 1.5 吨，这是根据举办展会的要求以及设计成本进行的设计。地面承重负荷高的会展场馆可以更好地实现多样化经营，例如，香港红磡体育馆受欢迎的因素在于场馆的多功能用途，除了举办体育活动外，高地面负荷的场地还可以变成溜冰场。

（5）细节问题。场馆出入口、卫生间、通道宽度等细节问题必须做好规划。例如，出入口开设的数量、地点、场馆通道的宽度等应当根据人流的数量、人流参观心理、人流高峰时间等因素进行设计。一般场馆的主通道为 3 米宽，这是依照人流量进行确定的，场馆通道、出入口依据人流的行走规律确定。

（三）配套设施规划

会展城市场馆周边区域建成后，必须具备餐厅、超市、医护中心、公共电话亭、商旅服务中心、酒店等配套设施。例如，上海新国际博览中心周边由于星级酒店少、餐厅少，吃饭成了“老大难”。一些观众带着家人到新国际博览中心参观展览，结果中午找不到吃饭的地方，只好饿着肚子赶回正大广场，这样的事情时有发生。正是由于配套设施规划不完善，影响了会展服务质量。为此，浦东采取措施完善场馆配套设施，在新国博周边建成东郊宾馆、香格里拉大酒店等三、四、五星级宾馆，提供 2300 多个客房，满足参展商就近住宿的需要。会展场馆配套设施的规划会直接影响场馆的办展质量。

四、会展场馆规划设计的原则

（一）具有会展场馆的专业性

会展场馆的设计应贯穿以会展活动为主要功能的主导思想，不得因场馆外形华丽而阻碍会展功能的发挥。一味追求华丽，而忽略了场馆设计上应该体现的服务功能，这样的会展场馆不能称为现代化意义上的专业会展场馆。例如，上海某博物馆采用走廊式建筑，导致场馆高度过低，无法搭建特装展位。又如，香港会展中心设计过于注重外观意象，为了体现飞翔、回归之类的牵强附会的象征意义而忽视了会展场馆的实际功能的发挥。为了更好地发挥展示功能，世界会展建筑应向单层建筑体方向发展，而香港会展中心由于选址和用地的局限以及设计意义的体现将之设计成多层建筑，限制了会展场馆的长远发展。同样，广州琶洲国际会展中心，由于在设计琶洲场馆的时候刻意体现白云波浪起伏的特征，结果造成成本高昂。某些会展场馆在规划时没有充分考虑场馆实际的功能，盲目追求美观与规模，造成了极大的浪费。从这一意义上讲，会展场馆规划设计应当注意专业化、实效化。

（二）具有完善的综合配套功能

会展场馆必须有完善的综合功能，才能在最大范围内适应各种专业需要。展览具有各个方面的要求，如采光、消防要求等。例如，深圳会展中心号称水晶宫，其顶棚采用玻璃墙，美观华丽，但是实用性不强，违反会展场馆不能使用自然光的原则。因为展品布置要求不能吸收太多自然光，特别是汽车展、家具展等展会，更是需要人工灯光的布置，才能最大限度地符合参展商的要求。自然光线进入场馆后，家具、汽车、舞台等照明效果会受到光线折射的强烈干扰，展出效果差；同时，太阳光长时间照射，容易产生温室效应。由于这种设计缺陷，深圳会展中心不得不采用新技术隔热玻璃防紫外线，该种玻璃造价大约 6000 元 / 块，全部隔热玻璃总造价高达几亿元，因此该会展场馆是一种高耗能设计方案，其设计影响了展出功能。深圳会展中心的设计还违反了大面积会展场馆对消防设施配备的要求，以及展位不能设临时消防系统的要求。例如，该会展场馆的喷力系统安装过低，灭火水柱没有到达火苗就蒸发为雾气，特装展位消防功能的发挥受到严重影响。同时，某些参展商的展位搭建预先做好后才能到现场拼装起来，一般 3 天才能完成，如果在展位中再放一个水管，就会破坏整个设计，影响展出效果。同时，深圳会展中心餐饮系统欠缺，通常只能在后通道的遮阳伞下开设餐饮售点，雨天经常漏雨滴水。所以，该会展中心没有考虑现实需要，在会展场馆设计时忽略了综合配套功能的设计，增加了场馆经营成本，影响了场馆的使用效果。

（三）有支持生态环境的理念

会展场馆所使用的材料必须是洁净能源，污染度低，节能，可循环使用。例如，深圳会展中心采用太阳能电力系统，利用太阳能节约电力，减少辐射。又如，北京奥运会的主场馆——“鸟巢”，在招标时重点考虑其油漆的环保性，“鸟巢”施工过程中采用了大量环保新材料。同时，“鸟巢”是一个典型的节水工程，鸟巢 70% 的供水来自于回收水，其中 23% 来自雨水，这些回收水不但可以用于比赛跑道的冲洗，还能用于场馆的室外绿化，从而节水减排、节能降耗。

（四）先进技术的采用

在会展场馆的设计中，应使用先进技术以便最大限度发挥会展场馆各大功能。例如，目前多数会展场馆都配备先进的会议系统，如同声传译系统等；多数会展场馆都采用先进的展览系统，如利用互联网进行信息发布、利用专业软件进行观众登记等。先进技术的采用有利于提高会展场馆的服务水平。

（五）符合城市规划而又有独特的外形

会展中心的设计应当符合城市规划的要求。例如，深圳原高交会展览中心拥有 10 800 平方米的大场馆，以及 2500 平方米的小场馆。其外形美观，节能较好，结构合理，利用率高。但是其缺点是没有考虑城市会展经济与展会结合的需要，会议用地不足。该会展场馆只有一个可容 100 人的 500 平方米会议厅，以及几个容纳几十人的会议厅，会议地点分散。可以说，该会展场馆设计没有考虑到城市会展发展的整体规划，是一个不完美的会展场馆设计方案。

会展场馆设计通常分为两个阶段进行：一次设计是外观设计和基本功能设计；二次设计是深度设计，主要是对功能和内部结构进行改善，其设计应符合基本建筑的要求。但由于二次设计受到一次设计的限制，其设计原则在现实运用中很难体现。

【知识链接】

世界博览会场馆选址特点

一是节约开支。例如，1851 年伦敦世界博览会选择在水晶宫开展，利用现有设施节约成本。

二是结合旧城改造，带动城市郊区经济发展。在城市近郊地区，利用一些长期荒废的土地，扩大城市版图。废墟地地理环境欠佳，世博会可以化腐朽为神奇，带动整个片区住宅、交通、公共设施的同步发展。1962 年美国西雅图世博会就是成功典例。

三是傍河而建，从而发展海滨城、航空港，同时带动河岸地带的全面改建。例如，1986 年温哥华的世博会选址在福尔斯湖入口处一带，有利于城市改造，并使得世博会充满活力和灵气。

世博会的选址主要考虑因素包括：地形、气象、周边人口密度；现有交通能力以及交通开发潜力；停车设施和服务能力；用餐、特产等食品质量、价格；住宿容量；会场周边环境净化。

资料来源：根据百度网、新浪网网上信息搜集、整理而成。

第三节　会展场馆验收

一、验收分类

施工单位施工完毕后，会展场馆投入使用，必须经过验收环节。会展场馆的建设期主要包括完工验收和接管验收两个过程，管理期必须进行管理验收。

（一）完工验收

这是会展场馆建设完毕之后检验会展场馆是否可以投入使用的一个重要环节。

（二）接管验收

这是指完工验收之后，所有者对建筑物的再次检验，检验会展场馆是否具备展会日常的使用功能。

（三）管理验收

这是指当会展场馆所有权与经营权发生分离之后，由物业管理公司对会展场馆进行验收后才能接手管理会展场馆。

二、验收标准

（一）完工验收

目前全国没有统一的完工验收标准，各地根据实际情况制定相关标准，但主要的验收原则相近。其中，受到气候、地理环境等具体因素的影响，北方标准与南方标准有所差异，例如，北方因风沙大，对密封要求就高。完工验收标准必须因地制宜。

（二）管理验收

管理验收标准较新，现今采用国务院 2003 年颁布的《物业管理条例》。

1. 完工验收（建设者与主管部门之间的关系）

完工验收主要涉及建设者与主管部门之间的关系。会展场馆完工后，由总包工向市政府建设局提出鉴定，建设局委托技术监督组到现场验收。

2. 接管验收（建设者与所有者之间的关系）

接管验收是指由消防、规划等职能部门验收建筑物的合法问题，以确认会展场馆可不可以合法使用。因为有些场馆用地是在原有建筑物被拆除后建设，涉及土地使用合法性问题，建设后不能使用，因此必须通过政府职能部门进行鉴定。

3. 管理验收（所有者与代为经营者之间的关系）

经营者接手管理会展场馆之前，对于会展场馆的现状与存在问题必须清楚地界定，避免日后场馆所有者与经营者之间由于会展场馆建设中存在问题的责任不清而产生纠纷。

三、验收程序

（一）完工验收

1. 自行组织验收阶段

建设者即开发商将工程承包给施工单位，一般情况下施工单位承包单项项目，某些大型企业承包多个项目，施工单位根据合同要求完成全部工程之后，首先由施工单位自行验收，根据自行验收结果编写验收报告，验收报告必须经过监理单位签字，最后由施工单位向建设单位提请施工验收，全部自我验收后交给建设单位，由建设单位总验收。验收阶段存在着开发商、施工方、监理方三方的关系。开发商授权进行验收，施工方是按照标准施行验收过程，监理方必须站在开发商立场上对验收过程进行监管。

2. 专项验收阶段

专项验收阶段是指规划、消防、质监、档案、民用航空等部门对工程进行验收后，该工程才能取得合格证件。

（1）一般情况下，规划部门出示建筑规划合格证，其主要检验工程有没有超过限定建筑红线、超过限定高度、容积率大小、占地大小等因素。

（2）消防部门验收后出示建筑验收合格证，其主要检验该会展场馆的消防设备是否合格。例如，某会展中心按照消防要求必须划分防火分区，设置防火门。但是由于展厅过高，无法安装防火门，最后只能采用临时措施，在场馆内安装手提式灭火器。结果几十个临时消防队员在展会期间携带手提式灭火器待命，消耗人力过大。同时场馆中水泡灭火系统不成熟，在某家具展期间因水泡打中展位，导致展品沙发浸水不能使用。因此该会展中心的消防工程属于不合格工程，不得发放合格证件。

（3）环保验收是指环保部门验收后出示环保验收合格证书。其主要检验会展场馆材料的污染程度、垃圾输出通道、噪声污染程度、光污染等。

（4）技术监督部门主要负责对电梯、起重设备、索道车、牵引车等硬件设施进行检验。

（5）民防部门对地下防空、防空演习等进行验收。

3. 完工验收阶段

完工验收阶段是指市建设单位组织施工单位进行竣工验收，由市建设单位派人到现场监督验收，对于某些质量良好工程颁发合格证书或奖项。在进行竣工验收 3 个工作日后，如果质监部门认为工程不合格应出具文书说明，指出不合格之处。如果 3 天内没有出示任何证书，便默认工程合格。

4. 监督备案阶段

由于工程验收后在其资料存放过程中，会受到单位搬迁、领导更换、地震等意外因素的影响，从而导致资料遗失。此时若出现事故发生纠纷便无从考证。所以，所有的资料应交给质监部门监督，该监督备案必须在验收合格后 15 天内完成。

（二）接管验收

接管验收必须在完工验收合格以后进行，由建设单位书面提请由接管单位验收，接管单位在 15 天内必须决定是否进行接管验收。如检验中发现问题，按质量问题处理。发现问题后应按以下程序进行解决：

（1）如果由于产品质量导致人员伤亡，更换产品并追究责任；

（2）如果由于产品质量影响使用功能，限期维修；

（3）如果产品存在问题但不影响使用功能，并且短期内无法解决该问题，则采用罚款、赔偿方式进行处理。

（三）管理验收

工程物业所有者以合同方式与委托经营管理者签订委托书，受委托者根据委托内容对物品、资料进行检查，通常情况下由委托工程质检部门进行检查。

第四节　优良会展场馆的标准及评估要求

一、会展中心使用者及服务对象

会展中心使用者及服务对象包括政府、展会主办机构、参展商、观众、特邀嘉宾、公众及游客、场馆工作人员等。

二、公众对一个成功会展中心的评估标准

公众一般对会展中心的下列几方面进行评价：会展场馆的外观及周边环境；会展场馆的展览功能与社会功能；会展场馆设施使用的便利程度；会展活动的举办数量；会展活动的吸引力；观众及参展、参会人士数量；会展场馆对城市的经济效益贡献；展会服务水平。

三、优良会展场馆的应有条件

优良会展场馆应有的条件包括：交通便利、快捷；周边环境优美、舒适；齐全的综合设施（住房、通信、运输、餐饮及购物等）；一流的服务水平；政府政策支持（协助宣传、税项优惠及简便报关程序）；配套齐全的会议中心；设备良好、地点适中的会议展览场地；财政上取得盈亏平衡；良好的人才环境。

【复习思考题】

1. 会展场馆选址的主要原则有哪些？
2. 会展场馆的布局类型及布局规划原则有哪些？
3. 会展场馆验收的流程有哪些环节？
4. 会展场馆的评估标准有哪些？

【案例分析】

广州琶洲国际会展中心的场馆选址与规划

广州琶洲国际会展中心坐落于广州市中心区东南部的琶洲岛，位于珠江前后航道的东部交汇处，与珠江新城隔江相望。会展场馆建筑总面积70万平方米，首期占地43万

平方米，建筑面积39.5万平方米，已建好16个展厅，其中室内展厅面积16万平方米，室外展场面积2.2万平方米，主要以展览、展示、表演和大型集会为主要使用功能，是目前亚洲最大的会展中心。

1. 场馆选址

琶洲岛曾经是荒芜的岛屿，琶洲会展场馆之所以选址珠水环绕的琶洲岛，与琶洲上接科学城和五山大学群、紧靠“南肺”、下接广州大学城及莲花山旅游休闲中心的先天地理优势密切相关，并重点考虑以会展中心作为城市拓展的基点，带动广州城郊地区商业（地产、旅游、酒店、交通物流以及更广泛的服务业）的发展。作为一个商业基础薄弱、地点相对偏远的新兴会展区域，琶洲场馆选址合理，发展迅速。

2. 交通规划

琶洲地区的主要交通干道新港东路、琶洲大桥现已建成，地铁二号线琶洲至三元里站已于2003年6月28日开通，加上华南快速干线和东环高速公路，琶洲地区现已具备较为完善的对外交通条件。

随着内环路、内环与外环快速放射线工程、华南路、机场高速公路陆续投入使用，地铁二号线全线及六号线的开通，琶洲地区将具有更加便捷的对外交通联系，无论是广州白云国际机场还是广州新客运站，都迅即可达。未来猎德大桥的建设也将使琶洲与珠江新城中央商务区紧密联系。

3. 布局规划

琶洲地区规划空间结构的基本格局可概括为：环岛功能带—功能轴—功能组团的空间发展结构。宏观上可将其划分为三大功能区：A区——居住、商务、文化休闲综合园区；B区——会展博览园区；C区——居住、高新技术产业综合园区。会展场馆包括六大功能区：展厅（含南面展厅和北面展厅）、室外展场、珠江散步道、车道、室外休闲区及其他用房（含餐厅、办公用房、设备用房等）。会展中心含架空层、夹层在内共有7层。架空层主要用作展厅、车库、餐厅、设备用房。首层及四层为展厅及餐厅，二层为珠江散步道和商务用房，三层及五层、六层为办公与设备用房。建筑物总高度39.5米，首层展厅净高13米，四层净空高度不小于8.5米。首层8个展厅，四层5个展厅，架空层3个展厅，合计为16个展厅。展厅可以通过单个或多个互不干扰的5个大厅的灵活组合，成为连续一体的平面展览空间。首层与四层展厅都分别再与中央部位的珠江散步道连通，珠江散步道横贯东西，利用珠江景观的宽约30米、长约450米、由玻璃幕墙和大屋顶所构成的室内交流空间，既可作为提供多样信息的场所，也为大众提供了舒适的休息环境，同时，它也是主要的人流垂直、水平交通通道。

资料来源：根据广州琶洲国家会议中心简介，百度网、新浪网网上信息搜集、整理而成。

思考题：

广州琶洲国家会展中心的选址与规划是否合理？

第三章

会展场馆设施设备管理

【本章导读】

现代会展场馆一般场地规模都很大，拥有的设施设备种类多、数量大、投资额巨大，维护的费用也很高。与现代会展场馆相匹配的设施设备在推动会展产业的发展、积极培育展览品牌、提高会展业市场化程度、适度调控会展业的市场运作、大力培养会展业人才、强化城市的服务职能方面能起到积极的作用。

【学习目标】

1. 了解、掌握会展场馆设施设备管理的概念目标、理念、内容；
2. 掌握会展场馆设施设备管理的方法；
3. 了解、掌握会展场馆设施设备的系统管理；
4. 了解、掌握会展场馆设施设备系统运行工作规范；
5. 了解、掌握会展场馆的环境卫生管理；
6. 了解、掌握会展场馆的车辆交通管理。

【导入案例】

上海国际会议中心

上海国际会议中心于1999年8月开业，总建筑面积11万平方米，作为上海标志性新景观，被评为新中国成立五十年十大经典建筑之一。交通设施方便快捷，地铁2号线近在咫尺。地处陆家嘴金融贸易中心，毗邻东方明珠电视塔，与外滩万国建筑群隔江相望。

图 3–1 会议室

上海国际会议中心，拥有 28 个规格不同、人数不等（15~3000 人）的会议场馆及最先进的视听设备，7 楼上海厅是目前国内最大的无柱大厅，面积 4400 平方米，可同时容纳 2000 人用餐或 3000 人开会（见图 3–1）。

会议设施设备：

1+10 同传系统；

飞利浦 DCN 会议系统和主席发言机；

A/V 传送现场电视信号通道；

音频信号合成系统和多媒体演示控制系统；

影像 / 电脑强光三枪投影机；

影像 / 电脑强光投影机、实物投影机；

幻影机、幻灯机；

幻灯视频转换器、彩色多频系统电视机；

多频系统放映机、激光笔。

资料来源：根据上海国际会议中心简介，百度网、新浪网网上信息搜集、整理而成。

第一节 会展场馆设施设备管理概述

一、场馆设施设备管理的基础论述

（一）场馆设施设备管理的概念

场馆以设施设备为依托，通过场馆工作人员的服务活动，为顾客提供场馆产品的使用价值，满足顾客的各种需求。设施设备管理是场馆经营的基础，是为顾客提供优质服务的先决条件。

场馆的设施设备管理就是围绕着场馆设施设备物质运动形态和效用发挥而开展的管理活动。

（二）设施设备管理的重要性

1. 设施设备是场馆产品的组成部分

场馆的设施设备属于场馆产品的硬件部分，它与场馆的软件结合起来，形成了场馆完整的产品。设施设备是场馆产品中不可缺少的组成部分，属于“物”的部分，是场馆产品的基础。

2. 设施设备水平是场馆处于领先地位的重要标志

从场馆发展的趋势来看，场馆的设施设备朝着现代化、智能化方向发展。占有优势地位的场馆其设施设备一般处于行业领先地位，代表着场馆设施设备发展的潮流。

3. 设施设备是场馆服务质量的基本保证

场馆的设施设备是场馆为顾客提供高质量服务的物质基础，直接影响着场馆的服务质量。

（三）场馆设施设备管理的对象

（1）场馆建筑物：主要指场馆的房屋建筑，包括场馆的展览馆、会议室、停车场、餐厅等。

（2）供应设备：是为场馆提供电、水、气的设备。

（3）清洁卫生设备：主要是清洁和洗涤用设备。

（4）供电设备：主要是供电和用电设备。

（5）通信设备：电话、传真、电传等通信设备。

（6）电梯设备：电梯、自动扶梯等垂直交通运输设备。

（7）家具设备：用于接待顾客、行政办公用及其他用途的各种家具类设备及家用电器。

（8）计算机设备：场馆的计算机系统。

（9）系统设备：指通过管线或其他方式联系，自成系统的各种设备，如：上下水道、排污设备等。

（10）消防报警设备：指报警系统和消防供水系统。

（四）系统化的设施设备管理

系统化的设施设备管理不仅仅表现在场地的清洁、设备的使用和保养、保安、消防等浅层次的工作上，其管理的内容将远远超出以上范围。

场馆设施设备不仅种类多、数量大、资产价值高，而且设备运行工作繁重、技术性强。整个管理过程都要符合现代企业专业化管理、市场化经营的要求。

二、设备设施管理的目标

（1）合理规划，搞好建筑物本体及设备设施的维修养护、场馆的环境绿化、保洁、安全消防等基本工作。最大限度发挥场馆和设施的使用价值，使场馆设施保值增值。

（2）为各种会展活动提供一个合适的场地和舒适安全的环境，并在此基础上提供卓越和高效率的服务。满足会议和展览组织者、参加者、会展中心人员及租用场馆办公的物业使用者等各方面的需要。

（3）实现经济效益和社会效益。

三、设施设备管理的理念

（一）效益理念

会展场馆的管理者应掌握市场需要、竞争环境、设施本身的规模、地理位置、周边环境的配合等因素，以确定场馆的市场地位，制定适当的经营管理方针和策略。

（二）技术理念

会展场馆必须走技术创新、多元化的经营道路，依靠信息化、智能化的核心竞争力，以管理和服务整合来赢得市场份额。

（三）服务理念

每个展览或会议活动都有不同的特性和要求，经营者应了解不同项目的需要，提供恰当的项目策划、场地布置、视听、通信、保安、清洁、餐饮等服务，以便使活动顺利进行。

（四）环保理念

现代化会展中心应注重环保，保持场地清洁并具备适当的废物处理能力，还要不断地完善合乎环保要求的技术操作程序。

四、设施设备管理工作的内容

（一）规划管理

会展中心的建设需要一笔很大的投资，必须根据经营思路，通过严密的可行性论证，本着“技术上先进，经济上合理，经营上可行”的原则，在场馆建设规划和设施设备配置方面做好基础工作。

（二）设备管理

种类繁多的设施设备是会展中心服务产品的硬件依托。应该合理地使用各种设施设备，对常用设施设备系统进行及时的维护保养、修理和更新等，防止设备和系统发生故障，保证它们正常运转。

（三）环境管理

环境管理包括建筑物本体日常养护、保洁、绿化等工作，并要按照环保规定以恰当的方式处理废弃物。其目的是为各种会议和展览活动提供一个清洁、舒适、美观的环境。

（四）安全管理

会议展览活动的重要特性是大量的人员在活动期间逗留或进出会场，因此会展中心必须设有完善而可靠的紧急事故应变系统，要时刻保证安全设施运转正常，工作人员要接受足够的训练，以能够处理随时可能发生的紧急事故。

（五）成本管理

会展中心管理中必须强调成本意识，讲求经济效益，成本管理体现在场馆和设施设备管理的全过程中。例如，合理确定场馆和设施设备的使用效率，仔细衡量投资的成本和收益；将人力、物力等各种资源根据淡旺季的特点进行匹配，等等。

五、会展场馆设备设施管理的方法

（一）综合管理

场馆和设施设备的管理是整个会展中心管理的重要方面，其内容纷繁复杂，已经不仅仅局限于纯技术方面，还涉及各种经济分析和组织协调工作等，要求管理部门具有较强的综合管理能力。

（二）全员管理

场馆和设施设备维护的工作量很大，而且很多技术工作是分散的，因此要求员工的责任心强，技术过硬，具有一专多能的素质。

在管理过程中，应该让所有的员工都认识到自己对场馆和设备管理负有一定的责任，让所有的员工都自觉参与。

（三）系统管理

系统化要求会展中心用系统的观点和方法来进行场馆和设施设备的管理，要形成一个分工明确的组织系统，把场馆和设施设备管理工作纳入各级领导的职责之中，落实逐级责任制和岗位责任制。

（四）制度管理

很多工作都是日常性的，平时的严格管理是会议或展览活动短暂期间场馆作用正常发挥的基础。会展中心必须要依靠完善的基础制度来规范管理工作。一方面，要十分重视规章制度建设工作；另一方面，要狠抓规章制度的贯彻落实。

第二节　会展场馆设施设备的系统管理

一、展览中心设施设备的系统管理

（一）供电

按我国分负荷等级供电的方式，展览中心用电属一级负荷，应由两个电源二路供电，以保证发生事故时不中断电源。展览中心，主要供电线路为三相交流电，线路频率为 50 Hz，标准供电电压为 220/380 V（单相电压 220 V，三相电压 380 V）。主变压器的最小容量应为高峰负荷的最充足容量，并且展厅内要设有足够的电源接口和插座。展览用电必须有严格的规定，电器安装时必须保证线路连接可靠，充分考虑通风及散热，不与易燃物直接接触，以免发生意外。参展方如果需要 24 小时供电或延时用电，必须事先向场馆提出申请。在场馆内使用的电器必须符合安全要求，禁止使用碘钨灯、霓虹灯、电炉和电热器具。在场馆内用电及安装灯箱必须提前将用电图纸报展览中心有关部门审核，经同意后方可实施，并由展览中心工程部派出电工指导安装和接进电源。

（二）给水排水的系统管理

展览中心的供水系统负责采暖区域的循环管网、空调的冷冻水管道、卫生间的冷热水供给等，排水系统包括整个展馆的冷水、热水和废水排泄系统。在展厅规划时要考虑设置足够的给排水口，时刻保证管道畅通。

（三）空调

展览中心在展览期间有大量人员聚集在室内展厅中，因此展厅的空气质量显得非常重要，在一定程度上会影响展览效果。展厅的空调系统主要是为了调节人们所需要的温度、相对湿度、空气流动速度和空气洁净度等，使人们长时间处于舒适的状态。目前，一些现代化的展览中心普遍采用天窗自动换气系统，由计算机按照内外部环境温度、湿度自动调节天窗的开启度，提高了展厅内的空气质量。在办展期间，主办单位如果要求使用空调，必须提前向展览中心提出申请。使用空调期间，主办单位必须协助做好门窗的关闭工作，做到人员进出随手关门，以确保空调的效果，减少能源的浪费。

（四）电梯

对于有多层展厅的展览中心而言，其电梯系统对于运送人流和运载展品具有不可替代的作用。如果人们不能方便地到达任意楼层的展厅，将直接影响办展效果。因此，在一些中央人流密集区和回廊区要安装足够的自动手扶梯，这样在大型展览期间才能解决参观人流在不同层面大规模快速流动的问题。在实际使用时，应根据具体流量情况来确定不同的运送方式以节约能源。展品及大件货物仅可通过货物电梯进入上层展厅。自动扶梯和客梯绝对不能用来运送任何货物、设备及家具。布展或撤展期间不得开动使用自动扶梯。自动扶梯在停开期间不要当作楼梯通行使用。

（五）照明

展览照明对于突出展品和增强空间气氛起着主要的作用。展览照明的采光形式包括天然采光、人工光源采光及两者综合采光三种形式。如商业性展览，因展期短、照度水平要求高，所以除了室外陈列，大都采用人工照明或天然光与人工光源结合两种照明形式。要注意，室外的电器照明设备都应采用防潮型，并要落实安全措施。在展览空间，要避免反射和眩光对观众的干扰作用，应该慎重考虑窗户和灯具的位置及展厅的照明分布。展览中心一般都对所搭建的标准摊位的照明及电源安装提供服务。灯光在展览空间起着照明、控制情调、强化气氛、诱导观众、调整空间虚实等诸多作用。照明设计一要解决展览空间的整体照明，即一般照明（照度100~150 lx），使空间照度分布均匀；二要增设灯光，解决局部和重点照明，即特殊照明（照度150~300 lx），如展柜照明、灯箱照明、景箱照明和重点展品照明等。根据不同要求，可分别采用直接照明、间接照明、半间接照明或选用艺术照明，即光源为柔光、色光、逆光、顶光、侧光、底光等照明。要注意消除眩光。照明设计的目标是创造既利于观众观赏展品，又同展览格调相协调的光环境。

（六）消防

会展场馆除应配置与场馆规模和服务要求相适应的消防器材外，展览会期间应高度重视消防安全的宣传和管理工作。严禁将易燃、易爆、剧毒或有污染的物品带入展览中心场馆。展馆内严禁吸烟，严禁参展单位擅自装接电源和乱拉乱接电线。展场内的布局应留有足够的安全疏散通道，主通道宽度不得小于5米，严禁在电梯、楼梯口等安全疏散通道上摆设任何物品。布展基本结束后，主办单位须向展览中心的有关部门以及公安消防部门报告，然后组织一次以防火为主的安全大检查，对查到的隐患应立即进行整改。展品的包装用具在布展后应尽快运出馆外，严禁乱放。遇有紧急情况，主办单位及展览中心工作人员统一指挥，将展馆内的所有人员按照指定的通道有序撤离。

（七）通信、网络和信息

展览中心在展位、会议室、办公用房等场所均提供多部直线电话，一般国内的展览中心都有中国移动和中国联通的无线覆盖系统，可支持手机使用。除此之外，展览中心还适当设置IC卡公话，以及供领导和代表团使用的保密电话，满足展览活动中的各种通信需求。

展览中心应配备智能化网络系统，如电子登录系统、电脑查询系统等，并能够提供包括ISDN、无线宽带网、有线宽带网在内的多种上网服务。还可以在展馆的主要公共空间设置触摸屏，为参展商、观众提供方便的信息查询、交流手段，提供导览服务，广告发布服务，组展商、参展商的信息查询和发布服务，展馆展会介绍和宣传服务等。

（八）公共广播

公共广播负责向展厅、办公室、走道等区域提供可靠的、高质量的背景音乐、紧急通知、业务广播等服务，在发生火警及其他紧急状况时，可以与消防联动，满足火灾紧急广播的要求，在紧急疏散时起到指挥作用。

（九）标志系统

标志识别标牌显示大楼使用者的最终目的地。提供各种标牌很重要，参展、参观、参会者和服务人员有各自的交通路线，行人和车辆分流，各行其道。标志应精确、简单、统一；选择字体、大小、颜色合适；有形、有色、直观、不必经过思索；使用国际通用符号；最好安装在顶空悬挂物和横幅上；不要多用电子显示屏，因灵活的内容不易控制；所有标志要中英文对照，翻译要准确。

展览中心的设施系统是场馆正常运行的保障，是必须高度重视的工作。若因为管理不善，设施运作突然出现问题或者技术支援不力而导致展览活动延误甚至中止，其代价将非常昂贵，后果也会非常严重。因此，良好的维修保养、科学的管理可以防止设施系统发生故障，增加设施系统的使用寿命，提高其使用效率，从而减少不必要的能源消耗和设备更换的成本。

二、会议场馆的设施设备管理

会议场馆要有效运转，为各种会议提供多样化服务，就必须依托于整个设施设备系统的运作。会议场馆的设施设备可以按照功能分为：①生活服务设备，如照明、空调、给水排水、制冷、清洁设备等；②会议设备，如视听、通信、办公设备等；③能源设备，如：配电设备、应急发电设备等；④娱乐设备，如影视音点播设备、健身设备、按摩设备等；⑤美化环境设备；⑥消防保安设备；⑦交通运载设备。会议场馆应对这些设备进行系统的管理。

（一）设施设备的前期管理

设施设备的前期管理是指从设备规划、选型、订购、安装到完全投入运行这一阶段的全部管理工作。它是整个设施设备管理中的重要组成部分，将决定设备的技术水平和系统功能，大大影响设备寿命周期。因此，认真做好设备前期管理工作，可以为设备日后的使用、维护、更新等工作奠定良好的基础。前期管理工作中要注意加强市场调研，在科学的可行性论证基础上做出规划决策。设备选择的标准主要有：适用性、安全性、经济性等。在设施设备的选择中，必须重视与设备生产厂家的联系与沟通，还应该与当地的视听设备供应商或服务机构建立良好的工作关系。因为有些视听设备很昂贵，或者使用率较低，或保养和维修的成本很高，或更新换代速度太快，都可以适当考虑利用外部租赁的方式来节约成本。不过，拥有自己的设备，可以避免出现设备短缺的状况，也便于更好地控制设备的质量，而且不必将利润让给外部公司。

（二）设施设备运行管理

设施设备运行管理在会议管理中占有重要的地位。要搞好运行期的管理，不仅需要具有较高专业技术技能的工作人员，还必须要有一套严格的管理方法和科学的检修、维护计划。要保持设备的正常运转，充分发挥其效能，就必须合理地使用各项设备，合理地安排工作负荷；必须为设备提供良好的工作环境，设备场地要保持清洁，安装必要的防护、降温等装置，对精密的仪器设备要设立单独的工作间，设置专门的温度、湿度、防震等条件。要加强对运行操作人员的规范化管理，严禁违章操作。还要注意对客户提供必要的指导服务，这就要求会议销售和服务的每个人都应当了解会议所需要的设备，熟悉其使用要点。

（三）设施设备的维修保养

设施设备投入运营后，其效用得以发挥，但日复一日的使用会不断地耗损。如果不加以科学的维修保养管理，迟早会影响它们的正常使用。维护保养的基本内容有：清洁、安全、整齐、润滑、防腐等。在设施设备的维修保养管理上，要坚持计划内维修为主的理念，平时通过有计划的维护、检查和修理，尽量减少发生设备的突然损坏，以避免引起停业或紧急抢修的情况。要做好备件管理工作，备件采购安排恰当，库存要合理。

三、会议和展览场馆设备设施管理的区别

展览和会议场馆的设施设备具有各自的特点，管理的侧重点不同。

展览中心管理的内容侧重于场地规划设计、场地经营，以及水电、空调、照明等基本设施的管理。

展览活动中的展位装修、展品运输等工作一般都由展览会主办机构聘用承办商提供服务，而清洁、餐饮等服务一般采用外包的形式交给物业公司管理。

会议的要求则较为广泛。会议中心除提供场地外，还需要在厅房布置、视听设备、餐饮服务等方面做出配合会议进程的安排和服务。

会议活动需要场馆方面提供的服务一般比展览活动更多更广，对视听设备的要求比较高。

第三节　会展场馆设施设备系统运行工作规范

一、场馆设备运行工作规范

（一）机房管理制度

（1）各机房有平面布置图、操作流程图、电气系统图等，图纸应与实际相符合。

（2）各类动力管线排列整齐，色标、保温、防腐、绝缘良好，无跑、冒、滴、漏现象。

（3）机房内外整洁，不得堆放杂物或易燃、易爆物品，有规定的通道，消防设施应完好齐备，有可靠的安全和防火措施。

（4）运行人员应做好机房内的防水、防潮、防小动物工作，照明、通风保持良好，室温控制在35℃以下。

（5）严禁无关人员擅自进入机房，因工作需要确需进入的按《机房出入管理工作规范》执行。

（6）空调机房、电梯机房、配电室、强电间各自使用一种钥匙，运行和维修班组分别配备，专人保管，不得丢失和外借；交接班时，办理移交登记手续；员工不得私自拥

有其他机房钥匙，确因工作需要的必须经部门经理同意并备案；由于钥匙管理不善造成事故或损坏设备的，责任由相关人员承担。

（7）未经批准，不得擅自改动线路，如确实需要，应在部门主管人员书面同意后方可进行。

（二）值班制度

（1）运行人员必须持有相关操作资格证书，经现场培训考核合格后方可上岗操作，工作中应严格遵守各项规章制度和设备安全操作规程，不断提高工作熟练程度。

（2）展馆设备运行实行24小时值班制度，运行主管工程师负责每个月运行人员排班表的安排和公布，运行人员必须服从排班，按次序轮值，不得随意自我调班或换班，特殊情况换班需征得运行主管工程师同意，并上报部门批准。

（3）运行人员应注意天气动态，坚守岗位，不得无故脱岗。

（4）同班次运行人员在完成工作任务时应相互沟通，保持岗位有人值守，保证值班热线电话随时有人接听，严禁利用电话闲聊。

（5）运行人员在班前和值班时间内严禁饮酒，严禁在值班时间内睡觉。

（6）值班时间不得干私活或做与操作管理流程无关的事情，严禁利用电脑玩游戏或上网。

（7）运行人员要合理使用照明、空调等设施，保管好岗位上配置的钥匙、仪表仪器、工具材料、备品备件、应急灯等物品，不得丢失或外借，交接班按《交接班管理工作规范》执行。

（8）运行人员接到经公司领导批准的展会工作单时，应阅读清楚，根据工作单要求按时完成任务，有疑问或漏项应及时咨询上级领导或有关项目经理，避免出错。

（9）由于值班人员违章操作或失职造成事故损坏设备的，应追究相关法律责任。

（三）巡视检查制度

（1）巡视检查是保证设备正常、安全运行的有效措施，运行人员必须严肃认真地执行。

（2）巡视检查应由熟悉设备运行和分布情况的人员进行，其他岗位未经批准不得随意代替巡视。

（3）巡视检查分为定期巡视、特殊巡视和夜间巡视三种，运行人员按规定执行。

a. 定期巡视。运行人员按规定时间和项目，对运行的和备用的设备及周围环境进行定期检查。

b. 特殊巡视。在特殊情况下增加的巡视，如在重要展会期间运行设备负荷高峰期，新装、检修或停运后的设备投入运行，运行中出现可疑现象及暴雨台风天气时的巡视。

c. 夜间巡视。目的是利用夜间便于发现设备接点过热和绝缘污秽放电情况。

（4）严格按照设备运行工作规范规定的项目巡视，避免设备漏巡，并将查得的缺陷立即记录在《设备异常缺陷故障记录》上，重大设备缺陷应立即向主管领导汇报，巡检人员对记录负完全责任。

（5）巡视检查要精力集中，认真仔细，充分发挥眼、鼻、耳、手的作用，并分析设备是否正常，对事故频度大的设备进行重点检查。

（6）巡视检查设备要注意安全，巡视人员和运行中设备的安全距离应符合有关规定。

（7）巡视检查中进出机房，应随手将门关好，离开机房时应断开机房照明并把门锁上。

（四）日常维护制度

（1）运行人员在班前对设备进行外观检查，在班中按操作规程操作设备，定时巡视记录各运行参数，随时注意运行中有无异声、震动、异味、超载等现象，在班后对设备做好清洁工作。

（2）运行人员要严格坚持并认真做好设备日常维护工作，并填好《设备（设施）检查维护记录表》。日常维护周期和内容按《基础设施年度检查、维护、维修计划》执行。

（3）日常维护重点：

①设备和机房的清洁。

②设备的紧固、润滑。

③设备和管线的外观检查（如温度压力等运行参数是否正常、电机是否超载和过热、震动和噪声是否异常、密封有无泄漏、油漆和防腐保温层是否损坏等）。

④检查计量设备的准确性。

⑤安全装置是否可靠。

（五）设备操作

（1）运行人员应熟练掌握设备的操作规程，设备操作规程应每年 12 月全面考核一次，平时进行抽考。

（2）电气设备操作按《配电设备操作规程》执行。

（3）给排水设备操作按《水系统设备（设施）操作规程》执行。

（4）中央空调系统操作按《中央空调设备操作规程》执行。

（5）为保证所有设备的完好性，应定期对备用设备、备用装置、事故应急灯等进行检查和切换使用，结果应做好记录，切换中发现问题应恢复原来运行状态并及时报修。

（六）运行分析

（1）运行分析是为了掌握设备的运行规律，及时采取措施，消除隐患以确保安全，实现经济运行而进行的。

（2）运行分析的主要内容包括：

①设备的异常现象，如电气设备放电、电气回路熔丝熔断、设备保护误动作、设备未正常启动、运转设备声音异常等。

②设备运行性能的下降。

③检修和试验中发现的问题。

④执行规章制度及安全生产中出现的问题。

⑤经济运行情况，如各种计量仪表是否正常，各种能源消耗是否正常，设备投入是否合理。

（3）通过运行分析，运行人员应对运行的设备系统性能心中有数，使设备运行安全正常、经济合理。运行分析应做好记录，发现的问题应及时整改。

（七）设备缺陷管理

（1）全面掌握设备的良好状态，及时发现设备缺陷，减少运行事故，尽快补缺。

（2）设备缺陷管理是妥善安排设备检修、校验和试验工作的重要依据。

（3）运行人员担负发现设备缺陷的主要任务，对于所发现的缺陷应及时记录于《设备异常缺陷故障记录》上，并填写《维修单》报修。

（4）设备缺陷的分类（按程度和危害）如下。

一类缺陷是紧急缺陷。威胁人身安全或缺陷在迅速发展，随时有发生事故或损坏设备的可能，或造成有政治影响的事故。

二类缺陷是重要缺陷。设备可运行但情况严重，影响设备效率，不能满足系统正常运行的需要，在短期内有发生事故的可能性，威胁安全运行。

三类缺陷是一般缺陷。对安全运行影响较小且发展较慢。

（5）设备缺陷的处理如下。

一类缺陷必须立即组织处理，并向部门领导汇报；二类缺陷应加强运行监视，并及时安排计划消除；三类缺陷可结合定期检修有计划消除。

二、会展场馆各类设施设备系统运行的工作规范

会展场馆设施设备系统繁多、结构复杂，每个系统都必须制订相关的工作规范，由于本书篇幅有限，许多设施系统（如以下列举的项目）的运行工作规范无法一一介绍，确实需要的可在各地会展场馆实习实训时向场馆工程部门人员咨询了解。

通常会展场馆的设施设备运行工作规范有：

（1）供、配电系统运行工作规范；

（2）空调通风系统运行工作规范。

（3）电梯运行工作规范。

（4）压缩空气系统运行规范。

（5）水系统设备运行工作规范。

（6）网络系统管理工作规范。

（7）电话通信系统管理工作规范。

（8）楼宇自控系统管理工作规范。

（9）会议系统管理工作规范。

（10）公共 / 紧急广播系统管理维护工作规范；

（11）智能照明系统管理维护工作规范。

（12）综合安保监控系统管理维护工作规范。

（13）消防报警及联动系统管理维护工作规范。

第四节　会展场馆的环境卫生管理

根据会展活动的周期，大型会展场馆的日常卫生管理可以分为三个阶段，即筹展阶段、展中阶段和撤展阶段。在展览的每一个阶段，其日常清洁卫生管理工作的内容和重点都有所不同。

展会活动前首先要进行场馆卫生检查，了解场馆内卫生状况，制订展会活动的卫生管理计划，确定人员分工与责任区域，制定每个岗位的工作任务和责任，并给相关人员进行有关培训。在做好展会活动清洁卫生组织工作的同时，还需要对场馆的内外部进行清洁和消毒工作，做好展会活动前的准备。

一、筹展阶段

（1）在展会活动尤其是特大型活动开始之前，应对场馆内部及外围的环境进行全面的清洁，包括场馆前的广场、人行道、展厅等，有时为了需要，还会清洗场馆的屋面和墙面。

（2）对公共区域的物体表面消毒，包括公共区域的地面、墙壁、电梯以及经常使用或触摸的物体表面，如门窗、柜台、桌椅、门把手、水龙头、话筒、洗手池、卫生间等。检查场馆内外的排水系统，清理和疏通排水沟渠。有化粪池的还需要清理其中的污物。清理和疏通完成之后。要用清水冲洗干净，并在其周围撒上消毒粉，防止细菌滋生。

（3）尽可能打开门窗通风，保持场馆内的空气清新，同时将室内消毒液气味散发出去。使用空调系统的，应保证送风安全，保证充足的新风输入，所有排风要直接排到室外，未使用空调时要关闭回风通道。在风机房、回风滤网处可安置臭氧紫外线灯。对空调或通风系统中的过滤器与滤网进行清洁和消毒。对会展场馆内的所有排风扇进行清洁与消毒。具体做法是用自来水冲去挡板上的积尘，去除污垢。

（4）大型会议前，应对座位套、扶手套等纺织物品清洗消毒，保持清洁必要时，在展会开始之前可对会展场馆进行全面的空气消毒，可以采用紫外灯照射的方法实施。特殊时期，如传染性疾病流行期间，要每天对场馆进行空气消毒。在场馆内外进行一次全面的杀虫灭鼠工作，防止场馆内出现昆虫。杀虫灭鼠工作可以请专业公司来进行。参展商搭建展位展架放置展品时，要及时将包装垃圾清理出场馆，保证场馆的整洁和畅通。展会前除了做好卫生清洁外，还要对场馆内部和外部的绿化进行维护。检查场馆内的绿化养护状况，发现与绿化要求不相符合的，应及时更换，保证室内外的花木生机勃勃。同时要对草坪、绿篱、花坛等进行修剪、施肥、杀虫和整理。要做到：①场馆外的草坪无杂草蔓延，无黄土外露，草坪上无杂物；②绿篱平整，造型优美，无枯叶败叶；③花坛按要求摆放出所需的造型，花色鲜艳，叶面光润，无枯枝败叶，无虫蛀；④室内盆栽植物叶面干净无尘、光润鲜艳，无黄叶、无折枝、无虫、无杂物，观赏面正对客人，花盆面无污迹，地面无积水。消毒人员在进行消毒工作时要自我防护，防止消毒过程中自身被传染。①消毒液应在通风良好的场所配制，并穿工作服，戴口罩与橡胶手套等防护用品，避免与皮肤、黏膜直接接触，一旦接触应立即用大量消水冲净。②在进行清洗与消毒时也应穿工作服，戴口罩与橡胶手套等防护用品，避免与皮肤、黏膜直接接触，一旦接触应立即用大量消水冲净。③工作完毕，脱去防护用品，立即放入密封袋内，并进行手的清洗消毒。④使用后的个人防护用品应经消毒清洗后方可重复使用。

二、展中阶段

展中阶段是人流最为密集的阶段，也是最容易发生卫生安全事故的阶段，因此在展中阶段要更为严格地进行卫生清洁管理，确保展会期间不发生传染性疾病。具体来说要做到：

（1）随时保持室内外环境整洁，地面无废弃物。及时清除场所内的垃圾和污垢，每天展会闭馆后都要对地面和墙面进行清洁、消毒，特殊时期还需要对展馆内部进行空气消毒。

（2）特别注意厕所卫生，随时清洁厕所内的地面、便池、洗手台、玻璃镜等，及时添加洗手液、纸巾，移走废弃物。展会闭馆后要对所有厕所消毒，消毒方法可用有效氯含量为 500 毫克 / 升的消毒溶液擦拭。

（3）展会闭馆后应严格按照操作规范对为客人提供的公共用品进行清洗消毒，如电梯扶手、柜台、门把手、水龙头等。

（4）会议室内的茶具每客一换，清洗后消毒。茶具的消毒可以采用物理的方法，也可以采用化学的方法。首选物理消毒方法，即流通蒸汽（100℃）作用 20~30 分钟，或煮沸消毒作用 15~30 分钟，或远红外线消毒碗柜（125℃）作用 15 分钟以上。化学消毒法可用 0.1%~0.2% 过氧乙酸溶液，或有效氯或有效溴含量为 250~500 毫克 / 升的消毒溶液浸泡 30~60 分钟，清洗后备用。

（5）场馆内提供的公共电子设备，如计算机的键盘和鼠标、公共电话话筒等每天均要用 75% 的乙醇清洁消毒；电脑其他部件表面先用有效氯或有效溴含量为 500 毫克 / 升的消毒溶液擦拭，作用 30 分钟后用湿布去除表面残留的消毒液。

（6）垃圾要及时清运到垃圾中转站，未清运的垃圾要置于有盖的桶内，每天用有效氯含量为 1000 毫克 / 升的消毒溶液喷洒垃圾桶内外表面。垃圾中转站的垃圾要联系环卫部门及时清运，每天清运完所有的垃圾后，要在中转站区域撒上消毒粉。

（7）及时清理餐饮残余物，避免食物的残渣剩水撒漏。一旦撒漏，要及时清扫，防止其发酵变质。一次性用品废弃物应集中处理和销毁。

（8）加强自然通风，展会闭馆后要开窗换气，活动前利用风机、空调及换气扇进行全面换气。

（9）活动场所内张贴醒目禁烟标志，有条件的应设置吸烟室，但吸烟室要及时清扫，避免烟头、烟灰污染其他地方。

（10）密切观察参与人员的身体状况，尤其是在传染性疾病易发时期，要按规定执行健康申报制度，禁止有疑似病状的人进入场馆。

三、撤展阶段

撤展阶段清洁卫生工作的重点是将场馆环境恢复到与展会前的状况一样，以迎接下一个展会活动。撤展时的主要工作内容是：

（1）将撤展后遗留的垃圾进行分类整理，回收和清运大量的展览垃圾。

（2）洗刷地毯与地面，修补地面或墙面的损伤，将场馆展厅恢复原状。

（3）对场馆进行全面清洁与消毒，如洗地、吸尘、消毒、整理、擦拭灯具等。

（4）修复场馆周围设施及绿化，修复倒塌的围栏，清扫草地上的杂物以及绿篱上的残枝败叶；及时撤走活动造型花坛，并清洗花坛地面，确保不留印记。

（5）全面清除沙井、明沟内污物，疏通有堵塞现象的下水管道，并对下水管道及周围地区进行消毒。

每当展会结束时，大量的展会垃圾被一车车地拉去垃圾场，其中包括搭建展位用的木板、泡沫、塑胶、铝合金材料等，还有不少废弃的包装材料、地毯、宣传资料等。这些废弃物一方面造成了极大的资源浪费，另一方面也给环境带来了污染。因此，在会展场馆布置时应尽可能鼓励使用环保和可循环利用的展位搭建材料，如多功能展架、可拆卸的多功能展位等。在材质上，应多使用可回收利用的材料，以防止对环境带来危害。

四、特殊时期

会展场馆清洁卫生管理除了以上正常情况下的工作外，还要考虑特殊时期的卫生管理。所谓的特殊时期，是指当展会活动期间出现了流行性疾病，或者参加活动的人员中出现了流行性疾病疑似患者的时期。对于这段时期，要加强对环境卫生的管理，严格控制和防范流行性疾病。具体做法是：

（1）参展参会人员在活动期间出现发热、咳嗽、头痛、呕吐、腹泻或其他身体不适症状，要立即报告活动卫生责任人，及时安排到就近医院检查、治疗。

（2）加强对场馆清洁和消毒的强度和频率，加强对进入场馆人员的身体情况监控，防止有发热、咳嗽或其他不适症状的人进入场馆。

（3）发现传染病病人后，应由专业人员进行终末消毒，具体的消毒方法是：

①室内空气消毒：每立方米用 18%~20% 过氧乙酸原液 5~6 毫升，放置于瓷或玻璃器皿中加热蒸发，密闭熏蒸 2 小时后开门窗通风。也可用 0.3%~0.5% 过氧乙酸溶液、3% 过氧化氢溶液、有效氯含量为 1500 毫克 / 升的消毒溶液或 500 毫克 / 升二氧化氯溶液，进行喷雾消毒，按 20~30 毫升 / 米^{3}用量计算，密闭 1~2 小时后开门窗通风。

②空调系统消毒：独立空调系统在做上述消毒处理后还应对空调滤网用有效氯或有效溴含量为 500~1000 毫克 / 升的消毒溶液进行浸泡或擦拭消毒。如遇中央空调系统，应先对病人活动的房间按上述方法进行空气消毒处理后，打开所有门窗，并将空调系统开至最大进行空气抽换并维持一段时间。将所有的过滤器、过滤网浸入有效氯或有效溴含量为 500~1000 毫克 / 升的消毒溶液中 30 分钟，消毒后用水清洁、晾干。所有送风设备和送风管路用有效氯或有效溴含量为 500~1000 毫克 / 升的消毒溶液擦拭消毒。

③物体表面消毒：对大堂、通道等公共区域的地面、墙壁、电梯以及经常使用或触摸的物体表面，如门窗、柜台、桌椅、门把手、水龙头、话筒、洗手池、卫生间等部位，用 0.2%~0.5% 过氧乙酸溶液、有效氯或有效溴含量为 1000 毫克 / 升的消毒溶液拖擦或喷洒，作用时间不少于 60 分钟。

④茶具消毒：物理法消毒可以采用煮沸消毒 15~30 分钟、流通蒸汽（100℃）作用 20~30 分钟、远红外线消毒碗柜（125℃）作用 15 分钟以上等方法。化学法消毒可采用 0.2%~0.5% 过氧乙酸溶液、有效氯或有效溴含量为 500~1000 毫克 / 升的消毒溶液浸泡 30~60 分钟等方法。

⑤座套等纺织品消毒：耐热耐湿的物品，可用流通蒸汽（100℃）作用 20~30 分钟或煮沸消毒作用 15~30 分钟。不耐热的物品，可用 0.2%~0.5% 过氧乙酸溶液或有效氯或有效溴含量为 500 毫克 / 升的消毒液浸泡 30 分钟。

⑥分泌物、呕吐物、排泄物消毒：稀薄的排泄物或呕吐物，每 1000 毫升可加漂白粉 50 克或有效氯含量为 20000 毫克 / 升的消毒溶液 2000 毫升，搅匀加盖放置 2 小时。无粪的尿液每 1000 毫升加入干漂白粉 5 克、次氯酸钙 1.5 克或有效氯含量为 10000 毫克 / 升的消毒溶液 100 毫升混匀放置 2 小时。成形粪便不能用干漂白粉消毒，可用 20% 漂白粉乳剂（有效氯含量为 50000 毫克 / 升）或有效氯含量为 50000 毫克 / 升的消毒溶液 2 份加于 1 份粪便中，混匀后，作用 2 小时。盛分泌物、呕吐物、排泄物的容器使用后，可用有效氯含量为 5000 毫克 / 升的消毒溶液全部浸没消毒 30~60 分钟，用水冲洗后备用。

⑦便池、下水道消毒：用 5~10 升有效氯含量为 1000~2000 毫克 / 升的消毒溶液冲洗，停留 30 分钟，用自来水冲去残留的消毒剂。

⑧垃圾处理：可燃物质尽量焚烧，也可喷洒有效氯含量为 10000 毫克 / 升的消毒溶液，作用 60 分钟以上。消毒后深埋。

（4）消毒人员在进行消毒工作时要自我防护，防止消毒过程中自身被传染。①消毒液应在通风良好的场所配制，并穿工作服，戴口罩与橡胶手套等防护用品，避免与皮肤、黏膜直接接触，一旦接触应立即用大量水冲净。②在进行清洗与消毒时也应穿工作服，戴口罩与橡胶手套等防护用品，避免与皮肤、黏膜直接接触，一旦接触应立即用大量水冲净。③工作完毕，脱去防护用品，立即放入密封袋内，并进行手的清洗消毒。④使用后的个人防护用品应经消毒清洗后方可重复使用。

【知识链接】

大型会展场馆在举办展会期间尤其是特大型展会期间的车辆往来量是巨大的。以广交会为例，每年春秋两届广交会，各类车辆在展馆周围忙碌地穿梭，特别是在流花展馆，每次的广交会都需要对周边地区进行临时的交通管制，否则可能造成严重的交通阻塞现象。虽然各个大型会展中心在设计时已经考虑到会展活动对交通的依赖，如增加公共交通班次、配备大型停车场、设置地铁站等，但如果不实施有效的场馆车辆交通管理，一样会带来交通问题。停车管理是我们平常忽略的，其实停车管理在展览会中起着至关重要的作用。现在很多参展商和采购商都是开着车来，如果处理好了停车的管理，无疑会吸引更多的人来参展，再者停车也可以提高场馆方的收入。门禁管理系统可以给停车管理提供十分优越的服务，它通过智能方案对场馆内停车进行很好的管理，为客户提供便利。如果在门禁中设有停车管理系统，在展览的淡季，停车场门禁同样可以作为普通的门禁，为场地所有者提高收入。

大型会展活动期间，进入场馆内部和周边地区的车辆种类较多，包括小型汽车、大型货车、大中型客车、集装箱车、工程机械车、叉车、电瓶车以及其他特殊车辆，如电视转播车、备用救火车、紧急救护车等。各种车辆在管理的方式上有所不同，如电视转播车是临时性停车，要求停留在接收信号比较好的地方，而且由于数量比较少，因此场馆管理人员可以按照转播的需要安排停放；而救护车和救火车则应该停在出入较为方便的地方候命；电瓶车应按照制定的线路和停靠站在场馆内部四周行驶；叉车则是来往于展厅和卸货区之间，应按规定的线路进出，防止碰撞。所有车辆的运行线路和停放均要严格按照规定执行。

资料来源：根据百度网、新浪网网上信息搜集、整理而成。

第五节　会展场馆的车辆交通管理

一、施工人员及车辆管理

（一）施工人员管理

进出场馆的施工人员须听从现场保安人员管理。施工人员凭《临时出入证》进入场馆时，由门岗保安登记后予以放行。

施工人员进入场馆后须把证件佩戴在醒目位置。施工人员进入场馆施工时，要爱护公共财物，如发生损毁公共设施的情况，由施工队伍负全部责任。

临时进入场馆的施工人员，由总包方或施工单位提前办理《临时出入证》（通用版）；使用《临时出入证》（通用版）出入场馆的施工人员，由总包方或施工单位负责管理。

《临时出入证》或《临时出入证》（通用版）遗失须至办理点重新办理，工本费10元。

展览期间《临时出入证》或《临时出入证》（通用版）不可进入展览区域。

（二）施工车辆管理

施工车辆进入场馆道路时，须听从现场保安人员指挥，不听从指挥者，保安人员有权限制其进入场馆或将其驱离场馆。车辆须低速行驶，注意场馆设备设施及人员安全。

进入场馆的车辆须凭《临时车辆出入证》登记后进入馆内。进入场馆后须停放在指定地点，不得随意停放。进入场馆的施工车辆上仅限司机一人，其他跟车人员须下车，从人员入口凭证审核无误后，方可进入。

临时进入场馆的施工人员车辆，须至门岗处登记领取《临时车辆出入证》（通用版）；使用《临时车辆出入证》（通用版）出入场馆的施工车辆，由总包方或施工单位负责管理。

车辆离开场馆时从原入口离开，配合保安人员做好离场登记工作并归还《临时车辆出入证》（通用版）。《临时车辆出入证》或《临时车辆出入证》（通用版）遗失须至办理点重新办理，工本费 10 元。

展览期间持《临时车辆出入证》不可进入场内停放。

（三）物品进出管理

禁止携带易燃、易爆、危险物品及场馆方规定的其他禁止进入的物品进入场馆。

如施工确实需要使用一些危险物品，须由总包方或施工单位出具证明，并由场馆运营部签字确认后方可进入。

离开场馆时，施工人员随身携带的物品必须由施工单位出具物品清单并加盖公章，至陆家嘴物业服务中心办理《物品出门单》方可将物品带出场馆。

（四）施工现场管理

现场施工人员在指定区域施工，服从现场巡视保安人员管理。现场施工建筑垃圾在指定范围内堆放。施工结束做到工料物清，恢复施工前的现状，做好保洁。

所有进出施工区域房间钥匙由保安统一开关、检查。

施工时，必须做好相应的安全措施。现场如需动用明火进行作业时，须征得场馆方运营部同意并出具动火证明；作业人员须有操作资质证明，现场配备相应的消防器材后方可施工。配合现场保安人员做好登记工作。

（五）施工人员《临时出入证》及《临时车辆出入证》申领程序

由总包或施工队伍提供施工队伍负责人员名单及联系方式。由总包或施工队伍提供加盖公章的施工计划（施工日期、施工地点、每日施工时间）、施工人员名单、身份证及复印件。

由总包或施工队伍提供所需进入场馆车辆的车牌号清单并加盖公章。《临时出入证》（通用版），每家施工单位可办理 10 张。办理地点：某某二楼制证中心，证件工本费：10 元 / 张，办证工本费不退。

二、来访人员及车辆管理

（一）来访人员管理

来访人员进入场馆须于门岗进行登记，若需要进入展厅，受访部门须至场馆运营部领取《访客证》，并由受访部门人员陪同进入。进入场馆后须服从现场保安人员管理，遵守场馆相关规定。在场馆内不得损坏场馆设备设施。

来访人员离开展厅后，受访部门统一归还《访客证》场馆运营部。10 人以上团队来访，进入场馆须受访部门专人带队。

（二）来访车辆管理

来访的车辆进入场馆需至门岗登记后领取《临时车辆出入证》（通用版）。进入场馆后须服从现场保安人员管理，在指定地点停放。来访车辆离开场馆时，须向门岗保安归还《临时车辆出入证》（通用版）后方可离场。

三、外协单位人员及车辆管理

（一）外协单位人员管理

所有外协单位至某某二楼制证中心办理《外协单位人员通行证》。办理所需资料：企业营业执照复印件（首次办理）、《外协单位人员通行证申办表格》并由场馆运营部相关部门负责人签字确认、申办人员身份证原件及复印件。

《外协单位人员通行证》工本费 30 元 / 张，有效期 1 年。

进出场馆的外协单位人员必须听从现场保安人员管理。外协单位人员进入场馆后须把证件佩戴在醒目位置。外协单位人员进入场馆施工时，要爱护公共财物，如发生损毁公共设施的情况，由外协单位负全部责任。《外协单位人员通行证》遗失，须至制证中心重新办理。

（二）外协单位车辆管理

需长期进入场馆区域的外协单位车辆须提交申请至场馆运营部，经同意后方可至制证中心办理《外协单位车辆通行证》。

办理所需资料：《外协单位车辆申请表》。

《外协单位车辆通行证》收取工本费与管理费共 300 元 / 张，有效期 1 年。（包含工本费 30 元，管理费 270 元）外协人员车辆无《外协单位车辆通行证》的，进入场馆需至门岗登记后领取《临时车辆出入证》（通用版），并于离场时归还门岗。

外协单位车辆进入场馆道路时，须听从现场保安人员指挥，不听从指挥者，场馆保安人员有权限制其进入场馆或将其驱离场馆。车辆须低速行驶，注意场馆设备设施及人员安全。进入场馆后须停放在指定地点，不得随意停放。

离开场馆时从原入口离开，并配合保安人员做好离场登记工作。《外协单位车辆通行证》遗失，须至制证中心重新办理。

四、VIP 人员及车辆管理

贵宾、参观人员进入场馆须持有《VIP 观摩证》。《VIP 观摩证》由公司各部门向场馆运营部申领，申领前填写“工作联系单”，申领时登记申领数量、用途、使用时间，使用完毕后申领部门须及时向场馆运营部归还。

如有车辆需进入场馆的，须同时申领《VIP 车辆通行证》，申领及归还方式同《VIP 观摩证》。

申领《VIP 观摩证》和《VIP 车辆通行证》需部门总经理及以上级别领导签字确认。

本管理办法实施期间产生的问题，请至物业服务中心进行协调，物业服务中心汇总上报场馆运营部。

本管理办法自 ×××× 年 ×× 月 ×× 日零时起执行，望各单位、部门给予协助配合，共同做好会展中心场馆现场管理工作。

五、会展期间场馆的交通管理

大型展会期间，会展场馆的交通将达到高峰，因此必须对场馆内部及周边地区的交通进行管理。在对场馆进行交通管理时要本着以人为本、高效快速的原则疏通交通道路，保证道路的畅通。会展活动开始前，场馆管理部门或活动主办方首先应就活动期间的交通问题与当地交警部门沟通，获得交警部门的支持，并就车辆的进出场馆给出建议。必要时，场馆周围的公共交通道路需要实行临时管制，以保证活动期间交通的正常通行。主办方或会展场馆部门应将参展商或活动参与者车辆进出场馆的路线事先告知，以保证参展物品和人员能顺利到达和进入场馆。具体要做到：

（1）为方便外地参展企业自带车辆在市区指定线路及会展场馆区进出，主办方或场馆管理部门应统一发放“车辆通行证”，无“车辆通行证”的车辆一律不得进入场馆区。

（2）在一些重要的道路出入口和交叉路口设置清楚、明显且足够多的指示信号灯和指示标牌，引导车辆按规定的路线行驶，必要时要加派交警予以维持秩序。场馆内部应有足够明晰的交通图指示一些重要的交通点的位置，如出租车等候点、大巴停放点、地铁站、地下停车场出入口、公交车站等，以方便活动参与者寻找到相应的交通工具。

（3）设计车辆行驶线路时，要注意将人流和车流分开，避免人流阻碍车速，或者车辆碰撞行人，要安排交通管理人员进行人行方向的引导，防止行人乱穿马路，防止人群在交通通道上停留。

（4）保证车辆进出畅通，统一流向，尽可能采用单向行驶。

（5）严禁车辆乱停乱放，对于乱停乱放的车辆应立即移走，以疏通道路。

（6）观众疏散道路应畅通，不可停放任何车辆。场馆入口处应留有疏散通道和集散场地，场地不得小于 0.2 平方米 / 人，可充分利用场馆现有的道路、空地、屋顶、平台等地方。

（7）场馆周围道路应满足通行消防车的要求，净宽度不应小于 3.5 米。上空有障碍物或穿越建筑物时净高不应小于 4 米。场馆周围消防车道应畅通，消防车应可直接开入场馆建筑内部。

（8）对于大型工程机械车进出场馆的要有专人负责指挥，以防止发生突发事件。原则上叉车由场馆方提供，各参展商可以租用叉车来往于卸货区和展览区搬运笨重货物，但叉车应按指定的路线行驶，以免碰撞或阻塞通道。

（9）对往来于会展场馆的车辆要密切监控，发现形迹可疑或者异常的车辆应要求其停车检查，以防止恐怖事件的发生。

六、交通突发事件管理

展会期间，由于车流量和人流量都非常大，因此需要对一些交通突发事件做好准备，必要时需要做好交通突发事件的预案或者预演，以提高紧急事件的处理能力。这些交通突发事件包括：

（1）汽车起火。如发生汽车起火事件，应首先疏散起火现场一带的人群和车辆，然后运用就近的消防器材将火扑灭，或控制火势蔓延，与此同时，通知场馆内的相关部门或现场待命的消防队到场处理。灭火后，要保护现场，等候有关部门调查事故。

（2）车辆碰撞。无论在停车场还是在场馆周边的道路上，如出现车辆碰撞，交警应及时赶到现场拍照，扣押当事人的有关证件，并尽快将碰撞车辆驶离或拖离通道，以保持道路畅通。之后再根据现场碰撞情况对肇事司机予以处罚。

（3）地下停车场停电。虽然不少场馆的地下停车场采用自然采光，但还是有一部分场馆采用电能，而且一旦停电，停车场的出入控制系统无法正常工作，因此要立即开启紧急照明，保持通道的照明，同时应立即在停车场的出入口加派人手，采用人工方法控制车辆进出。地下停车场出现停电时应及时通知场馆工程部门，了解停电的原因。

（4）出现滋事者。这里的滋事者有可能是酒后开车者，或者不听从交通指挥者，或者情绪激动的斗殴者，对于这些人首先应保持冷静，耐心地控制他们的情绪，有礼、有理地对其不良行为予以规劝，尽可能将事件控制在较小的范围。如滋事者无理取闹，将事态扩大，导致人群围观或交通拥堵，则须采取强制措施将滋事者立即带离现场处理。

（5）停车场内或车内发现危险品。若在停车场内或车内发现危险品，首先应通知公安部门立即到达现场，并将附近的人群安静地疏散，禁止任何人进入该区域。然后由防爆专家或其他专业人士对危险品进行勘测和排除。

【复习思考题】

1. 简述会展场馆设施设备管理的概念、目标、理念、内容。
2. 简述会展场馆设施设备的系统管理。
3. 简述会展场馆设备设施系统运行工作规范。
4. 简述会展场馆的环境卫生管理。
5. 简述会展场馆的车辆交通管理。

【案例分析】

上海新国际博览中心

由上海市浦东土地发展（控股）公司与德国汉诺威展览公司、德国杜塞尔多夫展览公司、德国慕尼黑国际展览有限公司共同投资建设。内设商务中心、邮电、银行、报关、运输、速递、广告等各种服务项目，2001年正式营业，以其一流的设施，为中外展商举办各类展会提供一个理想的场所。位于浦东开发区，处于陆家嘴金融贸易区、金桥出口加工区、张江高科技园区开发区交会处。邻近浦东国际机场，是迄今为止亚洲最具现代化的专业展览场馆，其功能齐备，基础设施及设备完善。公共交通：地铁2号线从虹桥机场起发，途经上海市中心。浦东龙阳路站距展馆仅600米。磁悬浮列车：高速磁悬浮列车往返于浦东国际机场和展馆附近的地铁2号线，仅8分钟就能到达浦东国际机场。高架道路：浦东两条环线的交叉点，从市中心横跨南浦大桥直达（表3–1，表3–2）。

内部规划：由美国Murphy/Jahn设计事务所设计，是最具现代艺术性的展览场馆，整个展览设计概念高效、简洁、清晰。

入口大厅明亮气派，可安排来宾登记、信息查询或作为小憩、洽谈之地。观众从这可方便快捷地进出各个展厅。整个展馆高挑宽敞，设施先进，配备齐全，能满足各类展览会的要求。

每个展厅规模为70米 ×185米，面积为11547平方米，展厅均为一层无柱式结构，地面承重为30千牛 / 平方米。展厅设有灵活性分隔、卡车入口、地坪卸载、设备、办公室、小卖部及餐厅和板条箱仓库。

全部建成后将拥有17个展厅、三个入口大厅和一座塔楼，总展览面积为室内20万平方米，室外13万平方米。

屋顶：由玻璃纤维膜覆盖，提供柔和日光。这层玻璃纤维膜同时也覆盖整个拱廊。

立面：覆面简洁，端墙使用玻璃以利用自然采光。遮光装置则用于遮挡阳光，并可在特殊活动需要时提供暗室效果。边墙使用隔热工业板。

能源：能源系统需考虑展厅使用时间较短，在使用时须能提供完全舒适度。在布置阶段及展览之间，通过调节外墙的门窗开口，自然通风系统应该已经足够。

表3–1　南北入口大厅设施设备

设施	内容
观众入口	玻璃大门（1.75~2米宽，2.4米高）
展览毛面积	2668平方米/650平方米
电梯	1部
INTERNET	ISDN（128K）、无线宽带网（共享11M）、有线宽带网（最大可独享10M）
保安	24HR保安服务，中央监控，传感报警
供电方式	3相5线制，380V/220V，$50H_Z$/单相220V，$50H_Z$
消防	烟感报警、自动喷淋、便携式灭火器
电话	市内、国内、国外直拨
其他	空调、新风、问询台、广播系统、应急照明、卫生间

表 3-2 馆内设施设备

设施	内容
入口、面积	每个展厅东侧各2个玻璃入口，11500平方米
展品人展台	每个展厅南北各5扇大门（5米宽，4米高）
展厅亮度、高度	250LX，W_1—W_4展馆11~17米，W_5号展馆17~23米
地坪	强固水泥，展场承重室内为3吨/平方米，室外为5吨/平方米
压缩空气	10bar以内，管径分别为10毫米、19毫米、25毫米
INTERNET	无线宽带网（共享11M）、有线宽带网（最大可独享10M）
给水口、排水	每展馆294个，管径15毫米，20毫米，25毫米；排水168个，管径100毫米
保安	24HR保安服务，中央监控，传感报警
电量、供电方式	2400瓦，3相5线制，380V/220V，$50H_Z$
消防	烟感报警、自动喷淋、便携式灭火器
电话	市内、国内、国外直拨
其他	空调、新风、问询台、广播系统、应急照明、卫生间

一、会议场地管理

1. 选址和建设

会议中心一般应该规划在交通便利的地区，使与会者能够方便地到达机场、地铁站、客运站等地方。

会议中心建设中要引入环保概念，尽量减缓人为建筑对环境所造成的能源负载与破坏。

2. 内部规划

在会议中心内，一般应划分出独立的会议区域，把会议区和餐饮等其他区域分开。尽量使会议室避开繁忙吵闹的地方，以便把干扰降到最低点，确保会议的效果。

商务中心和会间休息区要靠近会议室，提供方便的服务。

内部规划和管理中要考虑的要点：

（1）会议室面积。

会议室一般要大小规模具全，大到可以容纳几千人的会议厅，小到可供几个人使用的贵宾洽谈室，以容纳不同规模的会议团体。

应设有一些可以使用气墙或折叠隔离门进行拆分的会议室，这类会议室具有很大的灵活性。

（2）座位和布局。

会议室应具有不同的空间布局形式，如礼堂式、剧院式、教学式，以适合不同种类和规模的会议活动。

不同的会议室的布局其座位的摆放方式不同。

（3）会议室家具。

需配备桌椅、平台、讲台等。

选择要符合人类工程学的原理，要舒适。

考虑家具的牢固性和耐用性。

（4）会议室照明。

会议室基本照明设备的种类有射光灯、泛光灯及特殊效果灯光，有时用舞台灯和聚光灯来突出讲台上某位演讲人。

室内灯光的调光器是会议室内必要的装置，当人们演讲时，通过调光器提供局部照明可以提高屏幕上的画面清晰度。

（5）会议室空气状况。

要时刻保证室内通风良好，空气质量良好。

一般要求会议室净高不低于 4 米，小型的不低于 3.5 米；室内气温一般夏季为 24℃ ~26℃，冬季是 16℃ ~22℃；室内相对湿度夏季不高于 60%，冬季不低于 35%；室内气流应保持在 0.1~0.5 米 / 秒，冬季不大于 0.3 米 / 秒。

（6）其他细节。

确定天花板高度时不但要考虑其本身的形状，还要考虑吊灯、装饰物等；

在木质、瓷砖的地面上走动会发出声音造成干扰，因此会议室需要铺地毯；

会议室有柱子，要合理安排座位布局，使它们不至于遮住与会者的视线，等等。

贵宾室、休息室……

资料来源：根据上海新国际博览中心，百度网、新浪网网上信息搜集、整理而成。

思考题：

试分析上海新国际博览中心设施设备的配置及管理，并以此为例，分析、讨论城市国际博览中心设施设备的配置及管理应注意的问题。

第四章

会展场馆出租管理

【本章导读】

在会展场馆现实的运营过程中，场馆出租对于场馆增加收入、降低成本，进而实现利润最大化，实现会展场馆的保值和增值，具有非常重要的作用。本章从会展场馆出租管理入手，主要介绍会展场馆出租决策、场馆出租流程、场馆租赁合同、出租期场馆管理。

【学习目标】

1. 明确场馆出租的法律依据；
2. 了解、掌握会展场馆出租的决策；
3. 了解、掌握会展场馆出租的流程；
4. 了解、掌握会展场馆租赁合同、出租期场馆管理。

【导入案例】

上海新国际博览中心出租率全球第一

历时12年建设，总投资44.06亿元人民币，室内展览面积达20万平方米的上海新国际博览中心日前全面竣工并投入使用。2011年，SNIEC全年周转率高达32次，是全球出租率最高的展馆。2011年，SNIEC销售出去的展览面积达480万平方米，占到当年上海市全市各类展览总面积的一半，相当于将当年自身可使用的展览面积租出去32次。周转率全球排名第二的展馆，全年周转率还不到20次，常规展馆达到15次左右就已经令人满意了。自2001年11月一期四个展馆建成使用以来，十年间，这里累计举办了700多个展览，2011年展览数量更是达到创纪录的94个。上海汽车展、中国国际工业博览会以及一批源于德国的国际性知名展览均落户上海新国际博览中心。

上海市会展行业协会会长吴承璘认为，上海新国际博览会中心是上海建设国际会展中心城市道路上的一个里程碑。到2015年，规划室内展览面积40万平方米、室外展览面积10万平方米的中国博览会会展综合体将在浦西虹桥商务区建成，届时上海将形成一东一西两大错位经营的展览中心，全年各类展览面积将有望由2011年的953万平方米扩张至1500万平方米，会展业直接收入达200亿元人民币。

资料来源：中国经济导报，2012-03-20.

作为会展场馆的拥有者，会展中心或会议中心可以自己筹办展览或会议，也可以将场馆出租给会展活动主办方，获取场地的租赁和服务费用。那么，场馆是以自己办展为主，还是以出租场馆为主，主要从以下两个方面考虑：

（1）会展中心和会议中心的投资定位。会展中心或会议中心可以由当地政府投资，或由会展公司投资，也可以由房地产公司甚至一些专门的投资公司投资。不同的投资方背景对场馆的影响是不一样的。当地政府投资的场馆，由于政府的支持，因此主要以政府牵头的自办展会活动为主，如南博会、广交会；会展公司的主营业务就是举办展览，以自办展览为主；而房地产公司和投资公司则主要是拥有场地资源，他们的办展能力不强，主要是靠场馆的出租获取收益，因此场馆以出租为主。

（2）对于会展的策划、管理和运营能力。每一个场馆都有自身独特的竞争优势，或交通便利之优势，或拥有设备先进完善的优点，或拥有专业的会展管理队伍。一些场馆可能仅仅拥有场馆资源和场地管理的经验，但自身对于如何寻找展会机会、如何进行会展策划、如何管理和组织会展活动并没有太多的经验。如果要勉为其难匆忙地策划展会活动，很有可能带来更大的损失，因此在没有充分的准备之前应以场馆出租为主，各场馆应该发挥自身的优势，以较小的成本获取最大的收获。

需要指出的是，会议中心和会展中心在自办或出租上的选择有所不同。商业性会展活动在举办的地点上有一定的刚性，也就是说，会展活动通常会和所举办的城市相联系。不少会展中心可以自办展会，然后逐年做大做强，一年一年地办下去，因为商业性的活动主要是按经济规律运行，只要能抓住市场，并提供高效高质的服务，会展活动可以有较强的生命力。而会议的情况有所不同。除非一些固定性会议，如国内的“人大”“政协”会议等，基本上会确定在首都和省会城市进行，而更多的会议在举办地点的选择上，更为灵活和具有弹性。之前也探讨过，会议活动一般由政府部门、学术团体、专业协会或者公司举办，如果没有他们出面召集是很难长此以往地举办下去的，尤其是对于既没有政界或者学界支持的会议中心，因此会议中心一般都以出租业务为主。当然，会议中心也可以通过一些“非常”的方式来策划会议，如大家熟悉的博鳌亚洲论坛。

总而言之，会议中心和会展中心很大一部分业务是出租业务，因此有必要对会展场馆的出租进行科学和规范化管理，以获取较高的经济效益。

第一节　会展场馆出租决策

一、场馆出租的法律依据

场馆的出租是出租人将会展场馆作为租赁物交付承租人使用的过程，承租人可以通过举办展会活动获取收益，同时须向出租人支付租金。这里的出租人是会展场馆的所有者，或其委托的管理者。与出租方签订租赁合同的承租人一般为会展活动的承办方，而不是会展活动的主办方或协办方。

会展场馆出租所依据的法律依据是1999年颁布和实施的《中华人民共和国合同法》（以下简称《合同法》）。《合同法》第十三章对租赁合同有如下专门的规定。

第二百一十二条　租赁合同是出租人将租赁物交付承租人使用、收益，承租人支付租金的合同。

第二百一十三条　租赁合同的内容包括租赁物的名称、数量、用途、租赁期限、租金及其支付期限和方式、租赁物维修等条款。

第二百一十六条　出租人应当按照约定将租赁物交付承租人，并在租赁期间保持租赁物符合约定的用途。

第二百一十七条　承租人应当按照约定的方法使用租赁物。对租赁物的使用方法没有约定或者约定不明确，依照本法第六十一条的规定仍不能确定的，应当按照租赁物的性质使用。

第二百一十八条　承租人按照约定的方法或者租赁物的性质使用租赁物，致使租赁物受到损耗的，不承担损害赔偿责任。

第二百一十九条　承租人未按照约定的方法或者租赁物的性质使用租赁物，致使租赁物受到损失的，出租人可以解除合同并要求赔偿损失。

第二百二十条　出租人应当履行租赁物的维修义务，但当事人另有约定的除外。

第二百二十一条　承租人在租赁物需要维修时可以要求出租人在合理期限内维修。出租人未履行维修义务的，承租人可以自行维修，维修费用由出租人负担。因维修租赁物影响承租人使用的，应当相应减少租金或者延长租期。

第二百二十二条　承租人应当妥善保管租赁物，因保管不善造成租赁物毁损、灭失的，应当承担损害赔偿责任。

第二百二十三条　承租人经出租人同意，可以对租赁物进行改善或者增设他物。承租人未经出租人同意，对租赁物进行改善或者增设他物的，出租人可以要求承租人恢复原状或者赔偿损失。

第二百二十四条　承租人经出租人同意，可以将租赁物转租给第三人。承租人转租的，承租人与出租人之间的租赁合同继续有效，第三人对租赁物造成损失的，承租人应当赔偿损失。承租人未经出租人同意转租的，出租人可以解除合同。

第二百二十五条　在租赁期间因占有、使用租赁物获得的收益，归承租人所有，但当事人另有约定的除外。

第二百二十六条　承租人应当按照约定的期限支付租金。对支付期限没有约定或者约定不明确，依照本法第六十一条的规定仍不能确定，租赁期间不满一年的，应当在租赁期间届满时支付；租赁期间一年以上的，应当在每届满一年时支付，剩余期间不满一年的，应当在租赁期间届满时支付。

第二百二十七条　承租人无正当理由未支付或者迟延支付租金的，出租人可以要求承租人在合理期限内支付。承租人逾期不支付的，出租人可以解除合同。

第二百二十九条　租赁物在租赁期间发生所有权变动的，不影响租赁合同的效力。

第二百三十一条　因不可归责于承租人的事由，致使租赁物部分或者全部毁损、灭失的，承租人可以要求减少租金或者不支付租金；因租赁物部分或者全部毁损、灭失，致使不能实现合同目的的，承租人可以解除合同。

第二百三十三条　租赁物危及承租人的安全或者健康的，即使承租人订立合同时明知该租赁物质量不合格，承租人仍然可以随时解除合同。

第二百三十五条　租赁期间届满，承租人应当返还租赁物。返还的租赁物应当符合按照约定或者租赁物的性质使用后的状态。

会展场馆的租赁一般为短期租赁，由布展时间、展览时间和撤展时间三部分组成，整个租赁期不超过一个月。但无论租期长短，会展场馆的出租方和承租方都需要按要求去签订租赁合同，界定双方各自所拥有的权利和责任，以防止出现任何不必要的纠纷。

一旦出现纠纷，合同双方应首先本着友好合作的原则就有关问题进行协商，共同找出解决办法。如纠纷无法调和，则可以进行仲裁或向人民法院提出诉讼。

二、场馆出租的决策

场馆是否对某项目出租需要经过慎重的调查和分析，因为这不仅仅涉及场馆的经济收益问题，还会影响到场馆的社会形象。

当场馆方收到要求租赁场馆的意向之后，首先要根据现有的排期情况，确认在时间和场地面积上能否配合。如果能配合，则应进一步了解办展机构或公司的情况、办展内容、展会排期等信息。场馆方应请办展机构提供一份简单的办展评估报告及相关的背景资料，这些背景资料包括展会的主办方和承办方的批文、政府相关部门批准办展的批文、办展机构的工商营业执照、展会的主题和目标、展会的规模、展会排期、展会的资金来源等。收到相关信息后，场馆方的有关部门应对所提供的资料认真地审核，对于不清楚或有怀疑的地方进行调查，以确保办展机构所提供的信息真实准确。

在进行场馆出租决策时，场馆方要考虑以下的一些因素：

（1）承办方（或办展机构）是否证照齐全，属合法经营。场馆出租方不可以将场地租借给未经审批通过的展会，否则很可能造成严重的经济影响和社会影响。

（2）承办方的信誉和支付能力。通过了解办展机构是否有良好的支付能力和信誉，场馆方能在更大程度上保护自身的财务安全。

（3）活动的性质和内容。高规格的且高影响力的展会将提升场馆的形象，而低俗杂乱的展会将对场馆的形象带来损害，因此在进行场馆出租决策时，要全面分析展会活动可能带来的社会影响。

（4）自办展会。决策场馆出租时，还需要考虑是否有同一主题的自办展会。由于自办展会是一个品牌创建的过程，为保护自身品牌，对场地出租给同一主题的展会要慎重，否则很容易混淆视听。

（5）承办方（或办展机构）的服务需求。不同性质的展会对于展会服务的要求有所差异。在进行场馆出租决策时，要考虑承办方的服务需求，自审能否满足这些需求。如果不能满足，且双方又不能达到一定的退让，则要慎重考虑出租事宜，避免出现那种事前拍着胸脯"全包"，事后拍着屁股"不管"的事情发生。

这里所谈的场馆出租决策只是初步的决策，仅确定场馆出租的基本意向。在之后的合同协商过程中，还会涉及一些更为具体的事宜，这些具体的操作性事宜也可能对是否出租场馆起着重要的参考作用。

第二节　会展场馆出租流程

一、接洽阶段

接洽阶段是一个租赁双方相互了解的过程。在接洽过程中，活动主办方或承办方须了解场馆的大小和环境、所提供的服务、收费情况以及档期安排等情况，以便做出租用决定。在没有做出租用决定前，活动主办方或承办方可能同时和多家会展场馆接触，以便选取最为合适的活动举办场所。为获得此商业机会，场馆方面应事先做好相关的准备，如准备场馆的宣传手册，核算合理的场馆租赁费用，了解展会的规模和特点等。

在接洽阶段，除了推介自己的场馆之外，场馆方还须了解会展项目，并根据这些情况进行评估，初步判断是否出租场馆。具体评估内容包括：

（1）项目评估：展览或会议的主题、目的、时间、排期、主要场地和服务要求等。

（2）客户评估：客户的信誉、知名度、客户对项目的预算等。

（3）竞争对手评估：有可能举办该项目的其他场馆的状况。

在初步确定租借场地后，即可开始商洽租借合同的具体内容。

二、场馆出租的价格确定

（一）场馆出租收费的内容

场馆出租费用可能包括以下费用：场地租赁费用、保安费用、装饰费用、设备设施使用费用、茶点费用、场地清洁费用等。场地租赁费是其中最基础的费用。由于场馆方在租赁场馆的同时必须提供相应的服务，如保安服务、清洁服务、照明及空调服务等，因此对这些服务也应收取相应的费用，这些费用我们称之为必需费用。与此同时，场馆方还可能提供一些其他可选择的服务，如礼仪服务、咨询服务、广告服务等，这些服务可以由场馆方和活动主（承）办方协商，确定价格，这些费用称为可选择费用。有时场地租赁报价会直接包括必需服务费用，这种一揽子报价所涵盖的服务内容应在合同中予以注明。

（1）必须收费的服务项目包括以下几项。

①展馆公共区域及展场通道的清洁卫生。包括公共洗手间、货车装卸区以及出租期间的周边区域、主办机构办公室（如有提供）的垃圾处理。

②展馆固定的照明用电。包括在展馆出租区域按规定开照明灯，在装修搭建和撤展期间开放适当亮度的灯光。

③展馆安全保卫、消防、交通控制。包括在租用区域按规定提供保安人员，各出入口保安人员、公共区域的一般保安巡逻；指挥货车经货车出入口进出展馆，在卸货区卸货的费用。

④展馆的中央空调。包括会展期间开放空调以及非会展期间开放的通风。开展期间开放空调时间应事先约定，如需超过该约定时间，则须额外付费。

（2）可选择收费的服务项目包括以下几项。

①展会通告。包括在网站、现场展览公告和大型电子荧屏的展览计划中列出该展览会名称。

②登记处。包括在场馆现场设立登记处或售票点，特别是当两个或多个展会同期举行时，会展中心可按比例分配给展会主办机构，并收取相应的费用。

③技术服务。如展会活动主（承）办方需要租借会议室时，场馆方应提供相应的服务人员和技术人员控制灯光、音响。

④展览主题板。展会主办方可以租用展馆区域的正门或侧门的门楣处设置展览主题板。

⑤开幕式服务。包括贵宾室的租用，开幕式的音响设备等。

⑥停车服务。包括地下停车场和临时停车场的使用。

⑦办公室的租赁。包括租用办公室，保证租用办公室的正常照明用电及清洁工作，还可以包括办公室内的通信及宽带的使用。

⑧广告资源。包括展会期间场馆方可提供给展会活动的广告位置以及广告牌的制作及悬挂服务。

⑨其他服务。如展览期间快餐服务、饮用水供应、展台租用、花木租用、商务服务、展台搭建服务等。

（二）场地租赁价格的确定方法

场地出租价格是场馆收入的一个重要来源，单位租赁价格的高低直接影响着场馆经营的收益，因此对于场馆租赁价格的确定要认真研究，科学决策。

一般来说，单位租赁价格的确定可以采用以下四种方法：

（1）投资收益率定价法。

单位租赁价格 =（总成本 + 投资额 × 投资收益率）÷（总收费面积 × 投资回收年数 × 每年的平均出租天数）+ 单位面积的变动成本

这种定价方法将场馆的投资考虑其中，由于场馆的投资巨大，因此采用这种方法的定价自然会比较高，但这种定价对场馆投资方最为有利。

（2）变动成本加成定价法。

单位租赁价格 =（变动成本 + 变动成本 × 利润率）÷（总收费面积 × 每年的平均出租天数）

该定价法没有考虑场馆投资方的利益，这可能是由于场馆的投资方往往是政府，会展中心或会议中心可以作为公共设施，因此不需要收回投资。

（3）行业价格定价法。

行业价格定价法是参照会展行业中其他会展场馆的定价而确定自己的价格。对比其他会展场馆，对自己的场馆规模、地理位置知名度及美誉度、服务条件等方面进行综合评价，从而确定给出的价格。

（4）理解价值定价法。

理解定价是指场馆方根据主（承）办方对场地出租价格的接受程度来制定场馆租金的定价方法，这其实是一种以活动举办方的需求为导向的定价方法。场馆理解定价法最为普遍的是对不同的展会活动以及不同举办时间采取不同的定价。例如，对于高附加值产品的展会活动，如车展，由于参观人数众多，产品附加值高，会展活动的规格也较高，可为展会活动带来较高的影响力和经济利益，因此对于这类会展活动的场地出租价格可以高一些。众所周知，会展活动具有一定的周期性，每年的 4 月、5 月、9 月、10 月是会展活动的高峰期，在这个时期，场馆的租金会随着需求的增加而增加；而对于展览淡季，场馆的租金也会随之下降。

三、场馆租赁合同

场馆租赁合同是租赁合同的一种，所谓租赁合同，根据《中华人民共和国合同法》第二百一十二条规定："租赁合同是出租人将租赁物交付承租人使用、收益，承租人支付租金的合同。"具体到场馆租赁合同，其主要内容包括：出租场馆的用途、出租使用的面积、出租的时间、场馆单位租价及总价、各服务项目的收费、违约责任、付款方式及时间、安全责任、甲乙双方责任和义务、提供的服务项目、优惠项目、保险规定、担保条款、赔偿条款、仲裁条款、合同终止条款、附属文件等。从以上合同内容可以看出，场馆租借虽然租期短，但涉及的内容非常多，需要商洽和确定的条款较多，需要非常谨慎地处理，否则很容易为随后的展会活动带来不必要的麻烦。

（1）场馆租赁合同应约定出租场地的用途和时间。在合同中要明确表明出租场馆在约定时间内所要举办的展会全称，并且约定合同生效的前提条件是该展会已经依法取得政府部门审查批准。场馆出租的时间应包括筹展期、展览期和撤展期三个阶段的时间，如有必要可以在合同中注明这三个阶段的具体时间。在合同中还需要约定场馆在三个不同阶段的开闭馆时间，如超过合同时间，则需要按加时情况另计费用。

（2）出租场地的面积计算也是一个需要认真商洽的问题。出租场地是否包括场馆内外通道的面积？哪些属于计费面积，哪些属于非计费面积？如果有两个展会同时在一个会展中心举行，如何处理公共面积？一般来说，场馆的出租主要以展览面积定价，展览面积包括室内展览面积和室外展览面积。需要指出的是，展览面积不仅仅是展位面积，还涵盖展位之间的通道面积。当展会举办方需要租借其他的会议室、办公室或服务台时，场馆方可以考虑是否需要额外收费，或者确定免收费的办公室数量。公共区域一般不额外收费，但必须对公共区域的使用做出一定的限制，如：

①符合消防规定及政府相关规定。不占用消防通道，不阻挡消防设施、供电设施及通信设施。

②不损坏展馆设施。

③不影响同期举办的其他展览会。

④所有布置应做到设置牢固，不对人员造成伤害。

⑤室外场地的布置不对展馆的玻璃幕墙造成损害，不影响交通。

（3）在租赁合同中要清楚地标明场地租赁价格和其他服务收费标准。场地的租赁价格可以按单位租赁价格（即每天每平方米的出租价格）乘以计费场地面积，再乘以总的租赁天数得出；也可以用整个展厅作为基本定价单位乘以租赁天数得出。由于场馆租赁的收费项目较多，涉及的内容也较广，所以合同的这部分阐述要尽可能详尽，甚至可以采用附件的形式另外注明，以免在场馆使用过程中发生矛盾。

（4）在合同中还需要注明费用的支付方式和取消租赁的方法。场馆租赁费用的支付一般分多阶段进行，在签合同之后交一定比例的定金，之后可以分期交付。费用分多少次支付，每次支付的比例是多少，这些都由双方协商确定，但在展会活动开幕之前场馆方一般会要求主办方支付所有的费用。由于签订合同之后，活动主办方还须办理一些其他的手续。有可能因手续办理或者其他原因，导致主办方会做出增租、退租或更改场地的决定，因此在签订合同时要对这些情况进行说明。一般来说，主办方需要增租场地，场馆方在条件许可的情况下应尽可能满足主办方的需要，只需签一个补充合同予以说明。若主（承）办单位需变更使用场地，须向场馆方递交变更场地申请表并说明原因，批准后双方另签补充协议。若主（承）办单位要退租场地，须向会展市场部递交退场申请表并注明退场原因及退场位置，经场馆方批准后可以退租，但须按合同规定支付退场补偿费，通常越迟退场，补偿费越高。在合同中应明确注明展会活动主（承）办方退租的补偿标准。

（5）合同中应注明场馆租赁双方的责任和义务。场馆方主要的责任是按照合同要求提供会展活动的场地和相应的服务；活动主（承）办方的责任是合法合理地使用所租用的场地。具体的内容可以在合同中列明。当合同的一方违反其中的约定时，要追究其责任，并需要处以一定的违约金。违约责任和违约金的数额可以在合同中予以详细说明。如果双方对违约责任有争议时，合同双方首先应本着友好的态度协商解决，否则可以在合同中约定仲裁机构和法院予以评判。

（6）为了保证场馆内所举办的会展活动的合法性，场馆方应在合同中约定有关事项，如展会活动内容和主题的合法性、知识产权保护责任、活动宣传资料的合法性等，这些责任应在合同中说明。

（7）由于会展活动受环境因素的影响较大，有些活动主（承）办方会借不可抗力原因来取消展会活动，从而免于承担违约责任，因此在合同中应明确界定不可抗力的范围。同时为了降低会展活动和会展场馆的风险，活动主（承）办方应为场馆及场馆工作人员购买保险，若在租赁期间发生任何的风险事故，场馆方可以获得相应的补偿。

（8）在合同中应注意合作双方的信息披露条款和保密条款。信息披露条款是指合同双方应互通信息，保证活动的正常进行。保密条款指合同一方在未经另一方同意的情况下，不得将其信息向第三方泄露。

在签订合同前，场馆方和会展主（承）办方应就以上的一些事项进行商讨和确认。正式签约时，合同签订人应是双方单位的法定代表人，非法定代表人必须持有法人授权委托证明书，以合法代理人的身份签字。租赁合同正本及附件共一式两份，双方在约尾处签字盖章，并加盖合同骑缝章。

在签订场馆使用合同之后，场馆方应向租赁方提供场地的技术图纸、参考展位图及办理展览手续所需的其他文件，以便活动主（承）办方办理相关的手续。

总之，场馆租赁合同较一般的住房和设备的租赁合同复杂很多，其原因是场馆的出租场地面积大，时间短，提供的设备较多，活动所需的服务项目和内容较多，从而导致了场馆方在签订合同过程中要认真仔细地推敲。

【知识链接】

会议确认书

甲方：

乙方：

经友好协商，甲、乙双方就乙方承办/代理之　会议事宜达成如下协议，双方共同遵守执行。

一、甲方主办的＿＿＿＿＿会议全部交由乙方承办。

会议地点是＿＿＿＿＿＿＿＿＿＿。

会议时间是＿＿年＿＿月＿＿日至＿＿年＿＿月＿＿日。

会议场设＿＿＿＿＿＿＿＿＿＿。

二、乙方提供如下会议服务：

1. 会议交通（包括把参会代表从火车站接至下榻宾馆的交通、会议代表去景区考察的交通）；

2. 会议代表住宿安排；

3. 会议餐饮安排；

4. 会务旅游安排及夜间娱乐活动的支持；

5. 会议场地（包括会议室的租用、会场茶水服务、会议徽标制作、参会代表文件资料袋）；

6. 返程票务服务；

7. 财务协助。

■会议交通

1.＿＿年＿＿月＿＿日，会议代表报到，乙方负责提供旅游大巴、金杯车进行接站服务，送至下榻会议酒店；

2. 提供会议旅游期间的全程交通（市区与景区之间的交通）。

■住房安排

1. 双方确认，甲方预定客房数共计____间，其中____酒店____级标准间____间（____间 / 元）；

2. 为会务组织提供____间客房，为工作人员提供____间客房；

3. 基于与会人数有一定的机动性，双方约定乙方预留____客房至____月____日____时，其中标准间____间。

4. 所有用房时间为____月____日至____月____日____时。超过____月　日____时，如果甲方人员需要继续使用客房，可提前通知乙方，乙方可以与酒店进行交涉，尽量（但不保证）按协议价格结算；

5. 双方确认，乙方必须在____月____日____时前获得酒店预订房间钥匙牌，按甲方指定名录登记分派房间，同时完成入住登记。

■餐饮安排

1. 双方确认，会议期间与会人员就餐地点为________酒店________餐厅；

2. 与会人员就餐时间安排；早餐开餐时间为____，中餐开餐时间为____，晚餐开餐时间为____；

3. 就餐人数安排____人 / 桌（早、中、晚均为中式餐桌），早餐餐标为____元 / 人，中餐餐标为____元 / 人，晚餐餐标为____元 / 人。

■旅游安排

1. 旅游安排时间在____年____月____日，于____集合，前往景区考察；

2. 旅游行程安排详见旅游行程安排附表；

3. 旅游行程中购物地点安排（购物根据游客自愿，每日最多不超过 2 个购物地点）；

4. 会议期间参会代表晚上如需安排活动，我社负责安排工作人员进行协调、服务、支持，所产生的费用由会议代表自理；

5. 更多旅游安排详见国内旅游组团合同书。

■会议场地安排

1. 会议主会场设________；

2. 乙方提供会议室，使用时间为半天；提供会场服务，包括茶水服务、会议徽标制作、会议代表佩戴的胸卡以及资料袋的提供。

■票务返程服务

双方确认，甲方人员返程事宜由会务组织统一安排，与会人员自行支付。乙方提供返程票务代理服务（在签到会场酒店大堂提供咨询及预定处，时间为____月____日____时至____月____日____时）：

1. 机票明折明扣，不收取服务费；

2. 火车票收取票面价格，另外，加收硬座票预定手续费 5 元 / 张、硬卧票预定手续费 30 元 / 张；

三、双方确认，以上预订的事项及服务属于不可撤销约定。双方自签字、盖章且甲方按本条款支付预订金之日起协议立即生效。甲方生效后____个工作日内支付人民币____元作为预订金。

详细接待标准及价格见会议行程安排报价表。

四、变更及核算原则

1. 甲方确认除非发生以下几种情况，否则甲方不存在撤销或变更本协议的理由，如果撤销或变更，乙方将有权要求甲方支付撤销或变更给乙方造成的预期损失。

◆战争或政治事件；

◆甲方进入破产程序；

◆甲方实体进入重组变更程序；

◆由于政策或法律变化导致会议不可能举行。

2. 甲方可以在预定的期间内变更会议时间，但变更通知必须在预定期限前____天抵达乙方，乙方接到甲方通知后应在____个工作日内（传真电邮公函）方式回执确认，甲方在接到乙方确认文件后即表示甲、乙双方就会议时间的变更达成一致，双方之间的协议除会议日期外，其余不作变更。

3. 乙方服务的变更除非发生如下情况，否则乙方无权变更服务：

◆ 乙方签约的下游服务商出现法律规定的破产、停业或其他人力不可抗拒的服务终止事件，同时乙方更换的下游服务商不能满足甲方要求；

◆会议地点出现重大的自然灾害（包括急性传染病）

◆会议地点出现重大的政治事件（包括政府征用会议场所）。

如果不是由于上述原因，乙方要求变更服务，将赔偿甲方由于服务变更而导致的预期损失。出现本条款所列的事项时，乙方应该在第一时间以书面形式通报甲方，并在甲方收到通知后做出变更预案供甲方选择，乙方保证变更的服务应该不低于原来的协议水准。

基于友好合作的精神，所有变更事宜双方同意协商解决，同时双方约定：

◆甲方变更或取消会议应该在协议生效后会议正式举行____个工作日前通知乙方，除乙方已经支付成本外（在甲方的预付款项中扣除，不足部分乙方有权要求甲方补足，对于多余部分乙方同意返还甲方），乙方放弃预订收益的索赔；

◆甲方变更或取消会议的决定如果在会议前____日前通知甲方，甲方应赔付乙方预期利益的____%，并不退回预订金；

◆甲方变更或取消会议的决定如果在会议前____日前通知甲方，甲方应赔付乙方预期利益的 100%，并不退回预订金；

◆乙方由于非本条款原因要求改变服务或取消，于会议____日前通知甲方的，必须全额退还甲方预订金；

◆乙方由于非本条款原因要求改变服务或取消，于会议____日前通知甲方的，除退还甲方预订金外，还必须赔付甲方本协议总金额的____%；如在____日前通知甲方，乙方必须全额赔付。

4. 仲裁。双方约定，如果在本协议执行出现争议，将首先协商解决；如果协商不能解决，双方将申请仲裁解决，仲裁地点为________。

5. 生效。本协议自双方共同签章且甲方提供预订的预订金后生效。

甲方：	乙方：
负责人签字：	负责人签字：
合同有效期：	合同有效期：
（盖章）	（盖章）
____年____月____日	____年____月____日

以下是上海市工商行政管理局、上海市对外经济贸易委员会、上海市会展行业协会2005年共同制定的上海市展览场地租赁合同的示范文本。该示范文本比较全面地界定了展览场地租赁双方的责任和义务，对规范会展场馆的正常租赁行为有很好的指导和约束作用。

上海市展览场地租赁合同

展场经营单位（下称“甲方”)：______________________________

地址：______________________________

电话：______________________________

传真：______________________________

承租展场单位（下称“乙方”)：______________________________

注册地址：______________________________

办公地址：______________________________

电话：______________________________

传真：______________________________

根据中华人民共和国有关法律、法规和本市有关规定，甲、乙双方遵循自愿、公平和诚实信用原则，经协商一致订立本合同，以资共同遵守。

第一条　合同主体

1.1　甲方系依法取得坐落于________展览场地租赁经营权的法人。

1.2　乙方系本合同约定的展会的主办单位。

第二条　生效条件

本合同经双方签署生效。对依法需经政府部门审查的展会，本合同应自展会取得政府部门审查批准后生效。

第三条　租赁场地

甲方同意乙方租用位于____，总面积为____平方米的场地（下称“租赁场地”），用于乙方举办________（展会全称）。

第四条　租赁期限

4.1　租赁期限为____年____月____日至____年____月____日，共____天。

其中：进场日期：自____年____月____日至____年____月____日；

展览日期：自____年____月____日至____年____月____日；

撤离场地日期：____年____月____日。

4.2　乙方每日使用租赁场地的时间为上午____至下午____。乙方和参展商可以在前述时间之前____小时内进入展馆，在前述时间之后____小时内撤离展馆。

4.3　乙方需在上述时间之外使用租赁场地，应提前通知甲方。乙方超时使用租赁场地的，应向甲方支付超时使用费用。双方应就具体使用与收费标准协商约定，并作为合同附件。

第五条　展览服务

5.1　租赁期间双方可就以下方面选择约定租赁费用范围内基本服务：

1）照明服务：________________________________

2）清洁服务：________________________________

3）验证检票：________________________________

4）安保服务：________________________________

5）监控服务：________________________________

6）咨询服务：________________________________

7）其他服务：________________________________

5.2　乙方如需甲方提供上述基本服务之外的服务或向甲方租赁各项设备，应与甲方协商，并由乙方向甲方支付费用，具体内容和收费标准应列明清单，作为合同附件。

第六条　租赁费用

6.1　租金的计算如下：

场地类型租金 / 平方米 / 天面积（平方米）天数共计

展览室内场地人民币 / 平方米 / 天或美元 / 平方米 / 天　人民币或美元

展览室外场地人民币 / 平方米 / 天或美元 / 平方米 / 天　人民币或美元

总计人民币或美元

6.2　如果租赁场地实际使用面积大于合同约定面积，则租金根据实际使用的总面积作相应的调整。结算方式可由双方另行协商，签订补充协议。

6.3　乙方按如下方式支付租金：

支付日期按签订合同之日起____天内，或____年____月____日（进场日期____天），规定不同展场租费比例计算，收取应付人民币或美元。

规定展场租费比例计算，收取应付人民币或美元。

6.4　所有支付款项汇至如下账户：

以人民币支付：

银行账号：________________________________

银行名称:____________________

银行地址:____________________

开户名称:____________________

以美元支付:(按支付当日中国人民银行公布的外汇汇率中间价)

银行账号:____________________

银行名称:____________________

银行地址:____________________

开户名称:____________________

6.5 对依法须经政府部门审查的展会因无法获得政府部门批准导致本合同无法生效的，乙方应通知甲方解除本合同，并按照下列规定向甲方支付补偿金。甲方在扣除补偿金后如有剩余租金，应返还乙方。

解除合同时间补偿金

租赁期限前____个月以上已付租金的____%

租赁期限前____个月至____个月已付租金的____%

租赁期限前____个月至____个月已付租金的____%

租赁期限前____个月至____个月已付租金的____%

第七条 场地、设施使用

7.1 乙方应在租赁期开始前____天向甲方提供经双方共同选择约定的下列文件:

1）一式____份的设计平面图，该平面图至少应包括下列内容:

a. 电力及照明的用量，每个区域容量的布置图及分布供应点位置;

b. 电话位置分布图;

c. 用水区域或用水点;

d. 压缩空气的要求和位置;

e. 卫星电视 /INTERNET 设置图;

f. 甲方展馆内部及其周围红线范围内的其他布置设计。

2）一份与展览有关的活动的时间表，包括展览会、开幕仪式、进馆、撤馆、货运以及设备使用等的时间。

3）一份参展企业名录和工作人员数，并请注明国内和国外参展商。

4）一份使用公共设施的内容，包括设备、家具、礼仪设施、贵宾室和其他服务。

5）货运单位和装修单位名录及营业执照复印件。

6）所有参展的展品清单，特别需要注明的是有关大型设备、大电流操作的展品及会产生震动、噪声的展品清单。

7）____________________

7.2 为展览进行搭建、安装、拆卸、运输及善后工作及费用由乙方自行承担。乙方进行上述活动时不得影响其他承租人、展览者在公共区域的活动。

7.3 乙方不得变动或修改甲方的展馆的布局、建筑结构和基础设施，或对其他影响上述事项的任何部分进行变动或修改。在租赁场地的租赁期限内，乙方如需在甲方展馆内的柱子、墙面或廊道等建筑物上进行装修、设计或张贴，须事先得到甲方书面许可。

7.4　租赁期间，双方应保持租赁场地和公共区域的清洁和畅通。乙方负责对其自身财产进行保管。

7.5　甲方有权使用或许可第三方使用甲方场地中没有租借给乙方的场地，但不得影响乙方正常使用租赁场地。

7.6　乙方对租赁期限内由乙方造成的对租赁场地、设施和公共区域的任何损害承担责任。

7.7　如果两个或两个以上的展览同期举办，登记大厅、广告阵地、货运通道等公共区域将由有关各方根据实际的租赁场地按比例共享。

第八条　保证与承诺

8.1　甲方保证与承诺

1）确保乙方在租赁期内正常使用租赁场地。

2）按本合同约定的服务内容和标准提供服务。

3）在甲方人员因工作需要进入租赁场地时，保证进入人员持有甲方出具的现行有效证件，并在进入前向乙方出示。

4）协调乙方与同期举办的其他展览单位之间对公共区域的使用。

5）配合乙方或有关部门维护展会秩序。

6）______________________________

8.2　乙方保证与承诺

1）在租赁期前____天取得举办展会所需的工商、消防、治安等政府部门的批准文件并交甲方备案。

2）在进场日期前____天向甲方提供____份展位平面图。

3）不阻碍甲方人员因工作需要持有甲方现行有效证件进入乙方租赁场地。

4）租赁期限届满，在撤离场地日期内将租赁场地恢复原状，返还向甲方租赁的物品并使其保持租赁前的状况。

5）未经甲方书面同意，不在甲方建筑物内进行广告发布。发布广告如果涉及需要有关政府部门批准的，则负责申请办理相关审批并承担相关费用。若不能获得政府部门批准而导致展览无法如期举办，则承担相应的法律后果。

6）对乙方雇员或其参展者在租赁期内对甲方实施的侵权行为承担连带赔偿责任。

7）______________________________

第九条　责任保证

9.1　乙方应妥善处理与参展商之间的争议。在乙方与参展商发生争议，且双方无法协商解决时，争议双方可共同提请甲方出面进行调解。甲方无正当理由不得拒绝主持调解。调解期间任何一方明确表示不愿继续接受调解，甲方应立即终止调解。甲方的调解非争议解决的必经程序。调解不成的，调解中任何一方的承诺与保证均不作为确认争议事实的证据。在调解中，甲方应维护展会秩序，乙方应配合甲方维护展会秩序。

9.2　乙方应于租赁期开始前三十天按照本合同规定的租金总额的30%向____市会展行业协会支付责任保证金，以保证乙方在与参展商发生争议并出现下列情况时承担相应责任：

1）争议双方经和解达成协议，乙方承诺承担相应的赔偿或补偿责任。

2）经审判或仲裁机关调解，争议双方达成调解，乙方承诺承担相应的赔偿或补偿责任。

3）审判或仲裁机关对争议做出终审或终局裁决，乙方被裁决构成对参展商合法权益的侵害，应当承担相应的赔偿责任。

9.3 乙方在支付责任保证金后三天内应向甲方提供责任保证付款凭证。

第十条 知识产权

乙方为推动其展览进行对甲方名称、商标和标识的使用，须事先征得甲方书面同意。如有违反，甲方保留追究乙方侵权责任的权利。

第十一条 保险

11.1 乙方应在进场日期之前向保险公司投保展馆建筑物责任险、工作人员责任险及第三者责任险，将甲方列为受益人之一，并向甲方提供保险单复印件。

11.2 保险公司的理赔不足以支付甲方所受损失的，甲方有权对乙方进行追偿。

第十二条 违约责任

12.1 甲方有下述行为之一的，乙方有权单方面解除本合同，并按照本合同12.4条向甲方主张违约金：

1）未按本合同的规定向乙方提供租赁场地，经乙方书面催告仍未提供的；

2）未按本合同第5.1条提供基本服务，经乙方书面催告仍未提供的；

3）未按本合同8.1（5）条维护展会秩序，致使展会因秩序混乱而无法继续进行的；

4）____________________________________

12.2 乙方未按期支付到期租金，应按日向甲方支付逾期付款金额万分之____的违约金，付至实际付款或解除本合同之日。

12.3 乙方有下述行为之一的，甲方有权单方面解除本合同，并按照本合同12.4条向乙方主张违约金：

1）未按本合同规定支付场地租金、设备租赁、额外服务及超时场地使用等各项应付费用，经甲方催告后____天内仍未支付的；

2）国际性展会违反本合同规定，擅自变更展题，经甲方催告后仍未纠正的；

3）未按8.2（1）条规定向甲方提供办展所需的相关政府部门的批准文件，经甲方催告后仍未纠正的；

4）违反本合同规定，擅自使用甲方的名称、商标或标识，经甲方催告后仍未纠正的；

5）未按本合同9.2条支付责任保证金，经甲方催告后仍未纠正的；

6）____________________________________

12.4 本合同12.1、12.3条规定的违约金列明如下：

违约行为发生时间违约金

租赁期限前____个月以上已付租金的____%

租赁期限前____个月至____个月已付租金的____%

租赁期限前____个月至____个月已付租金的____%

租赁期限前____个月至____个月已付租金的____%

租赁期限前____个月至租赁期届满已付租金的____%

以上违约金不足以赔偿守约方损失的，违约方应就超额部分损失向守约方承担赔偿责任。

12.5 守约方根据12.1、12.3条单方面解除本合同，应在违约行为发生后____天内书面通知违约方，否则视为守约方放弃合同解除权，但不影响守约方向违约方主张违约金和赔偿责任。

12.6 甲方违约的，应在收到乙方解除本合同书面通知之日起____天内返还乙方已付租金，并支付违约金。乙方违约的，甲方应在乙方收到甲方解除本合同书面通知之日起____天内将已扣除乙方应付违约金后的剩余租金返还乙方。

12.7 除本合同12.1、12.3条约定外的其他违约行为造成守约方损失，违约方应当承担赔偿责任。

第十三条 变更与解除

13.1 除本合同另有约定外，本合同未经双方协商一致不得变更与解除。

13.2 国际性展会变更展题，须取得政府审批机关的批准，并向甲方提供。

13.3 双方协商变更或解除本合同的，变更或解除方应提前____天以书面形式通知相对方，相对方应于收到通知后____天内以书面形式答复变更或解除方，逾期不答复的，视为同意变更或解除本合同。违反本条规定提出协商变更或解除的，相对方有权拒绝。

第十四条 争议解决

因本合同引起的或与本合同有关的任何争议，由深圳仲裁委员会仲裁解决。

第十五条 不可抗力

15.1 本合同履行期间，任何一方发生了无法预见、无法预防、无法避免和无法控制的不可抗力事件，以致不能履行或不能如期履行合同，发生不可抗力事件的一方可以免除履行合同的责任或推迟履行合同。

15.2 本合同15.1条规定的不可抗力事件包括以下范围：

1）自然原因引起的事件，如地震、洪水、飓风、寒流、火山爆发、大雪、火灾、冰灾、暴风雨等；

2）社会原因引起的事件，如战争、罢工、政府禁令、封锁等。

3）____

15.3 发生不可抗力的一方，应于不可抗力发生后____天内以书面形式通知相对方，通报不可抗力详尽情况，提交不可抗力影响合同履行程度的官方证明文件。相对方在收到通知后____天内以书面形式回复不可抗力发生方，逾期不回复的，视为同意不可抗力发生方对合同的处理意见。

15.4 在展会尚未开始前发生不可抗力致使本合同无法履行，本合同应当解除，已交付的租金费用应当返还，双方均不承担对方的损失赔偿。

15.5 展会进行中发生不可抗力致使本合同无法履行，本合同应当解除，已交付的租金费用应当按____返还，双方均不承担对方的损失赔偿。

15.6 发生不可抗力致使本合同须迟延履行的，双方应对迟延履行另行协商，签订补充协议。若双方对迟延履行无法达成一致，应按15.4、15.5条规定解决。

第十六条 适用法律

本合同的订立、履行、终止及其解释适用中华人民共和国现行法律。

第十七条 附件及效力

双方同意作为合同附件的文件均是本合同重要且不可分割的组成部分，与本合同同时生效并与本合同具有同等法律效力。

第十八条 信息披露

甲方可以网页等形式对外公布本合同约定的展览会名称、馆号和展览日期等相关信息。乙方若调整展会名称、展览日期等内容，应及时书面通知甲方；因乙方未通知甲方致使甲方对外公布的展会名称、展览日期与乙方调整后的不一致，甲方不承担相关责任。

第十九条 保密

双方对基于本合同获取的相对方的办展资料、客户资源等商业信息均有保守秘密的义务。除非相对方书面同意，或法律强制性规定，双方均不得以任何形式对外披露该等信息。

第二十条 通知

本合同规定和与本合同有关的所有联络均应按照收件的一方于本合同确定之地址或传真发出。上述联络如直接交付（包括通过邮件递送公司递交），则在交付时视为收讫；如通过传真发出，则在传真发出即时视为收讫，但必须有收件人随后的书面确认为证；如通过预付邮资的挂号邮件寄出，则寄出七天后视为收讫。

第二十一条 其他

本合同一式____份，甲乙双方各执____份，具有同等法律效力。

本合同未尽事宜，经双方友好协商，可订立补充条款或协议，作为本合同附件，具有同等法律效力。

甲方（签章）：________　　　　乙方（签章）：________

____年____月____日　　　　____年____月____日

资料来源：根据百度网、新浪网、会议确认书，上海市展览场地租赁合同相关信息搜集、整理而成。

第三节 出租期会展场馆管理

场馆出租后，并不代表场馆方就放弃对场馆的管理，恰恰相反，一方面，场馆方应加强对场馆的管理和监控，防止会展活动主（承）办方因滥用而导致场馆遭到破坏。另一方面，为了树立场馆良好的公众形象，场馆方也应对场馆内所举办的活动进行监督，确保会展活动合法、有序地进行，给客人留下美好的印象。

按时间划分，场馆出租期的管理可以分为三个阶段：事前检查、事中监督、事后核查。在每个阶段又可能涉及场地的维护、设备租赁的管理、公共使用区的管理、人员的控制与管理等管理内容。

一、事前检查

事前检查的目的是保证场馆在会展活动期间能正常使用，一方面要防止意外事故的发生，另一方面要尽可能为参展商提供安全舒适的展览环境。事前检查的内容包括：

（一）租用场地的检查

（1）场馆租用建筑物检查。检查建筑物结构是否牢固，是否会漏雨，地面是否光洁平坦，墙面是否有脱落，地下停车场是否能正常使用等。

（2）场馆周边情况检查。检查场馆周边环境是否影响会展活动的展开，是否有危险物品，如倾斜的电线杆或裸露的电线等。是否有影响人群流动的障碍物等。

（3）开幕式场地检查。检查开幕式场地是否能容纳要求的人数，地面是否平整、干净、整洁，场地四周是否能满足警卫要求等。

（4）租用场地的办公室、厕所、用餐区等公共使用区的检查。检查这些地方是否整洁干净，是否按要求配备相关的设施等。

（二）租用设备的检查

（1）场馆内的消防设施检查。检查消防设施设备是否完好，是否能正常使用，消防通道是否通畅无阻等。

（2）场馆内的通风和采光检查。检查场馆内的通风和采光是否足够，空调系统能否正常工作，场馆内的照明灯具是否有损坏，紧急应急照明和紧急发电设备是否能正常工作等。

（3）通信及广告设备设施检查。检查场馆内外的电子显示系统能否正常运作，广播系统能否按要求发布信息，场馆内的通信系统能否清晰畅通地通话，网络的传输速度是否达到额定要求等。

（4）会议室设备检查。检查承租方租用的会议室设备是否已经调试，是否能满足承租方的要求等。

（三）内部人员的沟通与培训

当场馆方与承租方签订了租赁合同之后，场馆方应及时将合同的相关内容进行分解，即把合同中场馆方需要提供的场地管理范围和服务的内容按部门分解到场馆内各职能部门。使各部门了解自身的工作职责，同时也便于各职能部门之间的分工合作。有关内容不仅要让部门管理人员熟知，还需要使部门的具体工作人员知晓，要对所有参与服务和管理的人员培训。

二、事中监督

事中监督的工作是大量的，它是指在整个会展期间（包括筹展阶段、展中阶段和撤展阶段）对主（承）办方、参展商、采购商和一般参观者的行为动态的监控，其目的一是防止发生突发性的危险，二是避免出现不必要的纠纷，三是制止对场馆建筑物的伤害行为。

具体来说事中监督的内容包括：

（一）展位设置的监督

在展位设置时，应符合消防规定及政府相关规定，不占用消防通道，不阻挡消防设施、供电设施及通信设施；不影响同期举办的其他展览会；所有布置应按照施工要求进行，设置牢固，严防对人员造成伤害；室内场地的布置不对地面、墙面或天花板造成伤害，室外场地的布置不对展馆的玻璃幕墙造成损害，不影响交通。

（二）公共区域使用监督

所有公共区域布置方案均应提前申报，并根据场馆方的意见进行安排；对于所有布置方案，场馆方有最终决定权；会展主（承）办方如需在公共区域设置导向标志、门楼、前言牌、临时咨询点、参展商及观众报到点，铺设地毯等，须事先向场馆方申报具体方案（含设置数量、地点、尺寸、布置方式及时间等），经场馆方同意后方可安排布置；停车场的使用应听从场馆车辆管理人员的安排。

（三）广告发布的监督

广告发布首先要经过有关政府部门的审批，未经审批的广告不予发布；对于悬挂空飘气球，按规定须经城管部门、公安消防部门批准，之后再向场馆方申报具体方案（含设置数量、地点、尺寸、布置方式及时间等），经场馆方同意后方可安排布置；若主（承）办方需在公共区域内临时张贴、设置带广告性质的条幅、横额、标语、宣传牌、电子屏幕等，也须事先向场馆方申报具体方案（含设置的数量、地点、尺寸、布置方式、时间及广告内容等），经场馆方同意后方可安排布置；会展期间的商业或宣传活动只可在参展机构所属展位范围内进行。不可以在公共区域派发宣传资料、纪念品或同类物品。如需使用展馆外四周通道，应获得场馆方同意。

（四）设备租赁的监督管理

设备租赁时应办理相关的设备租赁手续，在租借单中列出所租设备的名称、型号、规格、价值等，在收取一定的押金后即可将设备（含使用说明书）出租给主（承）办方或参展商，设备的操作和维护由设备租赁方承担；若出租的设备由场馆方的技术人员操作，则直接支付设备的租赁费和服务费，设备的操作和维护由场馆方负责。需要时，场馆方应根据需要安置和操作所租赁的设备，还应及时处理设备运作中出现的紧急事件，并做好设备易损件的备份工作。

（五）场馆卫生监督

保证场馆内外的干净卫生，及时清理废弃物品；监控快餐的卫生质量，防止出现食物中毒现象；预防流行性疾病在场馆内的传播。

（六）会展安全的监督管理

安全监督包括人群监控、可疑物品的监控和检查、场馆内部及周围地区的安全监控、开幕式现场的安全监管等。

（七）法律纠纷的管理

虽然场馆已经被会展活动主办方或承办方租用，但会展活动的形象会影响到场馆的形象，同时，会展过程中，若场馆内出现违反政府有关规定的行为时，场馆方也会受到牵连。因此在会展活动中要对场馆内出现的违规行为予以监控，如展出物品违规、宣传资料违规、知识产权纠纷、展品进出口手续不全以及其他涉及法律纠纷的问题。

总而言之，在会展过程中，场馆方应像自己办展一样对场馆内发生的大小事情进行监控，不能认为场地出租后就万事大吉了。在程序上，发现问题后要通知活动主办方和承办方共同解决，必要时，场馆方可以书面的形式告知活动主办方和承办方在会展活动中应关注的事项，否则因此而产生的后果将由承租方承担。

三、事后核查

事后核查是在会展活动结束之后。对会展场馆内的场地和设施进行清查的过程，其目的是检查场馆及其设施在展会活动之后是否保持原来的状态，是否因承租人的不当使用造成了对建筑场馆或附属设备的伤害或者损坏。由于承租人的不当使用而造成的损坏，承租人应负责修复或赔偿。因此，场馆方在会展结束后应仔细检查，将发现的问题一一列出，并以书面的形式递交给承租人，即活动的主办方或承办方。

事后核查的重点主要放在场馆建筑物和场馆内外承租人租用的设备上。一个好的做法是，在租用前，场馆方与承租方共同对所租赁的场地和设备进行检查，并签字确认；在展会活动结束之后，双方有关人员再次对这些场地和设备进行检查，将发现的问题填写在检查表上。检查之后，租赁双方应就发现的问题共同协商，确定各自应承担的职责。如属于租赁方责任的，场馆方可在租赁押金中扣除相应的赔偿额。

表 4–1 是核查表的一个范例，供参考。

表 4–1　场馆租赁核查

场馆名称： 地点：	承租人单位： 会展活动时间：
场馆方填写下表，并请承租方签名确认。	
承租前，场馆及设备状况：	承租后，场馆及设备状况：
1.	1.
2.	2.
3.	3.
4.	4.

续表

5.	5.
6.	6.
7.	7.
……	……
备注：	备注：
出租方签名：　　日期： 承租方签名：　　日期：	出租方签名：　　日期： 承租方签名：　　日期：

需要特别提醒的是，场馆虽然是租赁给活动主（承）办方及承租人，但实际上使用场馆的是参展商和帮助参展商搭建展台的搭建商、搬运商等其他服务商。为保证展览或会议在会展中心顺利、有序地开展，租用方，即会展活动主（承）办方应遵守并告知参展商及搭建商等服务商遵守会展中心有关展览、会议及其他活动的各项规定。租用方对参展商和搭建商等服务商在会议中心开展的各类活动负有监督与承担失当行为后果的责任（由会展中心指定的搭建商及服务商除外）。当由于参展商或搭建商等服务商的不当行为或其他原因，对会展中心造成物质上、名誉上或其他方面的损害或出现额外的费用支出时，如参展商、搭建商不予或无法赔偿损失及支付费用时，则由租用方承担赔偿责任。

【复习思考题】

1. 简述场馆出租的法律依据。
2. 简述会展场馆出租决策。
3. 试述会展场馆出租流程。
4. 简述场馆租赁合同。
5. 简述出租期场馆管理。

【案例分析】

从场馆出租走向专业服务

上海国际会议中心地处陆家嘴金融贸易中心，毗邻东方明珠电视塔，与外滩万国建筑群隔江相望，交通设施方便快捷，地理位置得天独厚，于1999年8月落成并正式对外营业。总建筑面积11万平方米，素以举办大型国际会议、商务论坛而蜚声海内外。

1999年8月，上海国际会议中心和上海东浩国际商务有限公司共同组建了上海国际会议展览有限公司。公司在上海国际会议中心内经营全国一流水准的会议、展览场地，为客户在会议厅、展览场地方面提供优质服务的同时，也提供会议、展览的整体筹划咨询、人员接待安排及会场布置、设计、施工等服务，形成以会议策划、会场设施、会务服务为三位一体的配套业务，全方位、综合性地为社会提供专业的会务服务。它出色地完成过财富全球论坛、APEC 领导人峰会及系列会议、第 35 届亚洲发展银行年会、APEC 第五次电信部长会议、联合国亚太经社会第 60 届会议、全球扶贫大会、世界工程师大会、第 24 届世界港口大会、第 22 届世界法律大会、第 28 届世界软件工程大会、上海合作组织成员国元首理事会会议以及非洲开发银行集团理事会年会等国内外重要会议及政要接待任务，受到各方赞誉。

硬件服务

上海国际会议中心拥有多种规模和类型的会议室并配以先进完善的会议设施，可满足任何会议需求。上海厅面积达到 4400 平方米，为目前国内最大无柱形多功能厅。此外，酒店另设有 28 个大小不等、风格迥异的多功能会议厅，均备有最先进的高科技影音系统及同声传译设备，如，1+10 同传系统及飞利浦 DCN 会议系统和主席发言机、A/V 传送现场电视信号通道、音频信号合成系统和多媒体演示控制系统、会议设备、影像 / 电脑强光三枪投影机、影像 / 电脑强光投影机、实物投影机、幻影机、幻灯机、幻灯视频转换器、彩色多频系统电视机、多频系统放映机、激光笔等。

软件服务

与硬件服务相配套，上海国际会议中心的会议软件服务主要包括以下几方面。

（1）接待外国经贸代表团。作为外经贸委制定接待单位，自 1999 年以来上海国际会议中心不仅协助接待了数十个部长级外国经贸代表团。还为沃尔玛、西门子、美国 CEO CLUB 等跨国公司的总裁级代表团提供了日程设计和 VIP 接待服务。

（2）组织中外企业洽谈会。由于与各大专业行业协会及各开发区保持着密切的合作关系，上海国际会议中心能够根据外国经贸代表团的需求，为其组织中方对口企业参加经贸洽谈会。

（3）提供会议管理及配套服务。上海国际会议中心拥有优秀的策划力量和出色的活动现场驾驭能力，承办各种规模的国际会议和活动，提供场地洽谈、会场布置、代表接待、各类翻译、会议设备支持、现场管理等服务。与外经贸委的多年合作，积累了大型会议和活动的管理经验。

（4）会展项目的整体策划咨询。包括国际会议报批、会议议程设计、演讲者邀请、听众邀请、政府公关、媒体公关。

（5）会展项目的管理。与会人员的专业接待安排、现场背景的设计施工协调、会展期间的现场跟踪服务、会场布置、设备支持、资料制作、会议翻译。

（6）会外活动。包括活动策划、交通服务、导游服务。

会议场馆已经从场地出租的物业管理形态走向场地服务的专业化管理形态，哪一个管理者率先转型，哪一个就能率先抢夺市场机会，特别是对于众多酒店经营者来说，这一转型是又一次市场细分的结果。

资料来源：胡平 . 会展案例 [M] . 上海：华东师范大学出版社，2010.

思考题：

试分析场馆出租与专业服务之间的关系和内涵，场馆出租的实际运用。

第五章

会展场馆营销管理

【本章导读】

会展场馆营销是场馆经营管理体系中不可缺少的重要组成部分，越来越受到重视。会展场馆营销对于场馆利用率提高、品牌建设、经济效益提升、会展产业的发展都起着极其重要的作用。本章从会展场馆营销过程入手，分别介绍会展场馆的市场调研、目标市场定位、制订计划、评估和调整；会议中心营销、展览中心营销、自办展营销。

【学习目标】

1. 了解、掌握会展营销要素、会展场馆运作模式；
2. 掌握会展场馆营销过程中 市场调研、目标市场定位、制订计划、评估和调整；
3. 了解、掌握会议中心的产品策略、定价策略、渠道策略、促销策略；
4. 了解、掌握展览中心的市场定位、定价、渠道策略、促销策略；
5. 了解、掌握自办展营销。

【导入案例】

2010 年第五届中国（上海）国际葡萄酒博览会简介

中国（上海）国际葡萄酒博览会由上海外经贸商务展览有限公司主办，同时得到上海市酒类专卖管理局和国际葡萄与葡萄酒组织的高度重视和大力支持，以及各酒类协会的支持。自 2006 年举办以来得到了上海市商务委、上海市酒类专卖管理局、世博集团、国际葡萄与葡萄酒组织（OIV）、世界和平慈善基金总会、奥地利葡萄酒协会、德国品酒协会等国内外权威行业组织的高度重视与大力支持。

博览会国际参展比例较高，前四届博览会国际展商比例最高达到75%。同时外国展商又将悠久的葡萄酒文化和先进的技术带到中国，国内的葡萄酒厂商也通过博览会结识更多的国际同行、了解更多的市场信息，进一步促进中国葡萄酒走向世界舞台。

博览会为展商提供的服务不仅仅局限于博览会期间，最大的特色在于博览会后的一些后续服务。充分利用博览会的国际、国内资源为酒商牵线搭桥，达成更多的贸易往来、投资合资、文化交流等合作项目，从而为参展商带来更多的商机。

博览会始终坚持专业性的特点，与国内一般大型的酒品、食品展会有所不同，参展商品必须是葡萄酒及葡萄酒相关产品。展会的纯专业性对于参展商来说是十分重要的，展览期间到场观众大多是葡萄酒行业的业内人士，有利于参展商之间、展商与观众之间专业技术的交流与合作。

该博览会不仅是一项商业活动，更是一项文化活动。博览会举办期间将配套举办专场品酒会、大型招待晚宴、主题晚会、葡萄酒评奖大赛、专题论坛等丰富多彩的葡萄酒文化活动，为广大参展商提供更多切磋交流的机会。

中国（上海）国际葡萄酒博览会在连续办展中，又创新开设了国际评奖大赛活动，这是累积了多年丰富的经验和广泛的资源后，为展商充分提供市场的宣传推广窗口，有效地拓展了市场贸易发展的机会。在2008年举办中得到了国际葡萄和葡萄酒组织（OIV）的亲切关怀和亲临指导，为国际评奖大赛的首期举办提供了专业性的依据，有力地提升了本届博览会在国内外葡萄酒界的权威性。

资料来源：根据百度网、新浪网信息搜集、整理而成。

第一节　会展场馆营销过程

一、会展营销六要素

1851年，英国的万国博览会是人类进入工业社会后对社会发展成就的第一次正规的超大规模的展示活动，也是世界会展历史上不会被遗忘的里程碑。随着时间的推移，会展所涉及的领域不断扩大，涵盖了经济、文化、科技等近乎所有的领域，逐渐形成了今天现代社会经济新常态下的会展业。

2015年，在中国经济日益融入世界贸易体系之中的大环境下，“互联网+”国家战略，“一带一路”战略等，配以现代的科学技术和管理技术，可以这么说，无论是从“战略”，还是从落地执行的“战术”角度，今天，都是中国会展经济发展的最好时期，是会展业的改革、发展与创新的新局面。

无可厚非，会展业的发展是随着人类社会经济的发展而发展的，而作为随着会展业的发展应运而生的会展营销，亦随着会展业在经济发展领域的重要贡献，水涨船高。伴随着高新技术、信息产业的快速发展，已经我国海外贸易的市场不断扩大，中国越来越需要会展，并对会展业的发展提出了更多时代背景下的新需求，要突破局面，迎接新时代、新挑战，万丈大厦平地起，必须从根本上了解会展业，了解今天当下的会展营销。

在今天，会展营销的主体，基本由六大要素组成。这六要素是指会议与展览过程中的主要参与者，这些参与者往往是会展的利益主体，每一个利益主体就是一个营销主体。会展营销六要素包括：会展组织者、会展参与者、会展中心、专业观众、会展所在地、相关媒体，六者相辅相成，共同构架成了会展。

（一）会展组织者

会展组织者是会展活动的发起者，会展的诸多事宜的执行者和监督者，以及活动后期的处理者，在整个会展营销环节，占据绝对的主导者地位角色。会展组织者通常包括主办方、承办方和代理商三类。

主办方是指展会和会议的组织者。从当前的我国会展活动的情形来看，会展的主办方包括：各级政府部门、各级贸易促进组织机构、各类行业协会、商会、联盟和部门大型规模的会展专业公司。

承办方一般是指对会议和会展活动的直接操控运行的会展策划公司。会展的承办方主要负责展会的具体运作过程。目前，我国对于展会的承办方施行严格的资格审定制度，一般都需要获得政府有关部门的批准获取办展资格方可。

代理商是参与会展招商、招展的分销商角色。在实际运作过程中，往往是一场大型展会中十分活跃的协办单位，从侧面角度也可以把代理商定性成为会展组织者必须可少的组成部分。代理商可以丰盈主办方的业务网络，扩大规模，从物质、资金流等方面提高会展水平。

（二）会展参与者

会展参与者主要包括参会者和参展商。

参会者是指参加会展活动的代表。其目的是以会展活动为平台，发布信息、交流资源、商洽事宜、获取潜在市场。会展活动能否成功，关键就在于有没有能吸引参会者的“卖点”。“卖点”我们可以理解成为：活动的主题、议程、举办地、活动中心、嘉宾构成等创意设计。

参展商是指参加展会的有目的性的展出商品或者服务的企业或者机构组织。

参展商一般是受到会展组织者的邀请，通过相应的协议或者合同，在特定的时间和地点展示自身产品或者服务的主体，参展商是一场展会的绝对重要组成成分，而同样，对于参展商而言，参加展会活动是其营销活动的重要组成，通过参展的形式，可以集中地宣传新产品、新技术，找寻潜在客户，并了解行业领域内最新的动态或者客户需求。

参展商是展会服务的主要“付费”购买者，也是展会承办方主要营销服务的对象。作为参展商，往往要十分认真地考虑参展的目标、条件、效益等一系列因素，谨慎做出决定、决策。会展业发展到今天，会展承办方与会展参与者已不再是一种简单的传统形式下的交易关系，而是一种长期的稳定的合作关系。会展承办方希望通过办会展活动能够获得经济利益上的回报，而会展参与者需要通过参加会展活动达到集中宣传品牌，获取潜在市场的目的。

因此，会展承办方只有提供更加令人满意的服务，参展商才会觉得参加的展会活动是值得的，才愿意为其买单，最终实现双赢。

（三）会展中心

会展中心主要包括展览中心和会议中心两部分。它们是会展营销活动的重要开展主题，也是会展主办方举行会展活动的一个落地空间承载体，是影响会展参与者进行决策的一个大比重参考条件。

展览中心，通俗理解其实就是展览场馆、会展场地，可以将其理解成由硬件设置和软件配置两部分组成。展览中心自身的级别不同，软硬件是最直观的表现。地理位置、周边建设、交通环境、展厅设备配置、内部装修等。

会议中心主要是指为不同规模的会议提供专门的场地、设备和服务的场所。

（四）专业观众

专业观众和普通观众是对应的，专业观众一般是指从事专业性会展所展示产品的设计、开发、生产、销售、服务等不同环节的观众，其很可能是参展商的潜在目标客户群体。

通常情况下，如果会展主办方或者承办方不进行刻意控制，一个展览会除了拥有专业的观众外，是同时会有一定数量的普通观众的，这主要取决于展览会的性质和定位，而对会展活动本身，普通观众的价值往往体现在人气以及口碑传播的价值上。因为普通观众观展一般不以达成交易为目的，而是出于兴趣和爱好而来了解下展品情况，导致参展商通常都不太重视普通观众，只有在类似消费类产品或者服务型的展会上，普通观众才会得到重视。因此专业性或者品牌性的展会活动，专业观众的群体所在比例，将直接影响着会展活动的招商工作开展顺畅与否，以及参展商的质量。

（五）会展所在地

会展所在地包括：国家、城市、地区、酒店、宾馆等，它是会展营销活动中的利益主体之一。会展所在地，上到一个国家，下到一家酒店或者宾馆，对于参展商来说都有十分重要的意义。会展所在地的地理位置、交通环境、知名度、综合环境构成等因素，往往都是吸引参展商参加展会或会议的主要条件之一。

众所周知的一个例子就是在2000年的时候，宣布亚洲论坛今后要设在博鳌的消息后，15年过去了，今天的博鳌已经家喻户晓，当地的旅游业、海洋产业、加工生产业、其他服务型产业都得到了难以估计的经济增长。亚洲论坛给博鳌带来的是一座难以估价的金矿，由此可见，会展的所在地是会展营销活动的利益主体，也是关系到参展商决定是否参展的主要条件。

（六）相关媒体

相关媒体是指与会展组织者或者参展企业机构等有关利益体有着千丝万缕利益关系的宣传媒介，其价值在于帮助提高企业形象、会展产品以及展会的知名度。

会展组织者必须高度重视与各类媒体的合作，充分整合和利用媒体资源。合作不仅仅是宣传，还包括联合举办各类活动，扩大影响力，以便促进招商。

一次展会的成功与否，关键不是看来了多少人，因为多方因素所限，能够实际到场的人数毕竟有限，我们要看的是媒体对这次展会的报道有多么充分。此观点充分道出了会展营销过程中，媒体资源的重要性。

二、会展场馆运作模式

模式一：政府直接投资，自行管理。

这种经营模式一方面使会展中心可以获得政府从土地、交通乃至政策方面的大力支持，使其具有城市基础性公共设施的特征，树立城市形象；另一方面也可以保障灵活的商业运作管理，带动城市和地区的经济发展。

缺点：由于由政府直接支持，限制了场馆的市场意识、竞争意识、服务意识，或多或少体现一些官僚作风。

因此，政府部门对会展市场的管理应该有直接管理、微观管理转变为间接管理、宏观管理，强化服务职能。

模式二：政府委托管理公司进行管理。

政府拥有会展场馆所有权，通过招标、谈判、协商等方式，将场馆的管理权和经营权在一定时间内移交或委托给经营性公司、非营利性社团进行经营。

优点：降低政府的经营风险，选择信誉好、拥有丰富经验的专业会展管理公司，其管理水平有保障，并可以充分利用管理方的品牌及经验。

缺点：容易滋生短期行为，难以保证大型会展场馆的公益性和社会效益。政府与专业管理公司之间的沟通存在不稳定性，目标的不一致性。

模式三：成立中外合资或合作公司共同经营。

通过吸引外资，由中方与外方组成合资或合作公司，掌管场馆的经营管理，按照出资比例或商定的条件分享利润、承担风险。

优点：可以融合国内外的管理优势，管理水平高；收益风险可由中外双方共同承担；可以利用外方经验、品牌及人才优势并带动培养本地专业人才。

缺点：运作成本高、中方收益少；管理合同复杂；政府主办的公益性会展活动很难得到保障；难以保证场馆建设服从城市发展战略。

展览场馆运营模式矩阵表如表 5-1 所示。

表 5-1 展览场馆运营模式矩阵

	纯场馆经营	场馆经营和自办展结合
民有民营	A	B
民营公助	C	D
公有国营	E	F
公有托管	G	H
公有民营	I	J

三、发达国家会展场馆运作模式借鉴

（一）德国模式

德国政府直接投资场馆建设，坚持“一个展览公司 = 一个会展城市”，政府主要为本市的会展经济的发展提供基础建设和政策支持。政府通过授权使专业行业协会在业界内具有绝对权威，而行业协会通过建立行业规章制度和自律机制来完成行业内的管理和协调职能。

（二）新加坡模式

新加坡规定周边酒店和参观对展览场馆进行补贴，为展览场馆拓展生存空间。我们称其为社会补贴机制。新加坡政府制定相应的法律规定，展览场馆周边的酒店和餐馆必须拿出收入的 10% 补贴展览场馆。总之，使会展业和酒店住宿业之间形成良性的循环。

（三）英国模式

英国展馆的分隔功能和延期收费。英国很多场馆为了提高场地的利用率，在改造和新建过程中，都增加了场馆的分隔功能。因此，许多小型展览可以同时在一个展馆内举行而互不干扰。同时还制定了各种分期收费的优惠政策。

（四）香港模式

政府规划土地的使用并且提供土地，然后委托地产公司建设场馆。BOT 模式（build-operate-transfer）即建设—经营—移交模式，基本思路是：由政府或所属机构对项目的建设和经营提供一种特许权协议，作为项目融资的基础。由本国公司或外国公司作为项目的投资者和经营者安排融资，承担风险，开发建设项目，并在有限的时间内经营项目，获取商业利润，最后，根据协议，将项目转给相应的政府机构。PPP 模式（public-private partnerships）即政府首先对投资项目进行公开招标，然后与中标企业共同投资建设，并且交由企业方经营，最后双方依照协议分配项目收益。一定年限后，项目产权交还给政府。

四、市场调研

对会展场馆所处的经营环境和市场竞争中所处的位置进行调研分析，通常可以从政府统计数据和相关报告、行业发展报告、行业协会会刊、商会定期提供的更新资料、报纸、杂志等媒体资料；社区活动等等获取分析资料，然后对取得的资料去粗取精，筛选出最有价值的信息进行下一步的具体分析。

（一）自身设施和服务分析

对会展场馆主题环境和施工质量、环境进行严格的评价；对会议室一一进行考察；准备一套现有会议设备清单，列出设备的种类、数量及具体位置；分析地理位置和交通状况；客观评价范围质量和声誉；最后综合考虑设施和服务水平。

（二）业务状况和趋势分析

以过去、现在和未来、潜在的市场资料为线索，分析主要客源及其地理分布、分析各种客源所占的业务比重带来的利润、分析主要业务及其复杂趋势。

（三）SWOT 分析

表 5-2 以上海国际展览中心为例，做具体 SWOT 分析。

表 5-2 SWOT 分析

优势	劣势	机会	威胁
齐全周边配套设施	有限展出面积	集团化合作经营趋势	新兴场馆的建立
多样化的经营项目	无场馆扩建空间	上海城市定位带来商机	其他场馆的战略联盟
优秀的自办展能力	服务意识欠佳	政府对展览业的关注和支持	国外会展巨头的涌入
先进管理输出模式		重商务会议及演出开发	

通过 SWOT 分析，上海国际展览中心明确了市场定位，提出了“甘作中小型精品展览会摇篮”的方针。坚持把场地销售定位在中小型、高质量的展览会，这不仅能提高场馆出租收益，还带动租赁、饮食消费、人员服务和保卫等相关服务项目的收益。

（四）竞争分析

会展场馆的竞争对手往往在周边地区提供相似会展业务和服务，并以接近的价格招揽业务的场馆、会展中心等。

竞争分析有利于会展场馆明确自身在市场中的位置，并及时调整市场营销策略。会展场馆可以通过实地观察、从旅游管理部门和会展行业协会索取宣传品、查看黄页、查看连锁酒店的名录以及会议、会展指南等方式获取信息，分析竞争对手的营销方式、手段、重点和策略。

五、目标市场定位

在进行市场定位时，一般要考虑供给因素（如展览面积、服务水平、配套设施）和需求因素（如营业收入、展会规模、展会品牌），在识别自身的潜在竞争优势（硬件、服务、人员、形象）的前提下选择合适的竞争优势，从而向场馆的客户（主办、展商、观众、与会人士、承办商、贵宾、公众及游客等）传播和送达定位信息（定位、优势和服务意愿）。

各个场馆都有各自的特点，展览面积、配套设施、服务水平等各有差异，场馆在进行市场营销时，应先对自己的情况做个具体的分析，充分发挥自己的优势，进行个性化营销，识别自身的优势。下面我们将具体地讲述场馆如何进行市场定位。

会展场馆的营销和其他产品的营销是一样的，都需要首先对目标市场进行定位，确定其市场功能，增强场馆经营的目标性。

展览场馆的经营者首先必须明确的是展览场馆的目标市场并不仅仅是展览公司或其他的主办单位；其次，场馆最关键的并不是可展出面积；还必须注意场馆并不能创造市场；另外，场馆必须提高其利用率。在进行目标市场定位时，场馆的经营者应综合考虑以下两个因素：

（1）从供给的角度看。

展览面积：面积庞大的展览会固然是行业的盛会，且一般有比较大的影响力，但如果参展商的参展意图是让销售人员有更多的机会面对面地与潜在客户接触，从而使这些客户做出订货决策，那么场馆的面积只要能满足相关行业的需要就可以了，所以展览场馆在开展营销活动时不能单一地宣传展览面积有多大。

服务水平：在场馆营销中有时候专业化服务水平比场馆的面积更为重要。一方面，在可租用展览面积一定的前提下，优质的配套服务能形成展览场馆的重要竞争力，甚至弥补场馆在硬件设施方面存在的缺憾；另一方面，若在对外宣传中突出专业、完善的服务优势，能有效吸引展会主办单位或展览公司。

配套设施：会展的一大特点是周期短、时间要求严。如果没有良好的配套服务设施，就不能按时完成布展、撤展工作，无法保证会展按时周转。因此在展馆附近应配有齐全的配套基础设施，如宾馆、酒店、商场、健身场所等，为展会和游客提供方便的同时，也避免了重复建设所带来的浪费，另外，配套服务设施还包括大型商场、商务写字楼等。

（2）从需求的角度看。

营业收入：展览场馆确实应该选择利润最高的展览会作为其目标市场，但同时必须综合分析承接小型展览会可能会带来的各种负面效应，此外还要合理排布展览会的档期，通过这些途径来增加营业收入，追求利润的最大化。

展会规模：展览会的规模对场馆经营的综合收益影响很大，承接大规模的展览会能够带来可观的直接收益，故而场馆经营者应引入营销机制争取更多的大规模展览会来本馆举办，代替小而多的展览会，提高企业的整体收益。

展会品牌：和展会规模一样，展览会的品牌直接影响场馆的营业收入，高档次、国际性的名牌展览会不仅可以带来可观的经济效益，更重要的是能提升场馆的知名度，并促进场馆服务水平的提高。所以吸引国际性的展览会前来举办非常重要。

（一）影响目标市场定位的要素

会展场馆的市场定位是对目标消费者或目标消费市场的选择，影响场馆市场定位的因素主要有三个，场馆所在地竞争情况、细分市场情况、场馆的自身特点。

1. 会展场馆所在地市场竞争情况

在进行市场营销的时候，会展场馆要对邻近省市的场馆做详细的市场调查，通过对它们进行客源市场分析、发展优势与劣势分析、经营管理成效等分析，从宏观上了解自身的优势与劣势，为市场定位定下全局的发展观念。

通过分析周围场馆的竞争态势，了解自身的处境，对本区域周围的场馆的区位、面积、特征做一个详细的调查，有利于自身针对性的发展规划，在此基础上，进行市场定位。

通过以上的市场调研，要对这些信息进行去伪存真，筛选出最有价值的信息来进行下一步的具体分析。

（1）要对自身的设施和服务进行分析。对场馆的整体环境和质量进行严格的评价，分析设施设备的情况，分析所处的地理位置和交通的状况，客观地评价服务质量和声誉，考虑设施和服务的水平。

（2）业务状况和趋势分析。以过去的、现在的和潜在的市场资料为线索，分析主要客源及其地理分布、分析各种客源所占的业务比例以及带来的利润、分析主要业务及其发展趋势等。

（3）从政治、经济、社会、文化、技术的角度分析环境变化对场馆业务和市场所产生的影响。

（4）竞争分析。会展场馆可以通过实地观察、从社会管理部门和会展行业协会等获取信息，以分析竞争对手的营销重点和策略。竞争分析有利于明确场馆在市场中的位置，并及时地调整营销的策略。

2. 细分市场情况

（1）了解细分市场情况，首先就是要确定会展场馆的目标市场，会展场馆的目标市场主要是办展机构、各政府组织和一些特殊的团体。

（2）市场细分的作用。①有利于发现和利用较好的市场机会。通过市场细分，可以摸清各个不同市场面的需要及其满足程度。那些满足程度较差的市场面，往往就是较好的市场机会。②有利于合理使用场馆的资源。细分市场可以使场馆能集中有限的人力、物力、财力，用于一个或少数几个市场面上。这样做要比将场馆资源平均用于整个市场，更易提高竞争能力和经济效益。③有利于场馆开展有针对性的营销活动。在不同的细分市场上，客户对场馆的需求和参展行为都不一样。场馆只要有针对性地开展营销活动，就能取得良好的效果。

（3）市场细分的标准。①地理因素。即地理区域、气候、人口密度、城镇大小等因素。气候指的是北方市场还是南方市场；人口密度是指城市、郊区和农村；地理区域是指把市场划分为国内市场和国际市场两大块。国内市场还可细分为当地、本省、大区等不同市场。国际市场也可以细分为东南亚、日本、北美、西欧、澳大利亚、中东、非洲、拉丁美洲、俄罗斯、东欧等不同市场。②人口因素。即年龄、性别、职业、教育程度、宗教、民族、国籍、社会阶层、家庭组成、家庭人均收入等因素。③心理因素。在人口因素相同的不同消费者当中，对于场馆的爱好和态度也不尽相同，这就是心理因素的区别。心理因素具体考虑的是生活方式和个性特征。④参展行为因素。即参展时机、追求利益、使用者地位、品牌忠诚度、参展频率等因素。参展时机是指正常时机或特殊时机。追求利益是指参展商参展时寻求的主要利益，追求的是服务好还是质量好或者是价格便宜。使用者地位是指对场馆的使用状况，可以分为从未参展、曾经参展、准备参展、初次参展、经常参展五种类型。品牌忠诚度可以分为无、一般、较强、绝对四种情况。参展频率是指参展次数较少的、中等参展频率的和次数较多的频率这三种情况。

⑤最终客户的要求。场馆可以被用于多种用途，可被用于不同的最终客户。不同的最终用户为适应其生产和业务工作的需要，往往对场馆及其销售提出不同的要求。因此，场馆必须关注最终客户的要求，满足他们的需要。⑥客户的市场规模和参展数量。可以把市场细分为大客户市场、中客户市场、小客户市场三种。大客户市场虽然少，但参展数量较多，小客户则相反，客户甚多，但参展数量不多。许多场馆对大客户和小客户分别采用不同的销售方式。

3. 场馆自身的情况

每个场馆的情况都是不尽相同的，场馆必须明确认识自身的优缺点，在差异性上寻找突破口，明确市场定位目标。

场馆自身情况分析主要包括场馆容量及可供展览面积、配套设施、智能化水平、周边环境等，寻找服务差异、人员差异、形象差异、品牌差异，但是也必须认识到，并不是所有的差异都能使场馆获得竞争优势，有些差异可能不适合场馆的宗旨和目标；有些差异可能只带来微弱的优势，且需要支付很高的开拓成本；还有些差异可能不被客户认同。

（二）目标市场定位的三要素

（1）树立本企业的鲜明形象。包括功能性形象和象征性形象，前者指为会议或展览会提供服务的实际功能形象，后者指场馆的抽象化形象，如文化内涵形象、高档次的形象等。

（2）突出本场馆的设施及服务与市场上同类场馆之间的差异，这种差异是形成本馆特色的前提条件。

（3）确保客户在租用本企业的场地后能获得理想的利益要求，这是促成展览会主办单位或展览公司发生购买行为的决定性因素，也是有效市场定位的关键。

（三）目标市场定位三步骤

1. 识别自身的潜在竞争优势

硬件——通过设计参数的处理，使自身在容量、配套设施、职能水平、周边环境等属性上不同于其他场馆，从而为展会主办者提供竞争对手所没有的选择性特征。

一般来说，展览面积、配套设施、场馆所在地及交通条件都会对目标市场产生影响。

面积庞大的展览场馆一般有比较大的影响力，应选择那些影响力强的展览目标市场。同时场馆的配套设施也会影响目标客户的选择，一个高科技智能化的场馆才能满足信息化要求高的客户，许多国际化经营的场馆必然要求有综合处理能力的现代化办公环境、现代化的信息技术、智能管理技术。相反，一些小型展览场馆、设施不先进的场馆只能选中一些小型的目标客户群体。

当然，展厅的高度、地面条件、出入口、通道的宽度都将影响能否满足目标客户的个性化需求。

场馆的所在地交通环境对目标市场定位有决定性的作用，一般来说，场馆所在地要求交通便捷，但场馆若建在市中心，营运成本必然提高，场馆目标市场必然排除那些低价使用者。

许多展览具有商业性，能否提供很好的交流平台，方便双方的洽谈，很大程度上影响着服务质量，也间接决定目标市场的活动的性质。

服务——提供优质完善的服务是提升场馆竞争力的有效途径，场馆若能提供更优质、更积极、更完善的展品运输、搭建展台、住所接待、会议安排、旅行咨询等与会议和展览有关的服务，就能使自己明显区别于竞争对手。

会展场馆的服务包括硬件及软件，硬件设施方面在上面已经提到，从软件来说，它是一种无形产品，具有生产和消费的同时性，场馆服务人员必须树立质量意识。

增强场馆工作人员的协调能力，场馆的工作人员多而杂，从上层管理到下层的施工人员，学历档次、文化水平不一，协调好他们之间的关系，保证场馆活动的有条不紊地进行，是体现服务质量的一个重要方面。

本地会展必须提供各种医疗保障，必须和相关医院及专家取得联系，在发生事故时必须能够及时迅速地提供帮助，将决定目标市场的年龄层次及办展的内容。许多办展参加对象是老年人，必然要求医疗条件好一些，因为他们是很多疾病的多发群体，当然针对儿童的展览又对许多安全提出了要求。

会展场馆的竞争很大程度上是服务质量的竞争，提供方便、高效的服务是每个场馆所必需的，场馆需要根据自己能满足哪个层次的高效方便，选择最佳的目标群体，不可只贪高贪大。要记住不管目标群体是谁，做好他们的服务都是有利可赢的。

人员——人员是展览场馆最基本的资源，高素质的员工能够支持场馆取得更强的竞争力，因此，场馆在开展营销活动中，必须突出自身拥有专业水平高的工作团队，能为展会组织者、参展商以及与会人员提供便捷、高效的服务。

形象——品牌形象是企业在信息时代、情感时代的重要资源。若不同场馆的其他因素看起来很相似，展览公司便会根据它们对各场馆的形象认知来选择场馆。因此，场馆必须制造和宣传有个性、有影响的企业形象，即通过形象差别来进行市场定位。

现代社会讲究品牌制胜，一个场馆是否具有自己的品牌直接关系到目标市场定位，具有国际品牌的会展场馆必然可以吸引势力强大的参展商及专业观众。同时，场馆对目标市场选择也要有挑剔性，应该从长远的角度考虑，与目标客户的合作能否增强自身的知名度，优化自身在竞争中的形象。当然影响一个场馆目标市场的远不止这些，但是一个场馆不管暂时缺少什么条件，都应该集中于现有条件和设施，选择可以营销的市场。

2. 选择合适的竞争优势

场馆在发现了自身有许多的竞争优势之后必须选择其中最有价值或意义的，场馆要确定是建立一种还是若干种竞争优势。一般场馆应该选准一个特点，并使这个特点成为本行业中的第一。如果定位的因素较多则能吸引较多的细分市场，但这容易使市场定位变得模糊。

3. 传播和送达定位信息

会展场馆在确定了自己的市场定位后，还必须把这种定位信息传达给目标市场，也就是要通过营销努力表明自身的定位、优势和服务意愿，以引起客户的注意和兴趣。

以苏州国际博览中心为例，它将自己以后的市场定位为以机械、新产品和通信技术等工业展览为主，以消费品展、文化旅游类展览会和其他相关的展览会为辅，正是因为就自身的硬件条件，所处的地域条件和所在城市——苏州的城市品牌影响作了一个正确的分析，为自己进行了准确的市场定位，目前苏州博览中心已成功地承接大型展览近30个，成了长三角地区著名的会展场馆。

（四）场馆客户

为了满足会展客户的需求，我们首先应该明确各类展览会所拥有的不同客户，会展场馆的客户包括：主办方和展览公司、参展商、观众、与会人士、承办商、贵宾、公众及游客等。

从总体上说，会展场馆的一切服务必须满足组展商、参展商及参观人员对每个展会的不同需要。根据以上展览会的类别，同时也根据展览会的各项要素，会展的客户主要如下：

1. 组展商

一般来说，业界把展会的组织者称为组展商。对场馆来说，组展商是他们的客户。组展商包括政府相关部门、展览会公司和行业协会等。随着政府职能的转变，目前政府已逐渐从企业行为中脱离，其主要职能是经济运行制度创新，并通过法律、法规、产业政策等方式，调控宏观经济运行，引导并约束微观企业的行为，为企业公平竞争制定行之有效的游戏规则。但就现实的情况而言，各类型展览会都必须通过政府相关管理部门的批准，且展览业中的政府展、公益性展等占有相当大的比重。因而政府相关部门、管理职能部门仍是会展企业的主要客户。

展览会的组织者也就是组展商是场馆经营的最直接客户，组展商是连接场馆和参展商及各类资源的重要纽带。只有通过组展商与各方面的沟通合作，才能保证展会的正常运作。

2. 参展商

参展商是组展商最直接、最重要的客户。组展商整合种种资源，目的就是希望参展商在展会上能够赢得利益，或是达到直接的销售额，或是达成商务贸易洽谈，寻找到新的合作伙伴，或是推广出新产品，等等。只有参展商满意了，展会才能不断扩大，组展商才能再次进行招展，场馆的经营才能得以延续，整个展览业才能进入良性发展循环的快车道。

3. 参观者

参观者可以划分为专业观众和公众两类。专业观众是参展商的潜在客户，他们观展带有一定的商务目的，而公众则主要是最终消费者，他们中的大部分人来展览会只是为了观看。展览会的性质虽由展览会组织者决定，但可以通过参观者的成分反映出来。参观者是参展商的衣食父母。从另一角度来说，他们是展会的一类潜在客户。如果缺少了参观者，展会也就没存在的意义。

六、制订计划

（一）市场营销目标

根据市场调研结果确定总体目标，并对各个细分市场制定具体目标。如：哪个月的业务量需要提高？哪些方面需要更强有力的销售措施？开辟哪些细分市场可以提高营业收入？所有营销目标都要以书面形式表现出来。

（二）制订行动方案

制订相应的行动方案，确保企业目标实现，这是市场营销计划的实质内容。每个细分市场和经营部门都应该有具体的行动方案。如对目标顾客进行详细的记录，包括参展商的公司名称、地址、邮编、联系人、电话号码、传真等。确定市场营销的目标，并针对目标提出合理的营销组合策略。

（三）制定预算

为每个部门和细分市场制定具体的预算，并对会展中心营销活动提出一定的控制和规划方案。

七、评估与调整

由于会展市场存在许多的不确定因素，所以随着外部环境的变化，要对会展场馆营销计划做出调整，调整的前提首先是对市场营销计划做出准确的评估，然后再进行适当的调整。活动组织者应重点在以下几个方面考察。

（1）营销活动是否起到预先设想的作用：告知行为、影响潜在参展商参展、公司品牌或形象建立等。

（2）营销活动对公司的销售额起到多大的影响作用——用销售额变动百分比衡量。

（3）营销活动是否真正对所确定的目标市场起到应有的作用。

（4）如果营销活动没有起到以上的作用，那么有可能外部市场环境已经发生了变化，那么会展场馆营销计划也应做出相应的调整。

第二节　会议中心营销

一、会议中心产品策略

（一）会议中心产品特征

产品，既包括硬件因素，如会议室、客房、宴会厅、娱乐设施等，又包括软件因素，如服务、与会者的体验，还包括品牌、USP（独特卖点）等。由于会议室一直服务产品，销售策略中，要着重强调无形的“利益”。要重视向客户提供延伸服务的过程，包括活动前期准备、活动期间和活动之后的服务，目标是自始至终让客户满意。

产品策略是市场营销组合的核心，也是其他几个策略的基础。

（1）是有形设施和无形服务的结合。会议中心产品既有有形的场地和设施设备，又有服务这样的无形产品。

（2）具有不可储存型。会议场地如果没有在合适时间销售出去，失去的收入无法弥补。

（3）不可专利性。会议中心很难为自己设计的会议场地、服务方式等申请专利，因此会议中心的产品要不断创新，要靠始终如一的卓越服务质量取胜。

（4）品牌忠诚度低。人们开会时普遍存在一种求异心理，换一个地方、换一个新环境常能给人以愉快的满足感，因此会议中心有必要采取关系营销来巩固客户关系，提升客户忠诚度。

（5）对信息依赖程度高。会议中心的主要客户相当一部分来自外地甚至国外，他们对会议目的地不熟悉，需要通过大众媒体和大量信息来了解会议场地的具体情况和市场口碑。因此，会议中心营销人员必须做好信息的传递工作。

（二）会议中心产品的生命周期

会议中心的产品生命周期是指从会议中心计入市场投入运营开始，直到被淘汰出市场为止的全部过程。典型的会议场地产品生命周期包括：投入期、成长期、成熟期和衰退期。分析会议场地处在产品生命周期的哪一个阶段，可以通过调查竞争对手数目、竞争产品数量、比较产品最初的销售量与当时销售量、比较竞争者产品与自身产品、确定市场占有率水平等手段来进行。不同生命周期的市场营销策略如下。

（三）产品投入期

产品从开发开始转入生产销售的时期。这时产品还未被充分地认识，销售量增长缓慢，竞争者少或没有，竞争的焦点是新产品能否满足现有的或即将出现的需要，与其他产品相比是否具有明显的优势。会议中心产品的投入期，不管是会议策划人还是中间商都尚未完全了解新产品。因此，营销部门的主要任务是多做广告，让更多客户了解产品，以最短的时间迅速进入和占领市场，为进入成长期打好基础。

1. 产品成长期

产品在市场上已开始被广泛认识，销售量迅速增长，竞争者增多，竞争的焦点是产品的质量和可获得性以及与其他产品相比谁更具有质量技术和营销优势，占有更大的市场份额。进入产品的成长期，会议中心的经营项目增多，设施和服务被市场广泛接受。利润额迅速增加。营销活动更重要的是考虑竞争因素。在成长期，会议场地产品营销策略的主要内容如下。

（1）引进新的设施设备，改进服务质量，提升产品附加值。

（2）从提高会议中心的知名度转为说服潜在客户预定和购买，进一步提高企业美誉度。

（3）进行深度市场细分，在针对不同客户的需求完善产品和服务的同时，开发新的销售渠道。

（4）在扩大出租面积、降低经营成本的基础上，选择适当时机降价，吸引客户，抵御竞争。

2. 产品成熟期

在成熟期，产品在市场上被广泛接受，销售量稳定增长。此时由于前期竞争者数量的增加，生产规模的扩大，市场需求趋于饱和，竞争加剧。竞争的焦点是产品价格和可靠性。会议中心的产品已被大多数潜在客户所接受，但市场竞争日趋激烈，未来保持会议场地原有的市场份额，必须采取强有力的措施来延长产品的成熟期。

为了提高销量，会议场地应从提高会议设施的出租率和提高每次会议场地使用面积两个层面入手，竞争客户，开发会议场地的新用途。并采用市场营销组合改进策略，促进 4P 要素更加协调。

3. 产品衰退期

在衰退期，产品在市场上处于供大于求的状态，竞争更加激烈，竞争的焦点是价格和服务，谁在这方面占有优势则继续生产，获取残存利润，反之，则被淘汰。会议中心的大多数设施和服务已失去原有的吸引力，被更加适合客户需求的新产品所替代，销售额迅速下降，价格下跌。

这时应尽力抓住一部分客户的需求，延长产品的寿命，更重要的是，在产品成熟期时就要注意开始考虑产品改进方案，从而使生命周期再次循环，产生再生期。

如果企业确实进入衰退期并做好了充分准备，则可以彻底淘汰原有产品，把资金投向新产品的开发。

4. 产品生命周期的应用

产品生命周期反映了科学技术进步状态和不同时期的市场特征。场馆可以通过它进行市场预测、分析和控制，为开发新产品，规划产品的更新换代和制定产品策略提供依据。

（1）预测。应用产品生命周期理论可以推断出产品销售走势、产品市场竞争的焦点、新产品开发的效益，即将产品总销售产出与开发生产总投入相对比，可衡量出产品开发的价值、新产品开发和投入市场可选择的时机。

（2）分析。研究产品销售状况，分析市场需求动向。通过对产品的小改小革，扩大使用范围等措施，增加销售量和延长经济寿命。

（3）控制。当产品经过延长生命的努力，销售状况仍不见好转时，就要采取控制措施，选择适当的时机，或停产，或以开发储备的新产品进行更新换代，使产品获得新生。

（三）会议产品创新策略

1. 服务创新

了解会议客户的真实需要，向客户提供他们所需要的服务，是做好会议接待工作的基础。对会议接待服务进行科学的设计和创新是一件十分重要的工作。对于新服务的开发，通常包括以下几个步骤：制定或检查企业的商业策略、确定新服务的开发策略、根据企业的新策略来筛选新服务的构想方案、分析盈利可能性与方案可行性、测试新服务与其他营销因素的配合程度、正式推出新服务、市场反应评估。

2. 管理创新

采用新的激励手段，调动员工的积极性，主动为顾客提供优质服务；通过制度创新，加强对设施设备的维护、保养工作，加强安全、卫生方面的管理等。

3. 设施创新

如今许多会议地点花费巨资开发一些硬件设施来形成竞争优势。在技术上进行投资，重点是讲明白对准客户希望从新技术中得到的利益。会议地点必须紧跟发展潮流。如在国外，SPA 设施正变得越来越重要，面部护理已经成为高层经理人员为辩论或演讲做准备，增加自信、确保平衡冷静的过程之一；还有各种特色卧室、符合人体工程学的智能座椅也成为满足与会代表需求所必需的投资，它可以帮助与会者保持清醒的头脑；还有不少会议中心改造、修建无障碍通道，方便残障人士。

4. 形象创新

注重对会议中心、场馆进行生态化设计；倡导绿色营销观念，加强自身的生态特色和环保理念，迎合客户和大众的环保需求心理；强化环境保护意识，更加注重节能降耗和三废处理。总之，会议中心需要以实际行动体现强烈的环保意识，用积极的绿色行动树立在公众心目中的良好形象。

二、会议中心定价策略

价格是会议中心各种设施和服务费用的不同组合，是产生收入的最重要因素，是决定会议中心经济效益和市场份额的最重要因素之一。由于经营目标的多元化，定价目标也是多种多样的，主要有：利润导向型、销售导向型、成本导向型、竞争导向型等，会议中心应该首先明确定价目标，才能确定具体的定价方法。

影响会议中心定价的因素主要有：会议中心产品本身的因素，如差异化程度、产品声誉、标准化程度、投资水平、位置及交通、通信等；还包括目标市场、竞争格局、宏观经济环境等。

定价策略是指会议场馆为了在目标市场上实现自己的定价目标而使用的策略，目的是构建一个合理、灵活的价格体系，实现有效目标。

打包（packaging）是不同的产品和价格组合方式。打包是否适当是决定会议中心经营成败的要素。

会议中心常见的做法是给出一个整体报价，包括客房、会场和餐饮服务。有的会议中心对某些会议场地单独收费，收费情况通常为：×××元/半天，或×××元/整天，如果预订的客房或餐饮比较多，常常会免收场地费。

根据会议的安排。有些会议中心按照“住宿”和“白天”两张捆绑打包方式，分别定价。如住宿与会人员的消费定额包括：单间客房、早餐、早茶和早点、午餐定额、午茶和午点、正餐定额、租用会议室和设备费用、完全占用酒店的保健和娱乐场所；白天与会人员的消费定额包括：租用会议室的费用、早茶和早点、定额午餐。

有时，会议中心可采用与本地旅游景点捆绑打包，或与其他酒店捆绑打包等方式。

考虑收费项目细节问题，收费项目是否包括保险费、额外的水电费、销售税和客房税、额外电话费甚至小费，这些细节都要事先确定，在经过协商后把所有收费项目逐项列进合同。

付款问题，包括是否需要缴纳定金，对迟到的与会者如何处理、支付货币种类、具体付款方式、是否可以延期付款等。

折扣与让价策略主要包括：数量折扣、现金折扣、季节折扣、同业折扣和佣金。

在会议业中，常见的数量折扣形式是会议价，即与会者通常付相同的价格，一般情况下，酒店或会议中心都把客房数量最多的房价定为团体价，而提供的客房结构不同。会议中心会把会议看成是一种整体安排，有些与会者得到较好的客房，而另一些只能住差一点的房间，因而大部分会议中心一般按比例出售各类客房。但是，如果客源不足，而会议主办单位又要求较大折扣，会议中心很可能同意按团体价收费，甚至以较低的价格收费。

会议中心通常在淡季给予客户一定的优惠折扣。国外还有一些会议中心在周末的收费比平时还低一些。是因为会议中心产品的不可储存性，客观要求经营者想方设法去刺激淡季需求，折扣是最直接、最有效的办法。

同业折扣是会议中心给予中间商（如会议公司等）的价格优惠。加强与旅行社、会议公司等中间商的合作是会议中心营销的重要组成部分。

但是，采用折扣、佣金价格策略会使会议场地企业的平均价格下降，因此，会议场地经营者必须在事前仔细研究应如何操作，并制订合理计划。

三、会议中心渠道策略

（一）销售渠道

这是指会议设施和服务从会议中心向客户转移过程中所经过的一切取得这种产品和服务的所有权（使用权），或帮助所有权或使用权转移的组织和个人。即出售或者代理会议设施的组织和个人。

对于会议中心而言，中间商的任务是将会议设施和专业服务加以组织并转移到客户手中，这些中间商主要包括批量出售会议设施的批发商、会议公司等。总的来说，中间商能使会议中心产品的销售渠道简化，缩短销售时间，提高销售效率。

（二）具体渠道

1. 利用目的地整体营销

大多数的会议地点都是与他们的所在地合作，与合适的举办地市场营销组织有着密切的关系，例如与会议和观光局或会议办事处、区域或地区旅游委员会，以及国家旅游组织等。

2. 通过会议业行业协会

许多会议业行业协会的成员中有很大一部分都是会议场地企业，一些国际性会议业行业协会往往对成员有很高的资质要求。对于一个会议中心来说，加入会议业行业协会无疑意味着自身品牌形象的极大提升，也意味着可以借助协会的巨大影响力和资源网络来更好地宣传自己。

3. 通过会议地点联合体

例如，Conference Center of Excellence（CCE），是英国规模最大的专业会议和培训类会议地点的联合体，成员达 30 多家。其宗旨是合理配置市场营销资源、共同开发市场、共同从事公关活动、调查开发欧洲大陆市场的机会、共享信息和经验。

国际会议中心协会（Association International des Plalis Decongres，简称 AIPC）于 1958 年在罗马成立，为非营利组织，目前有来自世界 49 个国家和地区的 160 个国际会议中心会员。我国北京国际会议中心、香港会议和展览中心、台湾的台北国际会议中心都是其会员。AIPC 主要宗旨是：为联合全世界会议中心资源，通过会员间的交流，交换有关会议管理、会议技术、会议沟通以及会议新需求等信息，向会员提供有关会议管理和顾问服务；通过会员间主管的交流，提升有关会议硬件管理与运营、财务运作、组织与员工发展、行销与客户管理和环保诉求等相关议题的水准。协会在行业术语的释义方面、统计数据方面以及国际会议等其他方面起着非常重要的作用。

4. 通过市场营销联合体

国际市场充满激烈的竞争，那些想取得一席之地的组织必须采取一种长期的战略，要与其他组织（航空公司、国家旅游委员会和其他市场营销联合体）合伙经营，找到大量的财力和人力资源。对于会议地点来说，努力吸引海外商务活动，并与它们的所在地密切合作，或作为某个国际连锁或联合体的组成部分对外推销自己，这是非常重要的。

许多的会议地点是市场营销联合体的成员，合伙进行市场营销活动。联合体能够提供实实在在的商业利益，例如批量购买折扣、网络、标准和培训，还可以在客户心目中树立信任感。这类营销联合体主要有希尔顿、马里奥特、国内的锦江集团等酒店集团，Best Western Hotels 等组织。

5. 利用专业网站

如 www.venuedirectory.com 和 www.plansoft.com 这类网站，允许人们联机进入他们的会议地点检索标准，在几秒之内就会给出会议地点的细节。然后，可以进一步查找有关会议地点的详细情况，包括照片，并可以对该会议地点进行“虚拟”旅游。有的甚至还可以将特殊的咨询要求，甚至询价请求发送给列出的会议地点。

四、会议中心促销策略

会议中心促销是采用多种沟通方式说服客户购买会议中心的产品，与客户建立关系的过程。促销策略是各种不同的促销活动的有机组合。

（一）促销材料

会议中心向外界提供的促销材料中应该强调设施和服务方面一切突出的优势，强调能给会议组织带来的利益。最好附有清晰的会议室平面图，并保证数据的准确性。比例图上应该标明会议室的尺寸、天花板高度、各种最常用布局下的客容量，还有门、窗、柱、电梯、电源插口和阻碍物等细节。

（二）促销手段

1. 人员推销

人员推销是会议场地促销中最常见的一种手段。在得知某组织或企业要在当地举行会议的信息后，酒店或会议中心通常就会派销售人员前往拜会会议组织者。推销人员应注意：善于察言观色；加强客户感兴趣的话题；备好酒店会议设施或会议中心的各种宣传资料、照片、幻灯片甚至电视宣传片等，抓住时机向客户展示；强调接待会议的经验；可向客户展示举行这些会议的照片和到会的重要人物名录等；采用连续促销；除了认真履行合同条款之外，还应该继续保持与客户的联系。

如果会议组织方前来会议中心进行现场考察，通过人员促销能够很好地向潜在客户展示会议地点的优势。促销人员的职责是尽可能多地从潜在客户那里挖掘信息。

2. 内部促销

利用内部的各种宣传资料和员工的营业推广，加强员工对会议中心各种设施和服务的了解，强化他们，特别是一线员工的促销意识，使每位员工都成为会议中心的促销员。

准备足够的小册子，并精心设计、印刷精美，使之有吸引力，以激发客人阅读的欲望，进而对会议设施和服务留下较深刻的印象。

3. 广告

广告的投向主要包括：①会议行业出版物；②名录和宣传册，如，《会议地点—世界会议和奖励旅游设施指南》，由 Haymarket 商业出版社出版，《世界会展中心名录》，由 CAT 出版社出版；③特定行业刊物，如国际性行业协会汇编的会员名录；④《经理人》等；⑤网站；⑥多媒体、自媒体。

4. 贸易展示会

专门针对会议组织者和会议策划者的贸易展示会和展览会，参展的展商有：会议地点和举办地、会议服务提供者、中介机构、交通运输公司和贸易杂志社。可以利用这种展会接触潜在的客户。

5. 营业推广

营业推广，是指会议开展的各种短期的具有鼓励性、非连续性、灵活的促销活动，与广告配合常常会收到较好的效果。对客户的营业推广是为了刺激客户的购买欲望，鼓励重复购买，对中间商的营业推广是为了激发中间商的销售热情，对推销人员的营业推广则是为了鼓励销售人员积极工作，努力开拓市场。具体手段主要有：

（1）价格优惠。在淡季或特殊时期推出优惠价格项目。

（2）退款和折让。给予未得到满意服务的客户全部或部分退款和折让。

（3）优先照顾。对重要客户、会议场地俱乐部成员、长期客户等特殊客户群体提供特殊服务，如优先预订权、特别礼品和支票兑换现金的特权等，能培养这些客户的消费忠诚。

（4）红利。通过财务销售分红的形式，将自身经营状况与中间商的利益紧密联系在一起。

（5）赠送礼品。向会议策划人和中间商赠送特别礼品，是加强与客户之间感情交流和联系的有效途径。

6. 公共关系

主要是指利用各种媒介发布重大新闻或是对会议中心的硬件设施、特色服务等进行有利宣传，而会议中心并不为此付费，即人们通常所说的“软广告”。

公共关系的重要职能就是通过各种传播手段，与其内、外部公关进行信息沟通和情感交流，疏通与各方面的关系，使各类公众理解企业的经营宗旨和行为，从而为企业的经营和发展扫除障碍，争取支持，创造良好的内、外部环境，扩展和美化企业的社会声誉，提高企业的经济效益。

公共关系的对象包括两方面，一类是客户、外部的协作者、竞争者、政府主管部门、新闻界以及市区公众等，其中，客户是主要公关对象。常用的公关活动方式主要有：①新闻宣传；②听取或处理公众意见；③赞助和支持社会各项公益活动。

公关活动的另一类对象是企业内部的员工。建立企业内部良好的员工关系，增强企业的凝聚力，是会议场地经营成败的关键，也是会议中心内部公共关系的重要职能。常用的活动方式主要有：出版企业内部刊物；利用员工宣传栏；搞好员工生日聚会；组织各种员工喜爱的文体活动，丰富员工的业余生活；注重感情投资，增强员工对企业的忠诚度。

第三节　展览中心营销

一、展览中心的市场定位

展览中心是举办展览的场所，它是展览活动得以举办所必备的硬件措施。作为展会展示和交易的平台，它是连接主办方、参展商、买家、供应服务商的枢纽，又是沟通政府、社会和企业的桥梁，是会展经济发展的载体。

影响企业目标市场定位的因素主要有：行业竞争情况、细分市场状况、产品的自身情况。对于展览中心营销来说主要是了解当前国内及展览中心所在地的竞争情况，本展览中心的自身特点和适合举办展览的种类，以及目标细分市场的特点。

（一）展览中心行业竞争状况

在进行展馆营销的时候，展览中心一定要对当地及邻近的展馆情况做出市场调查。目前，北京、上海等城市会展需求旺盛，展馆供不应求，表现出“一馆难求”的态势，许多的展览由于展览中心的档期排不过来，只好排到展览淡季举行，而展览中心也由于过度使用，连折旧恢复的时间都没有。而相当一部分城市展馆使用率十分低下，展览中心面积在不断地增加，但是却没有展览举办，呈现出“僧多粥少”的局面，大量的展览中心处于尴尬的空置状态。

这种状况迫使展览中心一定要认清自己的处境，对自己周围的展馆的区位、面积、特征作一个详细的调查。为以后的定价和营销方式作基础。

（二）目标市场细分

目标市场是企业根据本身条件和外在因素在市场细分后所选定的细分市场，即企业营销活动的对象。要正确地确定目标市场，使市场细分的结果对本企业有效。把特定顾客群体转变为本企业的营销对象，把未满足的需求转变为本企业的盈利机会，就要仔细调查该细分市场的优势和劣势，分析是否具有比较利益。如果本企业经营此项业务的优势多于劣势，能得到比其他企业更多的利益，就可以将此细分市场作为目标市场；反之，该项业务绝不是本企业应该经营的。

展览中心的目标市场应该是各办展机构、各政府组织和一些特殊团体，但最终都会以展览的形式落实。由于办展机构有不同的档次，反映到对展览中心的要求也不相同。展览中心应该根据自己的展馆特点确定自己的目标市场，如果是展览面积在2万平方米以下，设备条件一般的展馆就不应该将自己的目标市场定位在规模很大的国际展，这样即使勉强有一两次营销成功了，也会由于很多方面达不到办展要求，引起参展商不满，对展馆信誉造成不必要的负面影响。

（三）展馆的内部属性

展览中心市场营销的实质就是寻找适合自己的展览会，然后根据展览会找到举办展览会的办展机构，向他们介绍和推销自己的展馆。“适合自己的展览会”并不是想当然地想出来的，而是要综合考虑展览馆的设施条件、服务条件、地理位置等。例如，一个小型的多层展览馆并不适合举办一个大型的设备展，它或许更适合举办宠物展、艺术展及高级别的珠宝展。因为这样的展览不需要很大空间，同时在一般展览不受欢迎的多层结构在这里也许会很受欢迎，因为一些艺术展和珠宝展对于灯光的运用要求很高，多层结构的灯光如果运用得好，将会大大提升展览效果，使展览的氛围更加错落有致。

展览中心要对自己的一些技术参数做详细的研究，并且了解目前国际上一些展所要求的展馆条件，这样就能大致锁定适合自己的展览，然后和办展机构沟通。展馆要尽量在满足硬件条件的基础上，提高自己的软件水平，如保安工作、服务工作和参展商的沟通工作。

【知识链接】

展览中心对目标客户的定位

展览中心名称	展览中心定位
荷兰阿姆斯特丹RAI展览中心	人性化——高质量的硬件设施和舒适的展览环境
韩国首尔会展中心	多功能——文化、娱乐、休闲便利设施一应俱全，如同商业城或游乐园，也是著名旅游目的地

续表

展览中心名称	展览中心定位
新加坡国际会展中心	豪华高效——全新加坡最大的宴会厨房，周边遍布五星级酒店、零售店和餐馆，毗邻国际级表演艺术中心和中央商业区，距机场仅20分钟车程

资料来源：根据百度网、新浪网网上信息搜集、整理而成。

二、展览中心的定价

（一）影响定价的因素

定价时首先要弄清价格因素。影响定价的因素很多，但主要有以下五个：

1. 场馆成本

这是最主要的因素。在成本的基础上加上税金和利润就是场馆价格。具体的计算公式有：场馆价格 = 场馆成本 ×（1+ 利润率）11– 税率。当场馆定价时，成本按场馆的全部成本（即人工成本、材料成本和管理费用之和）计算。

2. 市场需求

对市场需求超过场馆产品的产品，场馆定价时可以定得稍高些；反之，对场馆产品超过市场需求的产品，价格可以定得稍低些。

3. 竞争者价格

定价时也要考虑到竞争者的价格。有三种处理办法，即等于、高于和低于竞争者价格。把价格定得等于竞争者价格，可以使场馆易于进入市场。如果把价格定得高于竞争者价格，就得具备一定的条件，如场馆本身的声誉很高，或场馆质量相较竞争者好，或场馆有独特之处，或能为客户提供较好的服务。把价格定得低于竞争者的价格，需要慎重。因为这容易在本场馆与竞争者之间引起一场价格竞争。降价虽可增加销售量，但竞争者也可采取同样办法，这样互相降价，结果双方都不利。当然，价格略低一点，竞争者可能不加注意。但当价格低得较多而影响到竞争者场馆销售时，对方就必然会做出反应了。

4. 市场价格

在市场经济条件下，场馆定价的直接依据是市场价格。场馆一般要以市场价格为中线来确定其场馆价格高于或低于市场价格的幅度，并随着市场价格的波动做出相应的调整。在多数情况下，场馆不管其成本的高低，都得按市场价格销售。因为，如售价高于市场价格，会影响销路；如低于市场价格，则会引起场馆之间的降价竞争。这都对场馆不利。当场馆具有特色或是拥有质量较高的品牌产品时，场馆也可把价格定得高于市场价格，表明它与同类场馆的区别。当场馆的质量较次或有已被淘汰的产品时，场馆也可把价格定得低于市场价格。

5. 国家的宏观经济政策

经过改革，国家不再参与多数产品的价格制定，但仍可通过宏观经济政策和税收、信贷等经济杠杆来影响价格的形成和变化。因此，场馆定价时还要考虑国家有关政策的影响。

定价方法一般采用成本加成定价法，即在生产成本基础上加以一定百分比的利润和税金，得出一个初步价格，然后再用市场需求、竞争者价格、市场价格等因素加以修正，得出定价。

以展馆为例，由于展位的位置和类型不同，展位价格差异很大。同样面积的展位价格之差可能达数倍以上。造成展位价格差异的原因是展位预估人流量的不同，具体说来表现在以下几点。

（1）展位所在的楼层。一楼的展位相对于二楼、三楼的展位要贵些，因为越到高层，人流量越少，价格也就相对便宜，因此一般情况下，会展展馆都是低层建筑，甚至只有一层（除地下停车场外）。

（2）与出入口的距离。出入口是人流必经之处，因此在同一楼层中，面对出入口或电梯口的位置对吸引顾客注意力较为有利。但也有研究表明，顾客看到的第一个展台的成交量不及位于中间的展台，因为买家往往在第一家询价，而后再与后面的展台比较价格和品质，就像唱歌比赛中第一个上场的演员比较难获得冠军一样。

（3）展位类型。展位类型也会影响价格，开面越多，面对的顾客也就越多，因此价格也就越高。孤岛形展位最贵，因为它的四面均面向人流，能吸引四面八方的顾客。而周边展位因背靠建筑物外墙，人流经过的数量较少，因此价格相对便宜。

（4）展位所处位置。虽然在展览馆里有足够的照明，但一般来说较光亮的展位更容易吸引参展商，而一些偏僻的角落则不容易引起人们的注意，如展览厅的拐角、楼梯的侧位等地方。如果展览现场搭有表演舞台或主席台，则靠近舞台的位置更受欢迎。

（二）定价策略

价格在商品经济环境下，任何产品或服务都必须具有价格，供需双方才能进行交易。遵循价值规律，场馆可以根据销售淡旺季、不同的参展商等制定不同的价格，使产品价格能够补偿投资成本和市场营销的所有支出以及场馆的修整费用，并且在盈利的基础上，可以灵活、适时地运用定价策略和技巧，制定或调整场馆的销售价格，配合其他销售手段，实现“营销”场馆的目标。定价策略有：

1. 需求因素

由于客户在需求中存在着某种差异，这也可使价格有所不同。考虑需求差异的定价策略叫差别定价策略，有以下四种情况：

（1）不同客户。同一产品或服务，对不同客户可定出不同价格。

（2）不同产品形式。对产品的不同形式或样式，可定出不同的价格，而且价格差异部分不一定与产品成本成比例。

（3）不同地点。即使提供给各个地点的产品或服务的成本是一样的，对不同的地点仍可定出不同的价格。

（4）不同时间。同样的产品或服务，在不同季节、不同日期甚至不同钟点，可规定出不同的价格。

2. 心理定价策略

这是针对客户的消费心理而采用的定价策略，包括尾数定价策略、招徕定价策略和声望定价策略。

尾数定价策略是依据消费者有零数价格比整数价格便宜的消费心理而采用的一种定价策略。如把价格由原来的3.0~4.0元/日/平方米降至2.9~3.9元/日/平方米，乘以天数和展位面积后比之原来似乎价格下调了不少，但这对于场馆整体收益区来说并不算大，却可能就因为这0.1元/日/平方米的差价而为场馆招徕大量的顾客（此方案适用的目标对象为中小型参展商）。

招徕定价策略是一种利用参展商求廉的心理，将场馆的价格在某一特定时间之内降低以吸引和招揽参展商前来的一种策略（此方案适用于营销淡季的目标市场定位）。

声望定价策略是一种利用会展场馆的声誉对其定价的策略（此方案适用于在销售旺季参展的一批具有雄厚背景和资金实力的大型公司）。它们在那段时期参展而不考虑价钱的原因就是为了抓住稍瞬即逝的市场机遇，或是巩固自己在某一市场中的领先地位，它们讲究的是一种长期投资和长远效益，所以这时的场馆最好已经打响了自己的品牌。在此基础上制定出一个相应较高的价格以凸显自己的档次，同时也是对自己的服务、场地等软、硬件设施的肯定，以高档服务、高档品牌、高档设施为口号调整出适应的价格以吸引具有一定条件的参展商。

3. 折扣与折让策略

在某些情况下，场馆可以临时性降价，以促进销售。

数量折扣，这是一种为了鼓励参展商多买而给予的价格优惠。当参展商前来的次数达到了一个标准数额，场馆可以允诺适量地下调价格，以作激励。

交易折扣，按消费渠道中各个中间商的不同作用给予折扣。对于那些帮助宣传、帮助做形象策划的企业，可以根据它们的成果给予折扣奖励，以刺激该企业为场馆好好服务、尽心策划，而这些企业也能利用此次折扣的机会摆位参展，以加强宣传自己的品牌。这样做互惠互利，既宣传了策划公司的品牌及企业的形象，又为场馆带来了一批专业观众，同时还增加了销售额。

季节折扣，为了消除季节性影响而提供的一种价格优惠。在销售淡季中适当地下调些价格，类似于招徕定价策略。

除了交易折扣策略外，数量和季节策略都是将目标对象定在中小型参展商和销售淡季。在不同的销售季节、面对不同的主办方的情况下需制定不同的营销策略，这样才能更好地提高场馆的品牌形象，完成营销的目的。

会展场馆定价方法是场馆企业为实现其定价目标所采取的具体方法，可以归纳为成本导向、需求导向和竞争导向三类。

（1）成本导向定价法。

以营销产品的成本为主要依据制定价格的方法统称为成本导向定价法，这是最简单，使用最广泛的一种定价法。

1）总成本定价法。

总成本定价法包括成本加成定价法和目标利润定价法。

①成本加成定价法：按产品单位成本加上一定比例的毛利定出销售价。其计算公式为：$P=C\times(1+r)$

式中，P = 商品额单价；C = 商品的单位总成本；r = 商品的加成率

②目标利润定价法：根据场馆企业总成本和预算销售量，确定一个目标利用率，并以此作为定价的标准。其计算公式为：

单位商品价格 = 总成本 ×（1+ 目标利润率）/ 预计销量

2）边际成本定价法。

展览产品的边际成本是指展览会增加一个展位时所带来的总成本的增加。边际成本定价要充分考虑展览会的规模效应，并且在展位增加所引起的追加成本的基础上制定价格。

（2）需求导向定价法。

需求导向定价法是指根据市场需求状况和消费者对产品的感觉差异来确定价格的定价方法。主要包括：

1）认知导向定价法。它是根据消费者对场馆企业提供的产品价值的主观评判来制定价格的一种定价方法。

2）逆向定价法。它是指依据消费者能够接受的最终销售价格，考虑中间商的成本及正常利润后，逆向推算出中间商的批发价和场馆企业的价格的一种定价方法。其计算公式为

场馆价格 = 市场可零售价格 ×（1– 批零差率）×（1– 进销差率）

3）习惯定价法。它是指会展场馆按照会展市场长期以来形成的习惯价格定价的一种方法。

（3）竞争导向定价法。

竞争导向定价法是企业通过研究竞争对手的生产条件、服务状况、价格水平等因素，依据自身的竞争实力，参考成本和供求状况来确定商品价格，以市场上竞争者的类似产品的价格作为本企业产品定价参照的一种定价方法。竞争导向定价法主要包括：

1）随行就市定价法。即将本企业某产品价格保持在市场平均价格水平上，利用这样的价格来获得平均报酬。此外，采用随行就市定价法，企业就不必去全面了解消费者对不同价差的反应，也不会引起价格波动。

2）产品差别定价法。是指企业通过不同营销努力，使同种同质的产品在消费者心目中树立起不同的产品形象，进而根据自身特点，选取低于或高于竞争者的价格作为本企业产品价格。这是一种进攻性的定价方法。

3）密封投标定价法。在国内外，许多大宗商品、原材料、成套设备和建筑工程项目的买卖和承包，以及出售小型企业等，往往采用发包人招标、承包人投标的方式来选择承包者，确定最终承包价格。一般来说，招标方只有一个，处于相对垄断地位，而投标方有多个，处于相互竞争地位。标的物的价格由参与投标的各个企业在相互独立的条件下来确定。在买方招标的所有投标者中，报价最低的投标者通常中标，它的报价就是承包价格。

三、展览中心宣传策略

会展场馆宣传就是让目标市场认识并接受自己的场馆，在展览中心刚刚落成的阶

段，持续而有效的宣传工作是非常有必要的。现在的宣传方式和宣传手段是多种多样的，一般有电视、广播、互联网、行业杂志报纸、户外广告等形式。

电视具有高覆盖性、强接受度等特点，在会展场馆所在地及全国各主要经济频道做广告，告知观众展馆的投资方、地理位置、优点及展馆的网址。

地铁广告和汽车广告也是一种较好的宣传方式。交通广告在所有的广告形式中属于成本较低但效率不错的一种。例如：2012 年，上海地铁日均客运量为 620 万人次，较 2011 年增长近 7.7%。在地铁这一较为集中的空间内，没有任何娱乐活动，反复滚动播出的广告及新闻，比起其他的户外广告形式来说，更容易吸引目标对象的注意力，而且价格相对便宜。

此外，场馆还可以利用互联网宣传自己。已经有很多的展览中心在国际互联网上注册了自己的网址，以便以更广泛和快捷的方式营销自己的场馆，借助于互联网的跨时空、覆盖全球、以多媒体形式双向传送信息和信息实时更新等特点，将展览馆的特点传递给目标受众，而且还具有一定的广告功能，这正是展馆网上营销所追求的特质。

四、展览中心促销

现在许多展览中心为了吸引办展机构到此办展，采取各种各样的促销价格，一般来讲，会议展览中心的使用率如果达到 30% 是正常的，达到 40% 就是高的，50% 以上就非常高了。展览活动还有阶段性，不同时期活动多少差别很大。这要求展馆将人力、物力各种资源，根据不同阶段的特点进行匹配。由于淡季和旺季的差别，很多展览馆将餐饮、保洁、安全等业务采用委托外派的方式，以避免不必要的亏损。展览中心可采用以下手段来进行。

（一）参与城市整体促销

现代会展活动的开展都是以城市为依托的，会展场馆营销不能脱离展馆所在的城市，而要与城市整体促销一并进行。显而易见，城市整体促销的成功能够为单个展馆促销奠定良好的基础，因为展会主办者在选择场馆时，首先选择的是在哪一个城市举办，城市确定以后，接下来才确定在哪一个场馆举办。

所谓城市整体促销，就是整合城市的相关资源，进行统一设计和精心策划，并通过旅游节庆、文艺演出、媒体广告等途径，向公众宣传城市的经营理念、建设成就、自然资源和精神风貌等，从而改善城市环境，树立城市形象，增强城市对国内外各种资源的吸引力，加大城市对其他地区的辐射力和影响力，实现城市的保值增值和持续快速发展。目前，在对海外公众开展专题宣传时，国内城市常用的手段有：举办文化节及文艺演出、召开城市促销说明会或在当地主流媒体上登载广告等。

另外，每一个成功的国际会议或展览会都是一次城市促销的重大活动，都是宣传城市、提高城市知名度和美誉度的良好机会，其成功举办不但能够吸引国内外客商与本地企业开展经济贸易活动，还能吸引国内外游客，促进旅游业的发展，同时，各级新闻媒体对会展或旅游节庆活动的主动报道也可以有效地提升城市形象。

可见，城市整体促销与单个会展场馆营销是相辅相成的。城市整体形象的提升，能给会展场馆带来更多的展览会；国际性展览会在一个城市的成功举办，又会进一步提升该城市的整体形象。

（二）加入专业协会、组织

目前国内会展业中品牌展览会相对每年举办的展览会总数而言严重缺乏，这种状况与国内会展企业或机构在相关国际性组织中的参与程度不足有关。

在众多国际性会展行业组织中，国际展览会管理局和国际展览会联盟（UFI）的影响最大。若单从营销工作的角度来分析，加入 UFI 等国际性行业组织，可以为会展场馆带来下列便利。

（1）获得 UFI 的认可，能够增强展览会主办单位、会展企业和参展商对会展场馆的信任，并使之成为场馆的一种无形资产。

（2）被列入 UFI 的会员名录，能够提高会展场馆在国际上的知名度和美誉度，从而为场馆赢得举办更多国际展览会的机会。

（3）能借助 UFI 的庞大关系网络，扩充会展场馆的营销资源及营销途径。

（三）实施名牌战略

名牌即著名品牌，指在市场竞争中有较高知名度、信任度和美誉度的商标，其重要标志是高市场占有率和高利润率。名牌作为最有价值的无形资产，直接决定着一个企业或一个产品的市场地位及发展前景。不管是会展场馆，还是展览公司或展览会，品牌的定位都是其经营走向成功的关键。

（四）开展网络营销

通过互联网这一跨时空传输的媒体，会展场馆不仅能为客户提供及时的服务，还能借助网络的交互性对客户需求做出专门的响应，因此可以说，互联网是会展业中最具魅力的营销工具。国内会展场馆应该充分利用网络的信息资源优势，精心打造知名的场馆品牌。

（五）与旅游企业合作

会展业与旅游业的合作是建立在共同利益基础之上的。一方面，举办会议或展览及发展都市旅游，都需要一些共同的基本条件，如鲜明的城市形象、完善的基础设施、便捷的都市服务等。另一方面，会展业和旅游业相互支持、相互促进。其一，会展业的发展必将带来大规模的人员流动，参展商、与会者和观众的游览、购物、娱乐等活动构成一个规模庞大的潜在旅游市场，旅游业完全可以凭借自身的优势介入其中。其二，旅游业的发展能够更好地为参展商、与会者及观众提供配套服务；同时也会进一步提升城市的整体形象，从而吸引更多的会议或展览来本地举办。

对于会展场馆来说，在与旅游企业开展合作时需要做好三方面的工作：①积极参加所在城市主办的会展整体促销活动，并加入当地的目的地营销系统（DMS）；②与旅游企业开展良好的协作，最大限度地发挥饭店、旅行社等企业的接待优势，推出符合商务客户需求的不同类型、不同规格的旅游产品和服务，以满足参展商、观众的多样化需要；

③在单独开展营销推广活动时，也可将场馆本身与城市周边的旅游景点和旅游接待设施结合起来。

【知识链接】

展览馆的增值服务

展览活动不是独立存在的一个项目，它的完成涉及交通、餐饮、住宿、广告、工程搭建、商务礼仪、休闲购物等多个方面。随着展览业的不断成熟，越来越多展览场馆意识到组办方、观众需求的全方位与多元化，并通过向上下游客户提供各类增值服务来获取盈利方式，这就是服务增值盈利模式。虽然这种模式本身在价值链中不占据主导地位，通过增值服务获得的利润只是展览场馆全部利润的很小一部分，但伴随着市场竞争的加剧，展览场馆通过提供差异化的增值服务不仅能有效同竞争对手区别开来，形成核心竞争力，也可拓展利润渠道，增加利润点，开辟新盈利空间，还可在为场馆创造价值的同时，满足客户个性化需求。因此，越来越多的展览场馆认识到增值服务这一利润空间，增值服务盈利模式也是现代展览场馆的一种重要盈利模式。大多数美国展览场馆都对组织者和参展商提供增值服务，涵盖公用事业、餐饮、商务服务和劳务的广泛范围，如芝加哥的McCormick展馆提供如电信、电器、有线电视和输水管道等内部增值服务，同城的沙滩展览会议中心的营业收入中，展览相关服务收入占到15%~25%；中国展览场馆也积极整合其社会化服务资源，积极开发引进与展览、展馆配套的服务项目，包括工程搭建、展具租赁、广告制作发布、餐饮住宿、商务礼仪、旅游票务等一系列连带项目和增值服务，以减少收益的外流，使之成为展馆自身的盈利来源。

资料来源：现代场馆盈利模式分析［EB/OL］. http://www.export.net/jingyinglinan-detail.aspx?id=2r5.

第四节　自办展营销

一、场馆自办展的原因

由于有展览淡季，因此淡季时段的场馆很难租出。这就必须依靠场馆自己主办展览，也就是自办展，来弥补淡季业务的不足，提高淡季的出租率和利用率。展会主办是展馆淡季的主要业务及收入来源。其次，自办展还可以穿插在场馆场地出租的时间空档，填补此时间段的空白。另外，较为固定的品牌自办展，还有利于提升场馆的形象，扩大其知名度和美誉度，反过来又有利于场馆在旺季出租率的提高。比如上海国际展览中心有限公司举办的“中国（上海）国际乐器展览会”。

场馆自办展必须解决好场馆在展览中角色的转换：

（一）会展场馆在一般展览的角色

会展场馆是展示传播信息的媒介物。展览项目策划成功后，如果不通过一定的方式集中向消费者展现其中的成果，展览的意义也就不存在了。在展览系统中，展览的生命在于展现和传播，媒体与展览组织者（主办单位）、市场和观众（消费者）发生密切的关系。展览组织者是指专营展览业务的机构和部门，即展览公司和一些行业协会。参展厂商与场馆的联系统统由展览组织者来实现。在展览系统中，场馆的主要功能就是通过提供媒介及形象展示，付出智商，传播信息。这是因为，展览场地是展览的举办地点，它只能决定展览在什么时候举行，提供最基本的服务而一般不参与展览会的组织与运作或是两套工作机构。

（二）自办展场馆角色的转换

在自办展中，会展场馆扮演着展览组织者的角色。会展场馆与特定的参展商发生业务关系，有特定的服务对象，它创造出服务的产品——展览会，即提供展示环境和信息。在自办展中，会展场馆在展览活动中的作用使它成为系统的主体。在自办展的展览系统中，会展场馆处于核心和支配地位，它不但决定展览的性质、特点和形式，而且决定展览的最终效果，所以，在自办展中，会展场馆的状况决定展览系统状况。

二、自办展营销

自办展营销的过程是与一般的展览会组织过程一样，经历展览会调研、展览会立项、展览会设计、展览会销售、展览会改进的一个过程。

自办展营销的渠道有直接渠道和间接渠道两种。销售的直接渠道是指办展机构通过邮寄和电话销售及对重要客户的上门销售，将信息传递给潜在的参展商，从而达到销售展台的目的。使用直接销售渠道的前提，是建立一个完整和有效的客户数据库。间接渠道是指通过中间商来向企业销售展位，一般是各地区的代理。主办单位以支付佣金方式与代理商之间建立联系。

（一）自办展营销的直接销售手段

自办展营销进行直接销售时，在场馆还不能确定哪些是自己的潜在客户时，采用多方面的销售形式，假定所有的营销对象都是自己的潜在客户，但是这种方式费用往往都很高，且收效甚微。在这个基础上，场馆可以建立自己的数据库，并对这些客户进行有目的的营销活动，锁定自己的目标客户。还可以利用互联网技术，建立自己的网站，与客户进行交互式的问答。之后，场馆在了解了参展商的需求的基础上，设计出针对他们需求的产品，有目的地对他们展开营销活动。

场馆可以采用的直接营销方式主要有：

1. 面对面营销

对于比较重要的客户，场馆可以采用直接上门的方式来接触客户。销售人员一般会提前联系参加展览的公司的负责人，约定时间和地点见面。销售人员一定要着装得体、说话谦逊，简明介绍自办展的特点、优点和规模等相关信息，并且说服企业参展。

2. 直接邮寄

场馆在进行自办展时，必须将展览会的相关信息用邮件寄给它的目标参展商。邮件可以分为平信、挂号信、特快专递等。针对不同的客户可以选择不同的邮寄方式。场馆事前必须掌握目标客户的详细资料，包括地址、负责人、参展历史等，建立一个完整的客户数据库，通过数据库的记载，有目标地将展览信息寄给客户。

3. 电话销售

电话销售是场馆的销售人员用电话直接和潜在的客户进行联系的一种方式，它对销售人员的沟通技巧尤其是倾听能力要求很高。销售人员在进行电话销售时必须问话切题、态度谦虚，将展览会的信息有效地传递给目标客户，同时尽量说明展览会的优点，吸引客户参展。作为一种营销手段，电话销售可以使办展机构在一定的时间内，快速地将信息传递给目标客户，有效地抢占市场。

4. 网上销售

场馆还可以利用互联网将自己的办展信息发布到自己的网站上，客户可以通过访问网站获得自己想要的信息。网上的资料必须随时更新，还可以拓宽网上服务的功能，提供网上汇款、网上答疑、网上预订展位等服务。场馆必须要保证网上的基本信息的全面和及时，对网站进行优化设计。

（二）间接销售渠道

指定展会招展代理也可以是场馆借用外部力量来做大做活的一种有效手段。可以增加招展单位的业务网络，扩大业务规模，提高经济效益。指定展会招展代理，要尽可能地保证代理商的资质可靠。

1. 招展代理的种类及其来源

根据展览项目的需要，展会的招展代理有以下四种形式：

其一，独家代理。在某一时期内将某一地区的招展权赋予某一家代理商独家负责。

其二，排他代理。赋予代理商在某一地区一定时间内的招展权，在该地域内不再有其他的代理商为本项目招展，但本招展单位可在该地区招展。

其三，一般代理。在同一地区同时委托几个代理商作为本招展单位的招展代理，本单位也可在该地区招展，但须明确各代理单位的招展权限。采用此种方式时，代理条件必须统一、明确。

其四，承包代理。代理商承包一定数量的展位，不论能否完成约定的展位数量，代理商都得按商定的层位费付给本单位。

公司、相关协会和商会、有关媒体、个人、国外驻华商务处、贸易代表处和公司等都可能成为招展代理。为保证代理的资质可靠，我们在指定某一机构为代理前必须对其进行资质考察，只有符合条件的才能被正式确定为代理。

公司：要考察其过去的代理业绩、其所熟悉的行业和业务范围、业务覆盖地域、营业执照（包括发证单位和有效期等）、人员数量、业务规模，办公地点、负责人等。

协会和商会：要考察其成立的时间、覆盖的地域、会员数量、对行业内企业的感召力以及批准成立的单位等。

媒体：要考察其发行量的大小、发行覆盖的地域、在行业内的权威性、对行业内企业的感召力和影响力等。

个人：要考察其可靠性和信誉度，而且要着重考察并核实其身份、履历经历、业务能力和道德品质等。

国外代理：考察其业绩、公司注册证件、个人有效证件、实力等。必要时可通过我国驻国外商务处、贸易代表处和公司协助了解。

2. 代理的聘用及代理期限

聘用代理的程序一般如下进行：

其一，取得必要的证明资料，对代理商进行资质验证，确定代理商的资质可靠；

其二，展会项目经理或业务员初步与代理商议定代理条件，项目总监或经理审查代理条件；

其三，公司负责人（总经理或副总经理）批准代理条件，签订代理合同。代理的期限，就是代理商代理招展权限的长短。对于不同的展会、不同的代理形式应制定不同的代理期限，对于独家代理与排他代理，刚开始时不应将期限定得过长，可先试用一届（年），再视其业绩如何来确定时间的长短。对于一般代理，代理期限一般是一届（年），期满后视情况再决定是否继续或向独家代理与排他代理转变。对于承包代理，代理期限一般是一届（年），期满后视情况再决定是否继续聘用。对于那些业绩稳定、信誉良好的代理商，可与其建立较长期的代理关系。

3. 代理商的权利与责任

代理商的权利：按合同规定收取佣金；从办展机构获取招展必需的完整资料；按合同享受办展机构对展会及代理商的宣传推广支持；在规定的时间内预订的层位能得到保证。

代理商的责任：按合同规定的代理形式和条件切实履行职责，依法经营；有责任对所代理的展览项目进行宣传推广；定期向办展机构有关负责人汇报情况；对办展机构划定的展位不得有异议；维护办展机构和展会的声誉和形象；按办展机构规定的价格（或价格范围）招展，按时收取和缴纳参展款（含定金）；不得对办展机构制定的参展条件作私自改动；必须协助办展机构做好参展商的服务工作。

4. 代理佣金

支付给代理商的佣金要根据代理的形式、代理期限的长短、代理商的业绩水平等来综合确定。

独家代理、排他代理和一般代理的代理佣金，一般按办展机构实际收到的、由该代理商招来的参展商所交的参展费总额的15%~20%的比例提取；承包代理的佣金一般要高一些，如25%或更高。承包代理一般只有在完成承包层位数量后才可提取佣金。为鼓励代理商的招展积极性，给代理商的佣金可以采取累进折扣制，即按招展的不同数量给予对应的佣金比例。佣金比例的拉开可按该项代理佣金的比例上下浮动5%~10%计算。

代理佣金支付的时间和方法，可根据具体情况分别采取以下办法：

定期结算、定期支付：按季度或月度结付。提取佣金的基数以实际进入办展机构账户的层位费为准。

逐笔结算、汇总支付：代理商每促成一笔交易，办展机构收到由该代理商招来的参展商的参展费后即与之结算，但到规定的时间才支付。

逐笔结算、逐笔支付：代理商每促成一笔交易，办展机构收到由该代理商招来的参展商的参展费后即与之结算并支付本笔交易的佣金。另外，无论采取何种结算支付形式，都必须规定由此引起的营业税和个人所得税扣缴办法。

5. 代理商的管理

可以由展会的项目负责人负责对该展会招展代理的联络和管理，要管理好各代理商，就必须要做好以下几点：

其一，坚持定期书面报告制度。

其二，招展价格的控制。代理商对外招展的价格折扣应严格按照代理合同所规定的价格折扣操作。办展机构给予代理商的佣金和准许代理商给予参展商的折扣要分开，给予参展商的折扣由办展机构决定，代理商无权给予，以免引起招展价格的混乱。

其三，收款与展位划定。所有参展商展位的划定一般应由办展机构控制和最后确定，代理商一般无权划位，只能提出划位建议，其建议只有办展机构书面认可后才有效。

其四，参展商的参展费。除承包代理外，代理商原则上不得代收参展商的参展费及其他一切费用，个别特殊情况，可允许代理商代收参展商的参展费，但代理商必须在办展机构指定的时间内，将其所代收的参展商的参展费扣除商定的佣金后的余额全部交到办展机构。

其五，累进制折扣的控制。累进折扣的最高佣金比例，应要求相应招展层位达到一定的数量。佣金的结算，是按当时招展数量对应的比例计算。以后跨档，再补足以前已结算的佣金差额。对于不同的代理商，具体佣金累进折扣可以分为分档固定折扣和分档浮动折扣，分档固定折扣是代理商招展层位的不同数量适用于不同的档位折扣，档位固定，折扣比例固定，佣金分段计提；分档浮动折扣，代理商招展层位数量档位与佣金比例对应浮动，即以最后招展展位所达到的对应档位下限数的佣金比例计提佣金。代理商的各种办公费用一般由代理商自行承担。

6. 代理风险的防范

在招展工作中使用招展代理有许多好处，但如果管理不善，也会带来很多风险：多头对外的风险、代理商欺骗客户的风险、损坏办展机构的声誉和形象的风险、收款和展位划位混乱的风险、展位临期有空缺的风险。

三、自办展展会开发的要素

会展中心自办展的策划，不应拘泥于简单的组办模式。这是因为会展中心不仅拥有得天独厚的场地条件，还因为其处于会展市场的前端，对信息、资源等能及时把握。因此，会展中心在策划展会的工作当中，可以考虑有别于一般展览公司的组织形式。如整合市场当中现有的展会，通过合并、优化、创新等形式，完成资源重组，形成自主产权的品牌展会。

（一）项目组合策略

1. 会展产品组合的类型

（1）地域组合形式。由跨越一定地域空间、产品特色突出、差异性较大的若干个会展产品项目构成。

（2）内容组合形式。根据会展活动的主题选择会展产品项目构成。它可以分为综合型组合产品与专业型组合产品。

2. 会展产品的组合策略

（1）会展产品组合扩展策略。会展企业为扩展经营范围，扩大会展产品组合广度的策略。

第一，会展产品系列之间的关联度要强。

第二，会展企业应明确和突出主打会展产品的优势。

第三，会展企业应有步骤、分阶段地加宽会展产品组合的广度。否则，会造成企业资金、资源紧张。

（2）会展产品组合简化策略。会展产品组合简化策略是会展企业缩小会展产品组合广度的策略。

第一，会展企业的产品处于饱和或激烈的市场竞争状态。会展企业为有效地利用资源，可以放弃获利较小的产品系列，降低成本。

第二，会展企业追求专业化经营。会展企业集中企业资金和资源经营少数会展产品系列，有助于突出企业经营优势、树立企业市场形象。

（3）会展产品组合改进策略。会展产品组合改进策略是会展企业改进现有产品，拓展组合深度的策略。

（二）会展品牌经营

1. 形成品牌产权

展会品牌经营，是通过对展会品牌化经营来提高展会的影响力和市场占有率，并努力使本展会在该题材的展览市场上形成相对垄断，也是形成“品牌产权”。会展品牌产权是比知识产权更为高级的现代市场经济产物，其市场竞争力比知识产权更为强大。某个展会一旦在市场上形成了品牌，该展会就能在激烈的市场竞争中占据有利地位。

2. 积累展会品牌资产

（1）逐步提升展会知名度。展会知名度分为四个层次：

第一，无知名度，即展会的目标参展商和观众根本就不知道该展会及其品牌。

第二，提示知名度，就是经过提示后，被访问者会记起某个展会及其品牌。

第三，未提示知名度，即不必经过提示，被访问者就能够记起某个展会及其品牌。

第四，一提及知名度，就是即使没有任何提示，当提到某一种题材的展会时，被访问者就立即会记起某个展会及其品牌。

（2）扩大展会的品质认知度。品质认知度是指目标参展商和观众对展会的整体品质或优越性的感知程度，它使参展商和观众对展会的品质做出是“好”还是“坏”，对展会的档次做出是“高”还是“低”的评价。

（3）努力创造积极的展会品牌联想。展会品牌联想是指在目标参展商和观众的记忆中与该展会相关的各种联想，包括他们对展会的类别、展会的品质、展会的服务、展会的价值和顾客在展会中的利益等的判断和想法。展会品牌联想有积极的联想和消极的联想之分。

（4）不断提升目标参展商和观众对展会品牌的忠诚度。品牌忠诚度可以分为五个层次：

第一，无忠诚度。参展商和观众对该展会没有什么感情，他们可能随时抛弃该展会而去参加其他展会。

第二，习惯参加某展会。参展商和观众基于惯性而参加某展会，他们处于一种可以参加该展会也可以参加其他展会的摇摆状态，容易受竞争展会的影响。

第三，对该展会满意。参展商和观众对该展会基本感到满意，他们不太倾向于转而参加其他展会，因为对他们而言，不参加本展会而去参加其他展会存在较高的时间、财务和适应性等方面的转换成本。

第四，情感参加者。参展商和观众真正喜欢本展会，对本展会有一种由衷的赞赏，对本展会产生深厚的感情。

第五，忠贞参加者。参展商和观众不仅积极参加本展会，还以能参加本展会为骄傲，并积极地向其他人推荐本展会。提升目标参展商和观众的品牌忠诚度，就是要不断增加展会的情感购买者和忠贞购买者，使本展会成为行业的旗帜和方向标。拥有较多具有较高品牌忠诚度的参展商和观众的展会，必将成为该行业中最为著名和最具影响力的展会。

（三）确定展会主题的方法

精心策划展会主题，给予每届展会以准确的行业定位，使该展会从众多同题材展会中脱颖而出，无疑又成为塑造品牌展会的核心工作。

确定鲜明的、具有时代气息的展会主题，给业内人士及观众以深刻的印象，是展会成功的助推器。就像每个人的名字一样，展会主题的命名好坏，将使得展会本身易于传播和为人所熟识。

展会主题的命名方法，主要包括以下几种形式：

1. 模仿法

模仿其他地区已有的知名展会，一对一转换展览构思或者适应不同的框架，从而借势快速传播自主展会活动，以区域差别求得市场生存。

2. 分级法

通过吸取现有展会的主题构想，发展新的展会主题和展会构想的方法。这种方法要求对市场有较高的敏感性，从中进行剥离式提炼。

3. 发明创造—创新法

采用不同创造和评估技巧的系统方法。结合展会的定位与特点，在知识体系当中自创出独有的展会主题定义。

【复习思考题】

1. 简述会展场馆营销过程。
2. 试述会展场馆运作模式、市场调研、目标市场定位。
3. 试述会议中心营销。
4. 试述展览中心营销。
5. 简述自办展营销。

【案例分析】

提升展商信心的展会推广

中国（广州）自行车电动车进出口交易会，简称“CBEE”，每年春秋两届，与“广交会”同期举行（秋季在10月17—19日）。CBEE是中国目前唯一能与“广交会”互动的国家级自行车电动车外贸展览会，是中国众多自行车电动车展会中唯一出口通道。CBEE对促进中国自行车电动车产业更多企业的出口贸易，以及整个自行车电动车工业的发展与对外交流，都具有深远的意义和影响，也为企业利用“广交会”商机打入国际市场提供有利平台。

CBEE展会的推广和观众来源主要包括：

（一）媒体宣传

（1）大众类媒体:《广州日报》《南方日报》《信息时报》《深圳特区报》、香港《文汇报》《扬子晚报》《钱塘晚报》《重庆商报》《长春晚报》《新民晚报》，以及广东卫视、南方卫视、凤凰卫视等。

（2）贸易金融类媒体:《环球资源》《TTG》《国际商报》《中国贸易报》《中国经营报》《财富时报》《世界经理人》等。

（3）行业类媒体:《中国汽车报》《中国工业报》《中国电子报》《上海汽车报》《自行车商情》《中国自行车》《自行车快讯》《中国电动车》《电动车信息》《中国电动车市场》，以及中国电动车信息网、中国电动车信息商务网、中国自行车协会网、中国自行车电动车配件网、中国自行车网、江苏自行车网等。

（二）外交途径邀请

主办单位广州国际交流协会和广州太平洋经济合作委员会通过外交途径邀请国外采购团、采购商。通过广交会采购商邀请系统向全球30万买家发出邀请函。在广州国外26个国际友好城市、港澳地区6家商会、台湾地区3家商会、境外43家驻穗商务机构和海外1000多家侨商中，有5000多客商、商务代表来函、来电要求参会。美国、加拿大、英国、法国、德国、丹麦、波兰、荷兰、芬兰、澳大利亚、日本、马来西亚、泰国、菲律宾、越南15国驻广州总领事馆的商务参赞收到组委会的邀请。广州国际交流协会召开动员酒会，全面系统地推介本展会。

（三）广交会采购商组织

（1）在广交会新馆安排展位，并设展会采购商接待处，派发参观券和参展企业展品中英文专刊。

（2）在广交会新馆地铁口，安排专线大巴接送采购商，并设展会采购商接待处。

（3）在广交会新馆地铁站站厅和站台作数个大型灯箱广告宣传。

（4）在广交会新馆公交站台作固定灯箱广告宣传，并在经过该站的公交车上作车身广告。

（5）在《广交会会刊》上作中英文广告。

（6）广交会期间，在三星级以上宾馆房间预留5万张参观券。

（7）广交会期间，在《中国日报》做广告宣传—针对飞机上和广交会会馆里的采购商。

（8）广交会期间，在《中国贸易报》做广告宣传—针对宾馆里和广交会会馆里的采购商。

资料来源：根据胡平主编的《会展案例》中相关内容整理而成.

思考题：

试分析CBEE所进行的特色宣传和展会推广，并以此为例分析展览会营销组合和宣传工作。

第六章

会展场馆人力资源管理

【本章导读】

会展业存在竞争是必然的，而竞争的内容也从综合实力的竞争具体到了人力资源的竞争，因此，会展场馆的人力资源开发与管理至关重要。本章主要介绍会展场馆人力资源概述、会展场馆人事组织机构与管理制度、会展场馆人才的招聘与志愿者管理、会展场馆员工队伍的专业化培训等。

【学习目标】

1. 掌握会展场馆人力资源管理的概念；
2. 掌握会展场馆人事组织机构的构成；
3. 理解会展场馆人事管理制度；
4. 掌握会展场馆人才招聘的流程；
5. 掌握志愿者招募和管理流程。

【导入案例】

各式“白菜”徽章凸显高校志愿文化

新华网上海10月18日电（陈波　潘旭）收集各展馆徽章成为上海世博会众多参观者热衷之事。但走进世博园会发现，不少志愿者“小白菜”们胸前挂的徽章更是琳琅满目。这些或是“小白菜”自行设计，或是与游客交换而得。东华大学的三千多名志愿者15日走进世博园，开始志愿服务。以设计专业为特色的该校设计了上海世博会志愿者的“白菜服”。此次，该校机械学院的“小白菜”们又设计了17枚东华大学志愿者徽章。

设计者之一、学生郝月明介绍，这些徽章主要以丝绸和蚕宝宝等元素为主，展示了东华大学在纺织服饰领域的特色，一套共7枚的基础徽章，描绘了蚕宝宝的成长之路，也象征了志愿者在世博会期间的成长。目前正在世博园区服务的上海交大志愿者徽章也颇为丰富，由“主徽章”“基础徽章”“专属徽章”和“特色徽章”等系列组成，全部由学生设计。“小白菜”们胸口不仅别有上海交大的校徽，另有红、蓝两枚印有“SJTU”字样的专属的上海交大世博徽章。此外，他们还有一组十二枚的国家馆章，包括中国馆、德国馆、沙特馆等热门场馆，在服务期间陆续发放给游客。从上海外国语大学的志愿者徽章上就可以看出多语种的特色。各语种专业的学生胸口挂着一个大号徽章，上面用外语写着自己会说的语言。学校还为志愿者们特别设计“五大洲翱翔”系列徽章，以考勤作为基准，每两三天发一枚，全勤的志愿者就能集齐“五大洲徽章”。“小白菜”金婕说，世博会是全世界的盛会，因此同学们都希望集满“五大洲徽章”，鲜有缺勤情况。据介绍，整个世博会期间约有8万名志愿者服务园区，主要来自上海各高校。

资料来源：根据百度网、新浪等网上信息搜集、整理而成。

第一节　会展场馆人力资源概述

一、会展人力资源

所谓人力资源管理，就是“通过对人和事的管理，处理人与人之间的关系，人与事的配合，以充分发挥人的潜能，并对人的各种活动予以计划、组织、指挥和控制，以实现组织的目标”。人力资源管理，不仅是对人的管理，而且要结合对事的管理，要通过对人和事的管理，人与事的协调，发挥人的潜能，来实现组织的目标。

我国改革开放以来，社会各方面的发展取得了巨大的成就。全国许多城市都十分重视会展经济的作用，会展业已经成为新兴的经济助推器。近些年，许多地方大兴土木，一座座新型的会展中心拔地而起，然而，会展场馆“软件”的提升与硬件的发展却尚存距离。发展会展经济需要有许多先进的会展场馆，而更需要有许多一流的会展场馆经营管理人才。加入WTO之后，中外合资合作会展公司和会展场馆的出现，外国展览公司在我国设立分公司、办事处或代表处等，中国会展业将面临新的挑战。

广义的会展人才包括会展核心人才、会展辅助性人才以及会展支持型人才。会展核心人才包括会展项目开发、策划和会展高级运营管理等人才，他们在行业中层次最高、专业性最强；会展业辅助性人才包括广告宣传设计、展台搭建、运输、器材生产销售等人才；会展业支持型人才则包括高级翻译、住宿旅游接待等人才。

就全国各地的实践来看，政府部门对会展业发展的扶持主要体现在政策和投资上，尤其是对大型和特大型会展设施和会展场馆建设的支持和资助。这是因为大型会展设施的建设投资巨大，企业自行解决有困难。相对而言，政府在培养人才与引进人才方面的投入则可能会有所不足。因此，会展场馆经营管理单位对场馆人力资源的开发与管理就显得更加重要。

二、会展人力资源供需矛盾

伴随着会展业的迅猛发展，近年来会展人力资源不足的矛盾日益突出。当前的问题集中表现在以下 4 个方面：

（一）会展专业人才严重缺乏

长期以来我国会展业一直以政府主导为主，商业化运作开展较晚，基本上没有培养出规模化的会展专业人才队伍。

（二）从业人员业务素质总体偏低

会展从业人员的受教育程度、组织策划水平、市场开拓与创新能力，都还有待进一步提高。

（三）专业结构不全

会展业是一个涉及多个关联产业的现代服务产业，一个大型的会展活动就是一个系统工程，从业人员需要具备更宽、更高和更全面的知识，目前会展从业人员的专业结构是不全面的，会展及相关专业科班出身的人才比例偏小。

（四）人才分布不均

特别是中部和西部地区的会展人才更加缺乏。

现代会展业是一个涉及面广、政策性强、专业化程度高的产业，对专业人才和复合型人才的需求特别大。目前展览公司中绝大多数管理人员专业知识不够，造成展览公司资质差，展会水平普遍不高。相当数量的展览公司一般都是招聘几个人就开始经营，作业人员没有参加过专业培训，由此导致展览总体水平低，无论从设计、创意到服务等方面，都与国外发达国家存在很大的差距。专业人才缺乏、专业队伍建设滞后，制约了会展业的发展。

三、会展场馆人力资源

就具备会展公司职能的场馆而言，其人才包括会展核心人才、会展辅助性人才和会展支持型人才。会展业中几乎所有涉及的专业都可以在会展场馆中找到，大型会展场馆更是如此，因此，有的人将会展场馆比喻成小社会。特别是会展场馆的岗位涉及多工种、多专业、多学科，这就决定了会展场馆人力资源管理工作面对多种人才进行计划、组织、控制、沟通和激励的复杂性和重要性。

会展场馆的人力资源管理有自己的特色，需要彻底摆脱传统的人事管理模式，根据企业发展的战略，有计划、有步骤地对人才进行培养、招聘和筛选。根据会展营销战略、实施规划安排储备人才，在合适的环境和时间使合适的人才充分发挥其良好的技能，并构建组织的效率。会展场馆人力资源管理的一个重要任务是与员工共同设计职业生涯发展计划，并系统性地对员工进行培训。在现代市场经济环境中，已经不能寄希望于员工永远忠诚于一家企业，应该承认人才流动的大势所趋。因为企业已经不能承诺为员工提供终身制的保障，而代之以保障的，是企业为员工提供了机会：工作出色，取得成功并得到发展机会。为员工提供培训，当员工离开企业时，应该比他刚到时能力更强，知识面更宽。只有如此，才能留住能够在企业发挥重要作用的员工，也才能吸引到企业需要的优秀员工。

第二节　会展场馆人力资源管理内容及岗位

一、会展场馆人力资源管理

会展场馆人力资源管理的含义：会展场馆的人力资源管理是指会展场馆的经营管理公司根据国家人事和劳动保障工作方针、政策，运用科学的原理、原则和技术方法，通过制定人事政策、人事工作制度，对其所属工作人员和人事工作进行一系列综合管理活动的总称。它是会展场馆管理活动的重要组成部分，也是会展场馆挖掘人才资源、加强人才队伍建设的重要途径。人力资源管理的具体内容包括对工作人员的录用、分类、培训、任免、考核、晋升、调动、工资、福利、待岗、内退、辞退、离休、退休、退职以及对专业人才的管理等。

（一）录用

录用是任用的一种形式。它是通过一定的方式，把非本场馆工作人员或待业人员任用为本场馆工作人员，或将职工任用为管理干部。录用是补充和更新职工队伍的基本手段，也是加强职工队伍年轻化、知识化、专业化建设的基础工作。坚持公开公平竞争、择优淘劣的原则，是对录用工作的起码要求。

（二）考试

录用工作人员应通过考试，考试分为高级考试和普通考试两类。报考中层以上的人员，应通过高级考试，报考办事人员需通过普通考试。

（三）考核

对工作人员在一定时期的德、能、勤、绩进行全面的考察和评价，以此来判断工作人员与其从事的工作是否相称。

（四）奖惩

会展场馆奖惩主要根据各场馆的规章制度、劳动纪律和岗位责任制，实行有功必奖，有过必罚；功奖相称，过罚相当；以奖为主，以惩为辅；奖惩及时，注意会展场馆经营与管理效果的原则。

（五）调动

根据工作需要，按照有关规定，通过一定的行政手段改变工作人员隶属关系或工作关系，重新确定工作岗位，使会展场馆的职工队伍结构发生变化。调动包括调任和转任。

（六）专业人员的管理（人才管理）

会展场馆有许多专业技术人员，对这些人员的管理具有许多不同于其他人事管理的特点。

1. 专业技术人才管理的基本原则

（1）方向原则。即坚持正确的发展方向。

（2）信任原则。即充分信任，大胆放手使用，把他们放到最恰当、最合适的岗位上，真正做到有职、有权、有责。

（3）能级原则。人才管理实际上就是按能级管理，做到专业对口，因能级施用。对不同能级应有不同的责、权、利，坚持在动态中使用和管理人才。

（4）择优原则。在人才培养、使用、管理中，都要有利于优秀人才的成长发展，有利于选拔、使用优秀人才和充分发挥其作用。

（5）激励原则。鼓励竞争，激发他们的潜在智能，增强事业心和责任感。

（6）协调原则。协调专业技术队伍内部诸因素的矛盾，使其协调发展。

2. 专业技术人员管理的具体方法

（1）根据会展场馆工作特点管好用好现有人才，既要用其所长，又要安排在适当的群体结构之中，做到尊重知识、尊重人才、知人善用、人尽其才，充分调动他们的积极性、主动性和创造性。

（2）参照相近或相关的专业系列，实行会展场馆专业人员的职务评定并实行任期目标制和聘任制。

（3）积极开发人才资源，特别是开发人才的智力资源。对现有人才不断进行继续教育，以更新和补充知识、扩大知识面、增长才干，提高职级水平。

（4）领导要理解和关心专业人员，努力改善他们的工作条件和生活条件，尊重他们的劳动，积极采纳他们的合理化建议。对有成就的专业技术人员要配备得力助手，帮助他们更好地完成专业工作任务。

二、会展场馆通常必须设置的岗位

以下是会展场馆（在保洁、搬运、搭建、植物养护、花卉出租、酒店等采取社会化合作外包的情况下）通常必须设置的岗位，其中可根据具体情况实行专职与兼职相结合，也可根据其组织机构的不同，将岗位归口不同的管理部门，并视各场馆的规模和特点配置所需人数。

（1）总经理室人员岗位。总经理、副总经理（若干人）、总会计师（财务总监）、总工程师、总经理秘书等。

（2）办公室及行政后勤人员岗位。办公室主任、副主任（采购）、副主任（餐饮）、副主任（法律事务）、法律事务管理人员、档案管理人员、商务中心工作人员、文书、总台接待人员、办公用品管理与仓管人员、采购与后勤人员、车队长、驾驶员等。

（3）人力资源部人员岗位。经理、副经理、人事专员。

（4）财务部人员岗位。经理、副经理、会计核算员、出纳人员、发票专管员。

（5）会展策划部人员岗位。（具备会展公司职能的场馆）经理、副经理、高级会展策划师、会展策划师、助理会展策划师、业务员等。

（6）会务部人员岗位。经理、副经理、会议室管理员、物品管理员、服务员等。

（7）会议展览部人员岗位。经理、副经理、经理助理、项目经理、业务员等。

（8）场地管理与综合服务部人员岗位。经理、副经理、展位搭建管理员、运输管理员、仓储管理员、医务室人员。

（9）工程部人员岗位。经理、副经理（若干）、经理助理（兼维修主管工程师）、仓管员、电气主管工程师、电气维修人员、电梯主管工程师、空调主管工程师、空调维修人员、综合维修人员、运行主管工程师、电气运行人员、空调运行人员、给排水运行人员、消防运行人员等。

（10）保卫部人员岗位。经理、副经理、带班员、警卫、消控操作员、监控操作员等。

（11）网络信息部人员岗位。经理、副经理（若干）、综合线路维护人员、对讲机系统维护人员、办公设备维护人员、通信系统维护人员、交换机工程师、网络系统主管工程师、服务器系统主管工程师、应用软件工程师、网站导览系统维护人员、消防报警系统主管工程师、楼控系统主管工程师、综合安保系统主管工程师、门口机显示屏维护人员、电力监控系统主管工程师、智能照明系统主管工程师、公共广播系统主管工程师、气体灭火报警系统主管工程师、闭路电视系统维护人员、会议音响设备工程师等，根据情况不同可有人身兼数职。

（12）广告部人员岗位。经理、副经理、主管人员、业务人员、设计人员、制作人员、内勤人员等。

（13）质量检查部人员岗位。经理、质检人员。

【知识链接】

会展人才特点与薪资水平

会展人才的短缺，使其薪酬待遇也随之高涨，尤其是拥有高学历的专业人员最为炙手可热。据了解，在上海等会展业发达的城市，会展专业人才的月薪可达8000元，高级车展、房展人才年薪一般在12万元左右，最高可达30万元。业内人士分析，由于目前会展经济的繁荣与专业人才教育和培训相对滞后之间的矛盾，会展专才的身价还有较大的上升空间。被人们誉为“朝阳产业”的会展业，人才问题已成为制约产业发展的瓶颈。

会展业的两大特点：高度综合性和极强实践性。欲成为抢手会展策划和经营管理人才，必须具备一些基本素质：如很强的活动能力、组织能力、语言表达能力和沟通能力，思维活跃、知识面广等。

调查显示，从业人员中接受过会展教育培训的仅4成，提高从业人员的素质比扩大从业人员数量更为迫切。

目前，全国推出的相关证书至少已有10多种，上海地区较有影响的有3种：1.上海紧缺人才培训工程“会展策划与实务”岗位资格证书；2.从美国引进的“注册会展经理”培训认证体系；3.劳动保障部门推出的“会展策划师”新职业。

“想要成为会展人才，必须深入了解会展业的特点，做到知己知彼。”著名学者指出，“会展人才的特点是高智商、高风险和高报酬，对此一定要有清醒的认识。”

特点1：高智商

有关调查显示，用人单位希望从业人员有大专以上学历的超过7成。但高智商不等于高学历。王明明指出，拥有本科或研究生学历的毕业生，至少需要有8~10年的磨砺，才有可能成为成熟的会展策划和管理人才。高层次会展人才与在会展现场敲敲打打的搭建人员有很大区别，如优秀的同声传译人才，目前国内可谓凤毛麟角；各种高层次的会展策划人才、广告创意人才和场馆管理人才，都需要有高智商，否则是难以胜任工作的。

特点2：高风险

“会展行业是不稳定的，甚至是很脆弱的。”著名学者表示，“这个行业受客观条件的影响很大。如前年发生的‘非典’，国际上的恐怖活动等，都会影响到会展业。” 会展业中的企业以中小型居多，机制灵活，船小调头快。著名学者表示：“这个行业的不稳定还表现在一些大型的国际展会一般5年就要轮换，如今年财富论坛在北京举办，而1999年则是在上海。”高层次会展人才可为一家公司提供服务，也可以同时在几家公司兼职，与公司的关系若即若离，一般不会在一家公司工作到退休，也未必一辈子都会从事会展工作。欲成为抢手会展人才，需有抵御高风险的能力，并具备全新的职业观念。

特点3：高报酬

高报酬和高风险是互为因果的。著名学者表示：“在国外有这样的现象，一家顶级会展公司一年只需做两三个会展项目，就可以‘吃’5年了。国内企业目前还做不到这样。”相关人士透露，一个会展项目经理做一个大的展会，收入少则几万元，多则几十万元甚至更多。

会展业薪资水平：

在薪资方面，目前，刚入行的会展策划人才月薪一般为2000~3000元；拥有会展行业一年以上工作经历者月薪可达4000~6000元。本土企业与外资企业存在一定的差别，以会展销售一职为例，行业普遍采用底薪+提成的方式，民营公司底薪低、提成高，一般普通销售月收入能达到3000元以上，销售经理的月收入在6000元以上；而外资公司则是底薪高、提成低，有些公司设固定工资，普通销售的月收入能达到6000~7000元，销售经理的月收入大约在2万元。对于会展设计师这一类比较专业的人才，薪资水平较高，能达到6000元以上。在上海等会展业发达的城市，会展专业人才的月薪可达5000元，高级车展、房展人才年薪一般在12万元左右，最高可达30万元。业内人士分析，由于目前会展经济的繁荣与专业人才教育和培训相对滞后之间的矛盾，会展专才的身价还有较大的上升空间。

资料来源：根据百度网、新浪等网上信息搜集、整理而成。

第三节　会展场馆人力资源管理流程

为确保全体会展场馆工作人员能够胜任各自岗位的要求，通常会展场馆都根据各自不同情况制订人力资源管理流程。大致内容如下：

一、职责

（1）人力资源部是会展场馆人力资源的归口管理部门。

（2）各部门配合、参与人力资源的管理。

二、工作流程

（一）公司人员岗位职责的确定

人力资源部按照质量 / 职业健康安全管理体系职责要求，根据公司发展战略和公司制订的组织结构、部门职责，制订《公司人员岗位职责》，明确各岗位职责，由公司分管领导审核后，报总经理批准执行。

（二）定岗与定编

人力资源部在每年年初根据公司发展需要及公司领导层的决策制订各部门人员编制，对各部门每年的定岗定编进行管理和控制；各部门与员工根据公司下达的人员编制，结合本部门职能和提供服务的需要进行双向选择；部门经理拟订部门人员聘用及定岗定级方案，经分管领导审核后提交人力资源部，由人力资源部汇总后报公司总经理办公室会议讨论确定。

（三）考核

1. 考核的依据

人力资源部根据《公司人员岗位职责》及公司发展战略和业务需要，适时对公司所有管理人员、技术人员、业务人员和服务人员（包括特殊工种）进行考核。

2. 考核的实施

（1）试用期人员的考核。新进员工在试用期满前向本部门提交自我鉴定及申请书，部门经理对其进行考核评定，经分管领导审核后提交人力资源部，由人力资源部汇总后报公司总经理办公室会议讨论确定，考评过程及结果均填写在《员工转正定级申请审批表》中。

（2）业务人员业务能力的考核。业务人员在每年年终提交业务人员自我评价书面材料，并与公司领导面谈，同时结合本年度业务完成情况及部门经理的评价综合考核评定。

（3）技术人员的考核。采取不定期的技术比赛、现场操作演示，结合搜集到的意见反馈情况（表扬、投诉等）及部门经理的评价等方式综合考核评定。

（4）服务人员的考核。采取大型展会后现场服务负责人（如展厅负责人、会议负责人等）的评定、不定期的技术比赛、现场操作演示，结合搜集到的意见反馈情况（表扬、投诉等）考核评定。

（5）中层干部的考核。每年年终被考核干部提交个人述职报告，并采取上级评议、下级无记名评议、交叉评议与考核小组个别约谈相结合的方式考核评定。

（6）高层干部的考核由董事会安排。

3. 考核结果的使用

（1）试用期员工。公司将根据其考核结果确定是否录用或延长试用期、被聘用的岗位、所签订劳动合同类型及工资级别。

（2）一般人员（业务人员的年终业务能力考核及技术、服务人员的不定期考核）。考核结果将作为是否续聘、签订劳动合同类型、核定岗位工资及分配奖金的依据。

（3）中层干部。年终考核结果作为分配奖金及新一年度是否继续聘任的依据。

（4）高层干部由董事会安排。

（5）根据绩效考核结果、公司管理方针目标及持续发展的要求，提出人员能力更新要求，包括必要时修改和更新《公司人员岗位职责》。

4. 人事措施

人力资源部根据考核结果，提出需要的招聘、调整及培训等方案，经公司分管领导审核，报总经理批准后实施。

（四）招聘与试用

（1）人力资源部根据《人员招聘与录用办法》，对员工招聘及试用工作进行管理与控制。

（2）招聘员工应提供满足岗位能力的证据，如毕业证、从业资格证、工作经历、英语、电脑等相关能力证明证书，并填写于《应聘人员登记表》中。

（3）招聘员工试用期满，填写《员工转正定级申请审批表》。

（五）人事调配

（1）人力资源部根据部门人员编制及公司人力资源实际情况，结合双向选择及考核评定结果，负责具体实施人事调配工作，包括人员内部流动、待聘、离职、升职、部门缺员的补充等。

（2）人员内部流动、待聘、离职具体参见《员工流动管理办法》。

（六）员工培训

1. 培训分类

（1）公司员工培训按培训实施部门分为：集团培训、公司培训、部门培训、班组培训、外出培训。

（2）按培训内容分为：新员工入职培训、岗位培训、特殊工种培训、转岗培训、待岗培训、安全培训。

2. 培训计划

（1）各部门根据需要，确定培训目的、内容及方式，报人力资源部。人力资源部综合公司情况，每年编制公司培训计划，确定培训的时间、地点、人员、目的、内容和方式，报公司分管领导审核，经总经理批准后，下达计划，并做好培训准备。

（2）根据公司业务发展需要及服务要求，人力资源部适时对公司培训计划进行评价和调整，确保所实施的培训是所需和及时的，培训计划的调整要确保在公司内得到及时沟通。

3. 培训实施

（1）集团培训、公司培训、外部培训由人力资源部实施，部门、班组培训由各部门、班组实施。

（2）培训实施可包括：

①按培训计划落实教材、教案及辅导材料。

②确定合适的教员。

③组织员工按时参加培训。

④组织培训考试，取得培训合格证或满足岗位要求的证据。

⑤记录培训人数、时间、出勤状况、考核情况、小结。

⑥需由相关政府主管部门培训合格并取得资格证，持证方能上岗的特殊工种培训，由人力资源部负责组织，并收集特殊工种人员培训取证资料。

⑦员工外出学习、培训、进修需填写《外培申请表》，经部门经理审批并报总经理批准，转人力资源部登记。外培结束后，培训人员应将培训教材、资料等上交部门或公司档案室，同时将学习、培训及进修结果反馈到人力资源部后，人力资源部方可给予签证报销。

（3）培训教师的确定：a. 招聘教师的途径是：专业培训咨询公司和机构的介绍，有相同培训内容需求的企业介绍；b. 确定是否合适的办法是：了解教师的背景和经历，了解听过课的人或公司企业介绍教师讲课效果，让拟聘教师提供讲课内容提纲，有条件时可做调研性听课。

4. 培训考核与评估

人力资源部负责对培训进行考核与评估，考核和评估包括：

（1）组织考核。

（2）评估培训工作的有效性，评价内容包括：

- 教材、授课教师、教学水平、方法、时间等。
- 员工的考核成绩。
- 员工的实际操作能力。
- 工作效率、客户满意度和反馈意见。

5. 培训记录

人力资源部负责培训记录的搜集和保管，需要进入人事档案的培训记录，应确保按期归档。

（七）人事档案管理

人力资源部负责制订《人事档案管理规定》，对所有人力资源方面的资料和记录予以管理和控制。

三、员工聘用准则和流程

为建立一支高素质的员工队伍，会展场馆必须制订员工聘用的相关规定和流程。通常有以下内容：

（一）有关规定

（1）员工聘用必须符合国家和地方的有关政策、法令、法规。

（2）员工聘用要坚持“必须”的原则，即只有必须进的员工才可以聘用，杜绝人浮于事。

（3）员工聘用必须经总经理批准。

（4）聘用的员工必须符合场馆的基本要求：思想正派、素质优良、技术达标、身体健康、年龄适当及具体岗位等的要求。

（5）员工聘用必须坚持标准、执行程序。

（6）场馆对聘用的员工实行合同制，聘用的员工必须与场馆签订合同。

（二）员工聘用程序

聘用员工是项政策性很强的管理工作，整个组织管理均在人事部的统一负责下进行。其具体程序如下：

1. 提出用工申请

各部门因工作需要须聘员工，应首先向人事部提出聘用员工申请。人事部在核实用工是否必需后，提出工作意见，附部门聘用员工申请，一并报主管领导审核。主管领导签署意见后，报总经理审批。

2. 确定聘用条件

总经理批准后，人事部应立即通知用工部门提出聘用标准。聘用标准应包括：文化程度、技术等级、年龄限制、身体要求、健康标准等具体要求。

3. 确定聘用方式

用工部门提出聘用标准后，由人事部确认聘用方式。聘用方式包括：起用人才库、内部征聘、员工推荐、社会公开招聘。

4. 初选

初选工作由人事部承担，即：应聘人员填写《应聘人员审批表》后，人事部根据用工部门设定的聘用标准，经一般性询问和观察，了解应聘者是否符合聘用基本条件。

5. 面试

人事部将初选合格人员名单、资料提交用工部门，双方共同确定面试名单、时间、地点，由人事部门通知应聘人员参加面试。用工部门须事先拟订面试提纲，并与人事部共同面试。面试以用工部门为主。面试后，用工部门须将面试合格人员名单转人事部。

6. 技术考核

笔试或技术考核人员在面试合格后，由人事部与用工部门共同确定考核名单、时间、地点，由人事部通知本人。考核前，用工部门须拟订具体考核内容、方法报人事部审查。考核由人事部主持和监督，一律实行封闭评分制，必要时请专家参与评定。技术考核合格后，各用工部门负责人在《聘用人员审批表》签署意见报人事部。

7. 复审

如需复审，由用工部门与人事部协商后，由人事部另行通知，并组织实施。

8. 体检、政审

对拟聘用人员，人事部组织统一体检。体检费用个人垫付，合格者可以报销，不合格者费用自理。根据工作性质和需要，人事部要针对性地对候职人员进行政治审查。

9. 审批

体检、政审合格后，由人事部签署意见报主管领导审核后报总经理批准。

10. 培训

对批准的聘用人员，由人事部发出《入职培训通知书》，应聘人员按指定时间到公司参加培训。培训内容如下：场馆基本知识教育，包括简介、企业精神、企业文化、企业目标、企业前景、礼节、礼貌、消防知识、《员工手册》及场馆有关规定；对有关人员进行专业技术培训。培训结束，经考核合格者按要求填写有关表格，并签署劳动合同。

11. 正式报到

根据人事部通知，新员工应在指定时间到人事部报到。新员工报到时将领取下列物品：员工牌、工衣柜及钥匙、员工就餐证等。对在报到时未能将工资介绍信、调转介绍信、调令、2 寸彩色照片 2 张、失业证、人事档案等文件办齐者，要限期 3 个月办好，否则不予转正，终止试用期。

12. 试用期

聘用人员须试用 3 个月，并实行试用期工资。试用期结束，由会展场馆经营与管理用工部门在《试用人员审批单》上签署转正、延期或终止试用的意见后报人事部，人事部根据部门意见，办理相关手续。

第四节　会展场馆人力资源管理的志愿者管理

一、国际志愿者行动起源及特点

在国际社会，志愿者源于对战争的人道主义援助，它为人类的解放事业做出了重要贡献。在和平年代，志愿者帮助弱者、消除贫困、保护环境，为维护社会秩序和世界和平做出了巨大努力，在建立良好的人际关系、净化社会风气等方面起到了积极作用。像欧美国家的志愿服务已有数十年的历史，建立了比较完善的志愿服务制度和体系，建立了跨地区、跨国界、跨洲界的服务网络，积累了不少经验。

志愿服务的突出特点如下。一是专业性强。参加志愿服务的人员大多具备一定的专业技能，如教学、救护、翻译等。二是注重立项操作。从事的志愿服务大多不是凭空臆造的活动，而是往往经过调查研究，分析是否可行，这样也能增强其科学性和可操作性。三是规范化、法制化。法国、德国等国已把志愿服务与“国家服务”联系在一起了，一般地讲，青年或者需服民役，或者需服兵役，民役包含参与一定量的公益服务。不少国家的政府已把志愿服务纳入其社会保障体系和法律体系，从而使志愿服务工作成为越来越多公民的自觉行为。四是向国际化发展。一些国家的志愿服务工作是在联合国国际志愿服务协调委员会等机构协调和指导下开展的，不少项目是跨地区、跨国界的，志愿人员常常被派往世界各地从事一定时间的志愿服务，因而具有较大的国际影响。

联合国还把每年的 12 月 5 日定为“国际志愿者日”，目的是鼓励全球各地政府及团体，于当天共同表彰志愿者对社会所做的贡献，并借此提醒社会人士积极支持及参与义务服务。

二、中国青年志愿者行动概况

青年志愿者行动是在总结学雷锋活动和借鉴国外志愿者工作经验的基础上，由团中央于 1993 年下半年发起。1993 年 12 月，团中央把握了当时社会生活中的热点，急社会之所需，以铁路春运为契机，铁路系统 2 万多名青年开展的“铁路青年志愿者迎春运”服务活动，首先向社会亮出了“青年志愿者”的旗帜，与此同时，北京青年志愿者开展社区服务、深圳青年志愿者开展心理咨询服务，南北呼应，使青年志愿者逐步走进了人民群众的日常生活中。“全国大中学生志愿者 94 新春热心行动”“为老科学家、老教育家、老干部献爱心青年志愿者行动”“全国青年志愿者学雷锋奉献日”等活动先后推出，引导广大青年在服务社会、弘扬新风方面做出了积极贡献，使青年志愿者行动在团内、青年中和社会上产生了强烈的影响，逐步深入人心。1999 年 1 月，江泽民亲笔题写了“中国青年志愿者”，这是对青年志愿者行动的充分肯定和热情勉励。从 2000 年起，每年的 3 月 5 日被确定为“中国青年志愿者日”。

中国青年志愿者行动的基本任务是：改善社会风气，建立温馨、和谐、友爱的新型人际关系，为改革开放和经济建设创造良好的社会环境；适应社会主义市场经济发展和社会主义精神文明建设的需要，推动青年志愿服务体系和市场经济中多层次社会保障体系的建立和完善；培养青年的公民意识、奉献精神和服务能力，促进青年道德整体水平和科学文化素质的提高；为城市发展、城镇管理、社区建设、抢险救灾及大型社会活动等公益事业提供志愿服务；为有特殊困难、需要帮助的社会成员以及贫困地区提供志愿服务。

三、志愿者介入的会展与节事活动

当大型的会议展览和节事活动决定在会展场馆举办，正式开始的日期日渐逼近时，会展场馆总是需要大量的临时人员协助。一个几天的展会或活动，根据其规模大小，在前期和中期往往需要数百人甚至数千人来完成各项配套服务工作，场馆人力资源部门要保证活动期间用工的大量需求，除了要雇用一定数量的临时工外，还要招募大量的志愿者，通常在高等院校内进行。面对满怀激情参加社会实践的学生和自愿为大会服务的各类专业人员，从挑选、面试、办证、培训、分配、管理、督导、激励等，需要进行大量和细致的工作。

我国许多城市在举办会展与节事活动时都招募志愿者参加，如每年9月8日在厦门举办的“中国国际投资贸易洽谈会”，从其前身的“福建投资贸易洽谈会”开始，组委会已有十几年“9·8志愿者”的管理经验。在杭州举办的“西湖博览会”主办单位也积累了许多招募志愿者为博览会服务的经验，并制订了《西湖博览会志愿服务管理办法》；深圳的义工为一年一届在深圳举办的“中国国际高新技术成果交易会”做了大量的工作。

北京奥运会赛会志愿者总需求约为7万人，残奥会赛会志愿者总需求约为3万人，主要在北京地区招募，以北京高校学生为主要来源。同时，面向全国各省市自治区居民、港澳同胞、台湾同胞、海外华人华侨和留学生、外国人招募一定数量的赛会志愿者。

通常每个报名参加志愿者工作的人都要填写自己的专长和选择，经过核实确定，从事专门业务的志愿者如医生、翻译、电脑技师、司机等都要出示有效的专业证明，然后要经过测试和面试，再经过有关部门的审查，证实没有不良记录后才够资格。

志愿者要经过行为规范守则和职业道德教育的培训。如悉尼奥运会规定：从穿上志愿者服装时起，便不准在公众面前吃东西、嚼口香糖、吸烟、喝酒；不准随意坐在观众的位子上；不得要求与领导、贵宾合影；不准使用粗俗的语言；不准开不适当的玩笑；不准为比赛的输赢打赌；收受小礼物要报告，不得收受贵重礼品；在岗位上不得打私人电话，不得做个人交易；与残疾人讲话要俯身而听，不要去注意对方的残疾之处，而要特别关注他的困难与要求，帮忙前要先礼貌地征得对方同意，以避免伤害对方自理自立的自尊心等。

志愿者热心公益、无私奉献的行为对主办城市乃至主办国的民众有强烈的示范作用，从而启发社会良知，鼓励人们多为他人考虑，为社会着想，利于社会风气的改善，加强社会的亲和力和凝聚力。志愿者是国家的代表，展示着一个国家民众的道德水平。

尽管会展场馆与其他行业组织的人力资源部门职能相似，但会展节事活动中劳动力和各类专业人员需求的突然膨胀和突然收缩，对会展场馆的人力资源部门来说极具特殊性和挑战性。因此，对志愿者的招募和管理工作也是各会展场馆人力资源管理工作中的重要组成部分，直接影响到在该场馆举办的活动是否能顺利举办并获圆满成功。

第五节　会展场馆员工队伍的专业化培训

一、会展场馆提高职工素质的途径

会展场馆职工素质提高的途径是指采用多种形式，通过多种渠道，多层次地提高会展场馆各类人员的政治思想、科学文化、技术业务、经营管理，以及心理、体魄方面素质的方法。会议和展览是综合性活动，有丰富的内容与意蕴，涉及社会科学和自然科学的各个领域。会展场馆不仅需要各项举办会议节事活动的策划人才、业务人才，而且还需要较多较强的管理人才、财会人才、工程技术人才、公共关系和外语等人才。

根据许多会展场馆的实践经验，提高职工素质主要通过以下途径：

（一）坚持政治理论教育和展览业务教育相结合，加强思想政治工作

理论联系实际，遵照提高思想认识同关心解决职工生活中的实际问题相结合的原则、民主原则、表扬和批评相结合的原则、身教重于言教的原则等，对职工进行社会道德观念教育、民主与法制教育、美学教育、馆规馆纪教育、会展服务教育以及研究职工心理变化规律进行思想动态分析教育等，从根本上提高职工的政治觉悟，培养出一支有理想、有道德、有文化、有纪律的职工队伍。

（二）从实际出发，搞好职工培训

职工培训属继续教育，要因地制宜，制订可行规划，切实做好安排，多形式、多层次地循序渐进。可以能者为师，走“内涵”智力开发的路；也可将退休的专业技术人员组织起来，形成新的智力机构，充分发挥他们的作用。

（三）现场培训，学以致用

现场培训包括岗位练兵、技术表演和专题讲座。即：贯彻岗位责任制技术等级标准应知应会等要求，有计划、有步骤、有目标地开展技术业务培训、业绩考核和新技术、新方法、新规则的推广运用；通过技术业务能手的典型示范，使大家从学习中普遍地改进操作方法，提高业务技术水平；结合工作的需要，聘请行家，针对某个专门问题，讲解技术业务管理知识。

（四）业余教育

通过各层次的职工业余学校或业余补习班，分期分批地对职工进行政治、文化、业务技术、管理等教育。

（五）脱产学习，继续教育

面对当今科技创造周期、知识陈旧周期、知识物化周期缩短的新趋势，任何人都要不断更新知识，不断前进。对技术业务骨干要会展场馆经营与管理有计划地抽调脱产或半脱产参加各种学习进修，或参加国际考察研究等活动，使其得到不断提高。

（六）学徒培训

通过师傅带徒弟，直接在岗位工作时间中培训专业人员。对场馆中部分新招进的设备设施操作人员有计划地进行初级技术的补课，和新老之间的传、帮、带，以尽快缩小全员之间的素质差距。

（七）建立岗位考核制

根据各工作岗位特点，提出要求，并不断提高等级标准，定期进行理论考试和实绩考核，不断开发职工智力的潜在能量，从绩效上考核职工的创新能力、适应能力、动手能力和综合运用知识的能力。

（八）开展生动活泼的竞赛活动

包括多种形式的学习、工作、文体等竞赛活动和文明岗位评比竞赛，既能增强职工的职业道德素养和主人翁责任感，又能提高学习工作效率。

（九）开展当好第一个顾客的活动

会展场馆的职工既是每个会展活动的参与者，又是一个预审的顾客。开展当好第一个顾客的活动，可以客观实际地总结经验教训，提高知识水平和业务技能，激发职工参与管理的自觉性，进一步提高全员素质和整个会展场馆的管理水平。

二、员工培训

（一）岗前培训

员工在上岗之前须进行岗前培训，未经培训的员工不准上岗。

岗前培训的主要内容有：部门制度和有关规定、岗位责任制、工作程序、专业知识。

岗前培训由各部门安排进行。培训前部门必须提出岗前培训计划，送人事部备案，并填写相应的岗前培训跟踪调查表，由人事部根据部门计划督促及检查。

（二）在职培训

中心将根据营业状况和经营需要安排在职培训。

在职培训内容有：业务培训、专题培训。

业务培训由各部门负责进行，并根据部门情况报出培训计划，报人事部备案；专题培训由人事部负责安排，人事部将根据中心具体情况和实际需要提出培训计划报主管人事领导批准。

（三）外出培训

中心将根据业务发展需要，不定期地选派员工外出培训。外出培训包括专业培训、外出考察等形式。具体程序如下：部门提出外出培训的申请（包括培训内容、参加人员情况、时间、地点、培训费用等情况），人事部进行审核，人事部将申请报告上报主管人事领导批准，外出培训负责人负责整个培训过程的总结并会展场馆经营与管理上报人事部备案。

三、培训费用管理

本部分指由场馆承担培训费用的项目，根据不同场馆的情况，可确定不同的额度标准。

场馆承担的培训费用包括：因工作需要必须参加相关业务培训发生的费用；会展场馆根据发展需要，不定期地选派员工外出培训学习发生的费用。

（一）培训费用办理程序及有关要求

（1）部门将培训申请报人事部（包括培训内容、参加人员情况、时间、地点、培训费用）。

（2）经人事部审核后报主管人事领导批准，个人费用超过 ×× 元的培训项目须报请总经理批准。

（3）批准后按中心有关规定办理请款手续。

（4）培训费用超过 ×× 元者须与中心签订培训合同。

（5）培训结束后将取得的有关证书及培训总结转人事部存档。

（6）报销时由人事部部长根据有关培训情况，在报销凭证上签字后，按中心正常报销程序办理报销。

（7）人事部日常培训费用，由人事部长审批。

（8）人事部外聘教师及发生 ×× 元以上培训费用报主管领导审批，超过 ×× 元的培训费用报总经理审批。

（二）培训费用与签订劳动合同年限的关系

（1）培训费用累计超过 ×× 元者，须与中心签订有关培训合同。

（2）其中培训费用累计在 ×× 元至 ×× 元之间者，须与中心签订 2 年劳动合同。

（3）培训费用累计在 ×× 元至 ×× 元之间者，须与中心签订 3 年劳动合同。

（4）累计在 ×× 元至 ×× 元之问者，须与中心签订 5 年劳动合同；累计达 X X 元以上者，须与中心签订 8 年劳动合同。

（三）培训费用的赔偿

违反培训合同者，将按规定比例赔偿培训费用；提前与中心解除劳动合同，除按劳动规定赔偿违约金外，须赔偿剩余年限的培训费用。对于下述情形之一，中心按劳动合同有关规定解除劳动合同的，员工须赔偿培训费用，否则中心不予办理相关手续：

（1）严重违反劳动纪律或中心规章制度的；

（2）严重失职、营私舞弊、对中心利益造成重大损害的；

（3）被依法追究刑事责任的。

赔偿比例：按平均分摊法赔偿。用累计培训费用除以应签劳动合同年限，得出每年分摊平均费用，再除以 12 个月得出每月分摊培训费用。

四、培训合同书

场馆与员工签订的培训合同书样稿

×× 会展中心与____就培训事宜达成如下协议：

① ×× 会展中心派____到____参加____培训学习（考察），历时（时间）____天，总费用____。

②培训者在学习期间应遵守有关规章制度，完成学习考察计划，取得相应证书或合格证明及培训学习资料。

③完成培训后须详细整理培训（考察）报告，与相关资料一同报人事部留存，并向主管领导及有关人员汇报学习收获，同时根据本部门或人事部的要求，将学习（考察）所得对中心相关人员进行培训，扩大学习效果。

④本次培训费用____元，累计培训费用____元，根据《中心员工培训费用管理规定》，培训者须与中心签订____年劳动合同。

⑤如经学习、培训未能取得相应证书和合格证明，中心有权确定由参加学习的本人支付培训费用的比例。

⑥对违反培训合同者，中心将按《中心员工培训费用管理规定》予以处理。

⑦未尽事宜由双方协商解决。

⑧本式合同一式两份，双方各执一份。

培训者签名：

×× 会展中心（盖章）

____年____月

五、关于会展系列职业资格证书

随着劳动和社会保障制度越来越正规化，新的职业和职业资格证书不断出现，但大批从事场馆租赁和活动策划、现场运营管理的人员始终没法找到合适自己的专业职称。

国外会展人才培养体系相对成熟，并在长期的实践中形成了完善的会展理论，如德国、美国均有高校和培训机构两种人才培养模式，他们的人才培养更注重实践能力的锻炼。“国际会展策划师”已成为一个相当成熟的职业，并且设置相应的证书考核标准。

我国自 2004 年末起，国家有关部门陆续发布了会展策划师、会展管理师、会展设计师等系列相关新职业，并配套培训、考核鉴定和颁发职业资格证书的工作，这为适应会展行业的快速发展提出了一个前瞻性解决方案。首先，培养一批既具有创新策划能力又具有现代经营理念的会展中、高级管理人才，可以有效提高我国会展行业在国际上的核心竞争力；其次，策划与管理是会展企业最重要的业务能力，培养一大批初、中级不同层次的会展策划管理人员，既可以满足目前会展行业对于人才的迫切需要，又能解决一部分人员的就业问题。总之，会展策划师、会展管理师职业的设立，其根本作用在于全面提高我国会展从业人员的素质，满足会展行业发展对人才的迫切需求，又能提升会展行业面向国际的综合竞争力，这对于我国会展行业的持续、健康发展有着重要的现实意义和深远的历史意义。

以下列举会展策划师与会展管理师两系列的相关内容供参考：

（一）会展策划师系列

1. 职业定义

会展策划师是指从事会展的市场调研、方案策划、销售和营运管理等相关活动的人员。

2. 从事的主要工作

（1）会展（会议、展览、节事活动、场馆租赁、奖励旅游等）项目的市场调研。

（2）会展的立项、主题、招商、招展、预算和运营管理等方案的策划。

（3）会展项目的销售。

（4）会展的现场运营管理。

3. 资格等级

资格等级包括：会展策划员、助理会展策划师、会展策划师、高级会展策划师。

4. 证书

经考试合格者，获得劳动和社会保障部中国就业培训技术指导中心颁发的《全国会展策划师》职业岗位培训认证合格证书。

会展策划师是国家劳动和社会保障部于2004年年末发布的10种新职业之一。

（二）会展管理师系列

1. 职业定义

会展管理师可在会议、论坛、博览会、展览、展销、旅游、餐饮、物流、建筑、装饰、装修、艺术、设计、公关、礼仪等行业从事会展的策划与管理工作，是指从事会展的市场调研、方案策划、销售和营运管理等相关活动的人员。

2. 工作内容

（1）从事会展项目的市场调研。

（2）从事会展的立项、主题、招商、招展、预算和运营管理等方案的策划。

（3）从事会展的现场运营管理。

3. 资格等级

资格等级包括：会展管理员、高级会展管理员、助理会展管理师、会展管理师、高级会展管理师。

4. 证书

会展管理师系列经考试合格者将统一由国务院国有资产监督管理委员会商业技能鉴定与饮食服务发展中心、全国商务人员职业资格考评委员会联合颁发《中华人民共和国职业资格证书》。

【复习思考题】

1. 会展场馆人力资源管理的重要意义是什么？

2. 会展场馆人才评聘的流程有哪些？

3. 如何做好会展场馆员工培训?

【案例分析】

完善会展业人力资源管理体系主要策略

会展经济是一个集资金密集型、劳动密集型、技术密集型等特征于一身的经济形态，资金和技术构成了会展企业的硬件，而会展企业的工作人员就是会展企业的软件。因此，完善以人才发展为目标的人力资源管理体系是会展经济发展的重要策略，其意义在于提高会展人员的核心竞争力。随着会展业的发展，人员竞争将成为会展业第一竞争力，完善的人力资源管理体系是保证会展组织成功办展的关键，主要对策有：

（1）重视员工的职业生涯规划。员工必须认清自己的优劣势与能力，进而才能知道在会展企业的工作中如何贡献所长，如何进修提高才能符合会展企业的需要。同时，会展企业也要树立“以人为本”的价值观，发现员工的优势和特长，使员工在最适合他的工作岗位上发挥才能、提升能力。企业还要为他们提供前景光明的发展空间，协助员工做好职业生涯规划，提高员工对会展企业的满意度和忠诚度。

（2）为员工提供适宜的成长环境。发挥人才资本的作用，需要适宜的环境。由于员工处于市场的前沿，最了解参展商的需求，因此会展企业要营造鼓励创新的氛围，积极汲取员工的合理建议。此外，企业要真正树立“以人为本 ”的观念，将员工的满意度放在首位，处理好对员工的激励问题。

（3）以培养快乐的员工为管理宗旨。快乐是人本化的精髓，是为参展商提供优质服务的前提。为创造快乐的员工，会展企业管理者首先要学会如何引导员工进入快乐的情绪状态以及如何在自己工作区域中营造快乐氛围的技巧和方法；其次，要学会多用正向激励手段，培训员工提高自身能力；另外，还要注意在上下级和工作区域内建立相互信任的关系，增强团队精神，提高工作效率；最后，还要对员工工作生活中遇到的困难予以热情的帮助和辅导，增强员工的自信心。

资料来源：根据百度网、新浪网网上信息搜集、整理而成。

思考题：

做好会展人力资源管理的意义何在?

如何提高员工对会展企业的满意度和忠诚度?

第七章

会展场馆财务管理

【本章导读】

会展场馆作为一个经济实体，除了应承担的社会功能外，更重要的是实现其经济功能—实现其经济上的可盈利。在现实的会展场馆运营过程中尽可能增加收入、降低成本，进而实现利润最大化，实现会展场馆的保值和增值，在这个过程中，财务管理显得非常重要。本章从会展场馆财务管理入手，分别介绍财务管理的概念和内容、具体目标、方法、原则；会展场馆财务预算管理、会展场馆会计核算与财务分析、会展场馆利润管理、会展场馆经营价格、票务与收费管理。

【学习目标】

1. 明确财务管理的概念与内容、具体目标、方法和原则；
2. 了解、掌握会展场馆财务预算管理的概念、作用、内容和程序、编制；
3. 了解、掌握会展场馆会计核算与财务分析；
4. 了解掌握会展场馆经营价格、票务与收费管理。

【导入案例】

合同收入、合同毛利、合同费用确认分析

某建筑装修公司与A国际会展中心签订了一项总金额为900万元的建造装修合同，承建A国际会展中心的B场馆。合同规定设施设备由会展中心A公司负责采购，并于2013年1月交给建筑装修公司。工程于2009年8月开工，预计2014年6月完工。最初预计合同总成本为800万元，2010年年底由于原材料价格上涨等因素，使得预计合同总

成本变为960万元；2012年A国际会展中心要求改变部分设计，并同意增加变更收入50万元；并且2012年年底由于原材料价格下降等因素，使得预计合同总成本变为900万元。2013年4月，A国际会展中心才将采购设施设备交给建筑装修公司，建筑装修公司因客户延期交货而要求客户支付延误工期款100万元，客户同意这项索赔，但只同意支付延误工期款50万元。2014年5月，建筑装修公司提前1个月完成了合同，工程质量优良，客户同意支付奖励款30万元。完工后建筑装修公司将残余物资变卖后获得收益5万元。有关资料如表7–1所示。

表7–1 某建筑装修公司承建装修B场馆收入与成本资料

单位：万元

项目	2009年	2010年	2011年	2012年	2013年	2014年
已发生的成本	100	240	480	630	810	890
尚需发生的成本	700	720	480	270	90	0
已结算价款	50	150	200	220	310	100
实际收到价款	45	130	190	230	290	145

分析要求

分别计算该建筑公司每年的合同收入、合同毛利及合同费用。

分析提示与参考答案

下面分别计算每年的合同收入、合同毛利及合同费用。

（1）2009年。

完工进度＝100/（100＋700）＝12.5%

确认的合同收入＝900×12.5%＝112.5（万元）

2009年确认的毛利＝（900－800）×12.5%＝12.5（万元）

确认的合同费用＝112.5－12.5＝100（万元）

（2）2010年。

完工进度＝240/（240＋720）＝25%

确认的合同收入＝900×25%－112.5＝112.5（万元）

2010年确认的毛利＝（900－960）×25%－12.5＝－27.5（万元）

确认的合同费用＝112.5－（－27.5）＝140（万元）

合同预计损失＝（960－900）×（1－25%）＝45（万元）

（3）2011年。

完工进度＝480/（480＋480）＝50%

确认的合同收入＝900×50%－（112.5＋112.5）＝225（万元）

2011年确认的毛利＝（900－960）×50%－（12.5－27.5）＝－15（万元）

确认的合同费用＝225－（－15）－45＝195（万元）

合同预计损失＝（960－900）×（1－50%）＝30（万元）

（4）2012 年。

完工进度 = 630/（630 + 270）= 70%

确认的合同收入 = 900 × 70% –（112.5 + 112.5 + 225）= 180（万元）

2012 年确认的毛利 =（900 + 50 – 960）× 70% –（12.5 – 27.5 – 15）= 23（万元）

确认的合同费用 = 180 – 23 – 30= 127（万元）

（5）2013 年。

完工进度 = 810/（810 + 90）= 90%

确认的合同收入 = 900 × 90% –（112.5 + 112.5 + 225 + 180）= 180（万元）

2013 年确认的毛利 =（900 + 50 – 960）× 90% –（12.5 – 27.5 – 15 + 23）= –2（万元）

确认的合同费用 = 180 –（–2）= 182（万元）

（6）2014 年。

确认的合同收入 =（1000 + 30）–（112.5 + 112.5225 + 180 + 180）= 220（万元）

2014年确认的毛利=[（1000 + 30）–（890 – 5）] –（12.5 – 27.5 – 15 + 23 – 2）= 154（万元）

确认的合同费用 = 220 – 154= 66（万元）

资料来源：朱传华 . 财务管理案例分析 [M]. 北京：清华大学出版社，北京交通大学出版社，2007（6）. 根据其中所列案例资料整理而成。

第一节 会展场馆财务管理概述

一、财务管理的概念和内容

（一）财务管理的概念

财务管理是运用价值形式对财务活动和所体现的财务关系进行的管理，其本质是资本的价值管理。人们也把财务管理看成是企业管理的一个组成部分，它是把握财经法规制度，按照财务管理原则，运用价值形式，组织企业财务活动，处理企业财务关系的一项经济管理工作。哈佛商学院 MBA 用书《财务管理》认为“财务管理是对公司经营过程中的财务活动预测、组织、协调、分析和控制的管理活动”。西方财务学主要由三个领域构成，即公司财务（corporation Finance）、投资学（Investments）和宏观财务（Matcro Finance）。

财务管理是企业管理系统的一个子系统，具有两种属性。其自然属性是指财务管理不论在何种类型的企业中，都具有培育和配置财务资源、规划未来财务活动、分析财务活动结果、协调财务关系的管理制度、手段和方法，它属于财务管理的一般功能。其社会属性是指在不同企业中，财务管理受不同企业的经营理念、经济环境、管理艺术和决策者的价值倾向等影响和制约，而打造出的不同的财务个性特征，它属于财务管理的特殊功能。

（二）财务管理的内容

企业的财务管理活动表现为企业再生产过程中周而复始、循环往复的资金运动，企业资金运动从经济内容上观察，可以划分为等筹活动、投资活动和股利分配活动等环节，因此，企业财务管理的基本内容包括企业筹资决策、投资决策、营运资金管理、股利分配决策等。

1. 投资决策（Investment Decisions）

做什么——投资方向；做多少——投资数量；何时做——投资时机；怎样做——资产形式与资产构成。

投资是以收回现金并取得收益为目的而发生的现金流出。投资决策具体内容包括：

（1）流动资产投资（现金、存货、短期有效证券、短期商业信用等）。

（2）固定资产投资（厂房和机器设备）。

（3）长期证券投资（持有其他公司的股票、债券、政府债券等）。

（4）编制各种项目投资预算和全面总和预算。

投资是企业为了获取经济资源的增值而将其货币投放于各种资产形态上的经济行为。依据投资的形式可将投资划分为实物投资与金融投资。实物投资是对企业生产经营实际应用的实物资产进行的投资，如购置生产线、更新设备、兼并企业进行生产经营规模的扩充，对新的投资项目进行的投资，由于企业生产经营规模的扩大对营运资本的投资等；金融投资是对金融性资产所进行的投资，如购买股票、债券等。

由于企业拥有的经济环境资源具有稀缺性，有效投资，提高投资的效率，就成为企业投资决策首先应解决的问题。财务管理的任务是通过对投资项目的财务可行性的评价，为企业投资决策提供方法上的支持，以最大限度上保证投资决策的科学性。收益与风险的相均衡，是进行投资决策所必须遵循的一项原则。

随着国内企业跨国投资、区域性投资机会增多，国际金融市场上的外汇风险、利率风险和通货膨胀风险，以及东道国的政治风险和法律政策变动等风险，使企业的投资管理和风险管理情况更复杂，内容更丰富。受知识经济的影响，企业的资产结构也在发生变化。在新的资产结构中，以知识为基础的专利权、商标权、商誉、计算机软件等无形资产和以人才引进和开发为主的人力资产的比例将大大增加，在这种情况下，人力资源、无形资产和风险投资成为财务管理的新领域。

2. 筹资决策

一个公司的成立，首要的是拥有一定数量的资金，筹集资金是公司金融管理的开始和基础。筹资决策（Financing Decision）主要解决的问题是如何取得工地所需的资金，包括向谁、在什么时候、融通多少资金等。筹资决策具体内容包括：

（1）资金来源：有公司外部来源和公司内部来源两条渠道。

（2）资金筹集方式：向金融机构、社会公众等举债、发行股票、商业信用、租赁、留存收益等。筹资方式的选择是筹资决策的一个重要问题。不同的筹资方式的特点不同，对企业的影响就不一样。通常企业在筹集资本时，会面临多种筹资方式供选择，理财人员必须在清楚每一种筹资方式特点的基础上，结合企业自身的特点，做出合理的选择，以使企业获得代价最低的资本来源。

（3）筹集资金的费用成本：举债支付利息、证券发行费用、派发股利、留存受益的机会成本、资金加权平均成本等。

（4）最佳资本结构。筹资决策的核心问题是确定企业的资本结构。资本决策的关键是确定企业资产负债率的高低和企业的股权结构。

随着经济全球化的推进，筹资渠道和方式的多元化，使股权筹资和债券筹资在内容和范围上都得到了空前的拓展。由于信息技术的飞速发展和计算机集成制造系统的广泛运用，各种金融工具的不断涌现，使得网上融资成为可能，融资的领域更加广阔，加速了世界经济一体化。企业在筹资决策时，在筹资渠道与方式选择上，可能把视野放在国家资本大市场上选择最合适自己的资源和融资方式。更重要的一点是知识、技术创新和更具专业技术的人力资源已成为促使企业成为处于市场竞争优势地位的最关键因素。因而企业筹资的主要功能不仅仅在于解决资金短缺的问题，更在于有效地配置资源，它不仅包括资金的筹资，而且包括专利权、专有技术、人力资源等资源的筹资。过去以资本筹资为主将转向以无形资产筹资为主。全球化对我国受保护的部门和资本密集型部门将产生较大冲击，而一些具有相对优势的劳动密集型产业以及已形成规模经济且技术成熟的部门则将从中收益。这必定影响到我国企业资金运动的方向和规模，一些资产素质较差的企业加速倒闭，一些企业为了强化和重塑其竞争优势而进行内部重构，或采取并购重组等方式实施外部扩张。公司内部重构时的资产剥离，公司间并购时的资本运作，企业破产时的重整和清算等都将成为企业财务管理的新课题。

3. 营运资金管理

营运资金管理是对企业流动资产及流动负债的管理。一个企业要维持正常的运转就必须拥有适量的营运资金，因此，营运资金管理是企业财务管理的重要组成部分。据调查，公司财务经理有 60% 的时间都用于营运资金管理。要搞好营运资金管理，必须解决好流动资产和流动负债两个方面的问题：

第一，企业应该投资多少在流动资产上，即资金运用的管理。主要包括现金管理、应收账款管理和存货管理。

第二，企业应该怎样来进行流动资产的融资，即资金筹措的管理。包括银行短期借款的管理和商业信用的管理。

可见，营运资金管理的核心内容就是对资金运用结合资金筹措的管理。

加强营运资金管理的核心内容就是加强对流动资产和流动负债的管理：就是加快现金、存货和应收账款的周转速度，尽量减少资金的过分占用，降低资金占用成本；就是利用商业信用，解决资金短期周转困难，同时在适当的时候向银行借款，利用财务杠杆，提高权益资本报酬率。

4. 股利分配决策

股利分配决策是确定企业当年实现的税后净利在股东股利和企业留存收益之间的分配比例即制定企业的股利政策（Dividend policy）。由于留存收益是企业的筹资渠道，因此，股利分配决策实质上是筹资决策的延伸。股利分配决策通常涉及下列问题：采取怎样的股利分配政策才是企业的最佳选择？企业应采取怎样的股利分配形式？是派发股票股利还是现金股利、负债股利或财产股利？企业能否进行股票收割或股票回购？企业应对股东分配现金股利的比例有多大？对于这些问题的回答，理财人员应根据企业的实际情况，以增加企业价值为出发点，做出合理的选择。

股利分配是指在公司赚的利润中，有多少作为股利发放给股东，有多少留在公司作为再投资用。股利分配决策具体包括：①收益与现金的关系；②股利与股东财富的关系；③支付股利的各种限制；④股利发放方式；⑤股利政策等。

在新经济时代，知识必然成为分配依据之一，谁拥有知识，谁分享收益，呈现出财务资本与知识资本共享资本收益的局面。这时，企业收益分配的参与者包括物质资本的提供者、直接生产者、企业经营管理者和知识创造者。其中物质资本的提供者提供财务资本，凭借资本所有权分配企业收益；直接生产者从事生产经营活动，直接赚取工资收入；企业的经营管理者组织指挥生产，经营企业，不仅获得工资收入，也要凭借技术知识资本，参与企业收益分配。

二、财务管理的具体目标

（一）利润最大化

这种观点认为：利润代表了企业新创造的财富，利润越多则说明企业的财富增加越多，越接近企业的目标。利润最大化（Profit Maximization）是传统厂商理论的基本假设。

这种观点的缺陷是：

（1）没有考虑到利润取得的时间。如今年取得100万元的利润和明年也取得100万元的利润，哪一个更符合企业的标准？

（2）没有考虑到所获取利润和投入资本额之间的关系。

（3）没有考虑到获取利润和所承担风险的关系。例如，同样投入500万元，本年获利100万元，一个企业获利已全部转化为现金，另一个企业获利则全部是应收账款，并可能发生坏账损失。它们两者之间的风险是不一样的。

（4）易形成大量的短期行为。

（5）利润额的确定受会计政策的影响较大，即利润额是一个受人为因素影响较大的会计指标。

“现实中的一个千真万确的事实是：长期不能赚得利润的企业将不复存在。如果企业要继续经营下去，那么它们就会处在必须赚钱的压力之下。”价值规律的结果又是不断地惩罚那些低效率、管理混乱，导致商品生产的价值高于社会必要劳动时间的企业，因而作为市场经济主体的任何企业，自然地会把首要目标定位于利润最大化。

（二）每股盈余最大化

“每股盈余最大化”（Maximization of Earnings Par Share），这种观点认为：应当把企业的利润和股东投入的资本联系起来一起考察，用每股盈余或权益资本净利率来概括企业的财务目标，以避免“利润最大化目标”的缺点。

这种观点仍然存在以下缺陷。

（1）仍然没考虑每股盈余取得的时间性。

（2）仍然没有考虑每股盈余的风险。实践证明，财务管理必须充分考虑收益大小与风险程度，否则是极其危险的。一般来说，收益越大，风险越大；要想获得较大的收益，相应的必须要承担较大的风险。

（三）股东财富最大化和企业价值最大化

1. 股东财富最大化（Maximization of Shareholder Wealth）

美国学者 Arthur J Keown 在 1996 年版的《现代财务管理基础》中提出“财务管理与经济价值或财富的增值保值有关，是有关创造财富的决策”。可口可乐公司在 1995 年年度报告中指出：“我们只为一个原因而生存，那就是不断地将股东价值最大化。” Equifax 公司在 1995 年年度报告中指出：“为股东创造价值是我们全部的经营和财务策略的目标。” Georgia–Pacific 公司在 1995 年年度报告中指出：“我们的任务永远是创造新的价值和增加股东财富。”

该观点认为，股东创办企业的目的是增加财富。如果企业不能为股东创造价值，那么权益资金缺乏，企业就不复存在。因而，企业要为股东创造价值。

该观点的优点如下：

（1）财富最大化目标考虑了取得报酬的时间因素，并用货币时间价值原理进行了科学的计量。

财富最大化目标能克服企业在追求利润方面的短期行为，反映了资产保值升值的要求。因为影响企业价值的不仅有过去和目前的利润水平，预期未来利润的多少对企业价值的影响所起的作用更大。

（2）财富最大化目标有利于社会财富的增加。各企业都把追求财富作为自己的目标，整个社会财富也就会不断增加。

（3）财富最大化目标科学地考虑了风险与报酬之间的关系，有效地克服了企业财富管理人员不顾风险大小，只片面追求利润的错误倾向。一般言之，报酬与风险是共存的。对额外的风险需要有额外的收益进行补偿。报酬越大，风险越大，报酬的增加是以风险的增加为代价的，而风险的增加将会直接威胁企业的生存。因此，企业必须在考虑报酬的同时考虑风险。企业的价值只有在报酬和风险达到较好的结合时才能打到最大。财富最大化的观点也体现了对经济效益的深层次认识，因而是财务管理的最优目标。

（4）有利于社会资源较合理的配置。

2. 企业价值最大化

公司价值最大化（股东财富最大化）这一目标具有以下缺点：①对非上市公司不能用股票价格来衡量其价值；②对上市公司，股价不一定能反映企业的获利能力，股价受多种因素的影响。

从财富最大化的内涵来看，企业价值最大化（Maximization of enterprises value）是指通过企业的合理经营，采用最优的财务决策，在考虑资金的时间价值和风险报酬的情况下不断增加企业财富，使企业总价值达到最大。在股份有限公司中，企业的总价值可以用股票市场价值总额来代表。这个目标完全是从企业经营管理的角度推出来的，从单个企业角度来说是比较合理的目标，因为它满足了企业生存、发展、获利的目标，但从整个社会的角度来说，企业价值最大化应具有新的内涵。

（1）企业价值最大化的目标应充分考虑企业生产负债的外部性问题。

一般来说。如果某人或者企业在从事经济活动时给其他个体带来危害或利益，而该个体又没有为这一后果支付赔偿或得到报酬，则这种收益或危害就被称作外部经济，也就是外部性。受到危害叫作负的外部性，得到的收益叫作正的外部性。比如说，空气污染就产生典型的负外部性，因为它使得很多与产生污染主体没有经济关系的个体支付了额外的成本。这些个体希望减少这样的污染，但是污染制造者却不这样认为。例如，一家造纸厂排放废气，它可以购置环保设备以减少废气排放量，但是它从中却得不到收益。但是，在造纸厂附近居住的人们却可以从减少废气的排放中大大受益。

同样，如果邻居家院子里漂亮的花在春天都开放了，你也认为这对你来说是正的外部性，因为你可能没有支付任何成本而得到了赏心悦目的感觉。

由此可见，单纯追求企业财富最大化而忽视企业生产负的外部性必然会导致企业生产的私人成本小于社会成本，也必然会导致企业财富的增长是牺牲整个社会的财富为代价的。因此，笔者认为企业的生产应减少负的外部性，增加正的外部性，增加企业生产的社会责任感。企业价值最大化应是充分考虑企业生产外部性的最大化，否则，便没有真正实现企业价值最大化。这是一个企业的价值和社会价值之间的权衡取舍问题，也是一个企业和社会的利益分配问题。

（2）企业价值最大化应该满足增强企业可持续发展的能力。

科学发展观提出的发展是全面、协调、可持续的发展，是统筹经济社会发展。企业单纯追求企业财富的最大化，往往会违背社会发展这个大局目标，比如企业会利用各种渠道得到各种资源，尤其是优质的资源，而资源是稀缺的，企业获得了优质资源意味着社会在资源配置的能力和规模上大大降低。企业单纯追求企业财富的最大化，往往容易导致企业重视经济效益而忽视社会效益，尤其是生态效益。我国生态环境质量的不断下降说明了这一问题。企业单纯追求企业财富最大化，使企业缺乏改进企业生产方式和技术进步的动力。企业还是采用集约式的生产，即高投入、高能耗、高成本、低产出、低效益，这显然不符合可持续发展的要求。

（四）利益相关者利益最大化

利益相关者利益最大化（stakeholders interests Max），是指在考虑企业所有权益相关者的基础上增加企业长期总市场价值，其中所指的利益相关者包括股东、债权人、雇员、供应商、顾客、政府、社会等利益受到企业经营的影响，同时又通过特定手段影响着企业经营的主体。中国理论界关于相关者利益最大化的定义是指通过企业财务上的合理经营，采用最优的财务政策，充分考虑资金的时间价值和风险报酬的关系，在保证企业长期稳定发展的基础上使企业的利益相关者的财富达到最大。

企业传统的财务管理目标主要是服务于物资资本的所有者权益，因为决定企业生存与发展的主导要素是企业拥有的物资资本。因此，财务管理的目标表现为追求所有者权益最大化或股东财富最大化。网络经济的到来，扩展了资本的范围，改变了资本的结构，也相应地改变了财务管理的目标。在新的资本结构中，物资资本与知识资本的地位发生了重大的变化，物资资本的地位相对下降，而知识资本的地位相对上升，知识资本成为企业乃至整个社会经济发展的最重要的资源。企业财富被重新定义为所拥有信息、知识和智力的多少，传统产品中知识的含量不断增多，生产、交换和分配等各种经济活动都将日益智能化。企业成为人流、物流、信息流的集成，是投资者、债权人、经营者、职工等利益相关者的契约。这些利益相关者都向企业投入了专用性资本，都对企业的剩余做了贡献，因而都有权分享企业的剩余。因此，企业财务管理目标追求的将不仅仅是所有者权益的最大化或股东财富的最大化，而是实现企业相关利益者利益最大化。

利益相关者利益最大化的财务管理目标是以利益相关者理论、托管理论和企业社会责任理论为理论基础的。它考虑了企业相关者的利益并要求其最大化，提出了拥有专用资源的利益相关者博弈的观点，强调从可持续发展角度合理构建企业的财务管理目标。

持此观点的学者认为，相关者利益最大化兼顾了企业所有者、债权人、职工（包括经营管理者）、客户（包括消费者）、政府以及企业所处的外部环境，因而涵盖了利润最大化、股东财富最大化、企业价值最大化；从该目标与企业目标的关系来看，由于它要求企业保证各方面利益主体的利益得到最大化的满足，使企业顺利获得各方的信赖与支持，实现企业变中求稳的可持续发展的目标，因而它与企业目标在理论上保持高度的一致性；从该目标的实际系统导向性来看，由于它最大限度地刺激了各相关主体理财的积极性和协同性，从而获得了财务活动的规模效益；从操作性来看，由于相关者利益的大小可以用“薪息税前盈余”来量化，从而具有较强的可操作性；从操作效率来看，该目标会引导企业建立起人力、物力资源结合的财务管理机制，使企业在其相关者的知识获取方面进行应有的投资，增加自身及社会人力资源的积累，通过知识资源共享实现与企业相关的知识资源的供应者和接受者的利益最大化，最终达到知识资源供求双方对自身利益贡献的最大化，积累自身进行可持续发展的支持资源。

利益相关者利益最大化目标将企业众多利益相关者的利益纳入考虑的范围，兼顾了各个利益相关者的利益，有利于企业的可持续发展。但其也有一定的缺陷：首先该目标过于理想化，实际操作中会遇到很多问题，如怎样有效地衡量相关者利益最大化。其次，可以精确地计算出企业财务管理目标的实现状况。另外，由于利益相关者利益最大化的评价体系具有很强的个性特征，不同的企业根据其自身的情况、所处的环境、所处的生命周期不同，难以采用次评价系统对不同的企业进行横向比较。

三、财务管理的方法

财务管理方法是为了实现财务管理目标，完成财务管理任务，在进行理财活动时所争取的各种技术和手段。财务管理的方法主要有以下几种：

（一）财务预测方法

财务预测方法是财务人员根据历史资料，依据现实条件，运用特定的方法对企业未来财务活动和财务成果所做出的科学预计和测算。财务预测的方法主要分为定性预测法和定量预测法。

1. 定性预测法

定性预测法主要是利用直观材料，依据个人经验的主观判断和综合分析能力，对事物未来的状况和趋势做出预测的一种方法。这种方法一般是在企业缺乏完备、准确的历史资料的情况下采用的。

2. 定量预测法

定量预测法是指根据变量之间存在的数量关系，建立数学模型来进行预测的方法。定量预测法又细分为趋势预测法和因果预测法。

（二）财务决策方法

财务决策是指财务人员在财务目标的总体要求下，从若干个可以选择的财务活动方案中选择最优方案的过程。在商品经济条件下，财务管理的核心是财务决策，财务预测是为财务决策服务的，财务计划是财务决策的具体化。财务决策的方法主要有以下几种。

1. 优选对比法

优选对比法是把各种不同方案排列在一起，按其经济效益的好坏进行优选对比，进而做出决策的方法。优选对比法按其对比方式的不同又可分为总量对比法、差量对比法、指标对比法等。

2. 数学微分法

数学微分法是根据把握边际分析原理，运用数学微分方法，对具有曲线取系的极值问题进行求解，进而确定最优方案的一种决策方法。

3. 线性规划法

线性规划法是根据运筹学原理，用来对有线性联系的极值问题进行求解 ，进而确定最优方案的一种方法。

4. 概率决策法

概率决策法是根据财务决策方案出现的各种可能结果及其概率，计算各方案的期望报酬率和标准离差，进而做出决策的方法。

5. 损益决策法

在进行不确定决策时，通过计算最大最小收益值或最小最大后悔值来进行决策的方法，叫损益决策法。

（三）财务计划法

财务计划是在一定的计划期内以货币形式，反映生产经营活动所需要的资金及其来源、财务收入和支出、财务成果及其分配计划。财务计划有以下几种方法。

1. 平衡法

指在编制财务计划时，利用有关指标客观存在的平衡关系来计算有关计划指标的方法。

2. 因素法

指在编制财务计划时，根据影响某项指标的各项因素，来推断有关指标的一种方法。

3. 比例法

指在编制财务计划时，根据历史上已经形成而又比较稳定的各项指标之间的比例关系，来计算计划指标的方法。

4. 定额法

指在编制财务计划时，以定额作为计划指标的一种方法。

（四）财务控制方法

财务控制是指在财务管理过程中，利用有关信息和特定手段，对企业财务活动施加影响或调节，以便实现计划所规定的财务目标，以下是财务控制方法

1. 防护性控制

又称排除干扰控制，是指在财务活动发生前，就制定一系列制度和规定，把可能产生的差异予以排除的一种控制方法。

2. 前馈性控制

又称补偿干扰控制。是指通过实际财务系统进行运行的监视，运用科学的方法预测可能出现的偏差，采取一定措施，是差异得以消除的一种控制方法。

3. 反馈控制

又称平衡偏差控制，是在认真分析的基础上发现实际与计划之间的差异，确定差异产生的原因，争取切实有效的措施，调整实际财务活动或调整财务计划，使差异得以消除或避免今后出现类似差异的一种控制方法。

（五）财务分析法

财务分析是根据有关信息资料，运用特定方法对企业财务活动过程及其结果进行分析和评价的一项工作，财务分析的方法主要有：

1. 对比分析法

通过把有关指标进行对比来进行分析企业财务状况的一种方法。

2. 比率分析法

把有关指标进行对比，用比率来反映它们之间的财务关系，以揭示企业财务状况的一种分析方法。比率分析法有指标比率、构成比率、动态比率之分。

3. 综合分析法

把有关财务指标和影响企业财务状况的各种因素有序地排列在一起，综合地分析企业财务状况和经营成果的一种方法。

（六）财务管理的原则

1. 财务管理原则的概念和特征

财务管理原则（Financial Principles），也称理财原则，是进行企业财务管理所应遵

循的指导性的理念或标准，是人们对财务活动的共同的、理性的认识，它是联系理论与实物的纽带，是以实践所证明的并且为多数理财人员所接受的理财行为准则，它是财务理论和财务决策的基础。

理财原则具有以下特征：

（1）理财原则是财务假设、概念和原理的推论。

（2）理财原则必须符合大量观察和事实、被多数人所接受。

（3）理财原则是财务交易和财务决策的基础，各种财务管理程序和方法是根据理财原则建立的。

（4）理财原则为解决新的问题提供指引。

（5）理财原则是一种认证，从哲学的层面上看人们对客观世界的认证是一个逐步进化的过程。

2. 财务管理的原则

（1）资源合理配置原则。资源合理配置，就是要通过对资源和组织的调节来保证各项物质资源具有最优化的结构比例关系。资源合理配置是企业持续、高效经营的必不可少的条件。在财务管理工作中，要把企业资源合理地配置在生产经营的各个阶段上，并保证各项资源能够顺畅进行。

（2）成本效益原则。成本效益原则，就是对经济活动中的成本和效益进行充分权衡，对经济行为的得失进行衡量，在讲究经济效益的基础上节约资源的占用和降低消费，与此同时不断增加产出，达到不断提高经济效益和社会效益的目的。实行成本效益原则是直接与企业理财目标联系着。财务管理主体在开展财务管理活动时将就投入和产出的比较，要求以尽可能少的智力资源和财务资源，创造出尽可能多的财富。

（3）风险收益平衡原则。风险是指企业经营活动的不确定性所导致的财务成功的不确定性。从财务管理主体所面临的客观条件来看，风险是客观存在的，但是可以通过技术分析、规范操作，从而达到规避风险、降低风险对财务决策的负面影响的目的。由此可见，在财务管理活动中，权衡风险与收益是每个财务管理主体必须认真面对的课题。风险与收益平衡原则要求企业不能只顾及最大收益而不顾风险，应当在风险与收益的比较重做出正确而谨慎的抉择，趋利避害，确保财务管理目标的实现。

（4）有效组合原则。根据现代管理学的投资组合理论，不同类型的生产收益和风险是不同的，进行当以资产投资风险很大。如果我们能够科学地选择资产并科学地确定各项资产在投资组合当中的比重，便能够达到有效地消除其中部分风险，尽可能提高收益的目的。坚持有效组合原则对于开展多种经营的大公司而言非常重要，因为公司实现无法确知某个或某些经营项目所在行业好坏，无法预知确认项目生命周期不同阶段经营的好坏，所以只好采用投资组合这种方式消除风险。

（5）利益关系的协调原则。利益关系的协调原则，就是利用经济手段协调财务活动涉及的各方面的利益关系，表现为经济利益关系。要恰当的处理好财务关系应当从权利与责任归属的安排、从协调利益分配关系两个方面着手。权利与责任的安排体现在企业内部的经营管理职能的划分上，体现在由现代产权制度引发的财产权与经营权的划分上。利益分配关系主要体现在财务成果的分配上，也就是说，要是现在财务成果在国家、企业、投资者、劳动者等相关利益主体之间进行合理的分配。

第二节 会展场馆财务预算管理

一、会展场馆财务预算管理概念

（一）预算

预算，就是用数字特别是用财务数字的形式来描述企业未来活动的计划。预算内容一般包括收入预算、支出预算、现金预算、资金支出预算。预算控制就是根据预算规定的收入和支出标准来检查和监督各个部门的生产经营活动。

当然预算也存在一定的局限性，如：对不能用数量衡量的企业文化、企业形象的指标重视不够；编制预算过多依赖上期，从而忽视本期的实际需要；外部环境的不断变化有时会使预算不合时宜；预算对部门产生制约作用会使得管理者过于谨小慎微，因此在使用预算过程中要多加注意。

（二）会展场馆财务预算

会展场馆（企业）财务预算是全面预算的重要内容，是指会展项目组织者在计划期内反映有关现金收支、经营成果和财务状况的预算。财务预算包括现金预算、预计损益和预计资产负债表等。

会展场馆（企业）的年度财务预算，其框架结构一般由项目预算、部门预算、企业预计会计报表及相关附表（综合）三部分组成。其中，项目预算是会展场馆（企业）财务预算的基础。应按各个项目单独编制，项目预算一般由项目经理或项目责任人编制，并上报企业财务汇总；预计会计报表及相关附表由财务部门负责编制、平衡和上报。

二、会展场馆财务预算的作用

（一）使经营活动具有可比较性

会展场馆通过本期的或者各期的会展活动预算可以进行横向的或者是纵向的比较，以确保各项活动之间具有相互比较的特点。

（二）为协调和控制企业活动提供依据

预算编制与执行预算相联系，就使得会展企业的工作开展有了依据，控制也有了依据。特别注意的是，由于预算是财务标准，因此就为会展场馆的各项活动确定了财务标准。

（三）数字形式的标准，方便了绩效衡量、客观可靠

由于预算是数字化的标准，可以量化，比较、考核和衡量，从而有了一定的可操作性。

（四）为纠正偏差奠定了基础

有数字、有比较、有定量，自然为以后的校正偏差打下基础。

三、会展场馆财务预算的内容和程序

（一）会展场馆财务预算的内容

会展场馆财务预算的主要内容包括收入预算、支出预算、资产负债预算等。

1. 收入预算

收入预算包括主营业务收入预算、政府资助预算、资源开发收入（门票收入、广告赞助收入、其他服务收入、利息收入等）。收入预算是在销售预测的基础上编制的，即通过分析会展场馆过去的销售情况，目前和未来市场的要求特点及发展趋势、比较竞争对手和本企业的经营实力，确定会展场馆在未来的时期内为了实现目标利润必须达到的销售水平。

案例：会展场馆举办××音乐节预算

收入：	单位：元
票务收入：	
● 常规预订票款	50000
● 学生预订票款	25000
● 常规门票收入	10000
● 学生门票收入	50000
● 团体收入	25000
合计	160000
市场营销：	
● 赞助费	50000
● 广告费	25000
● 商品	30000
合计	105000
投资：	
● 利息收入	3000
合计	3000

捐赠：	
● 赠款	10000
● 个人礼品	0
● 公司礼品	25000
● 合计	35000
收入合计	303000
费用：	
日常管理费用：	
● 现场办公室家具租赁费	500
● 现场用品	500
● 现场租赁费	10000
● 现场电话费	1500
合计	12500
印刷费：	
● 设计费	1000
● 印刷费	5000
合计	6000
娱乐费：	
● 智力费	50000
● 交通和住宿费	5000
● 音响	5000
● 灯光照明	5000
合计	65000
预测费用合计	83500
预测收入合计	303000
总收益	219500
固定间接费用	150000
净收入	69500

2. 支出预算

支出预算一般包括直接材料预算、直接人工预算、附加费用预算。支出包括两个主要类型，即固定支出和不定支出。不论参展人数多少，固定支出都是一样的，包括场地设施费、演讲者酬金、旅费和支出，市场费、行政费；视听费、路标、鲜花和其他用来制造气氛的项目，运输费、保险费、审计费，贷款利息或透支。不定支出因与会人数而浮动，包括餐饮、住宿、娱乐、会议装备（如文件夹、徽章等）、文件费（如材料邮寄、注册）。

3. 资产负债预算

资产负债预算是对会展企业会计年度末期的财务状况进行预测，它通过将各部门和各项目的分预算综合在一起，表明如果会展场馆的各种业务活动达到预先规定的标准，在财务末期企业资产与负债会呈现何种状况。作为各分预算的汇总，管理人员在编制资产负债预算时虽然不作出新的计划或决策，但通过对预算表的分析，可以发现某些预算的问题，从而有助于相应的调整。另外，通过将本期预算与上期实际发生的资产负债预算进行对比，还可以发现会展场馆的财务状况可能发生哪些不利变化，从而指导事前控制。

资产负债预算将反映一个决策周期内会展企业生产经营活动结束时，企业所拥有的全部资产总和、负债能力、还债能力、所有者权益等情况，主要包括资产预算和负债预算两个方面的内容。负债预算实际上是指会展企业资金的来源预算，由自有资金和外来资金预算两部分组成。自有资金是指注册资金、盈余资金、利润留存和会展企业税后净利润等，外来资金主要是银行的长期贷款、中期贷款和透支贷款等。资产预算实际上是指会展企业资金的占用预算，由固定资产和流动资产两部分组成，固定资产主要是指会展企业的房产、设备和其他生产设施的账面净值。流动资产是指原材料和配件的库存价值、产成品的库存价值、债权（本周期末能收回的销售收入部分）、购买的有价证券价值和现金量。负债预算和集合资产合计应当持平。

（二）会展场馆财务预算的程序

会展企业编制的财务预算，一般应按照“上下结合、横向协调、逐级汇总”的程序进行。

1. 制订年度计划

预算的基础是计划，因此，预算能促使会展企业的各级经理提前制订计划，避免企业盲目发展，遭受不必要的经营风险和财务风险。只有制订出企业下一年的年度发展计划，各部门才能够根据计划来编制具体预算。

2. 目标下达

年度计划确定后，会展企业的领导根据企业的发展战略和预测的经济形势，一般于每年九月下旬提出下一年度企业财务预算的目标，包括营业额、毛利率、利润额、费用额、现金流量等。

3. 预算说明会

会展企业的财务部门作为主导单位，应于每年10月中旬召开预算编制说明会，向各部门说明预算编制和审核原则。并向各部门下发收入和费用等历史实际数据、各种预算表格、各科目的编制说明等。

4. 单位预算编制

各预算执行单位按照各单位的年度工作计划以及企业提出的财务预算目标，分科目、分项目、分月份编制详细的预算，并于10月下旬上报会展企业的财务部门。

5. 预算协调会

会展企业的财务部门对各部门上报的预算进行审核、汇总，并于 11 月上旬召开预算协调会。协调会议的目的在于解决错误的预算编制、有疑虑的预算编制以及不合理的预算编制等。协调会后由各单位根据会议要求进行预算工作调整。如果还有协调的需要，财务部门应继续召开预算协调会议，直至解决所有的问题为止。

预算确认。每年 12 月中旬，会展企业的财务部门与各单位共同确认预算目标后，由财务编制“预估损益表”和“现金流量表”，并正式编制会展企业的年度财务预算草案，提交公司领导层或董事会批准。

下达执行。每年 12 月下旬，会展企业的财务部门根据公司领导层或董事会批准的年度财务预算方案，下达到各预算部门执行。财务据此作为年度实际与预算目标分析的的基础。

四、会展场馆会展项目财务预算的编制

（一）会议项目预算的编制

【知识链接】

佳俭会展公司承办一个国际文化交流会，会议持续时间为 4 个月，根据市场调查和预测，预计参加会议的人数月平均 500 人。来回交通费用由参会者自理。收入预计为国际组织在会议开始一次性拨付专项费用 80 万元；参会者每人每月 800 元会务费，当月收 50%，其余次月收；会议期间每个月收到赞助费 5 万元，广告费 2 万元；为参会者提供特约服务每月收手续费 1 万元。支出预计为每月支付会议场地租赁费 2 万元；每月管理费用 3 万元，包括广告会议宣传费 5000 元，除管理人员的工资需当月支付外，其他费用可当月支付 50%，次月支付 50%；每月支付演讲者出场费 1 万元；每人每月食宿费、交通费分别为 1000 元、100 元，均当月支付 50%，次月支付 50%；特约服务每月发生人工费 3000 元；每月支付其他费用 500 元；最低现金余额 80000 元；第一月需购入 25 万元的专项设备。暂不考虑企业所得税。

资料来源：吴虹，李珍，会展项目财务预算的编制方法探讨，云南财贸学院学报，（社会科学版），2007（4）

第一，会议收入预算的编制。会议收入主要来源一般包括以下几个方面。由主办单位拨付的专用款项；由参会者向会议主办者交纳的参加会议费用；由赞助商向会议主办方提供的赞助费；在会议举办期间进行广告宣传获得的收入；在会议期间举办展览会，从参展商处获得的参展费用收入；在会议期间为参会者提供其他服务所获得的收入。根据会议项目的收入预测情况，编制收入预算表，如表 7-2 所示。

表 7–2　会议项目的收入预算

单位：元

项目		第一个月	第二个月	第三个月	第四个月	合计
收入小计（1+2+3+4+5）		1280000	480000	480000	480000	2720000
①会费收入		400000	400000	400000	400000	1600000
人均会费/（月/人）		800	800	800	800	800
参会人数		500	500	500	500	2000
②拨款收入		800000				800000
③特约服务收入		10000	10000	10000	10000	40000
④广告收入		20000	20000	20000	20000	80000
⑤赞助费收入		50000	50000	50000	50000	200000
预计现金收入	第一个月	1080000	200000			1280000
	第二个月		280000	200000		480000
	第三个月			280000	200000	480000
	第四个月				280000	480000
	现金收入合计	1080000	480000	480000	480000	2520000

第二，会议支出预算。支出一般分为固定费用和变动费用。固定费用主要包括管理费用、会议室费用、广告费用和演讲者出场费等；变动费用主要包括交通费用、食宿费用、赠品费用、资料费用等。根据会议项目的支出预测情况，编制支出预算，如表 7–3 所示。

表 7–3　会议项目的支出预算

单位：元

项目					合计
支出小计	613500	613500	613500	613500	2454000
会议场地租赁费用	20000	20000	20000	20000	80000
管理费用：	30000	30000	30000	30000	120000
其中：管理人员工资	15000	15000	15000	15000	60000
广告宣传费	5000	5000	5000	5000	20000
公共关系费	5000	5000	5000	5000	20000
会议营运费	5000	5000	5000	5000	20000
食宿费与交通费	550000	550000	550000	550000	2200000
其中：食宿费	500000	500000	500000	500000	2000000
交通费	50000	50000	50000	50000	200000
演讲者出场费	10000	10000	10000	10000	40000
特约手续费	3500	3500	3500	3500	14000
其中：人工费	3000	3000	3000	3000	12000
其他费用	500	500	500	500	2000

续表

项目						合计
预计现金流出	第一月 第二月 第三月 第四月	331000	282500 331000	282500 331000	282500 331000	613500 613500 613500 313000
	现金流出合计	313000	613500	613500	613500	2171500

注：①第四个月的管理费用中广告宣传费 5000，公共关系费 5000，会议营运费 5000 元的 50%，计 7500 元于会议结束次月支付。②第四个月的食宿费与交通费 550000 元于会议结束次月支付。

第三，现金收支预算。包括现金收入、现金支出、现金余缺和资金的筹集与运用。现金收入包括预算初期的现金余额和预算期内的现金收入；现金支出包括预算期预计的各项现金支出，如支付会议室租赁费、人工费、上缴的各种税金、购置设备费和支付利息等；现金余缺是指全部现金收入与现金支出的差额；资金的筹集与运用是指预算期内如何筹集或利用现金。现金收支预算如表 7–4 所示。

表 7–4　会议项目的现金收支预算

单位：元

项目	第一个月	第二个月	第三个月	第四个月	合计
期初现金余额		99000	91100	82450	272500
现金收入预算	1080000	480000	480000	480000	2520000
现金收入合计	1080000	579000			27925500
现金支出预算	331000	61350	61350	61350	2171500
主营业务税金及附加	0	26400	26400	26400	79200
购置设备	250000				250000
现金支出合计	581000	639900	639900	639900	2500700
现金余缺	499000	–60900	–68800	–77450	291850
向银行借款				60000	60000
偿还银行借款					
支付借款利息					
购入有价证券	–400000				–400000
收回有价证券		150000	150000	100000	400000
收回有价证券利息		2000	1250	500	3750
现金筹集与运用合计	–40000	152000	151250	160500	63750
期末现金余额	99000	91100	82450	83050	355600

注：①主营税金及附加按每月收入的 5.5% 计算，一般当月税金次月缴纳，第一个月计算税金的收入不包括上级拨款部分，会议结束后次月还需支付第四个月的税金 26400 元。②有价证券月息为 0.5%。③会议结束次月收到收款后还银行借款。④借款月利率为 0.8%，会议结束次月月初需偿还银行借款 60000 元和利息 540 元。⑤借款、购入和出售有价证券在期初，利息收入均在出售有价证券的当月。

第四，预计损益表的编制。预计损益表反映了预算期内会展项目的经营成果，根据前面的资料进行编制，如表 7–5 所示。

表 7–5　会议项目的现金收支预算

单位：元

项目	第一个月	第二个月	第三个月	第四个月	合计
会展项目收入	1280000	480000	480000	480000	2720000
减：会展项目支出	613500	613500	613500	613500	2454000
减：设备折旧		375	375	375	1125
减：主营业务税金及附加	26400	26400	26400	26400	105600
减：利息费用		–2000	–1250	40	–3210
税前净收益	640100	–158275	–159025	–160315	162485

注：①设备月折旧率为 1.5%，从设备购入次月计提。②第四个月的利息包括有价证券的利息收入 500 元和计提的银行借款利息 540 元。

（二）展览项目财务预算的编制。

编制展览项目财务预算方法与会议项目相同，其收入与支出如。

第一，收入预算项目。一般包括广告收入、优惠销售收入、捐款收入、展览会展台的租金收入、赠款和合同收入、大型活动的票房收入、商业销售收入、注册费收入、赞助费收入和经销商的佣金收入。

第二，支出预算项目。一般分为设计施工费（展台费用）、展品运输费、宣传公关费和行政后勤费用（人员费用）

（三）大型节事活动的收入支出预算。

大型节事活动的收入与支出虽然与会议、展览项目有相同之处，但由于规模大、参加人数多、媒体曝光度高和影响力大等原因，其收入来源和开支项目都比较多。一些特别大型的项目先分为若干子项目后，用同样的方法编制财务预算。

第一，收入预算项目。一般包括广告收入、出售电视转播权的收入、赞助收入、接收捐赠的收入、票房收入、商业销售收入、注册费收入、投资利息收入和经销商的佣金收入等。

第二，支出预算项目。一般包括市场营销费、设备设施购置费、日常管理费、职员或志愿者费用、租赁费、劳务费、运输费、保险费、评估费和注册费等。

通过编制会展项目财务预算，会展项目负责人能事先预知现金的收支情况，安排好资金的筹措与使用，提高资金的利用率。通过编制预算，也可以预测会展项目的财务成果，为制定收入政策和开支标准提供依据。在编制时，要注意各预算执行单位之间的责权关系，注意责权的划分、分解。预算管理体系中责权的不明，会直接影响到预算的执行和考核。预算控制与考核，可以协助并优化控制、管理会展企业的生产、经营。要成功地达到预算控制、考核的目的，应得到会展企业管理层、员工的认知与支持，明确职责，建立完善的预算管理体系。关于预算考核，重点是确定考核指标，考核指标一定要合理，不要产生由于为完成考核指标而影响正常生产、经营活动的情况。

【知识链接】

公司的收入主要包括营业收入和非营业收入。反映公司长久获利能力的是营业内收入。一般来说，在短期内增加营业收入比较困难，相对而言，增加营业外收入就要容易得多。

增加营业外收入，如剥离坏账，减免利息，国家税收的优惠或退税，一次性出让某个固定资产、无形资产或某个项目、某个子公司、某个参股公司的股权，等等。比较常见的做法是，上市公司把一个劣质资产高价卖给关联方，获得一笔意外之财，从而大大提升公司的利润。

增加营业内收入，主要是通过多计收入、提前计算收入、人为创造收入等方法来实现。所谓多计收入，就是把公司生产的产品或服务，以明显高于市场价的价格卖给客户或关联方。所谓提前计算收入，就是把还没有销售出去的产品也计算到当期的收入中，例如公司把本来是存货的产品、还在生产线上的产品、根本还没有的产品，提前一次性卖给某一家销售公司（往往是关联公司），将未来的收入提前实现。所谓人为创造收入，就是公司出钱贷款给客户来购买自己的产品等。

第三节　会展场馆会计核算与财务分析

一、会展场馆会计核算

（一）会计核算概念

会计方法是核算和监督会计现象，充分发挥会计作用，完成会计任务的手段，会计方法作为一种完整、科学的方法，它由会计核算方法、会计分析和会计检查方法三部分构成。会计核算方法是会计方法体系的基本环节，是会计分析和会计检查的基础；会计分析是会计核算的深入和发展，会计检查是会计核算的必要补充。

会计核算，是指对会计对象进行连续、系统、全面、综合地核算和监督。

（二）会计核算的任务

1. 提供会计资料

具体包括：编制和审核会计凭证，等级会计账簿，编制会计报表。

2. 参与经营决策

具体包括：提出各种备选决策方案，出主意，提建议，参与重大决策方案的讨论，当好参谋。

3. 实行预算和计划管理

制订财务计划，并参与其他计划的制订，寻求落实计划的措施，监督计划的执行，考核计划完成情况。

4. 进行会计分析

一方面，以国家的方针、政策、法规、制度为标准进行会计稽查；另一方面，要以会展场馆内部的各项规章制度和计划进行检查，以保证会展场馆经济活动的合法性。

5. 进行会计分析

对会展场馆经济活动，会计报表及有关情况进行定期或不定期的分析，检查计划及有关部门或人员的经济责任完成情况，测算是否达到预定的目标。

6. 保护会展场馆财产安全

通过会计核算建立各种财产的使用及管理制度，严格收发，及时核算，定期清查盘点，维护财经纪律，保护会展场馆财产安全与完整维护会展场馆利益。

（三）会计核算内容

1. 资产核算

（1）流动资产核算，包括现金、银行存款、存货、短期投资和应收账款核算。

（2）长期投资核算，包括股票投资、债券投资和其他投资核算。

（3）固定资产核算，包括场馆房屋与建筑物，机器设备、运输设备和工具器具等核算。

（4）无形资产核算，包括专利权、商标权、非专利技术、著作权、土地使用权和商誉权核算。

（5）递延资产核算，包括开办费、租赁固定资产改造工程及大修理支出核算。

（6）其他资产核算，包括临时设施、特征储备物资、诉讼中的财产等核算。

2. 债务核算

（1）流动负债核算，包括短期借款、应付票据、应收账款、应付工资、应付税金、应交利润、预期费用、其他应付款的核算。

（2）长期负债核算，包括长期借款、应付债券、长期付款等核算。

3. 所有者权益核算

（1）债权人权益，包括短期借款、应付票据、应付账款、应付工资、其他应付款等。

（2）投资者权益，包括投资人投入的实收资本、资本公积，如股票溢价、财产重估增值、接受捐赠等；盈余公积，指税后提取的各种公积和公积金；未分配利润，只留待以后年度分配的利润。

4. 收入核算

收入核算指会展场馆提供各种服务所取得的营业收入，分为基本业务收入和其他业务收入。

5. 费用核算

会展场馆在经营过程中发生的各种费用，分为直接费用、间接费用和期间费用，其中间接费用又分为营业费用、管理费用和财务费用

6. 利润核算

会展场馆在一定期的经营利润分为营业利润、投资净收益和营业外收入净额。

（四）会计核算的方法与标准

1. 设置会计科目与账户

按会计核算的内容，分设资产负债、所有者权益、收入、费用、利润等各种科目及账户。

2. 采用借贷记账法记账

其中记账规则是：有借必有贷、借贷必相等。

3. 填制会计凭证

（1）填制原始凭证。原始凭证包括自制原始凭证和外来原始凭证两种。原始凭证应具备的基本内容包括：名称和编号；填制凭证的日期；填制凭证单位名称或填制人姓名、经办人员的签名或盖章；接受单位名称；经济业务的内容，经济业务发实物数量、单价和金额。

（2）制作原始凭证汇总表。原始凭证汇总表应具备的主要内容包括：名称和编号、经济事项内容、单项金额和合计金额、所附原始凭证张数、制表人员和审批人员签名或盖章。

（3）填制记账凭证。应具备的基本内容包括：名称和编号；填制日期；科目、子目、摘要；金额；附件张数；制证、审核、记账、会计主管人员的签名或盖章。

（4）制作记账凭证汇总表。记账凭证汇总表必须具备的内容主要包括：总表的名称和编号；编制汇总表的日期；会计科目及子目；借贷资金；所附记账凭证张数；制表、复核、汇账人员的签名或盖章。

4. 登记账簿

账簿按核算需要和用途分为总账、明细账和辅助账三个层次。按外表、形式又分为订本账、活页账、卡片账三类。登记账簿必须规范，基本要求是：

（1）负责登记账簿的会计人员，在登记账簿前，应对专门复核人员已经审查过的记账凭证再复核一遍。

（2）如果认为记账凭证的处理有误，可暂停登记，及时向会计主管人员反映，由会计主管做出更改或照记的决定。在任何情况下，凡不兼任填制记账凭证工作的记账人员都不得自行更改记账凭证。

（3）登记账簿的间隔时间不得超过一个星期；明细账的登记时间间隔要短于总账；日记账和债权债务明细账，每天至少登记一次；作为经管现金和银行存款日记账的专门人员，出纳须每日掌控银行存款和现金的实有数，谨防开出空头支票和影响经营活动的正常用款。

5. 做好成本核算

（1）严格成本费用的各自开支范围，正确区分哪些是成本，哪些是费用，哪些是营

业外支出，哪些是资本性支出。

（2）正确确定成本、费用的归属期，均应按照“责权发生制”的原则，正确划分收益性支出和资本性支出，以及本会计年度支出和以后会计年度支出。

（3）成本、费用支出应当和营业收入相互配比，当月实现的营业收入，应将与其相关的成本费用、税金同时登记入账，编制会计报表

（4）严格掌握成本、费用开支和开支标准。要分清是否属于成本、费用的开支范围，是否超出成本、费用的开支标准，发生超范围、超标准的应及时反映汇报，求得合理解决。

（5）严格审核成本、费用支出凭证是否符合财务、会计制度，正确运用相关的科目和子目，并熟悉成本、费用支出的核算方法。

（6）采用定额管理和归口分级管理，加强成本的分析考核。

6. 编制会计报表

编制会计报表的基本标准如下。

（1）数字真实。在编制会计报表时，要严格以账簿记录为依据，不准提前结账或编表后结账，做到账面相符，有关会计指标衔接一致；编制会计报表之后，认真稽核，经总经理、财务部经理、会计主管人员签字或盖章，共同对会计报表的真实性负责。

（2）计算准确。必须按权责发生制的原则记账，收入与成本、费用应当相互配比，各项财产物资应当按取得时发生的实际成本计算；正确划分损益性支出和资本性支出，发出存货应按规定的方法确定其实际成本，对于固定资产、无形资产、递延资产、低值易耗品等按规定的方法记价，并进行计提折旧和摊销；按规定预提应付费用和预付的待摊费用，严格划分成本、费用的支出界限，正确核算利润和利润分配等；对于影响决策的主要业务分别核算，并分项反映，保证核算资料的口径一致、划期统一和指标可比。

（3）内容完整。会计报表必须按照会计制度规定的种类、格式、项目和内容填报齐全，不重不漏，相关指标衔接，汇总指标恰当；各种会计报表相同的指标，一定要相互核对一致，有些数字经过调整后要核算，不得漏填项目，出现差错。

（4）报送要及时。中心的会计报表必须按规定的时间和报送方式及时报出。

7. 健全会计档案

每年年度终了，要按照归档的要求，将会计凭证、会计账簿、会计报表等归档保管，装订成册。其中会计凭证要随时装订，会计账簿、会计报表要按年度装订，并按永久、长期、定期分类整理，编写目录。

（1）会计档案的保存年限是：原始凭证、记账凭证、汇总凭证保管 15 年；以后存款余额调节表保管 3 年；总分类账、日记账和辅助账簿保管 15 年；现金日记账和银行存款日记账保管 25 年；涉及外事的会计账簿、会计凭证永久保管；月份和季度会计报表及说明保管 5 年；年度会计报表（决算报告）永久保管；会计移交清册保管 15 年，会计档案保管、销毁清册保管 25 年。

（2）借阅会计档案要办借阅手续。会计档案保管期满要销毁时，应编制《会计档案销毁清册》，提出销毁意见，报上级审批后，并派人参加监督。

（五）会计科目设置标准

根据新会计制度中的会计科目设置标准，设置规范的会计科目。

（六）会计报表编制标准

1. 资产负债表

资产负债表反映会展场馆某一特定时期全部资产、负债和所有者权益的财务状况。资产负债表的编制标准是：

（1）资产负债表的编制需要通过试算平衡、填列报表项目和复核三个阶段。确认无误后，加盖有关人员图章，按规定时间报出。

（2）资产负债表的“年初数”的各项数字，根据上半年末资产负债表“期末数”填列。

（3）资产负债表“期末数”的各项数字填列采用直接填列法和分析整理填列法两种。对短期投资、其他应收款、待摊费用、累计折旧、在建工程、无形资产、递延资产、短期借款、其他应付款、其他未交款、实收资本、资本公积和盈余公积，均根据总分类账户的期末余额直接填列。

（4）对货币资金、应收账款、坏账准备、存货、待处理流动资产净损失、待处理固定资产净损失、长期投资、固定资产清理、应付账款、应付福利费、未交税金、未付利润、预提费用、长期借款、应付债券、长期应付款、未分配利润等项目，应对其总分类账户和明细分类账户期末余额进行分析、计算、调整、整理后填列报表项目，采用分析整理填列法填列“期末数”。

2. 损益表

损益表反映会展场馆在一定时期内（月份、年度）最终经营成果。损益表编制的标准是：

（1）根据总分类账户的净发生额直接填列。如营业收入、营业成本、营业费用、营业税金及附加、管理费、财务费、营业外收入、流动资金来源和营业外支出。

（2）根据有关账户实际发生额分析填列。

根据表内有关数字计算后填列，包括经营利润、营业利润、利润总额。

3. 财务状况变动表

财务状况变动表综合反映一定时期内会展场馆运用及其增减变动情况。它根据会展场馆一个年度各种资产和权益项目的增减变化，来分析反映资金来源和用途，系统地说明会展场馆的财务动态。

4. 年终财务状况变动表

其编制主要采用分析整理填列法、依据资产负债表的本期和期初，损益表的有关总分类账和明细类账中的数据分析整理填列。

5. 利润分配表

利润分配表反映会展场馆利润分配状况和年末分配结余情况。

6. 营业收支明细表

营业收支明细表是“损益表”的附表，反映会展场馆经营成果的组成部分以及会展场馆经营收入的构成。营业收支明细表的编制，应根据会展场馆总分类账和明细分类账项目的核算内容直接填列。营业利润或亏损根据营业收入减去营业成本、营业费用、营业税金及附加等的计算结果填列。

【知识链接】

资金是企业生存和发展所面临的主要问题，不论是维持正常的经营活动，进行对内、对外投资，还是偿还债务，调整资本结构，都需要资金的大力支持。

筹资是指企业根据其生产经营、对外投资及调整资本结构的需要，通过筹资渠道和资金市场，并运用筹资方式，经济有效地为企业筹集所需的资金。筹资是财务管理的重要内容，是企业面临的最大难题之一。目前企业可以选择的筹资方式很多，主要有：吸收直接投资、发行股票、发行债券、银行借款、筹资租赁、商业信用等。企业从不同筹资渠道并采用不同的筹资方式筹集的资金，按不同标志可分为不同类型。按所筹资金的性质不同，可分为权益资金和债务资金；按所筹资金的期限不同，可分为长期资金和短期资金；按筹资活动是否通过金融机构，可分为直接筹资和间接筹资。企业应根据不同的筹资动机、筹资环境，分析各种筹资方式的资本成本及其风险，制定恰当的筹资策略及筹资方式。

二、会展场馆财务分析

（一）财务分析的概念和方法

1. 财务分析的概念

财务分析是指以财务报告和相关资料为主要依据，采用专门方法，系统分析和评价企业的过去和现在的经营成果、财务状况及其变动，目的是反映企业在运营过程中的利弊得失和未来趋势，帮助利益关系集团优化决策和改进企业内部财务管理的循环中起着承上启下的作用。做好财务分析工作具有以下意义：①财务分析是评价财务状况、衡量经营业绩的重要依据；②财务分析是挖掘潜力、改进工作、实现理财目标的重要手段；③财务分析是科学决策的重要步骤。

2. 比较分析法

在财务分析中，比较分析法是最基本的分析方法。比较分析法主要是通过某经济指标在数量上的差异揭示该经济指标增减变化情况及发展趋势的财务分析方法。

在应用比较分析法进行分析时，必须注意经济指标的可比性。在选择比较指标时，要求在内容、计算方法、计价标准、时间跨度上保持口径一致。

运用比较分析法时，一般进行以下几方面的对比。

第一，实际同计划或目标相比较。比较结果可以揭示实际执行情况与计划或目标值之间的差异，了解该项指标的计划或目标的完成情况。

第二，实际同上期或历史最好水平相比较。比较结果可以反映企业不同时期有关指标的差异及变化情况，了解企业财务状况和经营成果的发展趋势及管理工作的改进情况，该分析在财务分析中占有重要地位。具体分析时，通常通过编制比较资产负债表、比较损益表、比较现金流量表等比较财务报表来分析。

第三，实际同国内外先进水平相比较。将本期实际指标与目标或以往各期相比，都是在企业内部进行的自身比较，而与国内外先进水平相比，可以找出本企业与先进企业之间的差距，以便不断推动本企业改善经营管理，赶上先进水平。

比较分析有横向比较和纵向比较两种形式。

横向比较也称为水平比较法，就是将财务报表各构成项目的数值进行水平方向的比较，以解释有关指标不同时期增减变动情况。横向比较只能反映不同时期同一指标的增减额及变动率，而不能看出相关指标的结构关系。为克服缺陷，可通过纵向比较进行结构分析。

纵向比较分析是将财务报表中某一关键项目的金额作为基数100%，将其他相关项目分别按该关键基数项目折算成百分比形式，以分析各项目在不同经营时期的相对地位及增减变化情况。

3. 趋势分析法

趋势分析也称百分率分析或指数分析，是指利用企业连续两期或多期的财务报表的资料，编制比较财务报表，对某些在不同时期的增减变化方向及幅度进行分析，以揭示该指标的发展变化趋势。

趋势分析法运用动态比率对不同时期的指标进行比较和分析时，由于所采用的基期数不同，计算的动态比率指标也因此有两种形式：定基动态比率和环比动态比率。定基动态比率是以某一时期的指标值为固定的基数进行计算的；而环比动态比率则是以每一分析期的前期为基数计算出来的比率。计算公式分别如下：

定基动态比率＝分析期数额 ÷ 固定基数额

环比动态比率＝分析期数额 ÷ 前期数额

趋势分析法有助于分析者了解和掌握某些重要财务指标在分析期间的变动情况，为分析者预测企业的发展前景提供分析线索，这是比较分析法所不能办到的。

4. 比率分析法

比率分析法是指通过计算两个相关的财务指标比率，揭示指标关系合理性的分析法。比较分析法只能揭示某一指标本身的变化，无法对相关指标的关系做出进一步的分析，而比率分析法运用的是相对指标，分析者可以根据分析目的，将相关指标结合起来，计算相关比率，从比率的变化中发现问题。因此，该方法在财务分析中得到广泛采用。

财务比率依涉及指标的关系可分为以下三种类型。

（1）结构比率。结构比率也称构成比率，是反映经济指标的局部与总体的关系，即分子包含于分母之中。因此，结构比率可以有助于考察某一总体指标的构成项目的比例安排是否合理有效，以便进行结构调整。

（2）效率比率。效率比率是用以反映经济活动中所费与所得的比例，体现投入与产出的关系，如成本费用利润率、资金利润率、资本利润率等。利用效率比率，可以权衡得失，评价经营效果的好坏，为投资决策服务。

（3）相关比率。某期财务比率测算只能说明当期各财务指标的实际情况，为达到分析目的，还需要运用客观存在或社会承认的标准比率，与分析期指标进行比较，以说明本企业在同行业中所处的位置，以及企业经营中存在的问题及发展趋势等。一般的，财务比率分析所参照的标准比率有如下三种。

①历史标准。历史标准是指本企业在过去的正常经营情况下已经达到的水平。将本期的财务比率与历史上达到的比率相比较，可以分析和考察企业财务状况和经营成果的改进情况，并测算企业各比率指标的发展趋势。但在经济环境不稳定、物价变化较大的情况下，此类比较就会失去意义。

②预算标准。预算标准是指企业在经营预算中确定的本期应达到的目标值。将本期完成的财务比率与预算比率相比，可以监督预算执行情况。但由于预算所依据的经济条件往往与实际情况相差较大，指标出现差异也属正常，此类比较可作参考。

③行业标准。行业标准是指企业所属行业在同一时期的平均比率或先进水平。一般的，同一行业的不同企业所面临的外部环境是相似的，所以，行业标准对企业的比率分析提供有效的参考值。行业标准有两种：一种是先进水平，另一种是平均水平。与它们相比，则可以了解本企业在行业中所处的位置，为今后工作指明方向，保证平均水平，赶上先进水平。

5. 因素分析法

因素分析法是用来测定某经济指标的各构成因素的变动分别对该经济指标的影响程度。反映企业经营活动成果的一些综合性经济指标，往往同时受到其他一些指标（影响因素）的制约。为了有效地分析原因，就有必要弄清这些影响因素分别对所分析的指标差异应承担的责任，找出工作中的薄弱环节，如价格的波动、成本的升降、销售量的增减等，都是影响利润指标完成的因素。

运用因素分析法进行分析时，首先应将各影响因素按照它们之间的逻辑关系，并考虑计算的实际经济意义，排列成合理的顺序；然后顺序地假定其中一个因素变化，而其他因素保持不变，将变化前后的结果相比较，从而得到该因素变化的影响值。如此按既定顺序逐个计算，最终得到每个因素的影响值。

以下通过因素分析法的一种形式——差额分析法，说明进行因素分析的过程。

若某一经济指标 p 同时受 a、b、c 三个指标的影响，各指标相互关系如下：

计划指标 $p_0=a_0\times b_0\times c_0$

实际指标 $p_1=a_1\times b_1\times c_1$

为分析 p 指标的计划与实际差异（p_1-p_2）形成原因，需要分别确定 a、b、c 三个因素的影响水平。运用差额分析法可作如下计算：

a 因素变动对 p 指标的影响：$d_1=(a_1-a_0)\times b_0\times c_0$

b 因素变动对 p 指标的影响：$d_2=a_1\times(b_1-b_0)\times c_0$

c 因素变动对 p 指标的影响：$d_3=a_1\times b_1\times(c_1-c_0)$

（二）会展场馆财务分析

1. 会展场馆财务报表

会展场馆的财务报表是反映企业财务状况和经营成果的总结性书面材料，是会展企业财务核算工作的结果，也是场馆企业内部提供财务信息的主要手段，也将庞大的财务信息集中在几张报表上，对会展场馆的企业经营进行明确的论述。会展场馆的领导人、投资人、经理人等需要能够看懂财务报表、能够基本上明白表中各档目的意义。通过财务报表，可以全面地了解和评价企业的财务状况、经营业绩和现金流量，明确会展场馆的竞争地位和预测其经营前景。

2. 会展场馆财务报表的作用

财务报表是财务报告的主要组成部分，它所提供的会计信息具有重要的作用，主要体现在以下几个方面。

（1）全面系统地揭示会展企业一定时期的财务状况、经营成果和现金流量，有利于经营管理人员了解本单位各项任务的完成情况，评价管理人员的经营业绩，以便及时发现问题，调整经营方向，制定措施改善经营管理水平，提高经济效益，为经济预测和决策提供依据。

（2）有利于国家经济管理部门了解国民经济的运行状况。通过对各单位提供的财务报表资料进行汇总和分析，了解和掌握会展行业的经济发展情况，以便宏观调控经济运行，优化资源配置，保证国民经济稳定持续地发展。

（3）有利于投资者、债权人和其他有关各方掌握会展企业的财务状况、经营成果和现金流量情况，进而分析企业的盈利能力、偿债能力、投资收益、发展前景等，为其投资、贷款和贸易提供决策依据。

（4）有利于满足财政、税务、工商、审计等部门监督会展企业的经营管理。通过财务报表可以检查、监督该会展企业是否遵守国家各项法律法规和制度，有无偷税漏税行为。

3. 会场场馆财务报表的类型

会展企业财务报表主要包括三种类型，即反映财务状况的报表、反映收益形成及分配情况的报表、内部报表。第一，反映财务状况的报表主要有资产负债表、现金流量表、资产负债表（见表 7–6），是反映会展企业在某时间点资金状况的财务报表；现金流量表（见表 7–7）也叫账务状况变动表，所表达的是在一个固定期间（通常是每月或每季）内，一家会展企业的现金（包含现金等价物）的增减变动情形，可用于分析会展企业在短期内有没有足够的现金去应付开销。第二，反映收益形成及分配情况的报表主要有损益表、利润分配表、营业收支明细表等。损益表（见表 7–8）反映了会展企业经营的最终财力成果，即反映会展企业在一段时间内的利润情况。第三，内部报表是会展企业根据需要制作的报表，如营业费用明细表、管理费用明细表、财务费用明细表、营业外收支明细表等。

表 7–6 资产负债表

编制单位　　　　　　　年　　月　　　　　　　　单位：万元

资产	行次	年初数	期末数	负债及所有者权益	行次	年初数	期末数
流动资产				流动负债			
货币资金	1			短期借款	46		
短期投资	2			应付票据	47		
应收票据	3			应付账款	48		
应收账款	4			预收账款	49		
减：坏账准备	5			其他应付款	50		
应收账款净额	6			应付工资	51		
预付账款	7			应付福利费	52		
应收出口退税	8			未交税金	53		
应收补贴款	9			未付利润	54		
其他应收款	10			其他未交款	55		
存货	11			预提费用	56		
待转的其他业务支出	12						
待摊费用	13			一年内到期的长期负债	57		
待处理的流动资产净损失	14			其他流动负债	58		
一年内到期的长期债券投资	15						
其他流动资产	16						
流动资产合计							
长期投资	20			流动负债合计	65		
长期投资							
固定资产	21			长期借款	66		
固定资产原价				应付债券	67		
减：累计折旧	24			长期应付款	68		
固定资产净值	25			其他长期负债	69		
固定资产清理	26			其中：住房周转金	70		
待处理固定资产净损失	27						
在建工程	28						
待处理固定资产净损失	29			长期负债合计	76		

续表

资产	行次	年初数	期末数	负债及所有者权益	行次	年初数	期末数
固定资产合计				递延税项			
	35			递延税款贷项	77		
无形资产及递延资产							
无形资产	36			负债合计	80		
递延资产	37						
无形资产及递延资				实收资本	81		
产合计	40			资本公积	82		
其他长期资产				盈余公积	83		
其他长期资产	41			其中：公益金	84		
递延税项				未分配利润	85		
递延退税借款	42						
				所有者权益合计	88		
资产合计	45			负债及所有者权益合计			

表 7–7　现金流量表

会企03表

编制单位　　　　　　　　　年　　月　　　　　　　　　　　　　　单位：万元

项目	行次	本期金额	上期金额
一、经营活动产生的现金流量			
销售商品、提供劳务收到的现金			
收到的税费返还			
经营活动的现金流入小计			
购买商品、接受劳务支付的现金			
支付给职工以及为职工支付的现金			
支付的各项税费			
支付其他与经营活动有关的现金			
经营活动的现金流出小计			
经营活动产生的现金流量净额			
二、投资活动产生的现金流量			

续表

项目	行次	本期金额	上期金额
收回投资收到的现金			
取得投资收益收到的现金			
处置固定资产、无形资产和其他长期资产收回的现金净额			
处置子公司以及其他营业单位收到的现金净额			
收到其他投资活动有关的现金			
投资活动的现金流入小计			
构建固定资产、无形资产和其他长期资产支付的现金			
投资支付的现金			
取得子公司及其他营业单位支付的现金净额			
支付其他与投资活动有关的现金			
投资活动的现金流出小计			
投资活动生产的现金流量净额			
三、筹集活动生产的现金流量			
吸收投资收到的现金			
取得借款收到的现金			
收到其他与筹资活动有关的现金			
筹资活动的现金流入小计			
偿还债务支付的现金			
分配股利、利润或偿付利息支付的现金			
支付其他与筹资活动有关的现金			
筹资活动的现金流出小计			
筹资活动产生的现金流量净额			
四、汇率变动对现金及现金等价物的影响			
五、期初现金及现金等价余额			
加：期初现金及现金等价物的余额			
六、期末现金及现金等价物的余额			

表 7-8 损益表

编制单位　　　　　　　　年　　月　　　　　　　　　　　　　　单位：万元

项目	行次	本月数	本年累计数
工业企业	1		
一、产品销售收入	2		
减：产品销售成本	3		
产品销售费用	4		
产品销售税金及附加	5		
二、产品销售利润	6		
加：其他业务利润	7		
商业企业	8		
一、商品销售收入	9		
减：销售折扣与折让	10		
商品销售收入净额	11		
减：商品销售成本	12		
经营费用	13		
商品销售税金及附加	14		
二、商品销售利润	15		
加：代购代销收入	16		
三、主营业务利润	17		
加：其他业务利润	18		
旅游、饮食服务企业	19		
一、营业收入（亏损以“—”表示）	20		
减：营业成本	21		
营业费用	22		
营业税金及附加	23		
二、经营利润（亏损以“—”表示）	24		
交通运输企业	25		
一、主营业务收入	26		
减：营业成本	27		
营业税金及附加	28		

续表

项目	行次	本月数	本年累计数
二：主营业务利润	29		
加：其他业务利润	30		
施工企业	31		
一、工程结算收入	32		
减：工程结算成本	33		
工程结算税金及附加	34		
二、工程结算利润	35		
加：其他业务利润	36		
其他行业企业	37		
共同项目			
减：管理费用			
财务费用			
汇兑项目（商业企业）			
三（四）、营业利润			
加：投资收益			
营业外收入			
减：营业外支出			
四（五）、利润总额			

4. 会展场馆的财务报表分析

会展企业的财务报表分析是以会计报表为基础，运用一系列财务指标对企业的财务状况、经营业绩和现金流量情况加以分析和比较，来评价和判断企业财务和经营状况是否良好，并以此来预测该会展企业的财务状况和发展前景的方法。

会展企业财务报表的分析方法主要有趋势分析法和比率分析法，趋势分析法又称纵向比较分析，是根据会展企业连续数期的财务报表，以某一年份为基础，计算每一期各项目对基期同一项目趋势百分比；比率分析法是财务分析中最基本、最重要的方法，是指利用会计报表中两个相关数值的比率来反映和揭示会展企业的财务状况和营业成果的一种分析方法。比率分析法实质上是将影响财务状况的两个相关因素联系起来，通过比率的计算，借以评价会展企业的财务状况的一种分析方法。财务比率包括偿债能力比率、营运能力比率和盈利能力比率。

（1）偿债能力分析。

①资产负债率＝负债总额 / 资产净值总额 ×100%。

资产负债率用于衡量会展企业利用债权人提供的资金进行经营活动的能力。负债率低说明企业的偿债能力强。一般认为资产负债小于 50%，表明会展企业可以安全经营；而大于 50% 则经营有风险；若是大于等于 100%，则有破产的危险。由此可见，资产负债率是会展企业长期偿债能力的“晴雨表”。

②流动比率 = 流动资产 / 流动负债。

流动资产表示会展产业短期变现偿债的能力，流动比率高说明企业的偿债能力强。一般认为流动比率为 2∶1 较好。若该比率过低就表明会展企业可能偿债有困难，而过高则表明企业可能有资产闲置或存货结构不合理等问题。流动比率与速动比率同为衡量资产流动的指标。

③速动比率 = 速动资产 / 流动负债 =（存货 – 流动资产）/ 流动负债。

速动比率可用来反映会展企业立即变现偿债的能力。速动比率高，说明企业有较强的清算能力。但是如果该比率太高，则说明速动资产的利用不充分。一般认为速动比率等于 1 或稍大一点为好。

（2）营运能力分析。

①应收账款周转率 = 赊销收入净额（营业收入）/ 应收账款平均余额（期初期末平均数）。

②平均收账期 =365/ 应收账款周转率。

应收账款周转率反映会展企业应收账款的流动程度。应收账款周转率越高，表明会展企业应收账款的回收工作越有成效。但也要注意，适当地延长应收账款期可以便于销售。一般企业的应收账款周转率以 10~30 次为宜。

③存货周转率 = 营业成本 / 存货平均余额（期初期末的平均数）。

④存货周转天数 =365/ 存货周转率（期初期末的平均数）。

存货周转率表明企业存货的周转速度，一般而言，企业存货周转率越高，说明该企业存货从投入资金到被销售收回的时间短，经营管理的效率越高。反之，存货周转率低，则说明该会展企业有存货积压，或不适销对路，导致经营管理效率低下。当然存货周转率过高时，也要防止采购供应脱节的现象发生。

（3）营业能力分析。

①营业利润率 =（利润总额 / 营业收入净额）× 100%。

营业利润率用于衡量会展企业的盈利水平。该比率越高，表明该会展企业的盈利能力越强。

②资本金利润率 =（利润总额 / 资本金总额）× 100%。

资本金利润率用于衡量投资者投入会展企业资本金的获利能力。一般来说，资本金利润率越高，投入资本的获利越多，就说明经营状况越好。

③成本利润率 =（利润总额 / 成本费用总额）× 100%。

成本利润率反映会展企业的成本费用和利润的关系，这一比率可以直接反映出企业盈利能力的强弱和综合管理水平的高低。

5. 完善会展场馆财务报表分析体系的对策及建设

（1）会展场馆财务报表分析人员应注意财务报表是否规范，对于不规范的报表，其真实性也应该受到怀疑。

（2）要注意财务报表的信息披露是否完全真实，如有遗漏，则违背了信息充分披露的原则，信息遗漏很可能是在不想讲真话的情况下形成的。这样的财务报表，真实性无疑要大打折扣。

（3）要注意分析数据的反常现象。反常数据如果没有合理的原因，则要考虑数据的真实性和一贯性是否有问题。

（4）充分注意审计报告的意见及相应会计事务所的信誉，以此作为对财务报表真实性判断的一个依据。对于采用历史成本法所存在的诸多缺陷，一般认为采用重置成本计价的方法，能够较好地弥补这一不足。

（5）在进行财务报表分析时，比较标准的不确定性会对财务分析结论的可靠性产生较大的影响。为了克服这一局限性，通常应该遵循以下原则。首先，在横向比较时，相同会展行业标准的确定用样本企业的平均数替代整个行业的平均数，相比较而言，以样本企业平均数作为同业标准不仅在操作上可行，而且更具有代表性，更能客观地反映行业的真实水平。其次，在进行趋势分析时，应正确判断历史数据作为比较标准的合理性，不能仅仅关注数据大小的变化，而应该结合企业的经营环境小心求证，得出分析后的结论。

（6）进行实际与计划的差异分析时，不能仅仅凭超额完成计划或未完成计划就简单认为经营管理控制有效或者失效，而应结合经营环境的具体状况、计划的合理性进行分析并得出结论。

（7）会展企业理财的过程和效果往往受制于一定的外部环境，要想全面深刻地认识企业财务报表项目的变化，必须将企业的内部环境与外部环境结合起来。

第四节　会展场馆利润管理

一、会展场馆利润管理的基本概念

利润是项目正常运营的基础，是评价场馆经济效益的重要标准。从一般意义上说，企业利润管理包括利润规划、利润控制和利润分配三部分工作。会展场馆利润管理，是场馆管理者制定目标利润，并以目标利润为标准，对项目资金运动全过程进行决策、计划和控制，保证财务目标实现的一系列活动。

（一）会展利润管理的内容

会展场馆的利润管理主要包括利润规划和利润控制两部分。在会展场馆正式开展前，管理者应通过科学的收支预测，规划并制定出项目的最优目标利润，作为场馆的财务管理目标。

在场馆的运营过程中，全部财务管理工作都要围绕目标利润展开，应对影响目标利润的各项因素进行检查、监督和控制，并采取各种措施增收节支，提高利润，保证目标利润的实现。

（二）会展场馆利润管理的作用

利润管理是场馆财务管理的重要组成部分，对场馆的正常、高效运营和会展企业的发展壮大起着重要的促进作用。利润管理的具体作用体现在以下几个方面。

1. 指导作用

会展场馆的资金运动在时间上包括诸多环节，在空间上包括诸多方面。目标利润为会展场馆的全部资金运动提供了一个明确方向，使场馆的财务管理工作按照既定的目标有计划、有步骤地进行，在保证场馆取得良好社会效益的前提下，合理筹集资金，高效使用资金，使有限的资金取得尽可能大的经济效益。

2. 激励作用

明确的目标是调动各方积极性的重要条件。与其他各项指标相比较，利润指标和企业发展与员工利益的关系最为密切。目标利润体现了会展企业和全体员工的共同利益，有利于调动各个部门和每个员工的积极性和创造精神，使整个团队步调一致，群策群力，努力拓宽收入渠道，有效降低成本，千方百计做好会展项目的各方面工作。

3. 考核作用

利润是企业经营管理水平和经济效益的综合体现。以目标利润作为财务管理目标，提供了检查和考核项目工作质量和经济效益的一项重要标准。在会展场馆的进行过程中，可以根据财务预算的实施进度，随时检查和控制各项收支情况；结束之后，可以根据目标利润的实现程度，客观考核和全面评价场馆的工作质量和经济效益情况，并总结经验，查找不足，为今后更好开展经营创造条件。

4. 发展作用

利润是会展场馆发展壮大的经济基础。会展场馆是以营利为目的的经济组织。会展场馆维持生存和发展壮大的唯一途径，是成功完成项目并取得利润。通过有效的利润管理，会展场馆可以不断积累资本，塑造一个高效、成功企业的良好形象，为今后的发展创造良好的条件。

二、会展场馆的利润规则

利润规则是在一定的条件下，通过对未来销售水平、成本水平的合理预测确定目标利润的过程。利润规划是现代科学管理方法之一，项目组织者应当在分析市场需求状况、自身提供服务或产品的能力以及其他辅助产品的供应状况等具体条件的基础上，通过对项目的规模、定价、成本和风险等情况进行分析和测算，合理地制定出目标利润。

进行目标利润规划的主要方法是本量利分析法。这种方法以研究成本对业务量的依存关系为基础，研究成本、业务量和利润三者之间的相互关系，也称为成本性态研究，是目标利润管理的基本方法。

成本性态是根据成本对业务量之间的依存关系而做出的一种成本分类。根据成本性态不同，可以将成本分为固定成本、变动成本和半变动成本。

1. 固定成本

固定成本是指在一定的产销量（业务量）范围内，其发生总额不随产销量（业务量）的变动而变动，而是保持相对稳定的那些成本费用支出。固定成本总额在一定时期内保持不变，因此随着产销量（业务量）的增加，单位产销量（业务量）所分摊的固定成本将减少。

会展场馆的固定成本是指在展览项目的既定规模内，不随展览会数量、参展商和观众人数的变化而变化的那些成本费用支出，如员工工资、宣传广告费、保险费、通信费、固定资产折旧和财产税金等项目。

值得注意的是，固定成本是和一定时期的一定产销量（业务量）相联系的。从长期来看，所有的成本都是变化的，没有绝对不变的成本。当产销量（业务量）超过项目预定的规模时，企业就必须增加必要的设备和人员，固定成本总额也随之增加。

2. 变动成本

变动成本是指在一定的产销量（业务量）范围内，其发生总额随产销量（业务量）的变动成正比例变动的那些成本费用支出，包括直接材料、直接人工、流转税金和佣金等项目。与固定成本不同，变动成本总额随产销量（业务量）的变动成正比例变动，而单位产销量（业务量）所支出的变动成本则保持不变。

会展项目的变动成本是指在展览项目的既定规模内，随展览会数量、参展商和观众人数的变化成正比例变化的那些成本费用支出，如注册工本费、资料费、招待费、礼品费、交流研讨费用和营业税金等。

3. 半变动成本

半变动成本是指在一定的产销量（业务量）范围内，其发生总额随产销量（业务量）的变动而变动，但不成正比例变动的那些成本费用，管理费用和销售费用中的很多项目都属于半变动成本。

三、会展场馆的利润控制

目标利润的制定建立在对未来销售和成本预测的基础上。其依据是历史数据和市场预期，具有不确定性。因此目标利润制定后，在经营过程中，要对影响目标利润的各项因素进行控制。项目组织者的计划，营销和财务等各部门应通力合作，争取各种措施，增加项目利润，保证目标利润实现。

1. 确保服务质量

服务产品的质量直接关系到项目的成败，管理应将质量管理不断纳入战略管理过程，根据市场的变化制定质量战略，包括制定质量目标和质量规划等。良好的服务质量将会大大提高项目的知名度，扩大项目影响，有助于目标利润的实现。更为重要的是，良好的市场评价会为今后项目的开展奠定信誉基础，增强项目和企业的长期影响。

2. 拓宽收入渠道

拓宽收入渠道主要从两方面入手：

（1）开发新的服务产品。开发适销对路的新产品，是扩大场馆影响和提高收入的重要途径，是实现目标利润的重要手段。建立高效的新产品开发系统，认真策划和实施新产品的开发计划，并根据市场情况和环境的变化，对新产品的开发做出调整。

（2）吸引更多企业对项目进行赞助或捐赠。赞助是一种商业行为，赞助商要求获得商业回报，如提高知名度、推广产品、扩大市场影响等。管理者应充分挖掘项目潜力，为这些企业带来商业回报，争取更多的赞助或捐赠。

3. 改进营销策略

营销策略是影响利润的一个重要因素，主要包括四个方面的内容：商品策略、定价策略、分销渠道策略和促销策略。管理者应根据会展的目的，制定正确的商品策略；在此基础上，根据服务产品的性质和受众范围，确定合理的定价策略；同时，选择适当的销售渠道，加强广告宣传，采用多种促销方式，运用定点销售、人员销售以及公共营销等手段扩大市场影响力，以提高营业收入和利润，保证目标利润的实现。

4. 控制成本费用

根据成本性态的不同，场馆的成本控制可以分为变动成本控制和固定成本控制。

变动成本的控制可以从以下几方面进行：①加强材料管理，改进材料的采购、收发、验收、挑选、分级等一系列工作，保证材料的质量；②提高材料利用率，节约材料消耗；③提高设备的利用率，充分发挥现有设备的能力；④提高服务能力，减少差错的发生，降低运营过程中的修正费用。

固定成本的控制可以从以下几方面进行：①对营业费用、管理费用和财务费用中属于固定成本的部分，编制相应的预算，并随时反映和监督各项费用预算的执行情况；②审核费用支出是否符合开支范围和开支标准；③建立费用的审批制度，严格规定各种费用的审批单位和审批权限。

5. 优化资本结构

合理确定场馆资金来源中自有资金和负债之间的比例关系。在盈利状况较好、现金流量比较充足的情况下，可以适当地提高负债比例，以降低资金成本，充分发挥财务杠杆的作用，增加利润。

6. 增加和改善现金流量

现金流量的增加和改善可以减少项目的资金占用和利息支出，有助于目标利润的实现。一方面，通过编制合理的资金预算，控制现金的流出，保证场馆日常运营的资金需要；另一方面，通过控制应收应付款项数量，合理安排收付款的时间，增加场馆的现金流入。

7. 优化资源配置

对运营过程进行实时监督，盘活场馆中闲置或利用率低下的资产，使资本从低收益领域流向高收益领域，完善和调整现有经营结构，提高资产组合的质量和运用效率，优化资源配置，增加项目利润。

四、会展场馆的经济效益分析

会展场馆经济效益分析，是根据场馆运营过程中发生的财务数据和相关资料，运用科学的方法和指挥，对场馆的财务状况和经济效益做出分析和评价的工作。常用的指标有：

（一）营业利润率

营业利润率是指运营期限内的税前利润与营业收入之间的比值。其计算公式如下：

$$营业利润率=\frac{税前利润}{营业收入}\times 100\% \qquad (7.1)$$

其中，税前利润是指项目各项经营活动收入扣除成本费用和销售税金后的余额。

该指标的经济意义在于反映会展场馆所有经营活动的综合收益水平，即每单位营业收入能够创造多少税前利润。营业利润率能够比较全面地反映场馆的经济效益情况。这是因为，该指标不仅反映了营业收入与其直接相关的成本费用之间的关系，还将期间费用纳入支出项目从收入中扣减，更直接地反映了场馆整体的经济效益。

在公式中，税前利润与营业利润率成正比关系，营业收入额与营业利润率成反比关系。项目营业收入的增加，也会引起营业成本和各项期间费用的增加，只有最终获得更多的税前利润，才能使该比率保持不变或有所提高。该比率越高，项目通过扩大会展规模获取受益的能力越强。通过分析该指标的升降变动，可以促使场馆组织在扩大运营规模的同时，注意改进经营管理，控制成本费用支出，提高经济效益。

需要指出的是，上述方法计算出来的利润率指标，有时不能准确地反映场馆运营活动本身的经济效益，因为该指标不仅受到运营活动本身的影响，还要受到场馆筹资决策的影响。为了真实地反映项目运营活动本身的经济效益，在计算时应剔除筹资决策对运营活动经济效益的影响，可将公式改为：

$$营业利润率=\frac{息税前利润}{营业收入净额}\times 100\% \qquad (7.2)$$

式中，息税前利润是指税前利润与利息净支出之和。

（二）成本费用利润率

成本费用利润率是指运营期限内的税前利润与成本费用总额的比率，其计算公式如下：

$$成本费用利润率=\frac{税前利润}{成本费用总额}\times 100\% \qquad (7.3)$$

其中，成本费用总额是指营业成本与营业费用、管理费用、财务费用这三项期间费用的总和。

该指标的经济意义在于反映场馆成本费用支出的收益水平，揭示场馆耗费的创利能力，即每单位综合性耗费能创造多少税前利润。这一比率越高，说明项目为获取一定收益而付出的代价越小，经济效益越好。

成本费用利润率从资源耗费角度说明场馆的获利情况，有利于促进场馆管理者加强内部成本控制，降低成本费用，评价场馆组织对成本费用总额的控制能力和管理水平。为了排除资本结构对指标的影响，也可考虑在公式中用息税前利润替代税前利润。

（三）总资产报酬率

总资产报酬率是指场馆运营期限内的息税前利润与场馆平均总资产的比值，其计算公式如下：

$$\text{总资产报酬率} = \frac{\text{息税前利润}}{\text{平均总资产}} \times 100\% \quad (7.4)$$

其中，息税前利润是指税前利润与利息净支出之和；平均总资产是期初和期末的总资产的平均值。

该指标的经济意义在于反映场馆总资产的使用效率，即每单位总资产的占用所能获取的息税前利润。指标值越高，场馆总资产的整体经济效益越好。

总资产报酬率从投入和产出方面评价了场馆全部资产和运营效益。

总资产报酬率指标的最大优点，是评价场馆经济效益时不受场馆资本结构的影响。

（四）净资产收益率

净资产收益率是指场馆运营期限内的净利润与平均净资产的比值，其计算公式如下：

$$\text{净资产收益率} = \frac{\text{净利润}}{\text{平均净资产}} \times 100\% \quad (7.5)$$

其中，净利润是指场馆取得的税后利润，净资产是指场馆投入的自有资金，也即总资产减负债后的余额。平均净资产是场馆开展初的净资产与项目结束时的净资产的平均值。

该指标的经济意义在于反映场馆净资产（自有资金）的使用效率，即每单位净资产的占用创造多少净利润。该比率越高，说明场馆的经济效益越好。该指标反映场馆自有资金的投入产出比率和保值增值情况，用于评价场馆组织的综合经营管理水平。

净资产收益率是多种因素综合作用的结果，是一个核心的、综合性的财务比率指标。

（五）投资回收期

投资回收期是指用场馆营业净现金流量收回初始投资所需要的时间，其计算公式如下：

$$\text{投资回收期} = \frac{\text{累计净现金流量}}{\text{转为正值时的年份数}} = \frac{\text{至该年累计净现金流量}}{\text{该年营业净现金流量}} \quad (7.6)$$

该指标能够反映场馆投资的前期效益和风险程度。投资回收期越短，说明项目前期的现金流入越大，前期的经济效益也越好，场馆投资的风险程度就越小；反之，表明场馆前期的现金流入较少，场馆投资的风险较大。当投资回收期小于或等于基准投资回收期时，投资项目可行。

该指标能够促使会展场馆尽快收回投资，对于一些高风险的会展场馆。运用投资回收期进行经济效益分析具有重要意义。但是投资回收期只考虑项目前期的经济效益，没有考虑回收后剩余寿命期内的经济效益情况，因此，不能准确反映整个场馆寿命周期内的经济效益情况。

以上各项指标分别从不同角度和层面反映会展场馆的经济效益状况，各有优点和缺点，因此必须结合使用，才能对会展场馆的经济效益做出全面、客观的评价。

第五节　会展场馆经营价格、票务与收费管理

一、会展场馆的经营价格管理

价格管理是指对商品价值货币表现的调节与管理。

会展场馆的经营价格管理是指对会展场馆经营范围内所体现的商品价值货币表现的调节与管理。场馆的经营价格，主要是指由场馆与主办单位合作共同策划组织会议展览活动的分成；展厅、会议厅、商务用房、辅助空间、广告位、展具、各类器材的出租；摊位的设计与搭建、门票、仓储、运输、商务中心、餐饮、客户住宿、气氛布置、美工制作、水、电、气等的收费体系和价格等。场馆经营项目的价格，大体可分为相对固定的和因其性质、内容、难易程度或艺术、科技水平不同而灵活变易的两类，通常也都有上、下限的变易幅度。合理地掌握好价格的调节与管理，是搞好会展场馆经营的重要经济手段，也是在行业竞争中取胜以及赢得客户、留住客户的重要原因之一。

（一）影响和决定会展场馆的经营价格的因素

1. 成本核算

主要是指按照正常经营主体基本条件的价值计算，诸如会议展览场所器材设备、服务设施的优劣及其投入、服务质量与技术难度，以及级差地租原理的运用等。这些都是制定会展场馆经营价格的基本依据。

2. 市场调查

关注与掌握市场流通的价格信息，是调节与制定会展市场的经营价格的重要辅助条件；与国内同类城市同档次场馆价格进行比较，与省内周边城市展馆价格比较，若是巡回展要与前几期在其他场馆收费进行比较。

3. 展会规模

考虑一次租用展厅的总面积及时间长短，根据总量确定优惠程度。

4. 影响力

根据品牌展览或一般展览、高层次会议或一般会议，考虑能否为场馆增加品牌影响的因素。

5. 展会类别

考虑专业展、综合展、展销会、国际性、全国性、地方性、定期展、不定期展、巡回展、一次性展或将长期举办的展会等因素。

6. 承办单位

新、老客户合作诚意、配合默契程度、信誉、办展历史和业绩等。

7. 时间段

淡季、旺季、假期、买方市场、卖方市场等。

8. 活动项目

考虑单项或多项；综合捆绑计费或分项单列计费及相互间的平衡关系。

9. 合作方式

纯粹出租场地或前期合作（共同投入或单方投入）结束时扣除双方确认的费用后分成等。

10. 场馆因素

从新场馆经营初期的低价位到创立品牌场馆后的逐步提升。

11. 产生效益

场馆的直接经济效益、潜在效益、社会效益。

12. 其他

除以上因素外还必须考虑场馆在经营管理过程中遇到各类公共关系的因素。

（二）会展场馆经营价格的制订原则

会展场馆的经营价格一般应掌握以质论价的原则，并随行就市、顺应市场需求、不过高也不偏低。过高的价格会影响客户的光顾和产品的销售，过低的价格则影响会展场馆本身的收入。精确的价格管理工作者不应墨守成规，要善于观察和谋略，不断探求价格规律，以利增加收入。诸如供不应求时适当提高价格，供过于求时随机降低价格；薄利“多销”、厚利“多销”、“多销”多利等。保持会展场馆的经营价格稳定与高效的关键，是要提高会展场馆服务设施、服务技术的质量以及服务的水平，即“以质取胜”。

（三）会展场馆经营价格的制订

通常争取成本加成定价法，就是在经营成本的基础上加上一定比例的利润和税金，得出基本价。由具备经营意识和市场经济意识的专业人员和财会人员共同研究，报总经理审批，并报当地物价部门批准。而经营价格的具体执行则针对不同对象，根据市场需求，竞争因素及以上提到的各种情况，由业务部门在谈判时按场馆规定的幅度灵活掌握进行调节。

二、会展场馆的票务管理

场馆的票务管理是指入场券、参观券、请柬、交易证等的服务与管理。搞好票务管理是会展承办单位组织参展参观客户的基本环节，也是会展场馆的财务和保卫工作的组成部分。

（一）入场券、参观券（请柬、交易证）的作用

1. 媒介、联络、导向作用

介绍会议展览名称、会期展期时间、地点、主承办单位等。

2. 凭证作用

开会、参观都要凭票入场。

3. 组织、控制作用

票务发放数量是组织观众、控制人流的有效手段。

4. 传播作用

运用票面广告，扩大宣传效果。

5. 增收作用

有些入场券、参观券都是有价的，可以增加一定的经济收入。

6. 美化作用

设计、印刷美化票面，以增加对观众的吸引力。

7. 公关作用

美观大方的请柬，入场券可以表达盛情、尊敬和欢迎之意。

8. 统计作用

入场券、参观券的印刷编号，是各项统计的依据。

据此，精心组织，合理安排，搞好入场券、参观券的分配和销售，是会议和展览活动的重要工作之一。

（二）票务的内容

票务既有经营、公关的内容，又有财务管理和人流控制的内容。它包括入场券、参观券印刷、保管、发放、销售和票务统计等一系列工作。具体内容有：

（1）票券印刷要按照会议展览规模、会期、预测观众总数，根据设计的票面样稿，由业务部门与印刷厂联系，签订合同，对其印刷数量、价格、纸质、字体（形）、色彩以及交货日期等都要在合同中明确规定，以做验收和结算费用的依据。

（2）大型会展活动一般设票务组，专职管理各类票券的接收、盖印（票务章）、分配和出售工作。票务组的人员配置，可根据展览规模大小设专职或兼职，也可临时组建调配人员。

（3）由于会展活动的组织者不同，因此，票务的安排方式不同。一般说，会展主办单位对票务负有直接责任，具有安排分配的权利，会展场馆有时虽然是会展活动的承办者，但承担着许多具体任务（票券发放和销售），因此，主办与承办双方，在筹办会展活动之初，就要妥善协商，确定票额的合理分配比例，并由会展场馆票务组执行。会展场馆自己主办的会展活动，由场馆票务组负责安排；若联合主办的会展活动，则按协议规定办理。

（4）入场券和参观券分为赠券、售券两种，根据会展活动性质和内容决定一种或两种。一般情况下，国际性的技术展览、国内的科技成果展览、技术展评会、法制宣传展览等，大都采用按系统组织参观或专业参观的方法，一般不收费用。此外，国内许多展览、展销会都是收费的，并采取赠券和售券两种方式兼用，票价按展览、规模、和展出价值而定。订货会的交易证收费较高，其受益归主办单位，联合主办则共同得益。其他各种会议则根据其规格和类别，有收费有不收费。

（5）票务发放采用赠券、售券相结合的方式。赠券要加盖赠券印章，主要安排给办会办展、协作单位、领导部门、新闻单位和参会参展人员等。这是内外公关活动中务必注意的问题。至于赠券的数量多少，要视不同展览灵活掌握，一般控制在票券总数的30%左右。售券采用组织团体预售与零售相结合，通过向社会各界广发票券预售通知和通过新闻媒介发布广告信息。

（6）入场券、参观券的售券与赠券要分别管理。售券属于有价券，应纳入财务管理范畴。票券印妥后，财务部门、票务组要进行验收入库。票务组要把印刷、发放数，包括赠券、售券的比例分配等详细情况开列清单报财务部门审核，并报主管负责人批准执行，并建立两套与财务相适应的账目：即保管员的“票券管理账”和售票员的“领、售票及现金账”。

（7）展会结束，票务组应将赠券分发和销售记录表报财务部门，经财务核对款项一致后，签署意见上报主管负责人审批归档。余票由财务部门验证封存，一年后上报上级批准销毁。

【复习思考题】

1. 简述财务管理的概念、内容、具体目标、方法和原则。
2. 简述会展场馆财务预算管理的概念、作用、内容、编制。
3. 试述会展场馆会计核算与财务分析。
4. 简述会展场馆利润管理。
5. 简述会展场馆经营价格、票务与收费管理。

【案例分析】

会展场馆筹资策略分析

A 国际会展中心计划筹资 2 亿元人民币用于企业发展，财务管理人员根据行业财务比例资料、公司的资产负债表和利润表，如表案例中的 7–9、案例中的表 7–10、案例中的表 7–11 所示，向公司董事会提出两个筹资方案：一是出售 2 亿美元的债券；二是发行 2 亿美元的新股。A 国际会展中心的股息开支为净收益的 30%，目前债券成本为 10%（平均到期日为 10 年），股权成本为 14%。如果选择发行债券方式筹资，则债券成本上升至 12%，股权成本上升至 16%；如果选择股权方式筹资，则债券成本仍为 10%，而股权成本下降至 12%，新股计划发行价格为 9 元 / 股。

表 7–9　行业财务比例

单位：%

项目	比率
流动比率	2.0
销售收入/总资产	1.6
流动负债/总资产	30
长期负债/净资产	40
总负债/总资产	50
固定资产偿债率	7
现金流量偿债率	3
净收入/销售额	5
总资产收益率	9
净收入/资产净值	13

表 7-10　A 国际会展中心资产负债表

2016 年 12 月 31 日　　单位：百万元

资产		负债及所有者权益	
项目	金额	项目	金额
流动资产总计	1000	应付票据	300
固定资产净值	800	其他流动负债	400
		总流动负债	700
		长期负债（利率10%）	300
		总负债	1000
		普通股（面值1元）	100
		实收资本	300
		未分配利润	40
总资产	1800	负债及所有者权益	1800

表 7-11　A 国际会展中心利润表（2016）

单位：百万元

项目	2015年	筹资后预估
总收入	3000	
折旧费	200	
其他支出	2484	3400
净营业收入	316	220
利息支出	60	2820
税前净收入	256	360
所得税（税率50%）	128	
净收益	128	

风险利率为 6%，市场预期收益率为 11%。债券 10 年到期，除了目前每年需要 2000 万元偿债基金外，还需每年增加 2000 万元偿债基金。

分析要求

根据本案例的特点，从筹资风险、资本成本和筹资活动对企业控制权的影响等几个方面对两种筹资方式进行比较分析，确定 A 国际会展中心应选择哪一种筹资方式。

分析重点

企业筹资决策时分析的问题主要有以下几个方面：

资金的需求量；

资金的使用期限；

资金的性质（债券或股权）；

资金的成本及风险；

资金增量对企业原有权利结构的影响。

分析提示与参考答案

1. 风险分析

（1）财务指标分析。

A供给会展中心的财务结构表如表7–12所示，从中可以看出，公司的流动负债比率和总负债比率均高于行业标准，表明公司目前的财务风险较高，如采用债券筹资，财务结构比率将更加恶化；而用股权筹资，长期负债与净资产的比率将好转，可达到资产负债比率的行业标准。因此，A国际会展中心应当将一些流动负债变成长期负债。

表7–12 A国际会展中心财务结构表

单位：百万元，%

项目	目前		预计				行业标准
			债券筹资		股权筹资		
	数量	百分比	数量	百分比	数量	百分比	百分比
流动负债	700	39	700	35	700	35	30
长期负债	300	17	500	25	300	15	20
总负债	1000	56	1200	60	1000	50	50
股权	800	44	800	40	1000	50	
总资产	1800	100	2000	100	2000	100	
长期负债/净资产		38		63		30	40

（2）固定费用偿债率评价。

从表7–13可以看出，A国际会展中心的固定费用偿债率低于行业标准，利用债券筹资使情况进一步恶化，而利用股权筹资则将使公司情况接近行业标准。

表7–13 A国际会展中心固定费用偿债率

单位：百万元

项目	目前	预计		行业标准
		债券筹资	股权筹资	
净营业收入	316	360	360	
利息支出	60	90	60	
固定费用赔偿率	5.27	4.00	6.00	7.00

（3）现金流量偿债率评价。

表7–14分析了A国际会展中心的现金流量偿债率。与行业标准3.00相比，债券筹资后现金流量偿债率似乎很令人满意，然而，考察这个结果时必须考虑到其他现金支出需求。这些需求包括预计的债务本金支出、优先股利息、租赁契约下的租金支付及一些为维持公司持续运营所必需的资本支出。如果将现金支出的定义拓宽，A国际会展中心的现金流量偿债率必然会下降。

表 7-14 A 国际会展中心现金流量偿债率

单位：百万元

项目	目前	预计		行业标准
		债券筹资	股权筹资	
净营业收入	316	360	360	
折旧费用	200	220	20	
现金流入	516	580	580	
利息支出	60	90	60	
偿债基金支付	20	40	20	
税前偿债基金支付	40	80	40	
现金流出需求	1	170	100	
现金流量偿债率	5.16	3.41	5.80	3.00

（4）系统风险水平评价。

A 国际会展中心目前的股权成本为 14%。β 值及 β 系数，反映个别证券相对于市场的全部证券的平均收益率的变动程度。如果通过债券筹资，股权成本将上升至 16%，这意味着新的 β 值可由 0.16=0.06+（0.05）β 计算得出，β=2.0（债券筹资 β 值）。如果利用股权筹资，股权成本将降至 12%，这说明新的 β 值可由 0.12=0.06+（0.05）β 计算得出，β=1.2（股权筹资 β 值）。可见，债券筹资会加大公司的系统风险，而股权筹资则会降低公司的系统风险。

根据上述分析可以得出以下结论：如果用债券筹资，财务结构比率高于行业标准，固定费用偿债率不足，现金流量偿债率下降，而且将使 β 值增至 2.0（高于股权筹资 β 值 1.2）。因此，从风险角度考虑，股权筹资要优于债券筹资。

2. 资本成本分析

不同筹资方式的成本是不同的。通过计算利息费用，如表 7-15 所示，可以得到不同筹资方式下公司股票的收益情况。

表 7-15 A 国际会展中心负债利息的计算

单位：百万元

项目	不扩张		债券筹资		股权筹资	
负债类型	数额	比例	数额	比例	数额	比例
3亿元短期应付票据	30	10%	36	12%	30	10%
3亿元已发行长期债券	30	10%	30	10%	30	10%
2亿元新发行长期债券			24	12%		
总利息支出	60		90		60	

由表 7-16 可知，公司不扩张时利息总支出为 6000 万元；股权筹资将使利息支出不变；长期债券筹资，负债成本将升至 12%。因此，所有负债的机会成本都将为 12%，这可以说明所有负债的利率将为 12%。然而长期负债的实际利率仍维持在 10%，而短期应付票据将定期以 12% 的利率被新票据取代。如果利用发行债券方式筹资，利息总支出将为 9000 万元。利用利润表的资料，如表 7-17 所示，股权的市价可计算出来。如表 7-18 所示。

表 7-16 A 国际会展中心利润表

单位：百万元

项目	不扩张	债券筹资	股权筹资
净营业收入	316	360	360
利息支出	60	90	60
税前净收入	256	270	300
所得税（税率50%）	128	135	150
净收益	128	135	150

两种筹资方式下，净收益均适用股权成本资本化以获得股权的市价总值，每股的价格也可确定。在不扩张方案或以债券筹资的情况下股票总数不变，说明如果发行股票，每股发行价为 9 元，所需 2 亿元资金除以 9 元等于 2220 万股。这样，总股数为 1.222 亿股（最初的一亿股加上 0.222 亿股），将股权总价值除以股票总数即等于每股价值。用债券方式筹资时股价下跌，而用股权方式筹资时股价上涨——即股权筹资比债券筹资更有利。股价最大化的决策目标表明，债券筹资方案是不可行的。

表 7-17 A 国际会展中心股权市价总值

单位：百万元

项目	不扩张	债券筹资	股权筹资
净收益（NI）	128	135	150
股权成本（Ks）/%	0.14	0.16	0.12
股权价值（S）	914	844	1250
股票总数/百万股	100	100	122.20
每股价值/美元	9.14	8.44	10.23

对资本成本的影响评价

杠杆比率随债券增加而增大，随股权增加而减少。如表 7-18 所示。

表 7-18 A 国际会展中心的杠杆比率

单位：百万元

项目	不扩张	债券筹资	股权筹资
总负债	600	766	600
公司市价	1514	1610	1850
总负债与公司市价比	0.40	0.48	0.32

$$K_b\ (1-T)\ (B/V)\ +K_s\ (S/V)\ =K_W \qquad (7.7)$$

式中：K_b——债券成本；T——所得税税率；B/V——债券在总资产中的比例；K_s——股权成本；S/V——股权在总资产中的比例；K_W——加权平均资本成本。

不扩张：$0.10\times0.5\times0.40+0.14\times0.60=10.4\%$

债券筹资：$0.12\times0.5\times0.48+0.16\times0.52=11.2\%$

股权筹资：$0.10\times0.5\times0.32+0.12\times0.68=9.8\%$

债券筹资将使 A 国际会展中心的资本成本从 10.4% 升至 11.2%，而股权筹资使资本成本降至 9.8%。即债券筹资使股价下跌，股权筹资使股价上涨。

3. 对控制权的影响

风险分析及成本分析都说明股权筹资方式要明显优于债券筹资方式，但发行股票会分散公司的控制权。不过，如果公司的普通股较分散，控制权问题不足以影响公司利用股权筹资。

通过上述分析可以看出，如果选择债券筹资将会使公司的风险大大增加，而随着风险的增加，债券成本和股权成本都会增加。通过股权筹资，普通股股价会相应上涨而且资本成本会降低，同时也不存在控制权分散的问题。因此，A 国际会展中心应采用普通股筹资方式。

资料来源：朱传华 . 财务管理案例分析 [M]. 北京：清华大学出版社，北京交通大学出版社，2007. 根据其中案例资料整理而成。

思考题：

搜集你所在城市会展中心的财务报表，应用所学财务管理知识，对该会展中心的财务状况进行分析和评价。

第八章

会展场馆现场管理

【本章导读】

会展场馆在举办具体的会展活动过程中，现场管理是一个非常重要的内容，涉及在会展场馆经营活动中检查、监督，确定会展活动进展情况，对实际工作与计划工作所出现的偏差加以纠正，确保整个会展活动的顺利进行。本章从会展场馆现场管理入手，分别介绍了会展场馆现场管理概述、展览场馆现场管理及流程、会议场馆现场管理及流程、展览会的开幕式、参会人员的登记、进出和各类证件管理、会展场馆广告位管理。

【学习目标】

1. 明确会展场馆现场管理的概念与内容、原则、现场作业手法；
2. 了解、掌握展览场馆现场管理及流程；
3. 了解、掌握会议场馆现场管理及流程；
4. 了解、掌握展览会开幕式的现场管理；
5. 了解、掌握参会人员的登记、进出和各类证件管理；会展场馆广告位管理。

【导入案例】

唐山国际会展中心广告服务管理规定

会展中心拥有展馆内部及建筑周围地区的广告发布权，主办单位可要求使用上述空间中的广告位进行广告或宣传，并按报价交费。

一、展馆内部广告

1. 广播：循环播放按字数和次数收费。

2. 大屏幕：可播放光盘资料，亦可播放文字信息。

3. 室内吊旗、彩旗、喷绘（含制作费和不含制作费），在展馆规定的范围内悬挂，不得擅自随处悬挂。

二、展馆外部及周围建筑物广告

1. 主会标：展馆正上方巨型布幔或喷绘（含制作费和不含制作费）。

2. 条幅、布幔和喷绘（含制作费和不含制作费），悬挂地点听从大会统一安排。

3. 彩虹门、气拱门、气飘、气柱、立体充气模型等。

4. 护栏、彩旗（印字、不印字）、道旗（含制作费和不含制作费）。

5. 灯箱（含制作费和不含制作费）。

6. 跨街天桥布幅。

三、会刊、门票

每个展会都制作与之相匹配的会刊和门票，这也是商家进行广告宣传的媒介。

1. 电视台、报刊等新闻媒体的广告宣传

2. 客户需求临时开发的其他广告资源

3. 单位或参展商必须确保以上广告的合法性，并严格遵守《中华人民共和国广告法》的有关规定，否则本中心有权不予发布。

所有广告发布费用均按合同额的 5%~6% 向工商管理部门交纳。

所有广告的悬挂费用按空间高度和难易程度计算。

案例思考

1. 唐山国际会展中心广告服务管理有哪些可借鉴的经验？

2. 唐山国际会展中心广告服务管理规定有哪些不完善之处？应如何改进？

资料来源：郭海霞《会展场馆经营与管理》，教育科学出版社 2013 年版，案例资料整理而成。

第一节　会展场馆现场管理概述

一、会展场馆现场管理的概念

会展场馆现场管理中，现场应是执行或实施展示、展出各个环节的操作时段，地点以被主办方开始启用后的场馆为主，也包括其他相关涉及的场所，如运输、拆卸货物的场地等。

从广义上来说，会展场馆现场管理是展览主办方、场地方、参展方等各方面对会展场馆现场实施的客体管理，时间上从布展到开展，直至撤展结束。

从狭义上来说，会展场馆现场管理是场馆方从进馆布置的第一天到撤展结束的这段时间内，对包括参展商、搭建商、运输商等各类服务商在内的各实施单位在现场按原有计划进行有序工作的协调、监督和管理，以及对参展商、观众在现场所发生的一切需求所进行的协调、服务和管理。

由于现场管理集中在这个特定的时间段，并且是一个不长的时间段，所以各种事务显得集中、众多和烦琐。但是，正因为如此，现场管理更为重要，是一次会展能成功的举足轻重的部分。

二、会展场馆现场管理的基本内容

现场管理是企业内部管理的出发点和落脚点，各专业管理、各领域都要通过现场管理去贯彻落实。具体来说，现场管理不是单一的管理，而是企业内部各项管理在生产现场的综合反映，是一个多内容，多因素构成的系统整体。即包含了现场生产中的人员（Man）、设备（Machine）、物料（Material）、方法（Method）、环境（Environment）等要素，对其进行合理配置和优化组合，将它们协调到最佳状态。

（一）人员（Man）

人是生产系统中最重要、最活跃的因素，也是现场管理中最大的难点。生产类企业现场人员是指在生产现场的所有工作人员——生产员工、搬运工、管理者等。

在现场人员的管理下，实现“人尽其才”，才是最佳的作业状态。要达到这种状态，现场领导者必须根据每个员工的不同性格实施不同的领导方法，这样才能充分发挥员工的个人优势，更好地激发他们的工作热忱，提高他们工作的积极性。

（二）设备（Machine）

设备是生产的重要条件，直接影响生产进度的快慢和生产质量的好坏。它主要包括现场生产中所使用的设备、工具等辅助生产用具。

（三）物料（Material）

做好现场现存的物料储备工作，是现场管理者不可忽视的重要内容之一。只有随时满足作业需要，物料管理工作才算做到。只有把握物料特性及变化点，做好应变管理，才可纵观全局。

（四）方法（Method）

现场管理中的方法一般是指生产过程中的工艺条件及所必须遵循的规章制度。一般而言，现场管理要想获得质量和进度双重保障，必须对操作方法进行不断的优化，即改善滞后及存在缺陷的操作方法。只有让执行人员轻松、快速地执行操作程序、现场生产才能取得高效率。

（五）环境（Environment）

现场的生产环境是指对产品生产和产品质量有影响的周围条件。生产现场环境对人和设备的影响都非常大。如果生产现场环境对员工的安全造成了威胁，员工就无法安心工作。总体来说，现场环境的构成包括两大方面：人的因素——心理因素、社会因素；

物的因素——气候因素（温度、通风、空气湿度等）、厂房因素（设备装置、照明、噪声等）。

良好的环境是产品质量和生产效率得到保证的前提。掌握现场管理的基本内容是现场管理者高效管理的基础。

三、会展场馆现场管理的原则

（一）以人为本原则

服务、生产活动现场是人的现场，要将现场人员的管理落到实处。

（二）分工均衡原则

合理、均衡的分工是决定生产有序进行的因素之一。

（三）责任到人原则

责任是保证服务、产品质量的基础。

（四）稳抓班组原则

班组是服务生产现场的基本单位，是良性运作的关键。

（五）亲临现场原则

管理者亲临现场是企业管理中最重要的一项内容。

（六）坚持标准化原则

标准化是服务、生产企业时刻紧抓的一项重要工作。

（七）视觉管理原则

使“问题”无处藏身必须实施视觉管理。

四、会展场馆现场作业的手法

IE（Industrial Engineering）直译为工业工程，它是综合应用工程技术、管理科学和社会科学的理论与方法知识，对人、材料、设备的综合系统设计并进行改善，以达到降低成本、提高质量和效益的目的。

现在作业 IE 的手法包括程序分析（流程分析）、动作分析、五五法与创意思考、生产线平衡分析、搬运分析、防错（防呆）法分析和时间分析。

（一）程序分析（流程分析）

程序分析是指通过调查分析现行工作流程，改进流程中不经济、不均衡、不合理的现象，提高工作效率的一种研究方法。它是对整个服务、生产过程全面、系统的概略的分析。

根据系统分析的方法，程序分析大致分为：选择—记录—分析—建立—实施—维持。程序分析按照取消（Eliminate）、合并（Combine）、调整顺序（Rearrange）、简化（Simplify）的ECRS四大原则进行。

（二）动作分析

动作分析主要是分析人在进行各种操作时的身体动作，删除无效动作，减轻劳动强度，使操作更简单有效，从而提高工作效率。其技巧是减少动作次数，双手同时动作，缩短动作距离。

（三）五五法与创意思考

五五法指5W1H，5W1H指Where（何处）、When（何时）、What（何事）、Who（何人）、Why（为何）、How（如何）。

五五法表示对问题的质疑要多问几次，不是刚好只问五次。它是一种寻求问题改善的系统化质问工具，现场管理者应熟练掌握此质问技巧，这样可以帮助发掘问题的根本原因，找出创造改善途径。

现场管理者作任何决定前都要考虑有关时间、空间、人、物、方法的范畴，针对这些范畴深入思考，取得最佳的解决方法。

（四）生产线平衡分析

生产线平衡分析是运用工序分析和时间研究等手法将生产的全部工序平均化，以达到消除作业间不平衡的效率损失以及生产过剩的一种研究方法。

现场管理者可以把握各工序的作业时间之差，调整工序的作业内容进行平衡改善。其改善方法主要有以下几种。

（1）合并相关工序，重新编排生产、服务工序，作业时间较短的工序分解后合并到其他工序中，以缩短所需时间。

（2）改变作业人员的配置，可增加各工序的作业人员或调换熟练作业人员，以提高生产效率。

（3）分担瓶颈工序的作业内容，对瓶颈工序进行作业改善。

（4）将手工改为工具或机器，或改良原有工具，以达到提升效率，缩短作业工时的目的。

（5）提高作业人员的技能，可运用现场指导或定期培训考核。

（6）调整作业时间，使作业人员完成作业任务，不必因多余作业耽误时间。

（五）搬运分析

搬运分析是以搬运距离、搬运数量和搬运方法为分析对象，研究加工产品在空间放置的合理性的一种分析方法。其改善方法主要有以下几种。

（1）减少不合理搬运作业。减少、合并和取消不必要的搬运作业，通过改善搬运作业，不断提高劳动效率。

（2）提高人员的水平，定期对服务、搬运人员进行操作训练和安全教育，加强人员的搬运水平和安全意识、保证操作人员安全、健康、舒适地工作。

（3）优化设计存放器具。

（4）加强集中搬运。可以成箱成批地进行单元化搬运，按照车辆时刻表备货，减少搬运时间，避免等待和空搬造成的浪费。

（5）保持产品摆放有序。

（6）使用搬运设备。

（7）缩短搬运的路径。缩短各工序之间的距离，减少搬运的中转站，还有保证搬运通道畅通，避免走弯路和逆道。

（六）防错（防呆）法分析

防错法又称防呆法，顾名思义，是防止呆笨的人做错事的方法，它使作业人员无须特别注意也不会失误。此种方法应用范围广泛，在作业操作、产品使用和文件处理上皆可看到。其改善方法的基本步骤如下。

（1）发现人为疏忽。现场管理者发现疏忽后，搜集相关资料进行调查分析，找出人为疏忽的根本原因。

（2）制订防错法改善方案。现场管理者对发生缺陷的操作程序仔细研究，把每一步骤文件化，制订防错法的改善方案。

（3）实施防错法改善方案。现场管理者召集作业人员，详细说明改善方案内容、分派任务、对作业程序进行改进，如需相关部门协作，与相关部门负责人协商，共同完成改善方案。

（4）确认改善方案实施效果。现场管理者实施改善方案后，检查是否达到预期效果，如果没有，修改方案中相关程序，直到对防错有效为止。

（5）持续控制及改善。现场管理者要注意加强日常管理，不断改善，若发生新问题要能马上处理。

（七）时间分析

时间分析是采用某种测时器或记录装置对时间及产出做定量分析，找出作业时间利用不合理的地方并进行改善，从而设定标准时间的一种研究方法。其目的是：合理分配作业人员的作业任务；改善作业工具，使作业标准化；设定标准时间，使作业方法标准化；发现不合理的作业时间，为改善作业方法提供依据。

五、会展场馆现场环境 5S 改善法

（一）5S 推进的三个阶段

所谓 5S 推进，就是从强制执行标准形式开始，潜移默化地改变大家的行事风格，直到这些标准成为每个人的习惯，习惯成自然后，对大家来说一切规范都已经顺理成章，以至于在良好实施 5S 的现场，很多人甚至根本察觉不到它的存在。

1. 秩序化阶段

这个阶段以形式为主，包括整理、整顿和清扫，即先做到秩序化，让行事深入人心，再考虑下一步的推进。本阶段由管理者制定统一的标准，强制性执行。

2. 活力化阶段

本阶段是在整理、整顿和清扫的基础上，加上了清洁一项，将前面 3 个 S 规范化成现场的行事标准长期执行，直到潜移默化成习惯。通过推进 5S 活动使现场充满生机、活力，体现出一种改善的氛围。

3. 透明化阶段

这个阶段主要是提升人的素养。素养是 5S 最核心的部分，也是 5S 最终能落实的因素。管理者制定繁复的标准，不厌其烦地监督现场的整理、整顿、清扫、清洁的工作，目的就是为了一次次重复的工作，养成现场工作者良好的习惯，共同提升品德和素养。

本阶段主要实施管理制度的公开化、透明化，以形成公平竞争、人人积极向上的局面。

5S 活动的推进是各层级递进的过程。先通过强制性手段，用整理、整顿、清扫打造井然有序的现场，再用一定的标准来规范化前三者的结果，配合适当的奖惩制度，使良好的习惯深入人心，成为自身修养。坚持推行 5S 活动，将使现场长期、稳定地保持干净优美的环境，每个工作环节都有条不紊，消除安全隐患，提高生产效率。

（二）5S 的含义与推进步骤

1. 整理（Seivi）

5S 的第一步是整理。整理就是把现场的物品严格区分，保留需要的物品，合理处理不需要的物品，以腾出更多的空间，打造一个宽敞、整洁的现场环境。

推进步骤：①全面检查现场，包括看得到和看不到的地方；②制定判别“需要”和“不需要”的标准；③决定“所需要”物品的日常用量及放置位置；④制定废弃物处理方法，标准化落实到人。

2. 整顿（Seiton）

整顿，就是对整理之后留在现场的物品，规定位置，明确数量，明确标示，做到需要的时候立刻取出，用完之后迅速归位，让所有人都不用浪费时间找东西。

推行步骤：①布置流程，落实整顿步骤的工作；②确定放置场所，原则上要 100% 设定；③规定放置方法，明确放置数量；④划线定位，确保生产线附近只放需要的物品；⑤统一现场标示方法，做到物品标志“一对一”。

3. 清扫（Seiso）

清扫，就是将工作场所打扫干净。这并不是一般意义上的日常打扫。除了扫地，擦设备这些日常的打扫外，还包括整个现场的各个部分，特别是平时容易忽视的卫生死角。尤其要注意查找现场的隐患，及时处理创造一个干净、安全的工作环境。

推进步骤：①布置清扫责任区，落实到人；②先完成日常的清扫工作；③保养设备，查找设备异常，消除隐患；④分析污秽来源，彻底清除或隔离；⑤制定清扫标准并制度化、规范化。

4. 清洁（Seiketsu）

清洁就是在经过“整理、整顿、清扫”后。对前三项活动成果的维持、坚持和深入。通过清洁活动，可以使整个现场环境长期处于良性循环的状态，从源头上减少问题发生的可能、保证安全、提高效率。

推进步骤：①贯彻落实前面3S的成果；②为目视管理制定执行标准；③制定评比、考核和检查的标准；④考核结果跟人员的经济利益挂钩；⑤现场管理者定期、不定期巡查。

5. 素养（Shitsuke）

4S很容易雷厉风行地现场推进，管理者也会很快看到卓越成效，但是现场4S活动要坚持下去，却不是那么简单。因为一切的规章、制度、标准，都只是手段。要持之以恒地推进4S活动，最终是靠人的自觉，也就是5S的最后一个S——素养。

所谓素养，就是严格遵守规章制度，自觉维护现场工作秩序的良好习惯。当整个现场呈现出有素养的状态，个别人员的不良习惯也会被慢慢改善，一个良性循环的现场就是这样被打造出来的。

素养是5S的核心，离开素养，前面4个S就失去支持，就算轰轰烈烈地推行，也看得到短期效果，但是必然无法长久坚持。失去素养，5S就沦为突击式的“大扫除”和“大检查”。

推进步骤：①持续实践前面的4S活动；②制定目视化共同遵守的行为准则；③制定仪表、行为、语言等礼仪守则；④加强新人培训，建立现场共识；⑤坚持晨会、总结会、推动精神提升活动。

（三）整理（Seivi）在现场的具体实施

（1）全面检查现场；

（2）制定区分必需品和非必需品的标准；

（3）制定处理非必需品的标准；

（4）循环整理、自我检查。

（四）整顿（Seiton）在现场的具体实施

（1）确定放置场所；

（2）确定放置方法；

（3）明确现场定位；

（4）现场定置管理。

（五）清扫（Seiso）在现场的具体实施

现场清扫的具体步骤：

现场清扫要做到的是：一定要所有人一起动手清扫，做到自己的工作台自己清扫。对于特别难以清扫的地方，落实专门的负责人清扫。在清扫前应该利用现场平面图划分责任区，并标明责任人。不要出现“大家负责”的情况——大家负责，就是没有人负责。

具体步骤：①确定清扫的标准；②制定方法和规则；③扫除一切灰尘垃圾；④实行

例行检查。

（六）清洁（Seiketsu）在现场的具体实施

（1）落实前3个S的工作；
（2）加强文化宣传；
（3）大力执行奖惩制度。

（七）素养（Shitsuke）在现场的具体实施

（1）继续前4个S的推进；
（2）共同制定规章制度；
（3）重视礼仪培训。

第二节 展览场馆现场管理及流程

一、布展阶段的现场管理

（一）展台搭建的管理

参展商报到之前，主办方应督促主场搭建商（承建商）做好这两样工作：一是按图纸做好展台区域的地线划分工作，标明展台号。二是按图纸搭好现场服务办公的场所，比如组委会办公室，或主办方、主场搭建商和主场运输商等联合办公地点等，提前安排好各单位人员、各种资料和器材到位。

在布展期间，主办方主要管理的对象是主场搭建商和主场运输商的工作，督促和协调他们相互之间的配合，以保证布展的顺利。通常布展的时间是三天左右，最短的可能只有一天。因此主办方要监控好整体工作的进程，并做好配合和协调的相关事宜。

成千上万的观众涌进展览会，看到的是各家厂商各具风格的展台，那多姿多彩的场面常常使人目不暇接。他们几乎不能想象，就在展览会开始之前，这里还是一片“有计划、有组织”的混乱，运输车横七竖八，卡车司机忙着对号入座，参展商等候着自己货物的到来。展会货运的重头戏首先是按时按地搭建展台，这一任务非行家里手不能胜任。一般由主场运输商（承运商）受主办方委托全权负责展品的货运代理和现场物流实施。主办方的现场管理人员要根据计划掌握进馆的时间进度，协调运输、搭建、展商之间的工作。如预留出主场运输商的货物出入口；督促主场搭建商预留出主要的货运通道暂不搭建；协调参展商自运展品的临时出入口等。

多种多样的展览会有各种不同的展品，参展商应根据货物的内容和数量确定是使用自己的还是租用运输装卸器械，或者干脆委托搬运公司。他们可以在展览会物流商那里得到更多有用的建议，因为后者负责搭建过程和协调工作，比如在许多参展商同时来到的时候安排先后顺序，他们还出租人力和器械。

对展览会展台搭建来说一般有两种装卸的可能。首先一种是直接装卸，就是说按照搭建日期把卡车直接开到展厅里，由展览会搬运商负责卸货和中间储存。由于参展商自己不必操心这一环节，可以节约一些相应的费用。另外那些易破损物品如玻璃或者大理石板等只需一次搬运即可。采用这种方式应注意，时间预算要宽松一些，要考虑到种种延误的可能性，例如交通阻塞或事故等。如果数量较小或是提前送货，则最好集中运输。

在开始搭建之前，货物应运抵展览会搬运商处，由他们暂时储存货物，并按照规定的时间运到展台位置。需要注意的是，笨重的、占地多的物品最好先行运入现场，一般在展馆内设有一辆汽车起重机，可以起吊这些材料，但是如果展台搭建过半，这样的机器就难有用武之地了。当然专业的展会搬运商肯定能想方设法把所有的展品弄进展厅，有时也演出“千钧一发”的好戏，比如有时吊车与两边展台只有十来厘米的距离，其危险程度就可想而知了。遇到物件不能从大门处运进的情况时，“老大难货运组”就派上用场了，他们先要把物件从车上卸下，然后在其下安上轮子，最后用手工推入展厅。

另外一种情况是参展商自行卸货，而不是委托展会搬运商。这时，一般在搭建现场备有各种固定的器械供租用，其中包括叉式装卸机和手动小起重机。到了高峰期各种机器，甚至一些特殊机械如 12t 的铲车都纷纷投入了使用，有时 50 台机械同时不间断地工作，一眼望去，搭建现场上机器车辆高低错落，大有叠床架屋之感。所以在这种情况下，参展商最好较早地预约运输时间，提前6~8周为宜。展会服务手册中附有预约表格，上面列有时间、器械和人员需要。参展商要特别注意准确地填写以下几点：

（1）材料运往哪里（展厅和展台号码）？

（2）材料什么时候运输？

（3）需要哪些器械？

（4）何时需用这些器械？

（5）需用多长时间？

（6）需要多少人力？

两种方法相比较，各有千秋。雇用展会搬运商，费用无疑不菲，参展商特别是中小企业理应精打细算。另外，搬运商也自有一番道理，他们认为，参展商把一项运输计划一揽子委托给搬运商，这是最保险的做法。因为作为专业队伍的他们能够面面俱到，例如他们可以按照专业要求，把处于安全原因不能在展会现场存放的运输容器合理地储存，每个有关的展览商得到一个计算机标签，上面注有名称、展厅和展台号码，他们把这些标签贴在空容器上，交给搬运商保管。搬运商还可提供其他服务，如测量、运输、保管及临时确定撤展日期等。

展台搭建结束时，搭建商交付两种规格类型的展台。

一是标准展台。主办方应督促主场搭建商在规定期限内交付标摊，并验收是否符合要求，如展台尺寸是否正确、眉版上的公司中英文名是否正确，展台号是否正确，展台内的家具是否如数就位等。

二是特装展台。由于特殊装修展台的工程比较复杂，对水、电、气方面有较高的要求，因此，要特别督促搭建方规范施工。同时，将现场实际情况与提前收集的展台施工图对照，核对其搭建高度、用电量等。所有施工人员必须具备相应的上岗证书，如高空作业证、电工证等。

主办方在进馆前就需要指定空箱堆放的区域（可以分主场运输商区域、参展商自运区域），所有空箱堆放都要督促主场运输商进行统一管理。空箱堆放除必须整齐和派专人看管外，还应该注重美观和防潮，如室内堆放可由主场搭建商用展板做隔断，而室外堆放则要盖上防水布。

此外，在酒店或者会展中心还需搭建主办方自己的办公室和报到处。总部办公室非常重要，它是项目经理、职员和场地工作人员进行交流的中心。通常情况下，在酒店前台登记处旁边或后方都会有一个房间供会议主办机构设立总部办公室之用。也可以把会议的所有供应物品存放在这里，有时甚至可以存放一些奖品、装饰用品等东西。总部办公室必须做到井然有序、干净整洁。对于大型会议来说，由于报到注册处需要的面积较大，所以总部办公室有可能改设别处。在这种情况下，员工之间可以借助于现代通信手段来保持彼此之间的联系。

（二）参展商布展的管理

参展商应先行报到，再按照要求开始布展。为使报到工作能顺利、快速、有效地进行，场馆企业可按参展商的不同类型，事先对参展商报到时间的先后顺序做出不同的安排。

表 8-1　参展商布展安排

		早到（一般指参展商报到开始的第一天上午）	晚到（一般指参展商报到开始的第一天下午）
按搭建标准分类	特装展台的参展商	√	
	标准展台的参展商		√
按展品类型分类	有大型展品参展商（如机器）	√	
	无大型展品的参展商		√

其中，表 8-1“早到”“晚到”还可以细化成更具体的时间，便于掌控报到进度和统计。

参展商报到接待工作是场馆企业对参展商进行现场服务的“第一印象工程”，一定要引起场馆企业各现场工作人员的重视，热情、周到、细致的报到接待服务是良好的开端。在区分了报到时间段后，相对来讲每个时间段内的服务对象和工作重点就比较明确了。现在，许多国外展览的先进做法在国内也普遍得到推广，如参展商报到中多使用了展前报到登记，在现场参展商只要凭相应确认文件（传真或 E-mail 等）就可以领到标有站台号、公司名称、姓名、职务或照片的参展证了。在领参展证的同时，场馆企业应将展览期间的所有告知性文件、通知、注意事项或其他资料一并交与参展商，一般统一归入《参展商手册》，协助其了解展览相关的各类服务信息和规定。这样，可以减少参展商咨询同类简单问题的频率，也可以体现场馆企业的服务水平。

一般来讲，所有的参展商都应在规定时间内完成布展，但是，由于个别参展商自身的参展经验不足，或展品未能及时到达展台等多种原因，经常会有一部分参展商无法在规定的时间内完成布展工作。因此，为了不影响整个展览的如期进行，和其他后续工作的及时跟进，需要有专门人员负责告知参展商布展的具体时间节点，并尽可能督促其在该时间内完成布展。同时根据布展的实际情况，在闭馆时间来到之前应尽快决定当晚是否需要向展馆申请加班，和由谁来提出申请。

不过，即使是已经将告知和督促的工作做得非常细致了，总还会有个别参展商在开幕式当天上午才匆匆赶到，或者其展品刚刚到达场馆，需要安排运输。考虑到参展商当时的急切心情，现场营运组最好是在开展前一天提前计划好第二天一早展商、展品进出的临时通道，并要求主场搭建、主场运输、场馆方的工作人员提前就位，协助参展商。

此外，在参展商布置结束后、闭关前的另一项重要工作就是全场的过道地毯铺设工作和全场的保洁工作。这两项工作都是提升大会形象的重要工作。有时需用不同颜色的过道地毯或字母、箭头嵌入的方式，这样做可以很清楚地达到展会分区和路线指示的作用，便于参展商和观众快速获得或找到各自的目标。

（三）现场保洁和保安工作的管理

1. 展览现场的保洁工作

展览现场的保洁工作分别由场馆方、主场搭建商和特装搭建商分工负责。其中，展览场地内公共区域的清洁工作由场馆方负责，如通道、厕所、餐厅等。展台内的清洁按“谁搭建，谁负责保洁”的原则来分工，即标准展台内清洁由主场搭建商负责，特装展台内的清洁由特装搭建商负责。当然，在开展期间，应督促参展商自觉保持展台内的清洁，并将垃圾倒入指定的垃圾桶内。特装展台应在撤展时将展台内的装修垃圾带走，不能将垃圾随意遗置在展馆内及展馆外围区域，该项工序一般也由特装搭建商负责。若在布置前向场馆方交纳了清洁押金，则在清理完毕后可到场馆方设置的现场服务台或者其他相关管理部门确认并领回清洁押金，为避免因手续繁多而引起参展商不满，有的主办方会统一向场馆支付清洁押金，并取得主场搭建商的现场协助。

最初国内的展览并不设置清洁押金，但随着特装搭建市场的壮大，许多不按规范操作的特装搭建商给展馆制造了不必要的麻烦，最为恶劣的就是不清洁搭建垃圾，甚至根本不来做展台拆除工作。如今，展览日益频繁，布展时间的压力越来越大，各展馆在前一个展览结束后清洁工作就开始紧锣密鼓地进行了。在上海就曾发生过这样的事件，2001 年，某大型国际通信展中多个非主场搭建商负责的特装展台无人拆除，场地方因事先没有准备根本联系不到特装搭建商，而紧接着的大型全国消费品展进馆在即，最后场地方花了很大的一笔拆除费和清运费才勉强解决问题。总结经验，场地方得出结论，造成特装展台无人拆装的原因主要是由于特装展台多为木结构，在拆除中易损坏又不便保存，大多为一次性使用，展览结束后只能当废料卖，不像标准展台的材料可以循环使用，所以特装搭建商不愿为之支付额外的人工费、运输费。作为场地，也没有必要设置多余的人员、预算和时间来处理特装展台，从当前实际情况来看，清洁押金的做法也不失为一个解决特装搭建垃圾的有效手段。

当然，所有这些规定，场馆企业应及早告知参展商，并督促其执行，若出现问题，应及时调节。

2. 对所有搭建商、运输商的安全管理

现场管理人员要预先掌握搭建商、运输商的工作计划表，全程监督其工作进度和顺

序，控制好现场节奏。特别是要督促这两类公司在现场严格实行“安全”操作。这个“安全”饱含着3层意思。

（1）消防安全。每个场馆都会有相应的消防管理要求，现场管理人员在提前将这些要求悉数告知搭建商、运输商的基础上，在现场还需协助场馆、消防驻场馆专员、保安人员一起监督，所有材料、机械都要符合消防规定，事关安全，马虎不得。

（2）人身安全。要分别告诫上诉两类公司，在搬运装修材料或运输展品时要特别注意自己和他人的人身安全，对危险操作行为要及时制止和纠正。有必要的话，还应预先做好保险等相关事宜。

（3）展品安全。展品是展台的灵魂，主办方要督促运输商、搭建商在作业过程中注意保护，如有损失，按照提前制定的责任书向保险公司申报。

实际上，无论之前做了多少准备工作，开展的前一天始终都会是现场最为忙碌的一天。许多预留的问题都会在当天得到落实和解决，并达到预期效果。因此，营运组在开展前一天（即参展商布展的最后一天）必须分工明确、分头落实各个管理事项。在开展前一天必须仔细确认大会当天的各项指示牌是否放置在准确的位置、图样是否清晰、指示方位是否正确。这些指示牌包括观众登记的指示牌（售票处）专业观众登记处、非专业工作登记处、还证处等、展区分布图（或称展位图）、大会服务的各类指示图（主办、搭建、运输、餐饮等）、会议安排表和会议指示牌等。

【知识链接】

露天场地的使用

展览单位可以租用露天场地，但请做好以下工作：

1. 在进场前二十天，必须将用电要求体验店总负荷，通知展场经营部统筹科。

2. 如在露天场地搭建帐篷必须报城监部门批准并报消防部门审批。

3. 保证所搭建的帐篷牢固可靠，不得破坏展场的地面及固定设施。

4. 因办厂单位为做好商务工作造成人员伤害，物品损坏及政府部门罚款等，均由办展单位负全责。

人员、物品出入展馆管理：

1. 所有进入展馆和在展场工作的人员，必须随时注视展会出入证。

2. 在展场租用期间，证件持有人可进入办展单位租用区域，并在此区域内工作，但未经许可不得进入展馆内的其他区域。办证单位如需将受管制的、危险的、危境的、有害的产品或动物在展场内展示或带入场馆，须经政府有关部门批准，并得到特批的许可证，同时还须得到展场经营部的书面同意。

3. 期间展样品凭办展的单位放行条放行。

资料来源：郭海霞. 会展场馆经营与管理 [M]. 北京：教育科学出版社，2013（10）. 本案例根据以上资料整理而成。

二、开展阶段的现场管理

（一）开幕式的管理

开幕式时开展的重要标志。俗话说，良好的开端是成功的一半。所以，主办方应不厌其烦地和有关部门，包括礼仪公司、场馆方、交警和保安公司等，进行一一确认和衔接工作。

开幕式的筹备工作主要包括：领导名单、开幕式嘉宾汝城名单、会场布置、礼仪、现场乐队、主持稿、讲话稿、新闻统发稿、翻译人员、表演、剪彩道具（托盘、彩带、剪刀）、气球、鲜花和充气拱门等。

开幕式主要是为了扩大展览影响。现场虽然要制造气氛，但也不是越豪华越好；也不是每一个展览都要举行开幕仪式。目前的趋势是开幕式的程序朝简约化方向发展，既减轻政府领导人的公共活动负担，也提倡环保、节约办展，将财力和精力主要用于对于客户和行业的服务上。比如，有一些展览的开幕式以向社会捐款的方式开幕，还有一个著名的房地产展览以请建筑民工集体上主席台以感谢他们对房地产的贡献来开幕，这些都是立意新颖又节约环保的好办法。

开幕式的主要目的是要政府、行业、新闻界和社会了解展览。因此，在开幕式中应该不失时机地开展新闻采访，并在参观时向政府官员和业内人士介绍本展览的新技术和重点展台。

总之，开幕式是展览进入开展阶段的重要标志，也是给社会大众的第一印象。正因为如此，一定要保证开幕式的万无一失。场馆企业一定要在前一天做好周密的安排和仔细地确认，在开幕式这一天要提前到场，并派专人再核查一遍所有的设备和实施。其中主要是对现场音响进行调试。场馆企业需要在开幕式进行过程中全程监督，并随时准备处理突发事件。

（1）展会开幕现场。需要布置好开幕背板、门楼或展会横幅，并在背板上写上展会名称，开放时间，展会的主办、承办、协办等办展单位的名称等。布置好现场空飘气球和现场广告牌，还要按表演的需要布置好表演场地。开幕式现场要布置得庄严隆重，气氛营造要符合展会定位的需要。

（2）展馆序幕大厅。要布置好展馆、展区和展位分布平面图、各服务网点分布图、各参展企业及展位号一览表及名录牌，会展简介牌、展区参观路线指示牌、展会宣传推广海报、展会相关活动告示牌等。

（3）展会各展馆。搭建各参展企业的展位，布置好各展馆的展位分布平面图、各服务网点分布图、各参展企业及展位号一览表及名录牌，这样有利于观众参展。

（二）观众登记的管理

观众登记处的主要任务之一就是维护展览会入口的良好秩序，确保每一位观众都能畅通、便捷地进入展览会现场。为了提高工作效率，将预先登记的观众和现场注册的观众分开，并进一步将现场注册的观众分为两类，即有名片和无名片的，前者只需凭名片在观众登记处办好相关手续就可以换取胸卡；后者则要在主办方人员的指导下填写登记表，然后在登记处办理手续。

观众登记的管理：①预登记；②现场登记；③信息收集；④导引与通道维护；⑤告知观众展会日程；⑥现场服务管理（商务中心、问讯处、紧急事务处理等）；⑦应急处理小组。

参展观众的统计：①依据观众办理的登记手续数量进行统计；②根据门票进行统计；③参展商的客户统计。

观众包括专业观众和一般观众。其中，专业观众既是参展商的上帝，也很可能是潜在的参展商。因此，做好观众登记工作是非常重要的。为了更好地了解观众结构，就需要掌握观众精确的数据，以下规则可供参考。

（1）观众注册和登记处应有显著标志，便于观众及时找到并办理现场注册手续。注册也可分为网上登记和现场登记两种，网上预先注册，要有明确说明到现场后该以何种方式来确认；直接现场注册则需在现场有明确标注，安排专人指引、咨询和维持秩序。

（2）为避免排队拥挤，要有足够的登记台和填表台。如使用电脑登记，则登记台还应更多，因为电脑登记较费时间。媒体记者和贵宾应有专门入口、登记台和接待室。也可使用观众胸卡，对观众进行现场照相并制作于胸卡之上，这种方式也需要多准备些人力，以避免人多拥挤。

（3）若展览只对专业人士开放，则必须在招展手册、登记表和入口处明确注明。同时要提前告知观众，必须出示自己的身份证明，如名片等。同时，要告诫登记和保安人员只允许专业人士入场，不得有例外（如儿童、邻近展馆的其他观众不得入场）。观众在参观时必须佩戴相关证件。

（4）观众登记信息的及时收集、汇总。为确保观众所登记的信息确实有效，工作人员必须确认所有观众全部填写所有表格内容（一人一表），有时仅仅索要名片是不够的。当天登记的数据要在闭馆后送到主办方现场办公室，并录入电脑。一部分登记人员在下午观众登记高峰过后可以转为清点工作，这样可以加快晚上最后清点的速度。同时要在电脑中事先设定相应统计程序以帮助最后清点统计，更可为每日现场发布的展览会信息的宣传刊物提供数据。

（5）注意现场观众数量的控制工作。一般认为一个展览最佳的观众容量为通道净面积每平方米每小时 1 人。考虑到参展商的展台目前大部分为开放式的，所以这一容量是比较理想的商业交流环境。但是，对于一些热门展会，比如车展，大量入场人员可能会造成严重拥挤，甚至酿成事故，所以，必须在入口处给予流量控制。当然，若入口处人员太多也会造成等候人员的情绪不满甚至冲突，所以应视实际情况来分时、分段控制人流，以确保进、出相对平衡。

（三）新闻中心的管理

新闻中心的设立对于宣传展览极为重要，这是有效推广和宣传展览的一个良好方式。很多展览都会在现场开辟一定的区域作为展览新闻中心，供媒体记者使用。中心一般都配有可供休息和工作的桌椅、电脑、网络、打印和传真等设备，还有茶水和糕点等，并配备 2~3 名工作人员负责媒体工作。同时，新闻中心还提供一些介绍此次展览的宣传资料、刊物、手册等。一般，新闻中心只为媒体记者使用，其他人员不得随意进入。

（四）知识产权纠纷的处理工作

对于日益尖锐的知识产权纠纷，场馆企业和主办方应在现场设立专门办公室，并聘请专职律师咨询。作为展览主办方，在知识产权保护方面应坚持以下原则：

（1）要坚决反对利用展览侵犯知识产权。这是一个基本的态度。

（2）用证据讲话。投诉方必须是该知识产权的法定所有者，同时其知识产权必须是经过国家正式批准注册和有效的。必须提供相关证据文件的复印本，同时，应提供符合法律申诉要求的对方侵权的具体证据，并承担（如败诉）将承担的相应法律和赔偿责任。

（3）被告方如有异议，有申辩的权利，但是也必须提供足够说明其无辜的证据。如无法提供相应证据，则应该暂时撤下有疑问的展品，以求暂时和解。

（4）由于知识产权涉及高科技和复杂的法律问题，在短期的展览中不可能求得最终解决（除非明显的侵犯著名商标的显著行为），最多在展览期间暂时处理（如暂时撤下展品），双方都应在展后诉诸法律解决。

（五）现场数据收集的管理工作

除了观众信息的登记外，来自参展商的数据也是对场馆企业的管理起关键作用的重要信息。一般来说，很多主办方都会在开展期间，对参展商做定时（每天闭馆前收）的问卷调查，收集当天交易的情况，如当日接待专业观众数、达成意向情况、当日成交额等，并在开展的最后一天做有关参展商对本届展览的评价和是否有下届参展意向的问卷调查。这种现场问卷调查的内容设计一般要求简单、明了，便于参展商做答。可想而知，如果在现场紧张而繁忙的展示过程中，面对一份项目繁多、评判标准模糊的问卷，参展商要么放弃填写，要么胡乱应付，那么收集到的问卷可能根本无法反映现场的实际情况，毫无意义。

但是，场馆方也可以针对性地涉及自己的调查问卷，做自己的调研分析，以提高自身的管理水平。事实上，目前最可行的做法是委托调查公司或展览行业协会这类专业的评估机构，参与到展览现场的参展商、观众信息的调查、收集、汇总、统计、评估工作中来，以充分显示出第三方认证的公平、公正。

（六）现场服务的综合管理

主办方在开展的现场，主要起到一个协调的作用，同时要在现场提供完善的服务，所以，主办方在现场要关注的方面远不止以上这些，还有一些其他方面同样需要投注人力、物力。一般可视展览规模，以适当的范围为单位在醒目位置设多个主办方现场办公室，现场咨询台等亦属于这类范畴。咨询台的设立，主要是为了及时解决现场发生的问题，回答展商、观众的咨询。该处的工作人员应了解展览的各个环节，能够自主解决问题，或能够联系到相关负责人员解决问题。其工作效率要求快速、准确。不主张用临时人员，避免引起不必要的投诉，有损会展形象。

除上文提到过的五项主要管理工作外，还需关注如下方面。

1. 现场保洁的管理

随着大型会议及展览的日益增多，为保障会展现场的清洁，越来越多的企业寻求专业的保洁公司对会展现场进行托管式合作。

一般来说，会展布置、撤展期间，标准展位和公共区的清洁工作由会展中心负责（展板、展具除外），特装展位的清洁由参展商自行解决。展览开展期间，参展商应保持展位内的清洁，并将垃圾倒入指定的垃圾箱内，会展中心负责清运垃圾和展馆公共区的清洁工作，同时提供展位内按面积清洁的有偿服务。

特装清洁垃圾。布展前特装展位必须向展览中心缴纳清洁押金；在撤展时参展商须将展位内的装修垃圾清理带走，严禁将垃圾遗弃在展馆内以及展馆外围区域；清理完毕之后由展馆人员确认签字，参展商凭确认单取回清洁押金。参展商或向会展中心缴纳相应的垃圾清理费，由会展中心派人清洁。在规定时限内未撤除的物品将作为无主物品处理，押金不予退还。

2. 会展现场的保安工作的管理

由于会展业在中国是一个新兴行业，构建会展业软件系统的从会展组织者、管理者到提供各类服务的工作人员，总体素质不高，目前的从业人员中，管理层大多行政配置、半路出家，会展设计人员多由其他专业转行而来，工程、制作、施工人员则是来自各行各业，尚未形成会展业的专业队伍，由此引发的会展“安全”隐患是多方面的，如何防范会展安全隐患是摆在我们面前的首要问题。

（1）安全通道。布展时应留有足够宽的安全通道，且通道要顺直，避免弯曲转折，同一通道不宜出现宽与高的差别，通道应形成双向疏散功能，并尽量环形。在紧急情况下，人们很难在进行正确判断后再选择疏散方向，因此，通道双向疏散和环形非常重要。通道的变化容易造成人员的拥挤或跌倒，宽敞顺直的通道便于人员的疏散和消防车辆的进入。

（2）安全设施。布置展位不应影响消防设施功能的正常发挥，尤其是安全门、卷帘门、消防箱等安全设施。会展通道与展馆安全门的相对位置应简单明了，安全门、消防器材在紧急情况下能够正常打开使用。

《中华人民共和国消防法》第二十一条中明确规定：“任何单位、个人不得损坏或者擅自挪用、拆除、停用消防设施、器材，不得埋压、圈占消防栓，不得占用防火间距，不得堵塞消防通道。”

解决和防范会展摊位布局的安全隐患的对策有：

①要加强对会展人员、展馆员工消防安全知识的宣传教育，使他们熟悉消防常识，掌握本岗位操作的消防技能。

②要定期检查、维修、保养展馆的消防设施和器材，确保完好有效。

③会展期间从布展到撤展要有专人负责值班、巡视，发现事故“苗头”应及时阻止、排除。

（3）会展用电存在的安全隐患。安全用电是安全生产的一项重要工作，而会展在用电方面存在着诸多安全隐患：

①临时用电线路不固定；

②灯具安装不合理；

③有的摊位私自乱接电源；

④特装摊位的特殊用电超负荷等。

解决和防范会展用电中的安全隐患的对策有：

①布展时加强现场管理，对各参展商所使用的电源和照明设备严格遵守安全用电进行操作，并设专人负责监督。

②不具备电工资格的人员不得进行操作用电，要求电工人员持证上岗。

③建立严格的惩罚制度。

④展览中心（馆）要与各布展单位签订消防安全责任书。

（4）会展展台设计中的安全隐患。目前，从事展台设计的人员大多是从艺术学院毕业的，他们往往注重追求展台的新颖和独特、美观，而对展台结构和力学情况的了解较少，在设计中对展台安全性的考虑较少，缺乏重视。由于展台结构不合理而导致的展台塌陷，不仅会直接造成人员伤亡和经济损失，影响展台的正常进行，还有可能造成展台漏电，发生用电事故或引发火灾。

展台现场安全的核心是展出期间的安全性，但此时展台设计人员和制作人员又不在现场，有些事故“苗头”得不到及时的发现和阻止，就有可能引发因展台坍塌而伤人的事故。有时候，展台设计制作的安全性都已经考虑到，但由于展示现场的变化以及参展者意图的改变，如为超过周围竞争对手而随意增加展台高度等，这些都为展台的安全性埋下了“隐患”。

解决和防范会展展台设计中的安全隐患的对策有：

①安全生产管理部门和消防部门要制定《展台设计制作安全标准》，使得参展商、设计公司、展馆等各方都有法可依、有据可循。

②加强对会展设计、展馆管理人员展台安全知识培训和业务考核。近年来，展协每年举办的1~2次行业高峰讨论会，就很有意义，在专业知识方面也可以举办讲座班，提高展览队伍人员的业务素质。

③安全管理部门和消防部门要加强对会展展台效果图、结构图的审查，对那些达不到展台设计制作安全标准的公司进行及时清理和整改，这样才可以保证展台设计的安全可靠。

（5）展台搭建及材料存在的隐患。从事展台搭建的企业成分复杂。这当中，既有建筑公司、家居装饰公司、广告公司，又有展览服务公司、展览工程公司、建筑公司，还有参展商自搭自建。搭建商搭建展台的依据就是效果图，对于结构材料的选择和节点的连接依靠的是经验，甚至是其他因素。对于搭建完成的展台是否安全，比如说，展台在进行结构计算时如何计取负载，展台搭建材料应符合怎样的防火标准，展台电气工程合格的标准是什么，怎样的展台才是合格的展台等，许多设计人员不知道，搭建人员也无法提供展台安全的证据。甚至还有一些制作公司的经理为了降低展位的制作成本，会采用一些劣质的搭建材料，这些都为展台的安全性埋下了“隐患”。

解决和防范因展台搭建及使用材料产生安全隐患的对策有：

①加强对展台搭建公司的审查与管理。展览中心（馆）对具有实力、施工规范的设计和搭建公司进行资格审查，向参展商进行宣传和推荐。不具备搭建能力的公司严禁进场施工。展览场所对施工现场派专职人员进行监督，严格控制展台的搭建材料，要求使用不锈钢、铝合金、防火板等不燃材料，使其燃烧性能达到不燃或难燃的标准，是有效降低火灾的办法。

②开展之前，展览中心（馆）要提前申请消防安全管理部门对会展进行消防安全检查。展台安全方面重点检查材料规格、连接节点、材料的防火性能。并对消防通道、消防器材、电气工程施工质量、电路、电线、用电负载进行全面的检查，根据消防部门的要求及时整改。

③展览中心（馆）要与承办方签订消防安全责任书，分清各自的责任。

④展览中心（馆）对每次会展都要制订详细的消防安全方案。

会展具有临时性、短期性的特点。布展、展出、撤展时间都较短，展商参展的目的主要是为了宣传企业形象、销售企业产品，展示是手段，销售才是目的。他们主要的精力和资金是放在展台外观形象的设计与制作上，对于展会安全性考虑较少。而会展活动一般在人员聚集的场馆举行，必须高度重视会展活动各类设施的安全性和可靠性，它关系到会展工作人员、观众的生命安全。“防范胜于救灾，安全重于泰山”，会展安全涉及公共安全，责任重大，在每次举办展会期间，展览场所与主办单位、参展商之间要密切协作，积极配合，杜绝各类事故的发生，才是会展的首要工作。

此外，面对国际形势动荡、经济危机的严峻压力，一些会展的保卫部门也充分研究了安保工作的部署，制订了一系列行之有效的方案，加强所属人员的教育、管理，提高他们遵守大会各项规章制度的自觉性，特别是自觉遵守证件规定和消防规定，突出反恐、防火、防水等各项规章制度的工作重点，建立和完善内部安全保卫制度，指定安全保卫负责人，建立“三结合”治安联防小组。在具体执行中，做到：第一，从入口杜绝安全隐患，充分利用X线机、安检门、探头等高科技安检设备，进入展馆的所有人员、物资、车辆都要进行安检，严格查证，严厉打击贩假、制假等不法活动。第二，确保展馆内的消防安全，时刻提醒客商注意防火，严格监控装饰材料等易燃物品，禁止吸烟，有的还特别加强了对电房、空调室、煤气房等设施的安全检查。第三，有的还对展馆外围以及社会面进行全面清查，包括对酒店、娱乐场所、餐饮区等加强安全防范，加派警力加强巡逻，确保社会治安稳定。比如广交会为了确保每期撤换展顺利、及时进行，所有安保人员实行24小时巡逻，加班加点工作。在发案率较高的重点时段11~15点，安保人员实行全员上岗，加强巡逻，时刻提醒客商注意财物安全，及时解决投诉，努力使安保工作令客商满意。

3. 现场噪声、治安失窃案件的处理工作

参展商为了吸引眼球，惯用现场大分贝播音及歌舞表演等手段，在一定程度上影响了展会期间的交流。现场的表演噪声被视为展览的一大污染，同时也会被其他参展商投诉和批评。在第十届上海国际汽车工业展览会上，两家日本的汽车公司为了在气势上压倒对方都把音响开得很大，从而严重影响了同一展馆内其他参展商的展出工作，最后主办方不得不出面干涉才把事情平息下来。

第十三届中国国际专业音响、灯光、乐器及技术展览会上，历届展览会的噪声问题这次仍然没有解决，限制声压级只是表面现象，看上去是组织者采取了措施，实际上展览会大厅仍然是个“蛤蟆坑”，家家的音响都打开，参观者很难鉴别哪个品种的音响效果更好。在国外许多音响展会上有规定不容许打开音响（指声音），组织者提供的是展示交流的平台，生产销售方将产品及资料摆放后，参观者对感兴趣的问题与技术人员进行交流，需要试听时有专门的试听房间。我们国家的展会追求的是参观人的数量，却忽视了参观的质量。在展会大厅里如果要咨询问题讲话声音就要超过 70dB，否则大家只能是笑一笑无奈了事。

展览期间容易失窃的物品除了钱包外，还有手机、手提电脑、数码相机、个人机票、身份证和护照等。其中以遗失个人护照最为麻烦。应告诫参展商个人证件存放在酒店内，同时注意贵重物品的保管。有条件的主办方也可采取贵重物品事先登记加贴特制的条形码等措施，这样，贵重物品出门要经仪器检查，相对较安全。同时，更要加派流动巡视人员，或请求当地警方的现场协助。

防盗规则如下：

（1）提高警惕，防止展览样品被盗。贵重小型的展样品要入柜加锁。个人贵重物品尤其是现金、手机、护照、身份证等要随身携带，妥善保管，以防失窃。

（2）遵纪守法、文明经商。参展单位之间、顾客之间发生矛盾时要保持冷静。如发生吵架、斗殴、盗窃、火灾等情况，要及时报告并主动配合现场保卫人员妥善处理。

（3）参展商按规定时间进行商务活动，如需要加班，必须在闭馆前三小时由办展单位向展馆现场服务部申报并需另付费用，经批准方可进行。

（4）展会撤展时，要看好自己的物品；展样品撤离展馆，必须凭主办单位的放行条，才能运出。

三、撤展阶段的现场管理

（一）撤展会议（又称撤馆会议）的主持工作

撤展会议一般撤展前一天的上午召开，这样，可以在当日下午就把有关情况并以书面形式通知各个参展商，以便安排第二天的撤展工作。撤展会议是主办方在现场召开的重要会议之一。

一般，撤展会议的出席方包括主办方、主场搭建商、场馆方、安保公司、保洁公司、交警等。如有必要，还应请大展团的代表或以大型机械为展品的参展商一同出席撤展会议。由主办方主持该会议，商讨撤展的各个环节、明确各单位的职责。

撤展会议要决定撤展的具体时间，依次为：停止观众登记的时间、停止观众入场的时间、观众清场的时间、断电（水、气、电话、网络）的时间、开出门证的时间、开启货物通道（卷帘门、货梯）的时间、铲车（吊车）进入的时间、闭馆的时间。有需要延长使用电脑、电话等设备的地方，应划出该区域的范围，明确延长用电、用电话的时间。

在撤展会议上，要求主场搭建商、主场运输商拿出具体撤展计划。特别是物流顺序和时间计划，这直接影响到撤展的秩序和安全等重要因素。

会议结束后，主办方要立即将撤展的要求以书面形式发到各个展台，并要求参展商签收，把具体撤展开始和结束的时间、断电的时间、开出门证的地点等具体事项通知参展商。同时，务必要告诫参展商不要私自提前撤展。

（二）撤展进行中的管理工作

（1）撤展要求要协调一致。必须控制好运输机力和车辆以及出门证的发放。如果参展商没有运输机力和出门的许可，则一定会听从主办方的统一安排。当然，对有特殊要求的参展商，可安排他们提前撤离。总之，在坚持撤展会议决定的大前提下，可考虑适当地灵活处理。

（2）参展样品及各种参展器材运出展馆大门时，由参展单位到楼层服务台开具放行条，经门卫验核放行。撤展过程中参展样品的安全由参展单位自行负责。

（3）在撤展的交通疏导方面，展会负责提醒广大客商，撤展车辆必须服从交通人员的调度指挥，司机不得离车，严禁乱停堵塞交通。车辆进入展馆大院后，必须于规定时间内驶出大院。超时不驶离的，按违章处理。

（4）对搭装特装展位的单位，须自行清理所有特装板材及废弃物。

（5）爱护馆内一切设施，不得夹带，不得损坏，违者除照价赔偿外，情节严重的给予惩罚。

（6）撤展中，要注意是否有需要当夜加班撤展的参展商，要检查展馆设施是否有损坏，并及时处理。

（三）结算和整理工作

（1）在全场断电后，查看展馆的电表读数以便结账。

（2）核对并确认现场费用的清单，约定时间或当场结算费用。

（3）将主办方所有的现场资料和设备等整理后运输。

四、返离工作

（一）返离工作的含义

所谓返离，即闭会、闭展后参加对象的离开和返回。做好返离工作体现了会展接待工作的有始有终、善始善终。

（二）返离工作的具体内容

1. 预订返程票

返程票是参加对象最为关心的问题之一，因为这直接关系到参加对象能否按时返回单位开展工作。提前做好这项工作，能解除参加对象的后顾之忧，使参加对象安心参加会展活动，有利于提高会展活动的效率。预定返程票要注意以下几点：

（1）在汇总会展活动回执、报名表和申请表的同时，仔细登记参加对象回程票的具体要求，具体包括回程的交通工具（飞机还是火车）、返程日期、航班或车次、舱位或坐卧等级、抵达地点等内容。

（2）及时向有关部门联系订票事宜，用暂借款支付购票款。

（3）参加对象报到时，进一步确认其订票要求，如有变化及时与票务部门联系更改。如无变化，则当面交割回程票，并同时收取购票款。

（4）交割回程票时要做好记录，一旦出问题或差错便可查对。

2. 结算费用

报到时如预收了有关费用，在参加对象离会之前，要结清参加对象承担的那部分费用。结算要做到：

（1）列清每项开支。

（2）多退少补。

（3）开具正式发票。如预收时曾出具收据，则应以收据换正式发票。

3. 检查会场与房间

参加对象离会离展之前可能会在现场、展馆或房间里遗忘某些物品和文件，接待人员要仔细检查，一旦发现，及时归还，属于保密文件和物品的要按保密规定处理。

4. 告别送行

如同接站一样，参加对象离会离展时也要热情欢送，具体要求是：

（1）会展活动的主要领导人尽可能安排时间出面告别。告别的形式可以是到参加对象的房间走访告别，也可以于会展活动闭幕式结束后在会展门口道别。身份较高者还应该由领导人亲自到机场或车站送行。

（2）安排好车辆，将参加对象送至机场或车站。参加对象行李较多时，接待人员要主动为其提拿。

（3）进入机场、月台和码头送行的，当飞机、列车、轮船启动后，欢送人员应挥手向参加对象告别至对方的视线看不见欢送人员为止。

第三节　会议场馆现场管理及流程

一、会议会场布置

会场布置方案的主要内容包括：会场内座位的布局摆放形式、主席台的布置、座次的安排，以及为烘托或渲染会议气氛所做的装饰等。拟订布置会场的方案时，要讲究一定的科学性、合理性和艺术性。

（一）会场布置的原则

（1）预算控制。要在预算范围内进行会展布置的设计及制作。

（2）方便拆装。会议往往是阶段性的，会议前进行安排，会议后要进行拆除。

（3）主题分明。会场布置要处处体现会议或活动的主题以及信息的传达。

（4）视觉统一。同一个会议制作物的视觉形象一定要统一设计。

（5）不损坏会场设施。

（6）时间控制。一般会场布置的时间都有要求，一定要在预计时间内尽快完成安装和拆除。

（7）功能性。某些会议有特定的流程，会场布展要和某些特定的流程进行结合。

（8）环保。会场布展的材质要环保，不影响参会人员的健康。

（二）会场布展方案

会场的大小有多种，至于形状，则是略微方形的最为理想，最佳长宽比例是 6∶5（例如长 36 米、宽 30 米的会议室）。会场座位的摆放也有技巧，多为从演讲者往外放成放射状的直线排列，位置之间的间隔要合理，不能过窄或过宽，过窄的距离不方便落座与进出，过宽的距离则会给与会者带来距离感，缺乏应有的融洽气氛。从横向来说，最好能以内凹圆弧或是 V 字形对屏幕和演讲者形成包围，如此形状的摆放，对于演讲者以及与会者都会有更佳的参与感受。

不同形式的会场布置，可以获得不同的会议气氛，下面我们将对会场的布置分成四种类型来分别介绍。

1. 剧院型

如果需要在一个固定的会场下摆最多的位置，那么成排成列的剧院型会场将是最佳选择（见图 8–1）。通常采用剧院型会场的会议将以主持者演讲为主，这需要向与会者提供演讲稿以及笔记本，以方便记录，也提醒与会者以聆听为主，无须互动或是与其他与会者交流。剧院型会场并不适合以交流或是互动为主的会议，主持者带来的强大压力以及座位的摆放，都将会成为交流和互动的阻碍。

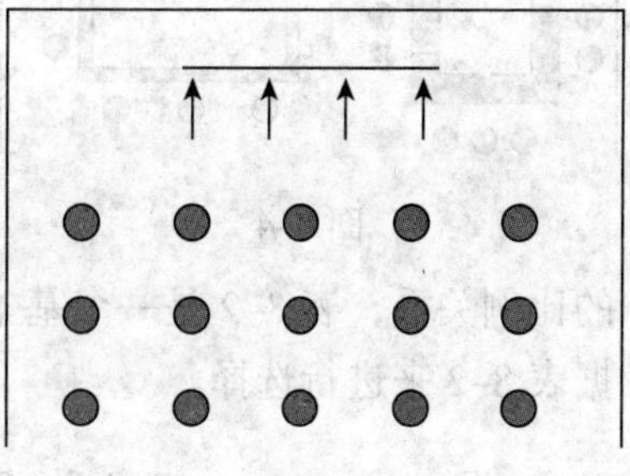

图 8–1

为了让与会者更为舒适地度过会议时间，需要尽量选择能够提供符合人体工程学的座椅会场。如果条件有限，那么至少也要避免座椅靠得太紧，也可以将座位的摆放做适当的调整，让座椅与墙面呈 V 字形，以提供给与会者更好的视线。

2. 教室型

教室型的会场布置，需要每一位与会者的座位前增加一个小台板，以方便书写和小组交流，这种类型的会场布置只适用于普通规模的会议。如果与会人数很多，又需要将会场布置成教室型，那就只有将会议分到两处或是多处进行了。

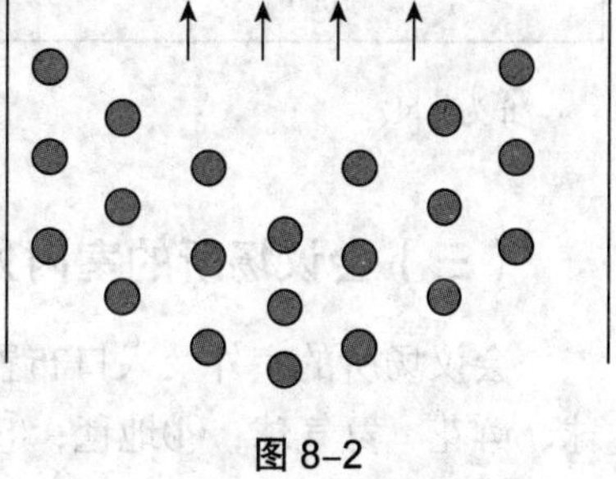

图 8–2

如图 8–2 所示，将教室型会场的座椅摆放成 V 字形，将会使会场更具包容性以及参与性。有了座位前的小台板，前后排之间很容易就可以组成小组进行讨论。

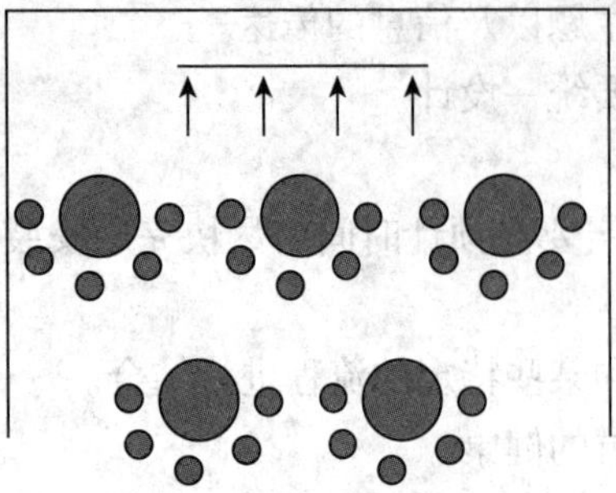

图 8–3

3. 圆桌型

如果会议内容以小组讨论为主，那么圆桌型将是最佳选择。每个圆桌的最佳人数是 5~7 人，如果人数再多的话，个别内向的与会者将会在讨论的时候，不自觉地被排挤在外，无法参与。如果会议在小组讨论的同时，还要兼顾聆听会议主持者的演讲，那么与会者就只能在面朝主持者的那一半落座了（见图 8–3）。

桌椅位置的摆放、会议投影的位置以及主持者站立的位置需要经过认真的考虑，首先要保证与会者能够同时看到主持人和投影影像，而不需要顾此失彼地左顾右盼。如果采用正投，主持人将无法避免地在投影屏幕上留下影子，那么此时就可以考虑使用背投来解决这个问题。其次，当主持人需要确认内容是否已经投影到屏幕上时，绝对不能完全背过去，而是应该侧头快速浏览一下，进行确认即可。

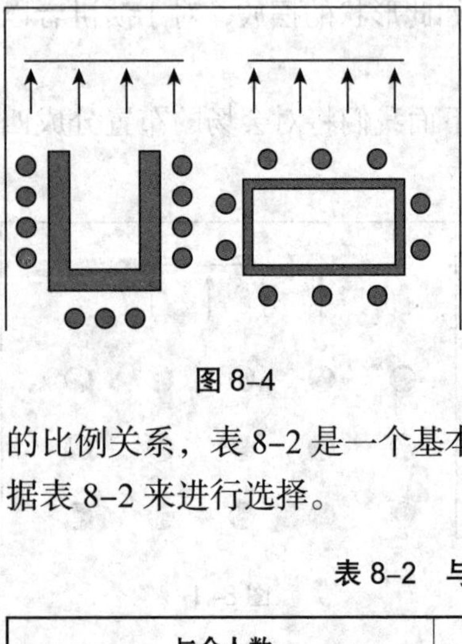

图 8–4

4. 会议型

会议型会场，一般采用 U 形和矩形的会议桌（见图 8–4）。此类会场能提供最佳的团队合作氛围。会议型会场布置，建议不要采用大型投影，而是在每位与会者桌前提供一台小型的显示设备。会议型会场能够最大限度地弱化主持者的权威感，让与会者更为平等和积极地参与到讨论之中。

与会人数与屏幕大小以及房间长度应该具有一定的比例关系，表 8–2 是一个基本通用的表格，在选择会议场地的时候，用户可以基本依据表 8–2 来进行选择。

表 8–2　与会人数与屏幕大小及其房间长度的关系

与会人数	屏幕大小/ft*	房间深度/ft
50	6	30
100	7.5	45
200	11.5	60
400	16.5	85
700	24	120
1000	30	150

*ft 为英尺。

（三）会议场所的室内外布置

会议场所的室外及入口布置可根据需要选择：①主会标；②欢迎拱门、条幅；③彩球、鲜花、氦气球；④地毯；⑤展架、易拉宝、广告板；⑥引导牌；⑦灯箱；⑧签到台；

⑨休息座椅等。

会议场所的室内布置可根据需要选择：①会标、背景板；②主席台 / 听众席、演讲台的布置；③鲜花、彩球、彩带等装饰；④音箱辅助设备；⑤灯光、电源设备；⑥茶点；⑦奖品、礼品、活动道具；⑧桌牌、名牌；⑨摄像设备等。

（四）会议现场管理的检查清单

会议现场管理需要考虑的事情很多，需要的设施也比较繁杂，恐怕很难一下把所有事项都记住。以下这一览表列举的是各种会议注册和现场所用的主要物品及设施清单，可以帮助会议主办方做好现场管理工作。当然，不同会议可以根据自己的性质和要求对该清单进行一定的增删，但一定要在每次会议开始之前列出适合本次会议的检查清单，以避免由于一个小疏忽而破坏其他方面都很理想的会议。

会议现场用品清单：

（1）要求报到的日期与时间。

（2）登记卡的内容和数量。

（3）桌子、椅子的形状、尺寸和数量。

（4）水杯、信纸、笔、废纸篓。

（5）告示牌、标志牌的数量和尺寸。

（6）电话、验钞机、点钞机。

（7）文件箱、保险箱。

（8）缴费政策规定、收取支票和退款的规定。

（9）登记卡和证章上的信息资料。

（10）各种票价和相关规定。

（11）VIP 客人的接待程序。

（12）会议日程和其他材料。

（13）注册结束时检查资金。

会议现场管理清单：

（1）提供的楼层示意图、会议室指路牌。

（2）每次会议的正确日程、时间以及租用的房间。

（3）办公室房间的安排。

（4）每次会议的座位数量、座位布置图、演讲台位置、主持台位置。

（5）需安排或交错安排的会议所需讲台的大小，必须要方便运输和电梯使用。

（6）每次会议所需的设备（核对设备与设施明细表）。

（7）检查房间是否开门、相应的工作人员是否到场。

（8）座位的类型是否与预定的一致。

（9）冷气或暖气设备的正常运作。

（10）扩音系统操作（麦克风类型、数量）、录音设备操作。

（11）照明。集中照明、全场照明、灯光助理。

（12）聚光灯下的演讲台、演讲词提示机。

（13）水杯、演讲台上的饮用水。

（14）铅笔、便签簿、纸。

（15）标志牌、旗帜、横幅。

（16）与预订一致的鲜花与植物。

（17）如会议室临时变更，需要张贴的醒目通知。

（18）现场的速记员、同声翻译员、摄影师等。

开展的前一天始终都是现场最为忙碌的一天，许多预留的问题必须在这天得到落实和解决，并且达到预期的结果。因此，在开展前一天（即参展商布展的最后一天）营运组必须分工明确、分头落实各个管理事项。必须仔细确认大会的各项指示牌是否放置在准确的位置、图样是否清晰、指示方位是否正确。这些指示牌有观众登记的系列指示牌（售票处、专业观众登记处、换证处等）、展区分布图（或称“展位图”）、大会服务的各类指示图（主办、搭建、运输、餐饮等）、会议安排表和会议地点指示牌等。

布置结束后、闭馆之前的另一项重要工作就是全场过道的地毯铺设工作和全场的保洁工作。有时需用不同颜色的过道地毯或字母、箭头嵌入的方式，以清楚地实现展会分区和路线指示的作用，便于参展商和观众快速获得或找到各自的目标。这两项都是提升大会形象的重要工作。

二、会议接待流程

（一）会前准备

会议接待涉及的事物方方面面，相当复杂，为了避免在具体安排中出现纰漏，接待人员必须要在会议召开前与会议组织就一些细节问题进行协调和确认，这就要求会议组织者提供详细完整的资料（大会日程安排、席位安排等），最迟应在协调前一周会议组织者获取这些资料（根据会议规模及复杂程度确定时间的提前量）。

（二）制定会议通知单

会议通知单是有关整个会议进程的时间表，通知单上将会议中大大小小的各项具体活动按照其先后顺序逐日、逐小时地排列出来抄送到相关部门，并让有关负责人签字认可。这样能有效地减少相关人员的疏忽和过失，同时也可以明确各自的责任。每张通知单上必须按年月日编上序号，以便控制所有会议的活动。

会议通知单如有变动，必须按会议组织者已确定的更改内容重新发出，并注明需要重新做出安排的部门。更改单须部门经理签字方可生效，相关部门按最新的更改单执行。如会议组织者取消会议安排，需重新发出一份会议取消单并由部门经理签字方可生效。

（三）制订会议具体活动工作单

当会议通知单最终确定后，会议接待应关注会议的每一项具体活动。通过制定会议具体活动工作单来明确每项活动的服务安排并尽量使之细化。

对细节的重视可以转化服务效率。如前所述，会议通知单是对整个会议进程的详细介绍，使相关人员对会议计划有个完整的了解，而会议具体活动工作单涉及的是会议进程中某一具体活动项目的细节安排。例如，在会场布置方面应对主席台、讲台、基本的座位布局等都有明确说明，同时还不能忽视那些细小但却不可或缺的环节，如水杯、桌签、信笺、笔、指示牌、音响系统及花木布置等，因此，会议场馆通常还要设计会前准备工作检查表，如表 8–3 所示。

表 8–3　会前准备工作检查表

<table>
<tr><td colspan="7">一、会议基本情况</td></tr>
<tr><td colspan="2">会议名称</td><td colspan="2"></td><td colspan="2">会议时间</td><td></td></tr>
<tr><td colspan="2">会议空间</td><td colspan="2"></td><td colspan="2">联系人</td><td></td></tr>
<tr><td colspan="2">会议人数</td><td colspan="2"></td><td colspan="2">联系电话</td><td></td></tr>
<tr><td colspan="4" rowspan="2">二、会议要求（根据工作单位或经业务部门确认的要求）</td><td colspan="2">检查记录</td><td rowspan="2">整改意见</td></tr>
<tr><td>自查</td><td>复查</td></tr>
<tr><td rowspan="8">摆台</td><td colspan="2">主席台人数及要求</td><td></td><td></td><td></td><td></td></tr>
<tr><td colspan="2">摆台形式及座位数</td><td></td><td></td><td></td><td></td></tr>
<tr><td colspan="2">桌、椅类型</td><td></td><td></td><td></td><td></td></tr>
<tr><td colspan="2">台呢</td><td></td><td></td><td></td><td></td></tr>
<tr><td colspan="2">台布、筒裙</td><td></td><td></td><td></td><td></td></tr>
<tr><td colspan="2">座签、桌号牌</td><td></td><td></td><td></td><td></td></tr>
<tr><td colspan="2">演讲台</td><td></td><td></td><td></td><td></td></tr>
<tr><td colspan="2">其他</td><td></td><td></td><td></td><td></td></tr>
<tr><td rowspan="6">物品准备</td><td rowspan="3">会议文具</td><td>文件夹</td><td></td><td></td><td></td><td></td></tr>
<tr><td>纸</td><td></td><td></td><td></td><td></td></tr>
<tr><td>笔</td><td></td><td></td><td></td><td></td></tr>
<tr><td rowspan="3">饮品</td><td>茶水</td><td></td><td></td><td></td><td></td></tr>
<tr><td>矿泉水</td><td></td><td></td><td></td><td></td></tr>
<tr><td>冰水</td><td></td><td></td><td></td><td></td></tr>
<tr><td rowspan="9">物品准备</td><td rowspan="3">饮具</td><td>茶杯</td><td></td><td></td><td></td><td></td></tr>
<tr><td>玻璃杯</td><td></td><td></td><td></td><td></td></tr>
<tr><td>酒具</td><td></td><td></td><td></td><td></td></tr>
<tr><td rowspan="6">会议用品</td><td>毛巾</td><td></td><td></td><td></td><td></td></tr>
<tr><td>湿纸巾</td><td></td><td></td><td></td><td></td></tr>
<tr><td>烟灰缸</td><td></td><td></td><td></td><td></td></tr>
<tr><td>名片盆</td><td></td><td></td><td></td><td></td></tr>
<tr><td>糖果碟</td><td></td><td></td><td></td><td></td></tr>
<tr><td>花卉装饰</td><td></td><td></td><td></td><td></td></tr>
</table>

续表

物品准备	其他	指示牌				
		签到桌				
		摆放方式				
		消毒柜				
		饮水机				
		其他				
会议设备准备		投影仪				
		灯光				
		背景板、装饰				
		茶点				
		其他				
保洁情况	会议室					
	卫生间					
	大堂					
	通道					
	其他					
自查人 / 日期			经理 / 日期			

备注："√"或"×"显示检查情况

（四）会中

会议接待人员应全程跟踪会议，以便及时和与会者保持联系，出现突发事件能在最短的时间内解决。会中服务检查如表 8-4 所示，会后清场检查如表 8-5 所示。

表 8-4　会中服务检查表

会议服务情况					检查记录		整改意见
					自查	复查	
会中服务记录	人员到岗	应到	人数				
			时间				
		实到	人数				
			时间				

续表

会议服务情况					检查记录		整改意见
					自查	复查	
会中服务记录	人员仪表	个人卫生					
		着装					
		姿态					
		其他					
		迎送服务					
	服务情况	饮品服务	茶水				
			矿泉水				
			冰水				
			其他				
		寻人					
		复印					
		传真					
		解决投诉					
		其他					
自查人 / 日期					经理 / 日期		

备注："√" 或 "×" 显示检查情况

表 8–5　会后清场检查表

会后清场记录	客人遗漏物品处理记录		
	物品回收归位及缺失记录		
会后清场记录	清场保洁记录		
	会议空间关闭		
	其他		
自查人 / 日期		经理 / 日期	

备注："√" 或 "×" 显示检查情况

（五）会后结算

在会议活动结束后，接待人员应在与会者离开之前结清账目。结账时，涉及两个方面的费用；一类费用是由会议组织者支付（确定签单人）；另一类则由与会者个人承担。财务人员可根据与会组织者所签合同中的规定分别收取。

（六）感谢会议组织者

作为礼节，同时也是为了进一步增进友谊，为今后的合作奠定感情基础，会议接待人员应在会议结束后感谢会议组织者给予的支持和帮助，并征求对会议接待的意见。

（七）建立客史档案

建立完整的客史档案有利于接待人员开展个性化服务，对提高客人满意率和回头率，增强竞争力有着重要意义。

（八）会议现场服务规范

1. 会前准备

（1）会前一小时，会议服务员打开会议场所门、灯光、空调（根据会场的大小确定提前时间），按客户要求做好准备。

（2）网络部保障人员到位、开启设备检查。

（3）会议服务责任人提前 30 分钟到场再次检查，及时协助会务项目经理与客户的沟通、处理问题。

2. 迎宾与服务

（1）迎宾员于会前 20 分钟到位。

（2）随客人人数的增多，抽调部分服务人员为客人拉椅，协助客人入座。

（3）分别为主席台人员和与会的其他重要宾客派发小毛巾，斟倒茶水。

（4）规范操作：斟茶时，先主位，再副主位，类推。前排以后可以从一侧开始依次倒茶水。为主席台客人倒水时，要站在客人右后侧，左手提水瓶，右手将茶杯盖翻放在桌上，以确保卫生，然后拿起杯子倒水。茶杯要拿到客人身后斟倒，以不挡住开会人的视线，对其余客人也遵循此原则。主席台上配置矿泉水时，要配置相应水杯，矿泉水瓶不可放置在演讲台上。

3. 会中服务

（1）宣布会议开始之后，关闭各通道门。

（2）会议自始至终，服务人员必须根据要求，站立在会场内合适位置待命，不得擅自离场。因会场面积限制或会议保密要求，服务员应侍立会场门外服务。

（3）会议进行过程中，刚开始时一般 15 分钟添水一次，以后一般半小时添水一次。主要依照客人的情况而定，添加茶水时要求服务员的动作敏捷、轻盈，尽量不发出声音。

（4）主席台的客人如超过半小时未饮用茶杯的茶水，根据需要更换一杯新的热茶水，使用演讲台时，每更换一位演讲人，需更换一次茶杯或水杯，更换时要使用托盘。

（5）会中休息应进行简单保洁，撤去空瓶，更换新的矿泉水，清理糖纸，补充糖果，此时不得翻动客人的文件资料。

（6）午休或隔天休会期间，保洁工作同上，要做好客户暂放物品的保管。

4. 茶点服务

茶点、水果应在会前准备妥当，会议开始之后15~20分钟布置。如客户另有指定，则根据客户的要求，指定专人负责现场保障。

5. 退场服务

（1）会议结束时及时拉开各通道门。

（2）指定部分会议服务人员站在主通道门前，为客户送行，并照顾年老体弱的代表退场。指定另一部分会议服务人员及时检查现场有无遗留物品，如文件等，一经发现，及时送回会务组人员；检查展馆物品完好情况，发现未灭的烟头等要及时处理。

（3）客人离开后，服务员开始着手厅面的清场工作，关掉大部分的照明灯光，只留适当的灯光供清场用。

（4）撤器皿、收布草，先清理桌面，再撤走服务桌上所有器皿，送到清洗处；把布草分类清点送工作间（干净的与脏的要分开）。

（5）清洁四周护墙及地面，吸地毯；如地毯有污迹，通知场地管理部门清洗。

（6）落实安全措施。关闭水阀、切断电源。除员工出入口以外，锁好所有门窗；由当值负责人做完最后的安全防患复查后，填写《班后安全检查法》；落实好各项安全防患工作，最后锁好员工出入口门，方可离岗。

6. 注意事项

（1）服务员在会场内的待命位置应是门侧，以便随时提供服务。

（2）空调温度除设定标准外，还要注意客人的反应。一旦有特殊要求，应立即处理。

（3）客人需复印资料，应确认张（份）数，放到会议夹内，到就近的商务中心复印，并带原件、复件及杂项单据返回。原件和复印件要分别放置，请客人在杂项单据上签字。单据送回商务中心。

（4）客人借物品时应填写《物品借用单》，结束时及时归还。

（九）茶杯、茶具清洗消毒

1. 准备工作

准备洗涤灵、氯胺T、消过毒的口布。

2. 清理杯子

清除杯具中的杂物，倒掉水。

3. 洗刷、消毒

（1）在洗池溶液中将杯具洗刷干净。

（2）把干净的杯子放入浓度为3‰浓度氯胺T中浸泡5~8分钟；

（3）用清水将杯具冲洗干净。

4. 擦拭与存放

（1）不能用手直接接触杯具。

（2）用消毒口布垫手，将杯具擦干，放置于消毒柜。

（3）消毒柜每月应用3‰浓度氯胺T擦拭内外部，保持清洁。

（4）杯具要明亮、无油迹、无手印、无破损。

（十）托盘服务规范

1. 理盘

将要用的托盘先洗净擦干，以避免托盘内的物品滑动。

2. 装盘

根据物品的形状、重量、体积和使用的先后顺序合理装盘，一般是重物、高物放在里面，先用的物品放在上面，后用的物品放在下面。

3. 托送

（1）轻托：左手臂自然弯成90°，掌心向上，五指分开，用手指和掌托住盘底，掌心不与盘底接触，平托于胸前；行走时，要头正肩平，注视前方，脚步轻捷，托盘的手腕要轻松灵活，使托盘在胸前随着走路的节奏自然摆动，但托盘上下摆动的幅度不可过大。

（2）重托：五指分开，用手掌托住盘底，掌握好重心；用另一只手护持，将盘托起到胸前，向上转动手腕，使托盘稳托于肩上；托送时，要平稳轻松，要保持盘平、肩平、头正、身直，保证托盘不晃动，身体不摇摆。

三、会议餐饮

会议餐饮是会议现场管理的重要组成部分，也是会议场所的主要收入来源之一。由于会议期间需要向代表提供多次餐饮服务，而且通常部分餐饮服务的价格是涵盖在参会费用里的，因此餐饮服务水平也会相当大程度地影响代表对整个会议服务的满意程度。会议餐饮服务涉及的面比较广，从菜单的制定、服务的类型、服务人员的选择到计费方式以及某些客人的餐饮禁忌都必须考虑到，而所有这些服务又必须切合会议本身的性质、与会代表的偏好、会议餐饮预算等方面的特点，因此会议餐饮的管理是比较复杂的。

（一）会议餐饮的类型

会议餐饮类型的选择取决于会议组织者的需要，当然也跟会议场所本身的资源有着密切的关系。会议餐饮主要分为以下几种类型。

1. 早餐

会议早餐服务主要的对象是各种公司会议。因为时间安排比较紧张，于是早餐被用作管理人员和员工，或者会议代表之间又一种交换意见的场所。会议早餐服务已经成为会议业中的一种最新趋势。

2. 茶歇

茶歇的主要功能是使与会代表能在紧张的会议间隙得到一些放松，同时也给他们提供了和其他代表沟通的机会。茶歇通常安排在上午和下午会议的中间，一般会持续15~45分钟。

3. 午餐

午餐通常会提供相对比较简单的食物，这也是所有代表能共聚一堂的最佳机会。因为有的代表可能晚到没能参加开幕式，有的代表可能选择不用晚餐。

4. 晚宴

晚宴一般是会议服务的重点，因为在菜单、服务方式等方面的选择也会相对困难。但一次成功的晚宴能为会议增色不少，也会在会议代表心目中留下深刻的印象。

5. 招待会

招待会通常在会议开始阶段或者正式的晚宴开始之前。多数招待会都只提供饮料和点心。由于招待会也是代表之间很好的沟通机会，因此提供的食物和饮料都要便于代表四处走动。

6. 室外餐饮服务

有些会议会组织室外的餐饮，原因可能是便于观看表演或者想给会议代表一些惊喜。通常室外的餐饮提供的都是晚宴，但现在越来越多的茶歇、烧烤等活动都被安排在室外举行。室外的餐饮活动需要格外考虑天气、食物运输、场地、费用等因素。操作会比室内餐饮更加复杂。

（二）会议餐饮的服务类型

餐饮服务类型主要取决于餐饮本身的种类，因为每一种服务类型都有自身的特点和适用范围。餐饮服务的类型有很多种，但在会议餐饮中应用的主要有自助式和餐桌服务式两种。前者能够营造一种轻松的气氛，可以使代表之间有更多机会进行交流，同时交流的面不局限在同一餐桌，另外主办方也不需要提供很多服务人员。餐桌服务使代表用餐更为舒适，也便于组织者安排发言或者表演节目，但必须提供更多高素质的服务人员。餐饮服务类型的选择应该跟会议的主体及目标相契合，在很多情况下还需要满足赞助商的需要，尤其是晚宴这种场合通常赞助商会有较高的参与度。

（三）菜单的选择

菜单的选择需要考虑到以下因素：食物成本、代表的需要、客户的要求、营养搭配、季节以及菜单给人的整体印象。另外，清淡、健康和低脂也是不能忽视的。与会代表一般倾向于需要小分量的食物，但取用的次数较多，尤其在自助式餐饮里，更要注意每份食物的数量不要太多，以使代表有更多机会起身获得其他交流的机会。但总体而言菜单的选择主要取决于与会代表的数量和会议场所的设施。

通常情况下，会议场所会向会议主办方提供一系列的餐饮类型和菜单以备选择，这就需要主办方根据与会代表的具体情况以及会议的主题从中选择最合适的。但有时因主办方对餐饮缺乏深入的了解，使得菜单的选择变得非常困难。以下几点建议可能会给会议主办方提供一些帮助。首先，具体菜单的选择会受制于餐饮和菜系类型的选择，而代表的人数可能会使某些菜系无法得到提供。其次，应该考虑具体每一道菜，包括菜的颜色、质材和烹饪方式都需要被考虑到，以避免出现菜全是同一种颜色或者用同一方式烹调的情况。再次，还必须考虑味重的菜和清淡的菜相搭配，素食者和穆斯林及其他有饮食禁忌的情况也必须考虑到。最后，健康的饮食趋势也应该被越来越多地反映在菜单上。

（四）员工

如果没有合格的员工来提供服务，任何餐饮类型或者菜单选择都是空谈。此处“员工”指的是主办方的工作人员，其作用要区别于会议场地方配备的餐饮服务员，因为会议餐饮不同于一般意义上的请客吃饭，经常带有契合会议主题的附带交流，是在正式会议场合之外有特殊增值服务性质的重要活动。主办方是“导演”，与会代表是“主角”，会议场地方餐饮服务员多是“临时工作人员”。一旦餐饮类型和菜单已经决定下来，员工就应该被有序地分配到各个岗位，同时，在开始工作之前他们都应该对整个会议有一些基本的了解，如会议的主题、与会代表的组成、席位的分配等，以便做出正确快捷的引导。在选择员工时应该主要考虑以下几点：员工的业务能力、员工的宴会服务经验、客人的数量、餐饮的类型与风格、宴会的时间、主管人员。只有对以上因素进行通盘考虑以后才能够制订出合适的员工计划。最后在服务过程中随时保持沟通，使出现的问题能得到及时解决。

（五）酒水饮料

酒水和饮料以及食物一起组成完成的宴会，但有时酒水和饮料也会在会议餐饮中单独扮演角色，酒水和饮料服务的主要类型有以下几种。

（1）鸡尾酒招待会：这是最常见的招待会形式。

（2）接待室酒会：通常是赞助商招待自己的客人时使用专门的套间做接待室，用酒会的形式来做一些沟通和交换。

（3）餐桌酒水服务：和食物一起构成宴会。

（4）特别的酒水和饮料服务：专门的酒类品尝会，或者酒水饮料的产品发布会。

（六）餐饮定价

食物通常采取人数定价方式，根据代表的数量和事先统一的菜单来定价。茶歇时提供的咖啡或者饮料可能根据取用的数量来计价，如 ×× 元 / 升，但也可能为了方便起见按照人数定价。如果会议的规模比较小则按照人数定价后，可能场所还会收取额外的人工或者房间布置费用。当餐饮费没有包含在会费里面时，会议场地可以采取将菜单分成从“经济型”到“豪华型”几个类别，在注册时供客人选择。如果是自由点菜的 A la carte 式菜单。则需要在每道菜下面注明其价格。无论哪种定价方式，菜单的价格都必须涵盖一定的利润、食物成本、工资以及其他固定和变动成本。具体的定价方案还必须跟场所的整个经营策略相一致，比如，一些小型的会议场所为了吸引公司或者其他组织将来的会议，有可能会采取低价餐饮的策略。另外，餐饮的定价还跟供应商等其他利益相关者有着密切的关系。对于会议代表而言，酒水饮料的付费可能有以下几种方式。

（1）免费畅饮，与会代表无限量获取酒水饮料，会议主办方或者赞助商在结束后支付所有费用。

（2）现金支付，即与会代表购买饮料，现场支付现金。这种支付方式的最大问题就是可能形成，因为员工需要在每位客人身上花费较多时间。

（3）代金券支付，与会代表预先从主办方或者场所处购买酒水代金券后再当现金使用，这可有效地避免排队现象，同时也可以使主办方向重要代表提供免费代金券。

（4）自助式，与会代表取用酒水饮料，会议场所通过先后库存数量的变化来向主办方收取费用。酒水饮料服务和定价是会议中最容易引起代表不满的地方，因此定价方式应该提前用书面的方式得到确认，以免引起任何纠纷。

对会议主办方而言，其向会议场所支付酒水饮料的方式会根据每次会议或者召开地点不用而大相径庭，但总体而言有以下几种重要的支付方式。

（1）以每杯饮料为单位付费：在免费畅饮和现金支付两种方式中可以使用，主办方可以根据会议代表的潜在消费能力或者他们向场所支付的其他会务费用为理由要求比较好的折扣价格。

（2）以每瓶饮料为单位付费：在免费畅饮和自助型中经常使用，即消费前后分别清点酒水饮料的瓶数，以差额来付费。

（3）按人数付费：通常在招待会中和食物一起计算。

（4）按每小时付费：按代表的消费小时来付费，不过通常从第2小时以后逐渐便宜，这取决于安排这项活动时间的长短。

（5）按整体消费时间付费：即按整体消费时间段付费，价格水平取决于会议代表的数量和主办方要求提供的酒水饮料的种类。

四、会议音响设备服务工作规范

（一）服务规范

（1）会议保障时应穿公司制服，着装整齐，礼貌用语，注意仪容仪表。

（2）不在会议室大声喧哗、吸烟、吃零食，保持会议室安静和整洁。

（3）会议保障人员应密切配合，相互提醒注意事项。

（4）主办单位工作人员提出的有关问题和要求应耐心、礼貌地回答和解决，若无法解决应联系相应部门人员或汇报部门领导，做到“首站式”服务。

（二）操作规范

1. 扩声系统

（1）根据工作单位要求，认真检查会议所需设备、型号、数量是否符合，预留易出现故障的备用设备（如无线话筒、电池、同传接收机、耳机等）。

（2）按照线路图连接设备，详细检查各线路连接是否准确、牢固，外露线必须用胶带粘贴。

（3）按无线话筒接收机→调音台→均衡器→功放的先后顺序开启设备电源（注：功放电源必须最后开启）

（4）调节功放音量至最大。

（5）调整调音台输入和输出的音量控制。

（6）调试话筒的音量和音色。

（7）调试或使用完成后，先将功放音量调至最小，再按“先关后放”顺序关闭设备电源。

2. 投影系统

（1）如会议要求使用多媒体投影机，先按主办方单位要求或以往经验摆放好投影屏幕位置和角度。

（2）接笔记本、录像机、VCD 和投影机的连线，开启投影机和笔记本电源。

（3）调节投影机位置、角度和底座高度，投影机应对准屏幕的中轴线，投影机的投影方向应和屏幕垂直，调节投影图像到水平为止。

（4）投影机的梯形校正，保证投影图像的上、下宽度一致。

（5）调整投影机镜头的焦距（ZOOM）和聚焦（FOCUS）以及投影机与屏幕的距离，保证投影图像的满屏显示和清晰度。

（6）投影机调试或使用完成后，应先软关机，待风扇停止运转（即机器冷却）后，才能关闭投影机电源，拔掉电源插头。

3. 同声传译系统

（1）如会议需求使用同声传译系统，先将译员房搬到会议室并摆放好位置。

（2）连接同声主机的话音输入接口和调音台的话音输出接口。

（3）将同传主机的调制信号输出接口和发射板连接，插上发射板电源。

（4）连接译员台和同传主机，并接上译员耳机。

（5）开启同传主机电源（注：以上步骤必须在开启功放前完成）。

（6）选择开启同传主机的信道。

（7）编辑译员台的信道为同传主机开启的信道。

（8）装上接收机电池。

（9）由三人（主讲、翻译、收听）进行测试，应保证会议室内每个角落都能接收，并且做到声音清晰。

【知识链接】

展样品运输及运输设备使用

一、展品运输

1. 办展单位请在展会进场前二十天向展场经营部物业科提交其指定的产品运输公司的名称及具体联系方法的书面材料，展样品由该指定公司统一负责，展场经营部保留准许或拒绝该指定运输公司在展馆内操作的权利。

2. 在展馆内作业的所有叉车或其他重型装卸设备，必须由训练有素的人员操作，任何漏油及其他污染性溶液的车辆均不得在展厅内部运行。

3. 办展期间，未经展场经营部的书面同意运输机动车辆不得在展馆内运行。

二、展馆运输设备的使用

1. 严禁使用展馆内自动扶手电梯运送任何货物设备或家具。

2. 产品体积在一立方米以下，重量在300千克以内，可使用展馆内客用电梯。

3. 禁止撞击电梯箱轿，禁止在电梯内野蛮堆积产品等货物超出电梯箱轿容器及承重限度的产品，应使用展馆内楼梯或车道上楼。

4. 不得雇用馆外临时搬运工，如有需要可雇佣馆内穿有标志制服的搬运工。

资料来源：郭海霞，《会展场馆经营与管理》，教育科学出版社，2013（10），案例资料整理而成。

第四节 展览会的开幕式

一、开幕式准备工作

（一）预展

预展是指展览布置完毕后，在正式开馆前进行的内部展出，由主办单位邀请有关领导、专家、技术人员、新闻界人士到现场参观，依照办展宗旨和计划进行检查和验收。对预展中提出的问题和意见，主办者应予重视并做必要的修改，以保证展览会有较高的质量。预展在计划经济时期以及当今的政府主导型展览中较常进行。

（二）开幕与开幕式

开幕表示展览会经预展审查合格，正式对观众开放。开幕式筹展的结束，就是展出的开始。

开幕式是展览会正式开始展出所举行的仪式，其目的是扩大影响，树立展览会在社会和公众中的形象，以引起更多的社会关注，吸引更多的观众参观。开幕式在形式上应隆重热烈，一般大型展览会都邀请有关方面的代表参加，由官方代表致开幕辞并剪彩。传统的做法和重视开幕式的观点认为成功的开幕式等于展会进行了一半。而近几年我国许多原来很重视举办开幕式的名牌展览会承办单位，也开始向外国学习简化开幕式的程序或取消开幕式。但完全取消开幕式可能还要有一个漫长的过程。

（三）合同签订后现场服务提供之前的准备工作

（1）根据主办单位组织机构的特点及要求，组建展馆现场服务保障机构，并在机构内明确职责与分工。

（2）按时间和空间的要求细化工作方案，明确各单位的工作内容，直接指出具体的工作要求。

（3）与两个以上的展览会举办时间出现重叠，制订方案时应将时间重叠的项目做综合考虑，以利于各项目间提供服务的协调与衔接。如项目均由一个业务部门承接，应做成一个方案；如项目不是由同一业务部门承接，应主动与相关的业务部门协调，在无法达成一致的情况下，及时上报由场馆领导协调解决。

（4）工作单的内容应包括：

开幕式的时间、地点、规模、出席人员及数量（如：主席台嘉宾、台下贵宾区、组委会成员、参展团长、相关部委领导、其他国内外重要客人、军乐队区、表演区、来宾区等）；

进场安排（如：贵宾、参展单位人员、来宾、代表、记者及其他相关人员进场安排及分工负责人）；

主持人、议程（如：军乐队奏乐、司仪进行展会简介、礼仪小姐引导领导及贵宾就位、介绍主席台贵宾、开幕词、欢迎词、开幕式剪彩、宣布开幕式结束等）；

任务分工（如：总指挥、现场协调、各部门工作等）；

准备工作流程（主席台贵宾区名单确定、请柬制作分配及发送、各种致辞的准备、主席台和贵宾区及整个现场气氛的设计、布置；贵宾休息室的布置与服务的落实；军乐队的联系、选曲、排练、演奏；司仪的联系及工作衔接；礼仪公司的联系及工作衔接；音响准备及调控；确定领导和贵宾的参观路线；开幕式准备工作检查内容、倒计时日程安排等）。

以上内容均应得到主办单位的书面确认，若属自办展则要有场馆分管领导的书面意见。

（5）工作单连同附件制订完成后，上报公司领导，经总经理审批，并及时告知主办单位，而后下发至相关部门。

（6）跟踪检查服务进度及质量。

二、开幕式管理的基本内容

（1）开幕式的名称、时间、地点。

（2）主办单位。

（3）参加者的范围。包括上级机关领导人、会展活动的承办单位、协办单位、赞助单位的领导或代表，东道主以及会展活动的有关机关、企事业单位的领导或代表，有关国家、地区、组织的代表（如某国家的使节、领事、参赞等），群众代表，有关新闻单位。

（4）主持人、致辞和剪彩人的身份和姓名。开幕式通常由主办方主持，主持人应当有一定的身份，联合主办的会议可采取共同主持的形式，各方主持人身份大致相当。致开幕词人的身份一般应高于主持人。仪式较为简单的，可由主持人直接致开幕词，也可以先由主办单位的领导发表主要讲话或欢迎词，然后由来宾代表先后致辞。来宾代表致辞的顺序按身份高低安排。最后请在场身份最高的人士宣布："我宣布，×× 活动开幕。"联合主办的活动，也可用共同剪彩的形式代替致开幕词。剪彩人应当是主办单位出席开幕式身份最高的人士，也可安排上级领导、协办单位领导与主办单位领导共同剪彩。

（5）开幕式的形式。开幕式的形式主要有两类，一类是以致辞为主的形式；另一类是文艺晚会的形式。

（6）邀请方式。凡外单位领导和代表应当书面邀请。书面邀请分请柬、邀请信。请柬用于邀请重要来宾，邀请信用于一般的列席对象或者较为特殊的对象。

（7）现场布置和物品准备。需要准备如主席台、会标、国旗、花卉、彩旗、标语、建材工具、扩音设备等，有的还安排文艺表演。

（8）接待。如签到、为来宾佩戴胸花、赠送礼品、留言题词等。

（9）开幕式、闭幕式程序。一般如介绍开幕式的领导人和主要来宾、致开幕词、升国旗、升会旗、奏国歌或会歌、代表致辞、剪彩、参观、植树纪念、颁奖、文艺体育表演等活动。

（10）接待任务分工。必要时可设立专门的接待工作机构。

（11）经费安排。

开幕式是展览进入开展阶段的重要标志，也是展览给社会大众的第一印象。主办方一定要在前一天做好周密的安排和仔细的确认，在开幕的这一天要提前到场，并派专人核查一遍所有的设备和设施。其中主要是对现场音响进行调试。主办方需要在开幕式进行过程中全程监督，并随时准备处理突发事件。

三、开幕式的现场管理

（一）开幕式现场服务准备工作

（1）场地管理部根据工作单的要求事先做好开幕式场地的卫生工作，配齐必要的设施，做到地面、桌椅等会议设施、设备整洁。

（2）网络信息部根据工作单、参加开幕式人数、讲话人数的身高等要求先将所需的各种用具和音响设备摆放好，并提前做好调试工作。

（3）工程部根据工作单的要求配合接好电源，并提前安排现场保障人员。

（4）保卫部依照工作单和《消防治安控制程序》，提前做好现场的安全保卫工作，按时开启出入口，疏导车辆与人员。

（二）开幕式期间的工作

（1）开幕式开始前3个小时，按工作要求，广告部负责完成各项气氛布置、背景板、指示牌等工作。

（2）开幕式开始前2小时，业务部检查布置是否符合要求，指示牌是否根据客户要求，放在特定位置。

①迎接参加开幕式的领导，贵宾室接待，引领上主席台。

②贵宾区来宾的组织、迎接、引领。

③其他人员的组织、引领。

④新闻媒体组织。

⑤领导和贵宾参观展会的引领。

（3）保卫部依照工作单和《消防治安控制程序》，做好现场的安全保卫工作。

（4）工程部按照工作单和《基础设施控制程序》，做好水、电、空调、电梯等设备保障工作。

（5）网络信息部按照工作单和《基础设施控制程序》进行操作，音响师做好音响设备的保障工作。

（三）开幕式结束服务工作

（1）开幕式结束，工作人员应仔细地检查会场，做好现场设备的管理，如有损坏，要认真做好记录。

（2）各职能部门组织人员做好租赁物品的回收工作。

（3）发生突发事件时，工作人员要协助保卫人员依照《应急准备和响应控制程序》的有关规定处理。

（四）三级检查保障制度

为保障开幕式圆满顺利地进行，开幕式服务实行三级检查保障制度。

（1）大型（重要）会议期间，设开幕式项目经理一职，代表总经理全面负责开幕式布置工作。

（2）开幕式项目经理向客户提供全过程、全方位、全天候的服务，处处体现优质服务的宗旨。

（3）执行开幕式检查制度

①一般开幕式服务人员自查，对照工作单，落实服务细节；项目经理全面检查，协调服务环节，跟踪客人的服务需求，落实服务细节；质检部、相关部门经理对会场布置、设备情况、服务程序包括服务人员进行检查。

②重要开幕式，会场服务人员自查，对照工作单，落实服务细节；会务经理、相关部门经理、质检部全面检查，协调服务环节，跟踪客人的服务需求，落实服务细节；公司领导对会场布置、设备情况、服务程序包括服务人员进行抽查。

③各项检查做好记录，实时传递，以便相关部门及时改进，提高高效、快速的会议服务。

④质检部在会议期间进行检查，对检查中发现影响会议服务质量，导致客户满意率下降的问题，按《不合格控制程序》、《纠正预防措施控制程序》执行。

（五）开幕式结束后的工作

服务部门协助业务部门完成展后结算工作。

各部门针对此次开幕式展馆方面发现的问题，结合客户反馈或投诉的意见及建议，认真总结经验教训，主动与客户沟通，深入分析，持续改进，不断完善管理体系。

对于重要开幕式活动，由质检部形成服务质量报告，提出不足，持续改进。

第五节 参会人员的登记、进出和各类证件管理

一、现场登记

现代会展活动采取网上报名的方式已相当普遍，但在展会现场报名的传统方式却还是不可忽视的做法，快速迅捷的现场观众登记是非常重要的。登记处是观众来到场馆第一处受到服务的地方，第一印象实际上是持续最久的印象。登记台对待观众的态度直接反映企业形象，如果展会规模大登记台可能会非常拥挤，就应该提高报名效率，让观众自己填写报名表和多设窗口多台电脑录入。根据主办单位策划的要求，有的展会登记后交费发证进场，有的则免费但凭请柬或单位介绍信及名片办理。观众进场填写的表格和发给的打印胸卡必须是中英文对照，一目了然，让参展商一看就知道来者的身份。

现场登记是筛选观众的一个重要环节，因为通过登记可以明确参观的人是来自哪个领域的，这样便于承办单位今后的观众组织。同时观众使用的证件若是条形码或磁卡、电子卡，则入场时既便捷又给展馆和主办单位留下许多专业分析观众的宝贵信息资料（如：可以知道该身份的持卡人在展馆内的时间和次数等，判断其对展会的关注程度）。

会展活动过程中，参与人员的登记，是为项目评估以及今后的持续服务提供直接资料的有效手段，根据登记所填写的信息，可以专业地分析并得出结论。通常展馆、承办单位以及有的参展商都会设置一定的表格来进行统计。

统计表格通常包括姓名、性别、国别、单位、职务、学历、联系方式等，不同的调查单位会根据自身的需要在表格中设计一些调查问题，以使登记的资料更有参考价值。

二、证件管理

（一）证件

证件作为一种识别标识，在各类展览或会议活动中十分必要。就展览而言，通常会使用到以下全部或部分证件，证件的使用要符合举办单位自身的要求，并根据需要发给相应的人员使用。

（二）证件种类

1. 车辆证件（须在背面印有使用说明及行车线路图）

车辆证件包括停车证、通行证、特别通行证、不同颜色区别的通行证等。

2. 人员证件（须在背面印有使用时间和区域）

（1）布（撤）展证、参展证、采访证、来宾证、贵宾证。

（2）保障人员证。

（3）展馆工作证。

（4）组委会人员工作证。

（5）门票（销售、赠送）、赠券、邀请函、请柬。

3. 物品出馆证

展会期间物品出馆证明。

（三）证件的发放与使用

除进行展会网上报名和现场登记发证的形式外，根据对象的不同主办单位还要发放许多不同的证件，证件的发放除赠送的门票和赠券外，通常是提前进行办理，由主办或承办单位根据需要制作和发放。场馆工作人员，主要是门卫根据事先承办单位提供的各类证件样本和这些证件的有效期，对持证人进行资格认可和放行。

门票一般为一次性使用，场馆门卫根据事先与承办单位的约定，收缴销毁或剪副券，避免重复使用。对于进行销售的门票，场馆需安排销售场所或销售人员，对销售所得根据合同约定与承办单位双方确认后进行分成。

通常规格高、规模大的展览会，使用到的证件种类也会较多，发放的形式和渠道也相应复杂。如大型会展活动的记者证，事先各媒体就会向当地政府宣传部门提出申请领取，并由承办单位提供。布（撤）展证一般也会在报名并落实相关事宜后，由承办单位提前发出，来宾和贵宾证也须提前发送。

第六节　会展场馆广告位管理

一、会展场馆广告业务的承接和布置

会展场馆凭着高大建筑和宽阔场地的优势，拥有丰富的广告资源，充分利用和开拓广告业务是场馆不断创造经济效益的重要配套服务项目之一。

会展广告有两种含义：其一，只具有独立承办广告业务的资格、能力和条件的专门机构或部门，接受会展主办单位或参展单位的委托，用形象的图文、音像等形式在会展前或会展中介绍会展时间、地点、内容、主承办单位、参展参会单位及展品等的活动；其二，指会展主办单位在会展现场内外为参展参会单位设置的广告。

在我国，承接展览广告业务的单位大体有三种，一种是专营单位，另一种是兼营单位，再一种是代理单位。根据我国相关规定，惩戒展览广告的单位必须有当地工商行政管理部门发给的营业执照和营业许可证，而要求刊登或制作、悬挂的展览广告必须持有办展单位的证明。在展会内设置、张贴广告由主办单位负责审查。承接展览广告的单位必须具备下列条件：具有独立承办广告业务的手段、资金、场所和制作设备，或有直接刊登、播放广告的手段；具有一定政策水平和业务水平的编审人员和管理人员；具有一定设计、制作广告的技术力量。

通常较具规模的会展场馆都申请成立广告公司，或与其他广告公司合作成立联营的子公司，以承接会展广告业务，充分利用场馆的一切广告资源创造效益。

展览广告承接的程序一般是：由承接单位与办展单位洽谈，了解对方所做广告的内容、质量、规模、范围、方式及其他特殊要求；认真进行成本核算，定好价格，签订合同；由承接部门交给设计部门，设计部门设计出小样交给办展单位审查通过后，才能进行施工制作；广告要在规定时间内高质量完成，一般要在开展前制作完毕，经检查合乎要求，方可张挂或播映。

展览广告的布置，一般在展览场所的范围内，大型展览广告招牌设置在展览场所的大门口，或悬挂在场馆建筑物上。经贸展览会的广告，商业色彩要浓，不但可制作成广告牌悬挂在上述位置，还可用横标（横幅）、条幅（直幅）、立体式招牌，电子屏幕显示、霓虹灯、气球广告等方式设在展馆内或上空位置，达到引人注目，强化记忆，产生观展、订货、购买等欲望的目的。如果需要到场馆以外地方张贴，必须遵守《广告管理暂行条例》中有关规定："户外广告的设置、张贴，必须遵守城市管理机构和广告管理机关的规定，不得妨碍交通、市容和风景地区的优美环境。大型广告牌的设置，必须征得城市管理机构的同意。在政府机关和有纪念意义的建筑物上，在重点文物保护单位，禁止设置、张贴广告。"

×× 公司广告合同书（样稿供参考）

甲方：________________________________

地址：________________________________

电话：______________传真：______________邮编：__________

乙方：×× 市 ×× 广告有限公司

地址：________________________________

电话：______________传真：______________邮编：__________

甲、乙双方根据《中华人民共和国合同法》《中华人民共和国广告法》及其他有关法律法规，就甲方租用乙方广告位并委托乙方制作、发布广告一事，达成如下协议：

（1）广告地点

（详见广告位置草图）

（2）广告尺寸及面积

广告牌宽____高____

（3）合约的期限

甲方委托乙方于____年____月____日至____年____月____日发布广告，自甲方广告正式发布（上画面）之日起计。

（4）广告费的支付

①广告费指的是甲方使用乙方广告位并委托乙方制作发布广告而需向乙方缴纳的费用，包括广告发布费、场地租用费、保险、管理、电费及两次广告画面制作费。

②甲方需向乙方支付的广告费：

广告价格：人民币____万元整。

③广告费的支付时间：

广告正式发布经甲方验收合格后，____年____月____日甲方向乙方支付广告费人民币（大写）____元整，金额￥____；

____年____月____日前甲方向乙方支付广告费人民币（大写）____元整，金额￥____；

____年____月____日前甲方向乙方支付广告费人民币（大写）____元整，金额￥____；

____年____月____日前甲方向乙方支付广告费人民币（大写）____元整，金额￥____；

（5）广告的制作及上画面

①甲方应在本合同签订之日起的____天内向乙方提供广告的样稿和喷绘文件盘，乙方按照甲方方案制作。

②本合同签订后，广告画面在甲方向乙方提供广告样稿及喷绘文件盘后____天内制作安装完毕，并自安装完毕之日起开始计算收费时间。

③甲方应在上画面之后的第____天至第____天，接到乙方通知后组织相关人员验收，如甲方在本条所指的验收时间内未组织验收或虽组织验收但未提出异议的则视为验收合格。

（6）维修检验：

①乙方每月对广告牌进行例行检查，如发现广告牌有缺损，应立即维修，维修工程需于____天内完成，如有任何维修工程而影响广告不能上画面，维修占用的时间将顺延广告发布时间。

②广告牌每天亮灯____小时，从____时____分到____时____分（可根据季节调整亮灯时间）。

（7）其他：乙方负责办理就广告上画面而需到政府机关办理的各种报批手续。

（8）因广告所产生的责任的承担

①在本广告的制作、设置过程中，如造成任何第三人的人身或财产损害，均与甲方无关。

②由于商标、肖像、广告词及其他因广告内容而产生的纠纷由甲方承担全部责任。

（9）广告画面的更换

①广告画面安装完毕半年内如发现有严重褪色现象影响宣传时，甲方有权要求乙方重新制作画面，费用由乙方承担。

②甲方有权随时要求乙方更换广告画面，但需给乙方预留合理的制作画面及向相关主管部门报批的时间，乙方赠送甲方____次广告画面，赠送完毕后甲方如需由乙方制作并更换画面，乙方按每平方米____元收取广告画面制作、安装费。

（10）违约责任：

①甲方应按合同约定的时间和金额向乙方支付广告费，逾期支付的，除支付合同约定的广告费外，甲方还应按每日万分之____的比例向乙方支付逾期付款违约金。

②甲、乙双方不得无故终止合同，如在合同期内甲、乙方单方面要求提前终止本合同，应赔偿对方损失，赔偿金额的计算方式为：本合同约定的全部广告费减去已支付的广告费之后再乘以百分之三十。

③如因不可抗力或政府禁令（需提供政府相关文件）导致广告不能发布，或有影响发布效果（需提供影响发布效果的证据）的，甲、乙双方均有权终止合同，乙方应把已收取但广告尚未发布的时间段的广告费退回甲方，甲、乙双方应对此数额进行确认，自确认之日起____日内乙方应将该款退回甲方，如超期未退的，乙方应按双倍予以赔偿。

④乙方未按约定时间将广告制作完成并上画面的，迟延的时间应在约定的广告期后顺延。

⑤如发现广告在合同期内晚上有不亮灯之情况，甲方无须缴纳不亮灯期间的广告费用，但因不可抗力及供电部门检修而停电的除外。

⑥合同期满后，在同等条件下甲方有优先续约权，甲方如需续约应于合同期满前两个月与乙方协商续约事宜，并重新签订合同。

（11）双方因本合同发生争议，应友好协商解决，协商不成的由××市仲裁委员会仲裁。

（12）此合同一式肆份，甲、乙双方各执贰份，具有同等法律效力。本合同签订于____。

（13）本合同一经签订即产生法律效力。

甲方：____有限公司（公章）　　乙方：____市____广告有限公司（公章）

代表：　　代表

日期：　　日期：

某会议中心场地租赁合同

合同编号:（会）字［　］第____号　　履行地点：________

甲方：

乙方：

甲、乙双方经友好协商，就乙方租用甲方会议场地举办________会议及有关活动，为明确双方的权利和义务，根据中华人民共和国法律法规签订本合同，以资共同遵守。

1. 甲方提供租赁或服务的项目及合同价款。

（1）租用场地、租用日期、租用时间、租金（表 8–6）

表 8–6　场地信息表

租用场地	租用日期	租用时间	租用费用（人民币：元）

小计：租金共____元。会议场地租金包含的配套服务：________。

（2）空调费 =____元 /（m^2·天）×____天 ×____m^2=____元人民币。

（3）其他租赁或服务项目的租金或费用，包括以下____项目：

①液晶投影仪：____套，租金____元/天。

②无线麦克风及备用电池：____套，租金____元/天。

③录像机：____套，____元/天。

④打印机：____台，____元/天。

⑤会场摆花____盆（____花），____元/____盆，合计____元。

⑥胸襟花朵：____朵，____元/朵，合计____元。

⑦易耗品：胶带、易事贴、薄荷糖、冰水、激光指示笔，费用____元。

⑧其他免费提供项目：幕布、音响、白板、白板笔、剪刀、板擦、插座、会议指示牌。

⑨茶歇：提供____次，供____人用，____元/人次，合计____元。

（4）费用总计

由乙方布置会场的，应事先将布置方案送经甲方同意并报销消防审批，向甲方支付保洁费用，甲方提供____小时的免费布置时间，乙方另需加班应支付加班费用。乙方如需其他服务应提前告知，以确保甲方在正常时间内能完成准备工作。增加服务的租金或费用依据甲方经当地物价局批准的价格表按实际结算。

2. 付款方式（乙方支付款项的时间，以甲方收到或能实际支配的时间为准）。

①乙方于____年____月____日前向甲方预付合同价款的____%，计：____元人民币。

②乙方于____年____月____日会议举办前向甲方付清合同价款。

③乙方于____年____月____日前向甲方付清会议现场临时增加项目的费用。

3. 双方的权利和义务。

（1）甲方的权利和义务

①提供约定的场地和服务供乙方举办会议及相关活动。

②乙方携重大物件或布置装饰物、标记和海报入场应经甲方事先同意。

③甲方有权使用或允许第三方使用未租给乙方使用的广告位及其他区域。

（2）乙方的权利和义务

①乙方自行组织、策划本次会议及相关活动，对本次会议及活动的合法性等全面负责。

②乙方举办会议应遵守甲方有关管理规定，不得损坏甲方的设备、设施等。

③所有参会人员佩戴统一的标志、证件或持有请柬、会议通知进场，乙方提前告知甲方标志或证件的格式。乙方督促所有参会人员在指定的空间内活动。

④及时支付租金和服务费用。

⑤会议结束后，乙方应于____小时内清除布置物，逾期不予清除的，甲方有权清除，乙方承担清除费用。

4. 违约责任

①一方违反本合同约定给对方造成损失的，应向对方承担赔付责任。

②乙方应严格按照第2条之规定支付款项，每延迟付款一日，乙方应向甲方支付延迟付款金额____的违约金。

5. 合同的解除。

①乙方可以书面提出解除本合同，甲方可将租用场地另作他用，但乙方应向甲方支付违约金，具体数额如下：

a. 如解约日为租用期____个月前，违约金为合同价款的____%。

b. 如解约日为租用期____个月前，违约金为合同价款的____%。

c. 如解约日至租用期不足____个月，违约金为合同价款的____%。

支付违约金之日为解约日。如违约金在乙方已付款中全额扣除，则乙方书面提出解除合同之日为解约日。

②乙方未严格按第 2 条付款方式付款，任何一笔款项迟延付款达____日以上的（在租期之前），甲方有权解除本合同。

甲方据此解除合同的，乙方应依合同第 5 条第 1 款的规定，向甲方支付合同约定的违约金（甲方损失超过违约金的部分，乙方应另行向甲方支付赔偿金），甲方可将租用场地另作他用。

乙方愿意继续履行合同并经甲方书面同意的，合同继续履行，乙方按合同第 4 条第 2 款的规定向甲方支付违约金。

③甲方可以书面提出解除本合同，将租用场地另做他用，但应参照合同第 5 条第 1 款规定向乙方支付违约金。

6. 合同的变更。

乙方活动如需变更应提前____天与甲方协商。合同变更经甲方同意的，乙方应向甲方支付合同价款____% 的补偿金。乙方需延长租用时间的，应事先与甲方协商，延长时间超过两小时的，按半天计算。因甲方原因造成延长的除外。

7. 不可抗力。

发生不可抗力事件（包括但不限于政府行政命令对财产的征收、征用、停用及实际占用）并导致本合同的履行成为不可能时，双方都有权终止本合同，但应以书面形式及时通知对方并在其后进行说明和提供证明。

8. 法律适用和争议的解决方式。

任何因本合同引起的或与本合同有关的商事争议，都适用中华人民共和国法律法规和场馆所在地地方法规。本合同在履行中发生前述争议协商不成时，任何一方都可向会议举办地人民法院提起诉讼。

本合同的未尽事宜由双方另行签订补充合同确定。本合同一式四份，由甲乙双方各持两份。

甲方：

地址：

法定代表人：

委托代表：

电话：

传真：

营业执照号：

开户银行：

账号：

乙方：

地址：
法定代表人：
委托代表：
电话：
传真：
营业执照号：
开户银行：
账号：

____年____月____日签订于________

上海市展览场地租赁合同示范文本（2005版）

上海市工商行政管理局
上海市对外经济贸易委员会　制定
上海市会展行业协会

上海市展览场地租赁合同

签约双方：
展场经营单位（下称“甲方”）：
地址：
电话：
传真：

承租展场单位（下称“乙方”）：
注册地址：
办公地址：
电话：
传真：

根据中华人民共和国有关法律、法规和本市有关规定，甲、乙双方遵循自愿、公平和诚实信用原则，经协商一致订立本合同，以资共同遵守。

第一条　合同主体

1.1　甲方系依法取得坐落于____展览场地租赁经营权的法人。

1.2　乙方系本合同约定的展会的主办单位。

第二条　生效条件

本合同经双方签署生效。对依法须经政府部门审查的展会，本合同应自展会取得政府部门审查批准后生效。

第三条　租赁场地

甲方同意乙方租用位于_____，总面积为____平方米的场地（下称“租赁场地”），用于乙方举行_____（展会全称）。

第四条　租赁时限

4.1　租赁期限为____年____月____日至____年____月____日，共____天。

其中：进场日期：自_____年_____月_____日至_____年_____月_____日；

展览日期：自_____年_____月_____日至_____年_____月_____日；

撤离日期：_____年_____月_____日。

4.2　乙方每日使用租赁场地的时间为上午____至下午____。乙方和参展商可以在前述时间之前____小时内进入展馆，在前述时间之后____小时内撤离展馆。

4.3　乙方需在上述时间之外使用租赁场地，应提前通知甲方。乙方超时使用租赁场地的，应向甲方支付超时使用费用。双方应就具体使用与收费标准协商约定，并作为合同附件。

第五条　展览服务

5.1　租赁期间双方可就以下方面选择约定租赁费用范围内基本服务：

1）照明服务：______________________

2）清洁服务：______________________

3）验证服务：______________________

4）安保服务：______________________

5）监控服务：______________________

6）咨询服务：______________________

7）其他服务：______________________

5.2　乙方如需甲方提供上述基本服务之外的服务或向甲方租赁各项设备，应与甲方协商，并由乙方向甲方支付费用，具体内容和收费标准应列明清单，作为合同附件。

第六条　租赁费用

6.1　租金的计算如下：

场地类型	租金/（m^2·天）	面积/m^2	天数	共计
展览室内场地	人民币/（m^2·天）或 美元/（m^2·天）			人民币____或____美元
展览室外场地	人民币/（m^2·天）或 美元/（m^2·天）			人民币____或____美元
总计	人民币____或____美元			

6.2　如果租赁场地实际使用面积大于合同约定面积。则租金根据实际使用的总面积

做相应的调整。结算方式可由双方另行协商，签到补充协议中。

6.3　乙方按如下方式支付租金：

支付日期	签订本合同之日起____天内	____年____月____日（进场提起前____天）	____年____月____日（进场提起前____天）
展场租费比例			
应付款人民币或美元	人民币____或____美元	人民币____或____美元	人民币____或____美元

6.4　所有支付款项汇至如下账户：

以人民币支付：

银行账号：

银行名称：

银行地址：

开户名称：

以美元支付：（按支付当日中国人民银行公布的外汇汇率中间价）

银行账号：

银行名称：

银行地址：

开户名称：

Swift Code：

6.5　对须依法经政府部门审查的展会因无法获得政府部门批准导致本合同无法生效的，乙方应通知甲方解除本合同，并按照下列规定向甲方支付补偿金。甲方在扣除补偿金后如有剩余租金，应返还乙方。

解除合同时间	补偿金
租赁期限前____个月以上	已付租金的____%
租赁期限前____个月至前____个月	已付租金的____%
租赁期限前____个月至前____个月	已付租金的____%
租赁期限前____个月至前____个月	已付租金的____%

第七条　场地、设施使用

7.1　乙方应在租赁期开始前____天向甲方提供经双方选择约定的下列________文件：

1）一式____份的设计平面图，该平面图至少应包括下列内容。

a. 电力及照明的用量，每个区域内容的布置图及分布供应点位置。

b. 电话位置分布图。

c. 用水区域或用水点。

d. 压缩空气的要求和位置。

e. 卫星电视 /INTERNET 设置图。

f. 甲方展馆内部及其周围红线范围内的其他布置设计。

2）一份与展览有关的活动的时间表，包括展览会、开幕仪式、进馆、撤馆、货运以及设备使用等的时间。

3）一份参展企业名录和工作人员数，并请注明国内和国外参展商。

4）一份使用公共设施的内容，包括设备、家具、临时设施、贵宾室和其他服务。

5）货运单位和装修单位名录及营业执照复印件。

6）所有参展的展品清单，特别需要注明的是有关大型设备、大电流操作的展品及会产生震动、噪声的展品清单。

7）____

7.2 为展览进行搭建、安装、拆卸、运输及善后工作的费用由乙方自行承担。乙方进行上述活动时不得影响其他承租人、展览者在公共区域的活动。

7.3 乙方不得变动或修改甲方的展馆布局、建筑结构和基础设施，或对其他影响上述事项的任何部分进行变动或修改。在租赁场地的租赁期限内，乙方如需在甲方展馆内的柱子、墙面或廊道等建筑物上进行装修、设计或张贴，需事先得到甲方书面许可。

7.4 租赁期间，双方应保持租赁场地和公共区域的清洁和畅通。乙方负责对其自身财产进行保管。

7.5 甲方有权使用或者可第三方使用甲方场地中没有租借给乙方的场地，但不得影响乙方正常使用租赁场地。

7.6 乙方对租赁期限内由乙方造成的对租赁场地、设施和公共区域的任何损害承担责任。

7.7 如果两个或两个以上的展览同期举行，登记大厅、广告阵地、货运通道等公共区域将由有关各方根据实际的租赁场地按比例共享。

第八条 保证与承诺

8.1 甲方保证与承诺

1）确保乙方在租赁期内正常使用租赁场地。

2）按本合同约定的服务内容和标准提供服务。

3）在甲方人员因工作需要进入租赁场地时，保证进入人员持有甲方出具的现行有效证件，并在进入前向乙方出示。

4）协调乙方与同期举办的其他展览单位之间对公共区域的使用。

5）配合乙方或有关部门维护展会秩序。

6）____

8.2 乙方保证与承诺：

1）在租赁期前_____天取得举办展会所需的工商、消防、治安等政府部门的批准文件并交甲方备案。

2）在进场日前_____天向甲方提供_____份展位平面图。

3）不得阻碍甲方人员因工作需要持有甲方现行有效证件进入乙方租赁场地。

4）租赁期限届满，在撤离场地提起内将租赁场地恢复原状，返还向甲方租赁的物品并使其保持租赁前的状况。

5）未经甲方书面同意，不在甲方建筑物内进行广告发布。发布广告如果涉及需要有关政府部门批准的，则负责申请办理相关审批并承担相关费用。若不能获得政府部门批准而导致展览无法如期举办，则承担相应的法律后果。

6）对乙方雇员或其参展者在租赁期内对甲方实施的侵权行为承担连带赔偿责任。

7）____

第九条　责任保证

9.1　乙方应妥善处理与参展商之间的争议。在乙方与参展商发生争议，且双方无法协商解决时，争议双方可共同提出甲方出面进行协调。甲方无正当理由不得拒绝主持调解。调解期间任何一方明确表示不愿继续接受调解，甲方应立即终止调解。甲方的调解争议解决的必经程序。调解不成的，调解中任何一方的承诺与保证均不作为确认争议事实的证据。在调解过程中，甲方应维护展会秩序，乙方应配合甲方维护展会秩序。

9.2　乙方应于租赁期开始前三十天按照本合同规定的租金总额的30%向上海市会展行业协会支付责任保证金，以保证乙方在参展商发生争议并出现下列情况时承担相应责任。

争议双方经和解达成协议，乙方承诺承担相应赔偿或补偿责任。

经审议或仲裁机关调解，争议双方达成调解，乙方承诺承担相应赔偿或补偿责任。

审判或仲裁机关对争议做出终审或终局裁决，乙方被裁决构成对参展商合法权益的侵害，应承担相应赔偿责任。

9.3　乙方在支付责任保证金后三天内应向甲方提供责任保证付款凭证。

第十条　知识产权

乙方为推动其展览进行对甲方名称、商标和标识的使用，须事先征得甲方书面同意。如果违反，甲方保留追究乙方侵权责任的权利。

第十一条　保险

11.1　乙方应在进场日期之前向保险公司投保展馆建筑物责任险、工作人员责任险及第三者责任险，将甲方列为受益人之一，并向甲方提供保险单复印件。

11.2　保险公司的理赔不足以支付甲方所受损失的，甲方有权对乙方进行追偿。

第十二条　违约责任

12.1　甲方有下述行为之一的，乙方有权单方面解除本合同，并按照本合同12.4条向甲方主张违约金。

1）未按本合同的规定向乙方提供租赁产地，经乙方书面催告仍未提供的。

2）未按本合同第5.1条提供基本服务，经乙方书面催告仍未提供的。

3）未按本合同8.1（5）条维护展会秩序，致使展会因秩序混乱而无法继续进行的。

4）____

12.2　乙方未按期支付到期租金，应按日向甲方支付逾期付款金额万分之_____的违约金，付至实际付清或解除本合同之日。

12.3　乙方有下述行为之一的，甲方有权单方面解除本合同，并按照本合同12.4条向乙方主张违约金。

1）未按本合同规定支付场地租金，设备租赁、额外服务及超时场地使用等各项应付费用，经甲方催告后_____天内仍未支付的。

2）国际性展会违反本合同规定，擅自变更展题，经甲方催告仍未纠正的。

3）未按 8.2（1）条规定向甲方提供办展所需的相关政府部门的批准文件，经甲方催告后仍未纠正的。

4）违反本合同规定，擅自使用甲方的名称、商标或标识，经甲方催告后仍未纠正的。

5）未按本合同 9.2 条支付责任保证金，经甲方催告后仍未纠正的。

6）____

12.4　本合同 12.1、12.3 条规定的违约金列明如下：

违约行为发生时间	补偿金
租赁期限前____个月以上	已付租金的____%
租赁期限前____个月至前____个月	已付租金的____%
租赁期限前____个月至前____个月	已付租金的____%
租赁期限前____个月至前____个月	已付租金的____%
租赁期限前____个月至租赁期届满	已付租金的____%

以上违约金不足以赔偿守约方损失的，违约方应就超额部分向守约方承担赔偿责任。

12.5　守约方根据 12.1、12.3 条单方面解除本合同，应在违约发生后____天内书面通知违约方，否则视为守约方放弃合同解除权，但不影响守约方向违约方主张违约金和赔偿责任。

12.6　甲方违约的，应在收到乙方解除本合同书面通知之日起____天内返还乙方已付租金，并支付违约金。乙方违约的，甲方应在乙方收到甲方解除本合同书面通知之日起____天内将已扣除乙方应付违约金后的剩余租金返还乙方。

12.7　除本合同 12.1、12.3 条约定外的其他违约行为造成守约方损失，违约方应当承担赔偿责任。

第十三条　变更与解除

13.1　除本合同另有约定外，本合同未经双方协商一致不得变更与解除。

13.2　国际性展会变更展题，须取得政府审批机关的批准，并向甲方提供。

13.3　双方协商变更或解除本合同的，变更或解除方应提前____天以书面形式通知相对方，相对方应于收到合同后____天内以书面形式答复变更或解除方，逾期不答复的，视为同意变更或解除本合同。违反本条规定提出协商变更或解除的，相对方有权拒绝。

第十四条　争议解决

因执行本合同而产生或与合同有关的争议，双方应通过友好协商解决。协商应于一方向另一方书面提出请求后立即执行。如在提出请求后三十天内无法通过协商解决，双方可选择下列第_____种方式解决。

1）向____仲裁委员会申请仲裁，仲裁裁决为终局裁决并对双方有约束力。

2）依法向____人民法院提起诉讼。

第十五条　不可抗力

15.1　本合同履行期间，任何一方发生了无法预见、无法预防、无法避免和无法控制的不可抗力事件，以致不能履行或不能如期履行合同，发生不可抗力事件的一方可以免除履行合同的责任或推迟履行合同。

15.2　本合同15.1条规定的不可抗力事件包括以下范围。

1）自然原因引起的事件，如地震、洪水、飓风、寒流、火山爆发、大雪、火灾、冰灾、暴风雨等。

2）社会原因引起的事件，如战争、罢工、政府禁令、封锁等。

3）____

15.3　发生不可抗力的一方，应于不可抗力发生后____天内以书面形式通知相对方，通报不可抗力详尽情况，提交不可抗力影响合同履行程度的官方证明文件。相对方在收到通知后____天内以书面形式回复不可抗力发生方，预期不回复的，视为同意不可抗力发生方对合同的处理意见。

15.4　在展会尚未开始前发生不可抗力致使本合同无法履行，本合同应当解除，已交付的租金费用应当返还，双方均不承担对方的损失赔偿。

15.5　展会进行中发生不可抗力致使本合同无法履行，本合同应当解除，已交付的租金费用应当按____返还，双方均不承担对方的损失赔偿。

15.6　发生不可抗力致使本合同需迟延履行的，双方应对迟延履行另行协议，签到补充协议。若双方对迟延履行无法达成一致，应按15.4、15.5条规定解决。

第十六条　适用法律

本合同的订立、履行、终止及其解释适用中华人民共和国现行法律。

第十七条　附件及效力

双方同意作为合同附件的文件均是本合同重要且不可分割的组成部分，与本合同同时生效并与本合同具有同等法律效力。

第十八条　信息披露

甲方可以网页等形式对外公布本合同约定的展览会名称、馆号和展览日期等相关信息。乙方若调展会名称、展览日期等内容，应及时书面通知甲方；因乙方未通知甲方致使甲方对外公布的展会名称、展览日期与乙方调整后的不一致，甲方不承担相关责任。

第十九条　保密

双方对基于本合同获取的相对方的办展资料、客户资料等商业信息均有保守秘密的义务。除非相对方书面同意，或法律强制性规定，双方均不得以任何形式对外披露该信息。

第二十条　通知

本合同规定和与本合同有关的所有联络均应按照收件的一方于本合同确定之地址或传真发出。上述联络如直接交付（包括通过邮件递送公司递交），则在交付时视为收讫；如通过传真发出，则在传真发出即视为收讫，但必须有收件人随后的书面确认为证；如通过预付邮资的挂号邮件寄出，则寄出七天后视为收讫。

第二十一条 其他

本合同一式____份，甲乙双方各执____份，具有同等法律效力。

本合同未尽事宜，经双方友好协商，可订立补充条款或协议，作为本合同附件，具有同等法律效力。

甲方（签章）： 乙方（签章）：

____年____月____日 ____年____月____日

【复习思考题】

1. 简述会展场馆现场管理的概念、基本内容、原则、作业手法。

2. 简述展览场馆现场管理及流程。

3. 简述会议场馆现场管理及流程。

4. 简述开幕式的现场管理。

5. 简述参会人员的登记、进出和各类证件管理、会展场馆广告位管理、

【案例分析】

东莞国际会议展览中心现场管理条例

为维护东莞国际会展中心馆内外正常的布展、施工秩序和保证展览会施工安全及展馆设施的正常运行，更好地为参展商提供方便、快捷的展览工程服务，本中心就有关展览现场及施工管理若干事项规定如下：

一、特殊装修展位的施工管理单位

特殊装修展是指参展商不需要使用标准展位，或是根据本企业的形象及产品在展馆内空地上进行特殊设计及装修的展位。

特殊装修展位管理规定的内容包括：

1. 请参展商特别注意：要求特装展位，必须在进展馆前把所有的装潢准备好，进场后组装。

2. 各参展商或施工单位进馆施工前必须向展会中心提供以下的材料，经审核后可办理施工手续（提交材料时间为布展前半个月）

（1）营业执照复印件各一份。

（2）展台施工平面图、电路图、效果图。

（3）施工人员名单、身份证号码、联系电话。

3. 各参展商或施工单位在施工前需交纳下列费用

（1）特装展位管理费：特装展位每平方米收取管理费 20 元。

（2）施工证件费：国内外展台施工每人每证 20 元人民币，押金 40 元人民币（展览

结束后，证件归还，押金退还）。

特装垃圾处理押金：100 元人民币。

4. 各参展商、施工单位均不许在会展中心搭建标准摊位。不得擅自携带与会展中心相同的展具进场施工。

5. 施工单位必须遵守本中心的各项规定和有关安全消防条例，在施工中应执行下列规定：

（1）展台搭建一律使用阻燃或难燃材料，结构须牢固可靠，确保展出安全。

（2）在施工时，禁止使用易燃、易爆物品。施工现场禁止吸烟，严禁明火作业，严禁喷漆作业，如有违反，本中心有权做出罚款等相应处理。

（3）制作灯箱时应留有足够的散热孔，日光灯镇流器应脱离箱体，使用木质材料制作的灯箱，内部须作防火处理，电器安装严禁使用麻花线，且必须遵守有关规定和专业规范，确保供、用电安全。

（4）特殊项目施工必须遵守展馆有关规定，不准超过限定高度。施工高度离展馆顶灯的距离不得小于 2 米。

（5）在搭建展台、铺设地台或进行其他施工项目时，不准在墙面和地面打孔、刷漆、刷胶、张贴、涂色，不准损坏展馆一切设施。如有违反，按所损坏设备价格的 10 倍进行赔偿。

（6）展台搭建不准遮挡馆内的消防设备、电器设备、紧急出口和观众通道，各展馆防火卷帘门下不得搭建任何展台、展架。

（7）如需要在展馆网架上吊挂物品，须报会展中心展览工程公司同意，方可施工。

6. 施工单位必须按实际施工面积和施工人数如实申报办理施工手续，严禁面积不符和一证多用。施工单位不得为其他施工单位代办施工证件，如有违反将取消其进馆施工资格。施工人员在现场必须佩戴施工证件，服从会展中心现场管理员的管理，并配合其工作。

7. 展览会结束时，施工单位应自行将本展位的特装材料及垃圾清理出展馆，经会展中心工程管理人员验收后予以退回特装垃圾处理押金，否则特装垃圾处理押金不予退回。

8. 施工单位在施工现场必须有现场负责人，并在办理施工手续时登记备案，参展单位负责人为安全直接责任人。

9. 施工单位在施工中发生意外情况，应及时与会展中心现场管理人员取得联系。

10. 施工单位应对施工人员进行文明施工教育和法制教育，发生问题，本中心及有关部门将追究施工单位责任。

二、标准展位布展管理规定

1. 组合展台是由隔板及铝条组合而成的，参展商不可在隔板及铝料上钻、钉、刮，如有损坏，参展商需照价赔偿。

2. 油漆或墙纸绝对禁止应用在隔板上，参展商可采用双面胶纸（海绵及面胶除外），但闭幕后需自行清理留在隔板上的标贴。

3. 所有电源接驳须经由会展中心工程部执行，参展商不得自行接驳或将自备的电器连接到展馆的电线上，否则会展中心有权拒绝供应电源。

三、现场服务管理规定

参展商如需增加展览设施及有关展览服务的项目，可参阅展览设施及展具服务表向会展中心申请预租或现场租赁。

现场服务管理规定内容：

1. 预租的展览设施及有关展览服务的项目必须最迟在开展前15天向会展中心预定。

2. 现场租赁展具采用先到先得制，现场租赁必须以现金即时交付。

3. 参展商不得擅自拿走其他展位的展具，违者按展具价格赔偿。如需在现场取消或更改展具，参展商必须征得工程部的同意，方可更换。

4. 展览设施及展具服务价目表中没有的展览设施及展览服务项目，烦请参展商自行解决。

5. 展出期间展馆供电时间为上午8时30分至下午5时30分，若需24小时供电（如水族箱、冰箱或特殊展示品），或使用220伏以上之动力用电及进水管，需提前20日向工程部递交申请，并交纳有关费用。按每个标准展位0.5千瓦用电，如超标准时，必须在报到和申请接电时写明，缴纳费用，方可接电，否则，后果自负。

资料来源：郭海霞．会展场馆经营与管理 [M]. 北京：教育科学出版社，2013. 根据此书中案例资料整理而成。

思考题：

东莞国际会议展览中心的现场管理有哪些可借鉴的经验？

结合我国会展场馆现场管理的现状，分析会展场馆的现场管理有哪些需要改进的地方？

第九章

会展场馆服务管理

【本章导读】

会展场馆服务，即服务是具有无形特征却可给人带来某种利益或满足感的、可供有偿转让的一种或一系列活动。根据美国营销专家菲利普·科特勒的阐述，服务之所以区别于货物，在于服务有以下几个特点：无形性，是指服务在购买之前是无法感知的，服务提供者只能感性地说明其所提供的服务以及可能达到的效果。不可分割性，即服务的生产过程与消费过程同时进行，因此在时间上是不可分离的。同时服务过程是一个连续过程，每个环节都影响到服务的质量。可变性，由于服务主体的个性和客户需求的差异性较大，从而对于服务要求有所变化，使服务更具有灵活性，不同的客户对于服务的满意度的要求是不同的。本章将学习会展场馆服务管理的具体分类及管理方法。

【学习目标】

1. 掌握会展场馆服务的含义；
2. 掌握会展场馆服务的主要工作及防范；
3. 理解会展场馆人性化服务；
4. 理解会展场馆服务对会展成功举办的意义。

【导入案例】

水立方“互联网+”再创新　智慧场馆人性化服务再提升

2016年6月28日，在北京奥林匹克公园2016大型活动和旅游产品商务推介会上，国家游泳中心水立方再次推出打造智慧场馆的两大“新招”：“炫彩·水立方”手机APP

正式上线，可供游客独家定制水立方外膜灯光，实现人与建筑的实时互动；打造创新型游泳培训管理平台，将成熟的游泳场馆管理模式进行输出，助推北京游泳健身业的升级。

1.“炫彩·水立方 APP”供游客个性化定制

在本次推介会上，国家游泳中心总经理杨奇勇重点推介了“炫彩·水立方”手机应用，此手机 APP 是水立方依托互联网技术、提升水立方品牌形象的亮点项目，于推介会当天正式上线。杨奇勇表示，水立方外立面 LED 照明系统在应用于大型活动配套服务方面一直不断推陈出新，假日模式和特殊定制功能可以满足各类客户的服务。今年以来，为推动常规旅游服务向个性化、智能化、优质化服务转变，开发此手机 APP，通过实时操作实现动态场景点播和静态场景点播，并具备场景编辑功能和作品评价功能，产生游客与著名地标互动的精彩瞬间，创造出美轮美奂的炫彩效果。游客可通过手机 APP 点播场景将水立方外膜变幻色彩和图案，实现独一无二的个性化定制。为了丰富场馆的旅游参观内容，水立方还将推出“动感摄影”“奥运空间”“虚拟现实”“智能场馆导览”等全新体验项目，丰富水立方经营业态，让进入水立方的游客了解水立方历史，对奥运精神和奥运文化有更深的体验。

2. 水立方游泳培训平台管理输出，助推健身业发展

活动当天，水立方还推出了“游泳培训管理平台”，依托互联网将成熟的游泳场馆运营经验进行输出，优化场馆资源，树立行业标杆。

游泳健身是水立方运营多年的业态，多年来，在推动群众游泳健身运动方面起到了重要作用，也积累了丰富的游泳场馆运营管理经验。2013 年，水立方成立了水立方游泳俱乐部，致力于实现游泳场馆管理模式的输出，迄今为止，已经累计接待了 130 万人次群众来游泳健身，会员人数超过 1.2 万人。水立方在游泳场馆运营中发现，年接待泳客人次屡创新高，在游泳旺季（7、8 月）泳客排队现象凸显，单日接待泳客超过 3500 人次，场馆资源利用呈现饱和趋势。杨奇勇表示，近三年来，水立方单次游泳票销售数量呈现逐年下降的趋势，游泳卡和游泳培训销售量呈现逐年上涨的趋势；尤其游泳培训方面，收入占比由 2013 的 5.47% 快速增长至 2015 年的 17.3%。当前北京市内传统游泳健身培训行业存在标准和规范不清、课程的质量监管乏力、预约上课难以实现等现状，外部环境不容乐观。为了有效加强教学质量监督和会员服务，实现规范教学和标准化管理，并且优化资源和提升效率，水立方开发建设游泳培训管理平台，通过移动通信与互联网结合的方式，形成“体育 + 互联网”的游泳健身服务新理念，同时通过构建线上受理、线下业务与管理数据互通的开发共赢式可复制平台，打造创新型游泳培训管理平台，树立行业电子化集成管理规范，为实现商业管理输出与可持续运营奠定基础，助推游泳健身行业产业升级。

水立方开发建设游泳培训管理平台，结合“互联网 +”模式，使游泳培训在互联网端向外延伸，形成信息化的业务全流程，涵盖产品介绍、线上购课、自动开卡、上课预约、选定教练、进阶考核、课后评分、教练分课、教练排期、课时费结算、教练考核等功能。具体来说，如果要查询水立方游泳馆实时状态和在水立方预约学习游泳、为孩子报班学习游泳，通过水立方游泳俱乐部微信公众号就可以实现。搭建“游泳培训管理平台”也契合了国务院46号文件关于“鼓励场馆运营管理实体通过品牌输出、管理输出等形式实现规模化、专业化运营，增强大型体育场馆复合经营能力”的有关要求。培训平台的搭建将进一步优化场馆资源，提升服务质量，预计可成为水立方经营收入增长的“突破口”。

第一节　会展服务概论

一、会展场馆服务管理概述

作为举办会展活动的地方，会展场馆除了提供场地外，为活动举办方提供满足其需求的优质服务已经成为会展场馆之间竞争的利器。会展场馆的硬件条件，如会展场馆的地理位置、场馆大小、会议室和展厅的多寡、交通的便利程度、场馆内的建筑格局、场馆内的设备设施等一般已经确定，较难有大的改变。即使要作改变，其投入的资金也将十分巨大。因此会展场馆在竞争中胜出的一个重要法宝就是提供优质的会展服务。

随着国内会展活动规模和档次的提高，会展参与者对会展活动所需的服务层次要求越来越高，服务的内容和形式也日益多样化、个性化。那种只提供活动场所和简单的保安服务的场馆管理理念已经不能满足活动举办方和活动参与者的需求，人们希望场馆管理者能想顾客所想，为顾客提供全面、细致、贴心的服务，真正建立以服务为导向的会展场馆管理体系。

会展场馆的服务管理是场馆能否正常运行的基础，是场馆经营管理的重要环节。服务，是指以各种劳务形式为他人提供某种效用的活动。会展场馆服务是以提供会议和展出服务的方式向观众提供交流、参观、欣赏、娱乐、购物、交易和休息等劳务服务的综合性服务。场馆服务是为了提高场馆的社会效益和经济效益的重要措施。要发挥场馆的社会效益和经济效益，首先要把会议和展览的信息充分、有效地传递给观众。这就要求场馆想方设法调动观众参加会议和展览的兴趣和积极性，帮助他们参加会议和展览，并满足他们在参加过程中的各种需求，这样才能发挥场馆的宣传教育作用、导向示范作用、交流作用和促进销售的作用，才能取得场馆应有的社会效益。同时，也只有在向观众提供有效的劳务服务中，才能获得较好的场馆经济效益。

一般来说，会展场馆服务管理主要包括以下的内容：

（1）一般物业管理。是指实施与一般物业性质相同的管理，如设施设备管理、安全保卫管理、环境卫生管理、物业养护维修管理、消防管理、绿化管理、车辆交通管理等内容。

（2）会展组织管理。包括组建会展机关、发布会展信息、招揽参展商、编制会展文件、办理参展手续、组织活动安排等。其中会展文件包括：展览资料、参展申请表、展馆区示意图、参展费用标准、有关服务资料、参展人员手册等。

（3）展商招待管理。由于参展商往往有人员、设备、产品、展示器材等的到来，管理公司要在酒店安排、设备保管、产品运输、器材组装等方面加强接待管理工作，为展商提供方便、安全、快捷的管理服务。

（4）展览网络管理。由于会展活动往往是高科技现代化的展示活动，需要提供电子商务、网上交易、商务传真、客户联系等网络活动，所以就要求管理单位提供必要的和先进的网络服务管理，提高会展活动的效率和展商的满意度。

（5）展台展具管理。由于会展活动往往需要产品展示和功能演示，所以需要搭建相当规模的展台展具。管理单位一方面要加强对展台搭建装修公司的搭建和拆除的秩序管理；另一方面要加强对展商展台展具是否符合场馆要求和国家法律的审查管理，以有利于会展活动的顺利进行。

（6）综合服务管理。是指为会展活动提供各种各样的服务，如公关礼仪服务、旅游服务、保险服务、运输服务、翻译服务、订票服务、综合展览服务等，为会展活动提供必要且有能力提供的各种服务项目。

（7）市场推广管理。为了创建品牌形象和创造会展最大效益，需要加强会展的市场推广活动。一般会展活动的主要策划推广活动，由主办商来进行，但会展场馆的市场推广活动则需要管理公司来进行。一般要在吸引知名参展商、贸易商、采购商、批发商等的市场推广和对与会主办商的主办推广两方面进行管理，为展馆的品牌建设和稳定发展提供有力的市场保障。

当会展场馆作为某个会展活动的租赁场地，场馆的会展服务属于广义的会展服务；当会展场馆自办展会，这时的场馆会展服务可以看成是狭义的会展服务。无论是属于广义的会展服务或是狭义的会展服务的范畴，场馆会展服务的内容一般可以分为以下几类：

（1）秘书礼仪类服务。指在会议和展览期间提供会议记录、资料整理、签到引导、现场咨询、会展调研等内容的服务。

（2）安全保卫类服务。为保证会展活动正常开展，防止出现人员或物质安全事故所做的工作称之为安全保卫类服务。

（3）设计安装类服务。指对会展活动现场展位展台、开幕式现场等进行设计和施工安装的服务。

（4）物品租赁类服务。指为参展商或与会者提供展柜、衣架、桌椅、电脑、电视、花木等各种设备或物品租赁的服务。

（5）运输仓储类服务。指为参展商提供展品场内运输以及展品包装物品储存的仓储服务。

（6）广告宣传类服务。指为会展活动的参展商提供企业或产品宣传的服务。

（7）后勤保障类服务。为保证活动正常进行所需的服务，如紧急医务救治服务、餐饮服务、保管箱服务、电信服务、银行汇兑服务等。

有些学者将会展场馆内提供水、电、压缩空气、照明、冷暖空调、电话及国际互联网、清洁卫生、停车等归于场馆服务的内容，本书中将这些内容归为场馆设施管理之中，因为这些内容是各场馆管理中所必须提供的有形设备设施。本书将从以上七大分类来讲述会展场馆服务管理。

对于不同的会展场馆，由于市场定位的不同，其所提供的服务也会有所差异。对于以国际性的会展活动为目标市场的场馆，其所提供的服务项目及形式将更加全面和国际化；而立足于本土会展活动的会展场馆则在服务上更倾向于亲切和务实。在提供服务的方式上也可以是多样的，既可以是场馆自身提供服务，也可以聘请专业公司提供相关的服务。无论是特许还是聘请，会展场馆都要对这些专业公司进行资格评估或认定，以保证他们能够为客户提供优质周到的服务。若者采用特许经营的形式向参展商或活动的其他参与者提供会展场馆都要对这些专业公司进行资格评估或认定，以保证他们能够为客户提供优质周到的服务。

二、人性化的场馆服务

人性化管理就是在管理的各个环节力求符合“人性”，管理者要认识人性的本质，同时认识到人与人之间的个体差异，充分重视人的尊严与价值，包容人性的弱点，以满足人对资源和社会的需求为核心和动力来进行管理。

会展活动是一个围绕着人来进行的、参与人数众多且密集的短期事件，因此为提高活动参与者的满意度，达到活动参与者的预期期望，在会展活动中采用人性化的服务将有助于提高整个活动的影响力和美誉度。近年来，随着我国会展活动日益发展，其竞争也趋于激烈。为提高会展活动的影响力和知名度，并与国际接轨，会展活动竞争的核心将从活动数量和内容转移到活动服务的质量上，尤其是人性化服务上，这是大势所趋。

会展场馆要做到人性化的服务，首先要分析会展活动的类型。不同的会展活动对场馆的服务要求有很大的区别，如展销会和纯粹的会议不同，纯粹的会议和大型节庆活动不同，因此分清活动的性质能有针对性地提供相应的服务。即使是同样性质的活动，不同的展示类别，其需求也不同。以商品交易会为例，场馆管理者要了解该活动的主办方和承办方是谁；是一次纯商业性的活动还是一次带有政治性的活动；是哪一类的产品交易，如电子、服装、机械等；除了活动本身外，还有没有其他一些如会议或表演之类的活动；交易活动的规模如何，预计有多少参展商和买家参加；是否有知名度高的参展商或买家参加；交易会活动预计达到的目标是什么；之前有没有举办过类似的活动；如果有，那么哪些方面是成功的，哪些方面是失败的；交易会活动有没有特别的需求和注意事项，等等。通过与会展活动主办方或承办方的深入沟通，掌握会展活动较为全面的信息，为保证整个会展活动顺利地进行提供必需的服务。如进行机械展，则事先在场馆内准备好大型机械运输和吊装设备，以方便参展商安装；在需要进行机械操作演示的区域事先准备好水电供应，并准备观众隔离带，防止观众进入演示区等，而这些服务的内容对于服装交易会就有较大的不同。

其次，会展场馆还需要了解会展活动参与者的类别及行为特点。会展活动的参与者成千上万，而每一位参与者的性格特点、习惯爱好以及参与目的都不同，要满足每一位活动参与者的需求有较大难度。但场馆管理者可以对会展活动的参与者进行分析，将其划分为不同的类别，并根据各个类别的参与者进行行为特点分析，提供有针对性的差异性服务，从而满足大部分参与者的需求。例如，对于商品交易会，按照参加活动的目的可以将活动参与者分为参展商、专业买家、普通观众；按活动参与者的来源地可以分为当地的活动参与者、国内活动参与者和国外活动参与者；按对服务的要求还可以分为高服务质量要求顾客和一般服务质量要求客户。根据各类活动参与者的划分，分析他们的行为特征，想参与者之所想，为所有参与会展活动的人员提供有针对性的和多元化的服务。如针对有中东客户参与的交易会，要考虑他们的文化特点，提供清真餐饮，在场馆内提供祈祷室，提供用阿拉伯语编写的服务指南，等等。

再次，会展场馆有针对性地设计和规划活动所需服务内容。在进行了展会活动和活动参与者行为分析之后，会展场馆要策划展会活动的具体服务内容，做参与者之所想。在服务内容设计时要遵循以下原则：

第一，必要性原则。会展场馆所提供的服务内容应至少满足会展活动最基本的需求，如安全保卫类服务。

第二，针对性原则。场馆所提供的服务应针对会展活动的性质和内容进行设计，使得所提供的服务内容让客户感觉称心如意。例如，对于有国外参展商参加的会展活动，会展场馆可以提供海关现场报关服务，提供有关知识产权保护的咨询服务；对于多次参加展会活动的参展商或买家，提供简化 VIP 特殊服务等。

第三，经济性原则。在设计会展服务内容时，既要能提供全面周全的服务，又要站在主办方和承办方的角度考虑服务费用的问题。香港国际会展中心从客户角度出发，为参展商提供迅速快捷的展位搭建服务，减少场馆租赁时间，从而降低了参展商的参展费用。参展商的满意度高，对活动的参与度就高，场馆与主办方之间长期合作的可能性就更大。

第四，特殊性原则。所谓特殊性，就是对于参与展会活动的特殊群体，如身有残疾的观众，更需要在活动的场地中提供方便设施和贴心的服务，同时又要能满足他们自尊的需要。还是以香港国际会展中心为例，在举办展会时，他们事先会对有特殊需求的人士进行登记，并提供服务中心的电话。活动开始后，主（承）办方会主动联系这些人士，帮助他们到达和离开活动现场，在活动现场也事先做好安排，如拆除固定座椅以放置轮椅。为尊重残疾人的自立能力，在有残疾人士参加的活动中用斜坡代替台阶，在活动现场专门配制矮一些的磁卡电话，以方便轮椅人士自我服务的需要。在场馆内，还会有一些哑语翻译，为聋哑人服务。

第五，细致性原则。服务是一种无形的东西，但可以触发人们内心的满足，所以需要细致地体会活动参与者的感受，提供亲切周到的服务。例如为刚刚下飞机或火车的买家提供行李寄存服务，使他们不用背着大包小包行走于展馆之间；为初次到展会城市的活动参与者提供城市地图和交通指引，甚至参展商和买家可凭有效门票，在市内及周边地区免费乘坐所有地铁、火车和公共汽车；为购买了展出样品的采购商提供现场邮寄服务，等等。

最后，场馆的人性化服务需要对工作人员进行教育和培训。优良的服务质量实际上是来自于场馆现场工作人员的表现，一个温暖的微笑、一个知心的问候都会给人以温馨的感觉。为使得活动参与者能感受到周到细致的服务，场馆管理者应对场馆工作人员，无论是长期雇用员工还是临时聘请人员都要予以服务意识和服务礼仪的培训，使他们在工作中自觉地从客户角度出发，树立人性化服务的理念，真心实意地为客户提供相关的服务。当然，服务意识的提升并不是一两天就可以培养起来的，要通过长期的教育和感化获得。要做到这一点，就必须在会展场馆内形成以客户为中心的企业文化，不断研究客户的需求，满足客户的需求。

场馆服务的人性化表现是多方面的，各个不同的场馆可以根据自身的特点，建立具有独特性的服务内容和服务形象，并依据客户的需求变化不断创新，从而使得在场馆内举办的展会活动能获得更大的成功和更多的赞誉，最终使场馆获得良好的声誉。香港国际会展中心就是一个成功的例子。

【知识链接】

提高会展场馆服务管理的办法

提高会展场馆的服务质量和工作质量需要一套完善的质量管理办法，在会展场馆服务管理活动中，可以按照计划、实施、监察和处理四个阶段来展开。

计划阶段。这一阶段的工作是制定服务管理的目标、服务管理计划。制定目标和计划必须有明确的目的性和必要性。在目标和计划中要明确规定达到服务管理标准的时间和要求，以及由谁来完成，用什么办法来完成等内容。

实施阶段。这个阶段的工作是严格按照已定的目标和计划，认真将它们付诸实施。

检查阶段。这个阶段的工作是对实施后产生的效果进行检查，并和实施前进行对比，以确定所做的是否有效果。还要将实施结果与计划阶段的目标和计划进行对比，以发现在实施阶段还存在哪些问题。

处理阶段。在这个阶段，要把成功的经验形成标准，并确定以后的工作按这个标准来做。对不成功的教训也要进行总结，以避免重犯类似的错误，对于尚未解决的问题，留待下一循环来解决。具体可以有以下的办法：

（1）借鉴境外先进的管理经验。在会展设施及配套服务设施方面，境外会展场馆不仅面积大，交通也十分便利，火车、地铁、直升机等交通工具可以直接抵达场馆。展览场所内，包括会议室、办公场所、银行、邮局、海关、航空、翻译、商店、餐馆、仓库、停车场等综合设施十分完善。就拿中国香港来说，他们的会展业发展得相当成熟了，其会展场馆的服务管理和服务理念都是新颖、周到、到位的。所以我们应该有选择地去借鉴适合社会主义市场经济体制下的会展场馆服务管理的经验。

（2）委托专业公司全权管理。也可以根据具体需要聘请国外专业公司提供顾问服务。让有经验管理的专业人才或公司来管理服务，比起自己什么也不懂地在那里瞎忙活，简直是事半功倍。而且可以顺道培养自己的专业人才的综合素质和服务水平。

（3）与会展城市各有关主管部门密切合作。利用网络手段和各传媒系统构建会展业信息平台。平等互利，资源共享。然后进一步提升与会展相关行业的服务质量，如搞好旅游、客运、食宿、娱乐、购物等方面的宣传促销，完善服务系统。为相关的产业开拓发展空间，为参会、参展人员提供良好服务并树立作为未来国际大都市的整体形象。

（4）用创新的理念去管理。我们不可以因循守旧地用一般管理方法去管理会展场馆的服务，可以大胆地用新方法。比如在综合管理上，可以对前来参加重要会议的人员的陪同家属给予更人性化、更周到体贴的服务，可以陪他们游览城市、购物观光等。

第二节　秘书礼仪服务

会展礼仪最早形成于 20 世纪 40 年代法国巴黎的一次展览会，之后在 70 年代形成规模，并逐步向专业化、正规化发展。伴随会展业专业化和国际化的发展趋势，我国的会展礼仪也越来越被重视。要办好会展活动，秘书礼仪服务必不可少。同时，会展活动又是一种交流活动，为了更好地促进交流，增加相互的了解和促成交易，提供商务秘书服务也成为必需。

一、秘书礼仪服务的内容

秘书礼仪服务涉及的内容较多，而且会议活动和展览活动的侧重点有所不同，会议活动更侧重秘书服务，而展览活动更侧重礼仪服务。

秘书礼仪服务的内容可以分为以下几类：

（一）商务服务类

主要是提供电脑文字处理、国际国内长途直拨电话、传真、打字、复印、电脑上网、预订酒店及机票、旅游咨询等服务。

（二）礼仪接待服务类

主要是指会议室、贵宾室、会展场馆、开幕式或闭幕式、新闻发布会、颁奖仪式现场等场所的礼仪接待和路线指引服务，以及接待或会议过程中的翻译服务。

（三）会议记录服务类

应会议主办方要求对会议的过程进行速录，或者通过现代摄像和录音设备，记录会议活动过程的服务，也包括通告编辑和会展简报发布的服务。

（四）会议资料处理服务类

在会议活动过程中，会议的资料复制、装订、装袋、分发等服务，以及会议过程中，提案和议案的整理、分类和报送，等等。

（五）会议调研和统计服务类

会展活动中通常需要对展会活动的成交额或达成意向的项目金额进行收集，以了解会展活动的成效，同时，会展活动还会需要进行相关的客户满意度调查，了解客户对于场馆的布置、设施、管理等各个方面情况的满意度，以便为提高自身的管理水平提供依据。

周到的秘书礼仪服务可以提升会展活动的形象，要做好这项工作须全面了解会展活动的内容和过程安排，并与活动主办方和承办方共同决定所需提供的秘书服务内容。根据所商议的服务内容，确定会展场馆内提供服务的合适场地以及所需工作人员的数量和素质要求。有时会展场馆仅提供会展活动秘书礼仪服务的场地或者提供部分办公设备，而秘书、礼仪小姐和工作人员由展会的主办方或承办方自己解决，这样做可以使会展活动的主办方和承办方选拔更为合适和专业的服务人员参与到活动中，而且主办方和承办方可以直接指挥和调动这些服务人员，对于协调各方面的工作更为有利。

二、商务服务

无论在会议活动还是在展览活动中，会展场馆内都少不了商务中心。商务中心就是对商务交往过程中的各种商业信息进行加工、制作和传输的地方。商务中心所提供的服务内容较为广泛，包括打字、电脑文字处理、传真、复印、国际国内长途直拨电话、电脑上网服务、预订酒店及机票、旅游咨询等服务，有些场馆内的商务中心还提供印制名片、制作和印制宣传资料、设计和印刷小型海报、预订会议室或洽谈室等服务。因此，在会展活动中，商务中心能为商务活动的顺利进行提供极大的方便。

商务中心可以说是会展服务的一个重要窗口，除了如第三章阐述的布局要求以外，影响客户满意的重要因素是商务中心工作人员的素质和态度。首先从态度上说，商务中心的工作人员要以友好和专业的态度对待客户，要用心聆听客户的需求，并且提供快速和准确的服务。在服务过程中要时时注意自己的细小行为，防止出现怠慢客人的情况出现，如在给客人递交文件时，要双手奉上，接受客人文件或服务费用时也要双手接收；当有较多的文件要处理时，可以和客人约定收取文件的时间，使他们不至于浪费时间去等待。从素质上说，商务中心的工作人员首先应具备一定的商业知识和文化修养，能与客户有效地沟通，了解他们的需求。其次要能熟练地使用办公设备，如常用的电脑软件、传真机、复印机等，并能对这些设备做一些维护，排除一些小的故障。再次，要熟悉活动举办地的历史文化、交通、旅游目的地以及服务机构的情况，以便为客人提供准确和周到的咨询服务。最后，由于商务中心的工作人员不可避免地要和外籍人士沟通，或处理外文文件，因此要求他们具有良好的外语听说能力，尤其是有较好的商务外语表达能力。

三、礼仪接待服务

会展活动的礼仪接待是会展活动中一道亮丽的风景线，它已经融入活动的整个过程中，盛况空前的开幕式、气势宏大的闭幕式、隆重热烈的颁奖仪式等活动都离不开会展礼仪的参与。礼仪接待服务不仅能为展会活动顺利进行提供有益的引导，而且青春亮丽的礼仪小姐和活力四射的礼仪先生也给整个展会活动带来勃勃生机。礼仪接待服务在很多场合中都需要，如会议室、贵宾室、会展场馆内、开幕式或闭幕式、新闻发布会、颁奖仪式现场等，礼仪接待的工作人员主要是从事贵宾接待、路线指引、资料派发、产品宣传以及接待或会议过程中的翻译服务。在会展活动中做好礼仪接待服务工作并不容易，对于礼仪接待服务的要求如下：

（1）安排有序。

每个工作人员在活动过程中承担什么角色，要做什么样的工作都已经事前确定，不能出现手忙脚乱、不知所措的现象。

（2）行为规范。

所有参加礼仪接待服务的工作人员应按标准的商业行为规范来引导和服务客人，统一的服饰、统一的礼貌用语、统一的行走站立姿势、统一的商业礼仪训练，使客人感觉到这是一支训练有素的专业队伍。

（3）态度真诚。

可人的微笑，亲切的问候，细声的叮咛，耐心的解说……这些都是礼仪接待人员良好素质的表现，也是人们对礼仪接待服务的基本要求。同时礼仪接待人员应具备一定的应变能力和解说能力，能灵活应对客人提出的各种问题。

（4）富有个性。

根据展会活动的形式和内容，礼仪接待服务的形式也可以设计得富有个性和特色，通过礼仪接待服务来凸显展会活动的特色和主题。

在进行礼仪接待服务管理时，首先要对会展活动全过程中的礼仪接待进行策划。虽然礼仪接待服务的基本要求没有什么差别，但不同类型的活动，其礼仪接待的表现形式有很大不同。如举办国际性的学术会议，其礼仪接待工作人员主要安排在会议室的出入口引导参会者签到和分发资料；在会议过程中，礼仪接待人员需要引导嘉宾上台发言，或者为听众传递话筒，需要时，还负责给客人斟茶倒水；会议结束后，礼仪接待人员需要引导嘉宾和听众有序地离开会场，或在会议室门口目送客人离开会场。由于是国际性的学术会议，会议过程较为严肃和正式，礼仪接待人员应选择较为典雅和娴静的礼仪小姐，并且能进行简单的英语沟通。在着装上，要求礼仪接待人员着装正式、高雅、富有中国特色，中国传统的长旗袍是一个不错的选择。从这些事例中可以发现，要做好一个礼仪接待服务，事前的策划是十分必要的，那么应该如何进行礼仪接待服务的策划呢？要做好礼仪接待服务需要回答以下几个问题：

（1）会展活动的内容和主题是什么？有什么特色？

不同性质的会展活动在表现形式上是不同的，因此在接待服务的表现形式上也就有所差异。如会议活动和展览活动，展览活动和大型节庆活动的礼仪接待服务的表现形式不同，有些活动需要热闹，有些需要安静；同样是展览活动，不同的主题和内容，其礼仪接待服务的要求也不同。例如，汽车展的礼仪接待服务可以比较活泼欢快，具有现代感；化妆品展的礼仪接待服务则可以时尚前卫。

（2）整个会展活动的程序安排如何？有哪些地方需要安排礼仪接待人员？需要多少？

了解会展活动的程序安排是进行礼仪接待人员配备的重要信息输入。如果会展活动的开幕式有重要嘉宾参加，还伴随有不同规模和场次的会议或讲座，会展活动参与人员的数量较多，这时就需要场馆管理者确定在什么时候、在哪些地方、安排多少名礼仪服务人员，他们的主要工作任务是什么，在完成开幕式后，他们还须安排到哪里去服务。在安排礼仪接待服务时要注意考虑如何提高服务效率，减少服务费用。

（3）对礼仪接待人员的素质和个性要求如何？

在策划礼仪接待服务时要考虑到服务的客人的类型和特点。如有较多国外嘉宾参加的展会活动，则安排的礼仪接待人员应有良好的文化修养和外语水平。如果是专业性较强的学术会议，还可以考虑安排该专业的大学生负责礼仪接待工作，既便于与会议代表沟通，又能使该专业的学生获得学习的机会。如果展会活动正式庄重，则需要安排庄重典雅的礼仪接待人员。若展会活动活泼热烈，则可选择性格活泼、开朗大方的礼仪接待人员。

（4）活动过程中需要用到哪些礼仪用品？

礼仪接待服务过程中不能忘记准备展会活动中所需的礼仪用品，如剪彩活动时所需的金色剪刀、绸布球、托盘、礼花等；签字活动中的文件及文件簿、签字笔、葡萄酒等；舞狮表演时所需的点睛毛笔和墨水；颁奖仪式时所需的奖状、奖杯、奖牌、证书、锦旗、奖金信封、鲜花、吉祥物等；捐赠仪式所需的支票模型、捐献证书、鲜花等。这些礼仪用品什么时候使用，使用的顺序如何，都要事先与礼仪接待人员交代清楚，以防出错。

（5）礼仪接待人员应穿何种类型的服装以配合活动的展开？

在人们的脑海中，礼仪接待人员就是身材高挑，穿着红色长旗袍的礼仪小姐和迎宾小姐。其实，礼仪接待人员的着装形式可以是多样的，通过着装应反映出会展活动的特色。如汽车嘉年华的礼仪小姐可以穿具有现代感的和运动感的运动装；啤酒节的礼仪小姐则可以穿时髦、前卫、性感的超短裙，以彰显个性；商务谈判会议的礼仪小姐可以穿较为传统的职业套装，以显示庄重和谨慎。在服装的色泽上，也要考虑活动的主题色调，尽可能与现场的色调相协调。

在精心做好策划工作之后，就要开始对礼仪接待人员进行培训和模拟演练。培训的内容包括基本商业礼仪、展会活动的信息（包括活动主题、各专题活动、流程及时间表、场地布置、有关注意事项等）、各自的岗位分工和工作内容、突发事件的应变技巧、行为规范和标准训练等。如果展会活动的规模和档次较高，还要到现场进行模拟演练，做好活动之间的衔接。

总之，会展活动的礼仪接待服务如果做得好，能凸显活动的档次和形象，为参加会展活动的客人留下美好的回忆。

四、会议记录服务

会议记录服务是将会议过程通过文字、录音或影像的形式记录下来的工作。会议记录有“记”与“录”之分，“记”又有详记与略记之别。略记是记会议大要，会议上的重要或主要言论；详记则要求记录的项目必须完备，记录的言论必须详细完整。若需要留下包括上述内容的会议记录则要靠“录”，所谓“录”，就是把整个会议过程和内容原封不动地还原。无论会议的大小，大部分的会议都会要求进行会议记录，尤其是一些较为大型和高级别的会议，会议记录成为必需。一方面，会议记录的目的是记录下所作出的决定和决议，以便以后跟进和展开工作；另一方面，会议记录还是一份历史资料，见证着事物的发展进程。

会议记录一般分为书面记录、音频记录和视频记录三种。书面记录是一种最传统的会议记录形式，它具有操作简单、记录方便的特点。书面记录又可以分为手写记录和电脑输入记录两种。手写记录真实，不易被篡改，因此在一些事关重大的会议上还会被经常使用；电脑输入记录快捷，易于编辑，打印出来的记录清晰规范、容易辨认。随着科学技术的发展，之后出现了录音设备，可以将会议的过程录下来作为会议记录，它的形式比书面记录更形象，但随着视频系统的普遍应用，音频记录已经逐渐淡出了人们的视野。视频系统的使用使得会议记录能完全重现会议的全过程，而且视频资料能够进行高质量的复制，因此，现在大部分的会议都会采用视频记录。有时录音、录像只是手段，最终还要将录下的内容还原成文字。书面记录常常要借助录音、录像，以之作为记录内容最大限度地再现会议情境的保证。

无论是哪一种会议记录形式，对会议记录的管理都必须遵循以下几条原则：

（1）真实客观。会议记录是反映会议活动的实际过程和会议内容的真实情况，是原始化的记录，所有内容都要记录下来，没有选择性。会议记录要做到不添加、不遗漏、不杜撰，忠实原意，全面准确依实而记。

（2）条理清晰。书面会议记录书写要清楚，书写内容容易辨认；音频和视频记录音质清晰，画面明亮稳定，图像清晰，要保证场馆内的录音、录像设备能正常工作，并提供高质量的技术支持服务。书面会议记录要整齐有条理，音频和视频记录要注明记录带编号，防止出现记录带混杂不清。

（3）突出重点。会议记录的重点应放在与会议主题相关的内容和程序上，特别是对一些权威人士和主要代表的发言要重点记录，对会议上具有争议性的话题和观点要重点记录，对结论性或焦点性的问题要重点记录。

（4）妥善管理。会议记录完成后，场馆管理人员要将所有的会议记录交会议主办方，并经会议主办人或专门人员检查确认。确认后的会议记录由主办方派专人归档保管，并根据规定的存档时间要求保存。在保存时要保证会议记录完整不受损，对于音频和视频会议记录要做好备份，并且定期检查记录带是否受损，是否需要翻录。在会议记录保管时，还需要特别注意会议记录的保密性，没有得到会议主办方的书面许可，场馆方面无权将会议记录内容对外泄露。

书面记录是一种较为规范的会议记录形式，其形式和内容都有一定的要求。通常情况下，书面会议记录包括以下几部分内容：

（1）记录头。记录头部分主要是说明会议的概况，具体包括会议的名称、会议的届数或次数（如是分组会议要注明分组会议的说明）、时间、地点、会议主席或主持人、演讲嘉宾以及会议出席、列席、旁听和缺席情况（有时需要注明缺席原因）等。

（2）记录主体。主要是记录会议进程部分和会场情况。会议进程部分包含会议的议程和议题、主题发言情况、会场讨论情况以及会议结果。会场情况记录是记录会议过程中听众的表现情况，如会议过程中是否出现抗议、退场、对骂、殴打或参会者发出的口号声、掌声、笑声、嘘声等。

（3）审阅签名。审阅签名人可以包括记录人、审核人、发言人、回答人等。根据会议的要求和规格确认签名人，一般的会议只要记录人及审核人签名即可，而大型会议或高规格的会议则需要严格的审阅。

除了会议记录外，在会议结束后，一般还会要求做会议纪要。会议纪要是根据会议的宗旨、议程、会议记录、会议活动情况等有关材料综合整理出来的公文，因此会议纪要比会议记录的主题更突出，内容更概括。但与会议记录一样，在会议纪要中不能随意篡改会议的基本精神，不能擅自增加或删减会议的内容，不能随便更改与会者议定的事项，不能对会议达成的共识进行修改，也不必对会议的某项内容进行分析、评论。它要求如实地记载会议的基本情况，对会议存在的分歧意见和问题等，也要真实、概括地予以反映。其目的是将会议的过程进行纪实性的概括，以方便参会者或有关人员快速了解会议的整个情况，并且指导参会者以后的工作。

会议纪要的格式一般分五部分。①会议的标题和成文日期。②会议的概况。包括会议的议题和参加会议的单位、人员，会议召开的时间、地点、主持人、发言人等。③会议讨论的主要问题。应把会议上讨论的问题和讨论结果明确表述。发言者如意见一致，则可表述为“大家一致认为……”；如有不同意见，则应把各主要不同意见如实记载。④会议形成的结论性意见和要求。要写明会议提出的要求，包括如何贯彻落实会议精神等。⑤尾部包括署名、成文时间及报送、抄送和传达单位。一般的会议纪要可署个人名，也可加盖公章。成文时间如果在首部已注明，就不再写。报送单位是指上级单位，抄送单位一般指平级单位，传达单位一般指下属单位。

五、会议资料处理服务

会议资料处理服务是指会展活动过程中，对所需的文字或电子文件资料进行复制、装订、装袋、分发等服务；还包括会议过程中，对提案和议案的整理、分类和报送等服务；有时还包括编辑、印制会展简报和整理会议论文的工作。通常，会展活动的主办方会根据场馆方的能力和综合素质选择服务内容，部分资料处理服务可能会由他们自己完成。

（一）文件发放服务

展会活动中会有各种文件或资料需要发放。会议活动的文件资料包括会议安排时间表、会议简介、会议发言人演讲资料，相关的参考文献或书籍、记录簿等；展览活动的文件资料主要包括展览会刊以及展会光盘、展览注意事项、参加企业名录册（簿）、一些赞助单位或参展商广告资料等，有些资料袋中还装有小礼品等其他物品。

文件资料的发放工作看似简单，但之前须做充分的准备。首先要确定文件资料发放对象，文件资料总需求是多少。不同的对象，文件资料袋中的内容不同。如商业性展览活动中，分发给参展商和采购商的资料就有所不同：参展商的资料主要包括展览会刊以及会展光盘、参展注意事项、有关会展城市的旅游资料等；而分发给采购商的资料中则必须有参加会展企业的名录（簿）、赞助单位或参展商广告资料等。其次要根据文件资料分发对象的不同，将文件和资料分别装入不同的文件袋中，不要遗漏，注意通过颜色或图案将文件袋区分开来。最后在分发时要按照活动参与者的身份予以发放，非发放对象索要资料袋时要礼貌拒绝。

（二）议案、提案处理服务

什么是提案？什么是议案？提案和议案一般是大型政治性或宗教性会议上，对参会代表提出的需要商议的问题，经会议主办方根据会前的一些规定审议后分成的两种类别。在我国，人民代表大会的议案，是指大会代表及有关部门向人民代表大会提出的议事原案。政协提案是政协委员向人民政协组织，并通过政协组织向人民代表大会或人民政府就有关国家或地方大政方针、社会生活等重大问题提出意见和建议的形式。人大代表议案与政协委员提案的不同之处在于：人民代表大会是权力机关，人大代表的议案一经通过，就具有法律效力；而人民政协是统一战线组织，政协委员提案是民主监督的一种形式，没有法律的约束力。另外，人大代表议案一般只在大会期间提出，而政协委员提案既可在全体会议期间提出，也可在休会期间提出。从中可以看出，提案和议案在会议活动中的影响力是不同的，但提案经过广泛的讨论或特别安排也可以上升为议案。提案和议案在提出和审议的流程上也有所不同。政协提案是由政协委员个人或联名或有关党团提出，经过提案组（提案委员会办公室）初审和提案委员会定审之后，交相关承办单位办理。承办单位直接向提案人答复，并将结果交提案委员会备查，提案委员会对承办单位进行答复审查，并决定是否重新答复。人大议案是由30名以上代表联名或有关部门提出，议案交相关专门委员会讨论，提出是否列入会议议程的意见，然后由大会主席团决定是否列入议程。列入议程的议案交各代表团、小组会议审议，相关机关负责人受询，并有相关专门委员会提出报告。最后由会议主席团审议决定，提请全体会议成员或代表表决，全体会议成员表决通过后即产生法律效力。

在正式或定期的会议前，应该发出会议通知，并征询出席者对提案和议案的意见，并告知提案和议案的说明和提交方法。会议代表在开会前准备好提案和议案资料，准备在会议上提交。也有一些政府部门已经开通了网上会议提案和议案的提交途径，大大提高了提案和议案的提交效率。大会秘书组应成立提案或议案接收办公室，接收会议代表的提案和议案。接收办公室首先对所收集到的提案和议案分类、登记、编号，登记的内容包括提案议案编号、提交人姓名、提交时间、提案议案类别、提案议案主题、交接人签名等；然后将提案议案分别交给相关部门处理。会议前，大会提案、议案接收办公室应根据有关部门的指示，将需要讨论的提案、议案复印并发放给讨论组成员，使他们能事前知道。提案要注明编号和资料袋接收者的姓名，以便回收时复核登记，同时要在资料袋中加盖保密等级的印章以及保密等级说明。会议结束后，应将参会者手中需要回收的提案、议案回收，并逐份清点，确保所有该收回的资料全部收回，收回的资料按大会组的决定处理。

由于提案议案往往涉及一些重大事项的决定，因此其保密问题必然需要高度重视。对于会展场馆来说，要做到会议保密首先要确定会议和会议资料的保密等级，并根据《中华人民共和国保密法》的规定对不同保密等级的文件采取相应的保密措施。我国的国家秘密分为“绝密”“机密”“秘密”三级。“绝密”是最为重要的国家秘密，一旦泄露可能对国家带来极其重要的损害；“机密”是重要的国家秘密，泄露会使国家的安全和利益遭受严重损害；“秘密”是一般的国家秘密，泄露会使国家的安全和利益遭受损害。根据《中华人民共和国保密法》规定，具有属于国家秘密内容的会议，主办单位应当采取下列保密措施：

（1）选择具备保密条件的会议场所。

（2）根据工作需要，限定参加会议人员的范围，对参加涉及绝密级事项会议的人员予以指定。

（3）依照保密规定使用会议设备，管理会议文件、资料。

（4）确定会议内容是否传达及传达范围。

为保证国家秘密不对外泄露，国家秘密文件、资料和其他物品的制作、收发传递、使用、复制、摘抄、保存和销毁要严格控制，特别是对绝密级的国家秘密文件、资料和其他物品，要严密监视，非经原确定密级的机关、单位或者其上级机关批准，不得复制和摘抄。应由指定人员收发、传递和外出携带，并采取必要的安全措施。对经批准复制、摘抄的绝密级的国家秘密文件、资料和其他物品，也应按绝密级的要求采取保密措施。具有属于国家秘密内容的会议和其他活动，主办单位应当采取保密措施，并对参加人员进行保密教育，规定具体要求。会议服务人员不准在私人交往和通信中泄露国家秘密的会议内容，不准在公共场所谈论国家秘密。属于非国家机密的会议及其会议内容，可以根据会议主办方的要求设定密级，并参照其管理办法规定会议服务人员的行为。

（三）会议简报写作服务

（1）写作要求。会议简报是迅速传送会议信息的重要文件，它是一种临时性的简报，一般用于规模较大、时间较长的会议，起到及时交流情况、推动会议的作用。会议简报内容主要反映会议的情况、进程，介绍会议讨论、争论的问题，摘录会议发言的要点，以便让有关领导及全体与会人员及时了解会议情况和讨论结果。会议简报的写作有以下几方面要求：

①准确。编写的内容一定要真实、可靠、准确，绝不能任意夸大、歪曲和虚构事实。有些重要发言中的数字、事实等写入简报时要核对清楚，必要时还要与发言人核实，以免有差错。

②简要。文字要简洁，内容力求简明扼要，这就要求所选择的材料必须围绕会议的中心议题，有利于导问题的进一步探讨，以便开好会议。一份简报最好 1000 字左右。

③快速。要有强烈的时效性，力求迅速、及时地反映会议情况。为了及时传送信息，让领导及与会者了解会议进程、发言情况，编制简报应在“快”字上下功夫。要做到上午讨论情况，下午写出简报；下午讨论问题，晚上写出简报。会议记录员要一边听发言，一边分析、归纳，讨论结束便可以马上写出报道。

④要有新意。会议简报应力求反映新情况、新问题、新经验，要有新意，要能给人以启发、借鉴。

（2）写作格式。会议简报的一般格式包括：①报头：编号、密级、简报名称、期数、编印机构、印发日期等；②报身：标题、按语、正文三部分；③报尾：标注报、送、发的对象等。

①报头。简报名称应印在简报第一页上方的正中处，为了醒目起见，字号宜大，尽可能用套红印刷。简报名称可由会议会称和文种类别（简报）组成，也有的只标“会议

简报”字样。期号放在简报名称的正下方，一般按年度依次排列期号，有的还可以标出累计的总期号。属于“增刊”的期号，要单独编排，不能与“正刊”期号混编。编号常用括号标在标题正下方靠近标题的地方。编印机构应标明全称，位置在期号的左下方。发行日期应以领导签发日期为准，应标明具体的年、月、日，位置在期号的右下方。根据需要有些简报还应标明密级，如“内部参阅”“秘密”“机密”“绝密”等，位置在简报名称的左上方。报头和报身之间要用一条横线隔开。

②报身。又称正文，是会议简报的主体。会议简报正文的写法多种多样，形式也较灵活，要根据具体情况来定。一般会议简报大致有三种：第一种为综述法，由编者采集各方面的言论、意见加以概括而成，相当于一份会议的综合报道，将会议的进程、出席情况、会议的发言和议程一一摄入，全面加以反映；第二种是重点报道法，重点反映会议的某个重要报告的内容、小组讨论情况或一个与几个人的发言等；第三种为摘要法，摘录代表发言的概要，供与会者参阅。

③报尾。报尾与报身之间要用一条横线隔开。报尾位于在简报最后一页的下方，注明主送单位或个人姓名、抄送单位、增发单位和印发份数。位于报尾的发份数的作用是为了便于管理、查对。以下是某会议的一个简报样板，仅供参考。

除了以上三种秘书服务外，对于专业性的学术会议还有特殊的服务要求，即论文收编服务。大部分的学术会议都会向参会者征集会议论文，并在数月之前便通知与会者准备，提出论文的内容和格式要求。并告知论文的收稿截止日期。收到所征集的会议论文后，秘书组服务人员须将论文进行整理、编号、登记，并按会议组委会的要求分发到各专家审核其学术水平。审核通过的学术论文须汇编成册，并在会议期间印制和发放给所有参会者。为方便携带，组委会还会将论文刻录成光碟，分发给与会者。

六、展会调研和统计服务

会展活动中通常需要对展会活动的成交额或达成意向的项目金额进行收集，以了解会展活动的成效；同时，会展活动还会需要进行相关的客户满意度调查，了解客户对于场馆的布置、设施、管理等各个方面情况的满意度，以便为提高自身的管理水平提供依据。

展会调研包括两方面的内容，一是对展会活动的调研，主要调研展会的成交情况以及展会活动的其他成效。二是对展场管理和服务的调研，主要调研参展商、采购商及其他参与者对场馆所提供的服务的满意情况，了解参展商对场馆的服务与管理的意见。展会活动的调研和统计工作大部分是由活动主办方或承办方来承担的，场馆方一般只提供办公场地。有时，为了方便调研，主办方或承办方也会委托场馆方进行展会活动调研。展场管理和服务调研一般由场馆方自己实施。

展会调研要做到客观、真实、有效。在实施调研前，活动主（承）办方或场馆方应事前确定调研的抽样量和抽样方法，并设计好调研问卷。在设计调研问卷时，既要考虑以往展会调查问卷的内容，以便有可比性，同时又要针对客户需求变化和技术的发展增加新的内容。实施调研前还需要有计划地安排调研活动，包括如何进行调研管理、人员如何配备等。与此同时，还要对调研人员进行调研方法和沟通方面的培训，以便调研工作能顺利进行。在实施调研时，要注意按既定的采样方法采样，务必使调研问卷中的每个问题都问到。展会调研结果的统计工作应交由专业人员进行，以保证所做的分析科学，能真实反映展会活动的情况。

第三节　设计安装服务

这里所谈及的设计安装服务主要是指特装展位和舞台的设计和搭建。一般会展场馆的标准展位会在开展前由场馆方搭建，参展商只需将参展商品有序地摆放即可。为了提高企业形象，增加产品的吸引力，在展会活动中，一些大型参展商倾向于设计和搭建独具特色的、具有强大吸引力的特装展位。因此，会展场馆有机会为他们提供这方面的服务，或者与相关的设计公司合作提供服务。

一、展台设计安装服务的流程

参展商决定参展后，首先要向展会主办方申请租用光地。光地租用的最小面积由主办方根据场馆的情况以及展会的类型划分，划分的原则是既能最大化地利用会展场地，又能满足参展商要求。参展商可以选择相关的展台设计安装服务公司设计承建，同时向承建公司提供所租用光地的资料，以及场馆对特装展台的要求和限制。展台的设计安装服务一般由场馆内的专业安装公司，或者经场馆安全和质量认证合格的指定公司提供。展台设计承建公司根据参展商的要求设计和规划展位。展位设计完成后，参展商须在指定时间前填写并提交展位特殊装修申报表给场馆工程部门和主办单位审核。申报表还应附相关的特装图纸，包括设计方案的立体彩色效果图，设计方案的平面网、立面图（包括详细尺寸和材料说明），有关用电资料（包括电气接线图、电气分布图、开关规格及线径大小等所使用材料的说明、用电负荷等）。审核时要考虑设计结构的稳固度、工程技术指标、对其他展位的影响等。如果展台设计对其他参展商造成干扰，主办单位应要求展商修改展台设计，并重新审核。所有特装展位在搭建前必须获得主办方和会展场馆的同意。另外在申报表中还应注明材料报送单位和施工单位联系人、联系方法的详细资料，以便出现问题时及时联系。

所有特装图纸经过主办方和会展场馆审核通过后，展台搭建施工单位可在布展期间到现场服务点办理有关手续进场施工。施工单位施工前须办理的手续包括“施工许可证”、布 / 撤展人员工作证（出入证），交纳有关施工管理费、电费、垃圾清运押金等。

二、展台设计原则

在展览会上，展台形象如企业的名片，它不在于如何花哨和俏丽，而是应该更多地反映出参展企业的形象和需要，其根本任务是要帮助展出者达到展览目的，即能反映出参展商的企业形象，能吸引参观者的注意力，能提供适合交易活动的功能环境。

首先，展台形象代表着企业的形象，它是企业品牌形象的具体体现。一个公司在不同的展览会上可能有形式各异的展台，但展台中代表着企业标志性的核心内容不会发生改变。这些核心的标志通常由标准图形、标准色彩、标准字体三部分组成。这些核心标志代表着企业独特的经营理念和企业使命，人们一看见这些标志就能立即反映出这是一家什么公司。所以，如何将企业标志作为设计元素融入展台设计，是体现企业特性、突出展台设计效果的一个关键。

其次，为了在众多的参展商中一枝独秀，展台设计还必须有较强的视觉冲击力，因此在展台的形式上要有创新，能给观众和买家带来新鲜感和吸引力。随着设计软件的普遍应用，加上各种形式的展示材料的开发，当层出不穷的、独具创意的展台展现在人们面前时，能使人产生豁然开朗、耳目一新的感觉。

最后，不要忘记用高昂价格租来的有限的展览空间的作用是什么，最大化地使用场地和展示产品是参展商参展最主要目的之一。展台设计时不要忽略展示、会谈、咨询、休息等展台的基本功能。

那么，在进行展台设计时应遵循哪些原则呢？具体来说应遵循以下六条原则：

（1）一致性原则。即展台的设计与企业的理念和所展示产品的形象相一致。展台的形象应该与企业性质、产品功能、经营理念、发展方向相结合，通过一切视觉符号对外传达企业的经营理念与情报信息，通过展台，能使企业和产品与客户之间产生共鸣，实现沟通。企业核心标志为展台设计提供了丰富的设计元素与设计依据。这些核心标志就是企业品牌的形式体现。所以，在展台设计中应将企业核心标志在设计中合理、规范地运用，保持核心标志的一致性，突出视觉效果，吸引观众目光，同时这也有助于观众加深对企业的记忆。一致性的原则还表现在展台的设计与展示产品的形象一致，展台的结构、色彩和功能区能很好地配合参展产品，不能喧宾夺主。

（2）独特性原则。设计人员将企业标志的图形部分作为基本的造型元素，可对它进行抽象、概括、立体化处理，从而形成有别于其他展台造型，以完全体现企业自身特点的设计效果。展台的独特性一方面要表现展台结构的新颖；另一方面要使展台具有一定的亲和力，使人们愿意进入展区，自然而然地进入展台参观、咨询、贸易。

（3）技术性原则。作为一个特别装饰展台，它首先是一个小型的建筑工程，因此在进行展台设计时首先要考虑其在技术上满足规定工程技术标准。技术性原则考虑的是展台结构的稳固性、材料的安全性以及对整个场馆视觉的影响等。国内一些参展商为了防止新产品被侵权，在展台设计时往往会把展台变成一个半包围或全包围结构，甚至再用门纱或门帘将整个展位围得密不通风，这在会展场馆中应该是被禁止的，因为它破坏了展会场馆的整体性和协调性。

（4）经济性原则。在进行展台设计前，应了解此次参展的目的，围绕着这个目的有计划地设计。一个展台的吸引力并不一定和投入资金的多少成正比，而且由于展台使用时间仅几天，故此在设计时应考虑其预计产出和投入比。在保证展出效果的同时，要减少不必要的开支，少花钱多办事。在实践当中，展台搭建商和参展商都非常欣赏使用系统组件来搭建展台。这种系统组件可塑性比较强，不需要大量的人力搭建、安装、拆除，赢得了大量的安装拆除时间；而且由于其具有灵活性，使得独特的设计能轻易地转为现实。再者，这些系统组件可以重复使用，在以后的展览活动中也能派上用场，从而节约了成本。当然这也需要展台设计和搭建人员更加具有想象力、创造性和灵活性。

（5）环保性原则。举办节约环保型的展会已经成为一个主流趋势。目前一场展销会下来，展会中75%~80%的废弃物是在展台搭建和拆除中产生的。越来越多的会展场馆向参展商收取垃圾的处理费，以减少特装展台的垃圾量。然而参展商不仅应该从经济因素考虑要尽量避免或减少废弃物和垃圾，还应该从社会责任的角度考虑如何在展会中通过环保参展体现企业的社会责任感。在实践上，应该尽可能使用新型的、可重复利用的展台材料，展台中所使用的废弃物料应该不会对环境带来危害，展台美化时所用的油漆或涂料不会对人体带来伤害。总而言之，环保已经成为展会活动的一个重要主题，随着人们思想意识的提高以及企业社会责任感的增强，越来越多的环保手段将在展会活动中被应用。

（6）艺术性原则。虽然展示设计更多的是创造宣传效果和销售环境，它的艺术性远不及商业性重要，但一个庸俗的展台是很难吸引人们的注意和提高人们的参观兴趣的。展台的艺术表现形式是多样的，或简洁，或华丽，或现代，或古朴，或开放，或神秘，所有这些都需要设计师无与伦比的创造力。展台的艺术造型还可以利用各种可能的要素，例如展台的材料、音响、光线、色彩和其他装潢用品等。高品位的展台会不断给观众以新鲜感，刺激其好奇心，使他们对展台产生兴趣，进而产生与展览者谈话的欲望。

以上归纳的这些原则是展台设计的一般性原则，对于每一个参展商来说，如何通过展台来表现自己的产品和企业形象，他们又各自有自己独特的理解和要求，因此在提供展台设计和安装服务时要清楚地了解他们的需求，了解得越全面越有利于设计满足需求的完美展台。

三、展台搭建安装的管理事项

展台设计完成后的展台搭建安装工作是一项需要在极短布展时间内完成的强度极高的建筑任务，因此需要根据展台的结构特点予以合理安排。

（一）在承建商的选择上，可以选择会展场馆下属的施工队

由于他们经常性地搭建展台，有丰富的经验，同时对会展场馆内部运作熟悉，可以节省不必要的时间消耗。参展商也可以选择展台设计公司下属的施工队搭建安装，他们的优势是对展台的结构和要求更为熟悉，搭建安装时沟通起来比较容易。

（二）在搭建安装过程中要严格按照会展场馆方的要求进行

会展场馆对特别装饰的展位搭建安装都会提出较为严格的要求，这些要求包括：

（1）搭建安装手续的办理。进入展位施工的单位应办理施工许可证和工作人员证。施工许可证应挂放在展位醒目位置，施工人员凭证件出入展厅，证件不可转借他人。特装展位的维护工作由布展施工单位负责，由该展位所属的参展单位负责监管。搭建安装手续还包括缴纳相关费用，这些费用含展馆管理费、布展/撤展加班费用、清理废物及施工押金等。这些费用的收取标准是按参展商租赁展位的面积来确定的。展览会结束后，如会展中心确认为摊位清理妥当且没有对中心造成任何损坏，清理废物和施工押金将全数返还。若会展中心认为摊位未清理妥当或对场馆造成任何损坏，此押金将会被没收。

（2）高度和开面规定。每个会展场馆的结构不同，因此对展台的高度都有严格的规

定，施工单位搭建安装的展台不能超过该限制。展台的高度还要考虑相邻展台的边界和高度的协调。对于双层式展台，其设计应取得具有资质设计院审核章、国家一级注册结构工程师印章及审核报告，方可施工。双层式展台光地面积要达到规定的要求，并且二层只能作休息及业务洽谈之用。二层四周应竖立安全围栏，安全围栏高度不得低于 1.25 米。承重柱和二层楼面的承载能力应达到规定的要求，以确保展台整体结构的安全。在两层展位的下层必须配置悬挂式干灭火器，一般要求 20 平方米配置一个，20~30 平方米配置两个，以此类推。展台的开面是指面向通道可以被人观看的立面，所有展览会内的展台，不论其高度，其开面至少要半数以上，否则对邻近展台视野及人群流动都会产生影响。

（3）展架、展具等材料的限制。展架、展具是构成展示空间的物质技术基础，它不仅衬托了展品、吊柜、照明、张贴标志，引导和指示物质界面，还成为整个展示设计中参观者直接感受到的实体界面。展示道具可分为吊架、展台、橱窗、展板、隔段以及 POP 标志的辅助设计等。展示道具材料的选择要考虑其防火性能，要选用难燃或阻燃的材料。同时还要考虑其安全性，材料应无毒无害无辐射。展架展具的选择还要考虑其安全性，保证能够稳固地承载所摆放的展品。若使用玻璃材料展台，应采用钢化玻璃，确保安装牢固、可靠，并增加明确标志，以防破碎伤人。

（4）人行通道的规定。施工单位应严格按图进行施工，展台任何部分或展品及其他物品均不可越出租用面积范围，不可占用和遮挡展馆内的紧急出口和观众通道。自己的展台内要留有一定宽度的空间和通道，以供人们参观和商洽。易碎的展品若面向人行通道摆放，则须采取一定的保护措施，防止破碎或跌落碰碎。

（5）消防的规定。布展时展位搭建必须和消防栓四周至少保持 1 米距离，留出取用通道。施工时所有水、电、气源配置必须向展览中心预订。所有电力及水力安装必须经由大会指定承建商承办，需要特别安排（例如不同电压、频率接驳）的参展商须通过会展场馆指定承建商安排变压器、变流器等。场馆内使用的插座不可接驳超过一个插头，不可使用万能插头，也不可使用闪光、闪动的照明或霓虹灯。展商需要提供额外电力和照明时应向场馆方面租用，场馆技术人员负责租用照明及动力电源设备的安装。严禁使用动力电源作照明用，或者将照明电源作动力电源使用。展台施工时不可在展厅内使用金属切割机、电锯和电刨，以防火花飞溅，造成火灾。室外安装的灯具、插座、配电盘等应选用防雨型，室外用电设备应有可靠防雨措施。展馆防火卷帘门下不得搭建任何展架、展台及堆放各种货物，防火卷帘门所处的展馆立柱严禁采取任何形式的包裹及遮挡，保证防火卷帘门升降畅通。展厅内施工不可采用明火操作，严禁在施工展厅内吸烟。展台不可采用全封闭式顶棚，顶棚至少有 50% 以上的平面开放面积，且不得阻挡展馆顶部消防设施，以确保展台的消防安全。

（6）环境的规定。为保持场馆的完整，施工单位不可使用双面及单面胶等粘贴材料在展馆通道的柱子上粘贴任何物件，不得在墙面或地面打孔、刷漆、刷胶、粘贴、涂色。特装布展参展单位负责自己展台的地毯内装饰，所有地毯和地面装饰可使用双面胶纸进行固定。施工单位或参展商在展台搭建安装完成之后，清理展台的垃圾、包装及废物，并移离展馆。

（7）施工安全的规定。展台施工人员在搭建展台，尤其是高层展台时要注意施工安全。展台电气施工人员必须持有国家劳动部门核发的专业操作证书。在施工期间要严格遵守各项规章制度，不违章作业，不野蛮施工，并配合场馆相关部门进行检查。施工人员在高空作业时，应使用合格安全的提升工具及操作平台，施工人员应系好安全带。为保护人身安全，施工现场周围要设置安全区，并有专人看护。安全区须设明显的警告标志，防止无关人员进入。

各会展中心还会根据展会活动类别的不同，制定出有针对性的施工管理规定，如对服装类等易燃展品的展台搭建规定，或者对重型机械展的展台搭建和施工的规定等。酒店内的展览会展台搭建安装管理可根据以上的内容以及酒店的具体情况制定。

（三）对展台搭建安装完成后的效果进行评估

展台效果的评估可以通过以下指标来评判：

（1）工程质量标准：包括牢固性、安全性、稳定性等。

（2）合理性标准：包括展台的实用性、时效性、经济性等。

（3）艺术性标准：包括形象的一致性、艺术的独创性、参观者的美誉度等。

第四节 物品租赁服务

会展活动的参展商来自全国乃至于全世界，为了节省参展商参展所需花费的时间、精力和资金，所有的会展场馆都会提供物品租赁服务，这是会展场馆提高客户的满意度，提升会展场馆的形象所必不可少的。

会展场馆通常提供的租赁物品包括以下几类：①展示家具类，如各种展柜、展架、桌椅、墙板、问询台、地毯、活动隔离栏等；②供电照明类，如配电箱、各种灯具、插座、转换插头等；③视听设备类，如电脑、电视、投影机、音响设备等；④花木类，包括各种绿色植物、盆景等；⑤运输工具类，如平板车、液压搬运车、液压装载车、动力叉车（含司机）等；⑥与展会活动相关的其他物品，如服装展览会上所需的衣架、网片、模特等，会展场馆可根据不同类型的会展活动准备相关的物品出租。

当参展商需要租用物品时，可预先通过传真或邮件的形式预先租赁，也可以到服务现场填写“物品租赁登记表”或签订“物品租赁合同”，登记表一般用于小件或低价值物品的租赁，而租赁合同则用于高价值物品的租赁。为了简化手续，有些会展场馆只采用登记表形式。填写物品租赁登记表后，参展商按规定缴纳物品的租金和押金，场馆方开押金和租金收据交参展商。场馆方在物品出租前应检查物品的情况，保证物品能发挥正常的功用。当参展商退回物品后，租赁服务工作人员应检查物品情况，验收无误后，凭押金收据退回押金。

第五节 运输仓储服务

运输和仓储服务也是场馆服务的一个重要部分，它是指会展场馆为参展商提供展品从货场运到展馆，展馆场内运输、存储展品及包装物品，以及撤展后将展品运离展场的服务。一个展会从布展到撤展总共的时间一般不超过十天，在这么短的时间内，要将数百成千，甚至上万个参展商的展品运抵、安放和运离各个展台，其工作量之大是可想而知的。因此对场馆的运输和仓储服务要细心规划，稳妥安排，使之能有条不紊地进行。

一、运输仓储服务的内容

从字面上看，运输和仓储的服务内容很简单，只是提供运输和储存服务。实际上，对于大部分场馆来说，限于自身的能力，所能提供的运输和仓储服务也仅限于场馆内部的运输和储存。但为了给参展商提供更为便捷的服务，场馆方可以委托有关专业的运输公司提供更专业和全面的服务。参展商签订参展合同后，会展场馆应将委托的专业运输公司的展品运输指南告知参展商，以便参展商尽早与运输公司联系。对于一个展会来说，专业和全面的运输仓储服务涉及的内容更为广泛，我们可以将这些服务划分为以下几个部分：

（1）运输服务。包括境内的展品、展示道具运输代理，即展品或展示道具到达会展城市后的提货、装卸、运输手续办理以及撤展搬运等服务工作。

（2）贵重物品运输搬运服务。专指一些需要特别运输和管理的展品搬运服务。这类展品包括贵重的钟表、珠宝、汽车、瓷器、精密仪器等。这些物品的运输和搬运需要更为专业的公司来承担。

（3）现场搬运及安装。指从货车卸货点到展位的运输，使展品就位。

（4）仓储保管服务。展品或展示道具提前到达场馆后应存放于场馆指定的仓库中，在布展开始后，再由仓库运转到展台。一些需要重复使用的包装材料可存放在场馆内的小仓库中。

（5）报关代理服务。一些大型的国际性展会将邀请国外的参展商参展，按国际惯例，这时展览大厅可成为海关临时管辖的区域。展品承运商可以为客户代理报关和清关的手续。

（6）保险代理服务。大部分的场馆指定承运商都会要求参展单位自行投保展览品的往返运输险及在展览仓储期间的保险，如展品发生意外情况，参展单位可自行向保险公司办理索赔手续。但一些大型连锁型承运商可以承担展品的全程整套的所谓“门到门”的运输仓储服务，其中就包括了保险代理服务。

二、展品物流系统

“物流是涉及信息、运输、存货、仓储、物料搬运和包装等的集成”，“物流管理包括为支持商务战略而对材料、在制品和库存成品的流通加以控制的系统设计和行政管理”。按照这样的定义，会展活动期间的物品流动不能算是真正意义上的物流，它只是物流系统中的一部分，这里只是借用物流一词来表示展品自参展商仓库到展台，再回到参展商仓库或采购商目的地的过程。

由于短时间内大批量物品的涌入和撤出，参展物品的整个物流系统管理工作较为复杂。参展商在决定参展并签订参展合同后，即可开始准备展品和展示道具。所有的参展展品和展示道具要妥善包装，并且针对展品和展示道具的情况采取相应的保护措施，包括采取防雨、防渗包装措施。一些易碎品如玻璃制品、瓷器等更需要采取特别防震、防碰撞措施。服装或纺织品的包装要注意防水、防雨。大型、重件展品和道具的外包装上应标明起吊点、重心、易碎、防潮、禁止侧置等特殊说明标志。参展商如有危险品发运，则应在外包装上用醒目的标志标注危险等级，运输车辆上也要有警示危险品标志。在展品外包装箱的两侧明显位置标明会展场馆名称或场馆指定承运商名称、展会活动的完整名称、参展单位名称、展馆号、展位号、箱号、尺寸、毛重等内容。需要场馆指定承运商接运展品的参展商，要在货品发运前与指定承运商签订运输委托书，委托他们处理在会展举办城市的运输事宜。

在选择承运商前，参展商先要决定采用哪种运输工具。国内展品的运输工具较常见的是汽车、火车和飞机三种。水运运输由于运输时间较长，且到岸后又要转为陆运，比较麻烦，因此虽然水路费用较便宜，但由于参展商需要运输的展品种类多，数量少，较少用水运。当然，如果会展场馆附近有装卸货物的码头，且参展商的展品仓库也靠近港口，水路运输也是一个不错的选择。

选择承运商后，按照水运、空运、汽车、铁路运输的要求，办理相应的运输手续，包括办理运输保险，签订运输合同，填写运货提单，交纳费用等。货物发运后，参展商应及时告知场馆指定承运商有关货运信息，包括展览会名称、展台号、发货日期、预到日期、发货站、到货站、车皮号、总件数、运单号、体积及重量等，同时将水陆运输提单、铁路领货凭证的正本用快件邮寄，空运单副本传真至场馆指定承运商，以便能及时提货。

对自行运输的参展商，场馆方要告知展会城市对于外地货车市内运输的相关规定和手续办理程序，还需告知货物运抵后的指定存放点，最好附上货车行驶的路线图。

展品和展示道具运抵指定仓库或存放点后，由仓库或场馆负责管理。待布展时，指定承运商负责将物品从仓库或指定存放点运至展台，并帮助参展商开箱，安放重件，同时运送空箱和包装材料至展馆现场存放点保存。对于自行运输的货物，指定承运商应帮助卸车并将展品送至展台，并帮助参展商开箱，安放重件，同时运送空箱和包装材料至展馆现场存放点保存。对于一些有特殊要求的展品搬运，如需要动用吊机的物品或者贵重物品的搬运，要请专业人员现场指导。指定承运商一般只负责物品的外包装完好交货，对内货质量、货损、短少不予负责，如发生问题，参展商可向保险公司索赔。对进口参展的物品，指定承运商可在展厅内为参展商代办海关手续。

展会期间，指定承运商可提供保存包装材料的服务。展会结束后，指定承运商负责将包装材料运至展台，并帮助参展商装箱，运至展厅门口装车。需要时，指定承运商还可帮助参展商办理有关展品回运的文件手续和海关手续。

对于展品运输的管理，最关键点是“有序”：所有的运输信息应清晰有序，所有的车辆进出应井然有序，所有的手续办理要严格有序。如果出现无序混乱的操作，很可能发生装卸货场乱作一团、车辆堵塞、进出不畅的现象，更为严重的是导致展品丢失或损坏，或者展品或展示道具不能及时到位，打乱参展商的参展计划。因此在展品物流管理时要做好信息、仓库、运输能力、时间安排等的管理，做到安全、有序、及时地运输展品和展示道具。

三、展览物品的进出口

国外参展商到国内参展必然也会带来自己的产品。国家海关总署1997年4月颁布实施的《中华人民共和国海关对进出口展览品监管办法》规定，对那些进口的展览品如何管理作了明确的规定。如有需要，会展主办方可向当地的海关申请，将展览大厅设定为海关临时管辖的区域，该展览大厅内的所有物品在展览期间是免税的。但没有得到海关的事先许可，任何进口展览物品均不得带出展览大厅。

这些进口的展览物品包括：

（1）在展览会中展示或示范用的货物、物品。

（2）示范展出的机器或器具所需用的物品。

（3）展览者设置展台的建筑材料及装饰材料。

（4）供展览品做示范宣传用的电影片、幻灯片。

为简化国外参展商的参展手续，且按照海关规定，展出单位或者其代理人应当向海关办理有关进口展览品的手续，即展出单位或者其代理人为报关人。报关人应当在展览品进口前，将展出单位的委托书及具体承办人的签字样本送交海关备案，经海关确认后，报关人负责向海关办理有关事宜。对于海关派员进驻展览场所执行监管任务，展出单位（或者接待单位）须提供办公场所和必需的办公设备。经展出单位申请，海关派员到非监管区执行监管任务，展出单位（或接待单位）应提供交通、住宿及办公方便。

展览品进出口手续办理的基本流程如下：

（1）参展商将自己的展品同有关展品基本信息的清单交给大会或场馆指定的承运商或代理人，以办理进口手续。

（2）展览会的主办单位或其代理人应在展出地海关办理展览品进口申报手续。对于从非展出地海关进口展览品，应当在进境地海关办理转关手续。主办单位或其代理人申报进口展览品时，应向海关提交展览品清单（清单内容应填写完整、准确，并译成中文），并提交主办单位、参展商或代理人的担保，担保形式可为相当于税款金额的保证金、银行或其他金融机构的担保书，以及经海关认可的其他担保形式。

申报进口的展览品如有除许可证外的其他进口限制，如检验、检疫等，主办单位或其代理人应当按规定办理检验或检疫批准手续。

（3）在海关工作人员到来之前，不可擅自开箱。展览会主办单位或其代理人应当于展览品开箱前通知海关，以备海关查验。通知一般可采用向海关递交开箱计划的方法，开箱计划中应列明开箱时间、所开箱箱号、开箱件数及相应的展览品清单的编号。海关到场查验时，展览会主办单位或其代理人应当在场，并负责开拆包装、搬移物品、重新封货包装等协助查验的工作。所有将在展览活动中发出的宣传物品，包括印刷品、名片、资料、礼品、播放的音像制品等，均需提前交给海关和交易中心查验，否则，不予入场。

（4）如展览品在非展出地的其他口岸或其他展览会运抵，应按海关转关运输制度的规定办理进口转关手续，待展览品运抵展出地后，再办理展览品进口报关手续。

（5）展览品应自进境之日起六个月内复运出境，如需延长复运出境期限，应报主管海关批准，延长期最长不超过六个月。展览品复出境时，主办单位或其代理人应向展出地海关递交有关核销清单和运输单据办理出境手续。对于展览品在非展出地的其他口岸出境的，由展出地海关按转关运输制度将展览品监管转运至境内地海关核放出境。对于已经销售且不属于免税范围的物品，海关须向参展商征收进口关税和进口调节税。

（6）对于批准在我国境内两个或两个以上设关地举办展览会的展览品，在一地展出结束需运至另外一设关地点参加相关展览会时，展览会的主办单位或其代理人在经海关同意后，按海关转关运输制度的规定办理转关手续。对于在原批准展出计划外，需临时增加展出地点或参加另一展览会的展览品，展览会主办单位或其代理人应持原批准单位同意增加展出地点或参加另一展览会的批准文件向海关书面申请，经海关同意后，按海关转关运输制度的规定办理转关手续。

在办理展览物品的进出口手续时，还要加强进口商品安全质量检验的工作，特别是对于一些管制性商品的检验，如动植物、药品、化学物品、枪支等。

第六节　广告宣传服务

首先要说明的是，在本章节中所阐述的广告宣传服务是指由会展场馆或会展主办方提供给参展商的广告宣传服务（简称参展商广告），它与展会活动主办方对展会活动的广告宣传（简称展会活动广告）有所不同。从宣传的目的上看，展会活动广告是为了吸引更多的参展商、采购商和观众；而参展商广告目的是吸引到场的买家和观众注意。从时间上看，展会活动广告周期较参展商广告周期长，参展商广告时间仅限于展期内。从影响范围来看，展会活动广告的影响面更广，它需要波及全国乃至全球，而参展商广告仅限于场馆及场馆周边地区。但两者也不是截然分开的，在进行展会活动宣传时可以加入参展商广告，如在会展活动的网站和招展书上加上参展商的企业和产品介绍。

展会活动本身就是一个给企业进行自我宣传和展示的过程，为给参展商提供更多的企业或产品宣传机会，在展会期间，场馆方可提供给企业广告宣传方面的服务。同时通过广告宣传也能增强活动的热烈程度，从而增加展会的吸引力和影响力。对于会展场馆来说，通过为企业提供活动现场的广告宣传服务，最直接的收益是能为场馆带来可观的经济收入，可以说广告宣传服务收入是除场馆租赁收入外第二项最大收入来源。

一、广告宣传的策划

会展场馆在展会活动策划时就应该考虑如何为参展商提供广告宣传服务，并对参展商广告宣传进行策划。

参展商广告宣传策划应首先从场馆资源入手，了解会展活动期间可提供给参展商进行广告宣传的形式有哪些，场馆内外可供广告宣传的场地在哪儿，它们可分别采取什么表现方式。一般来说，会展活动期间可提供给参展商的广告宣传形式有三类：第一类是印刷品广告，如会刊广告、门票背面广告、参展商指南页面广告、导览图图中广告，工作证、参展商证、嘉宾证佩戴广告，资料袋广告等；第二类是悬挂张贴类广告，包括横幅、条幅、彩旗、灯杆旗、喷画、气球、充气拱门、太阳伞、灯箱、飞艇、广告板、三脚架等；第三类是视频广告，包括展厅内的等离子电视、场馆内的大屏幕以及网站广告。网站广告可以在会展场馆网站上刊登，也可以在主办方设计的展会活动网站上刊登，经销商、采购商和观众能通过场馆内公共电脑查询相关信息。

第一类广告要确定哪些物品上可以印刷广告，印刷的广告规格多大，形式是怎样的，印刷的数量有多少。第二类广告要确定这些广告可以摆放的位置在哪儿，可以摆放的数量有多少，各种悬挂和张贴的广告尺寸多大。第三类广告要确定每天可播放的时间和次数，展会期间总共可接受多少个广告。

在了解场馆所拥有的广告资源之后，要根据国家《广告管理条例》以及实施细则的要求对户外广告进行申请。户外广告的设置、张贴，由当地人民政府组织工商行政管理、城建、环保、公安等有关部门制定规划，工商行政管理机关负责监督实施。各类展销会、订货会、交易会等广告，应当提交主办单位主管部门批准的证明。

其次，有了确定的广告资源，下一步的工作就是对广告资源进行定价。广告资源的价格差异很大，影响其价格的因素也较多，归纳起来主要有以下几种。①展会活动因素。这里涉及展会的规模、影响力、采购商的数量和层次、主办方的实力等，例如，被称为中国第一展的中国出口商品交易会，由于其盛大的规模和国内外享有盛誉的影响力，其展会期间的广告资源价格一直无与伦比。展会活动的类型也影响着广告资源的价格，一般高回报率和高价值产品产业的展会，广告资源的价格较高，如汽车展、房展，其广告资源的价格一般定得较高。②展馆因素。不同的展馆由于其规模和美誉度不同，参展商对于其广告投入的回报期望有所不同，这也制约着广告资源的价格。同时展馆所在地的经济水平对广告资源也会有一定的影响。③广告资源因素。上面分析了三类广告资源，这三类广告资源的定价有很大差别，同一类广告资源，不同的表现形式其价格差别也很大，同样的表现形式在不同的地方出现，其价格也相差甚远。因此，广告资源的定价是一个需要深入研究的问题，因为合理的定价能使所有的广告资源以最好的价钱卖出去，获得最大的回报。如果价格定得太高，广告资源不能全部卖出，而这些资源随着展会的结束便不复存在，从而带来损失；价格定得太低，即使广告资源全部卖出，但广告收入不能达到最高。

那么，如何去为广告资源定价呢？由于广告资源的制作成本较低，因此一般不采用成本导向的定价方法。同时展会期间的广告时间短，且在一个地方同时举办同一类展览的竞争情况较少，即使有这种情况，但参展商对于广告资源费用的敏感度往往较低，所以竞争导向的定价方法也不适合广告资源。广告资源定价的合理方法是需求导向，也就是根据市场需求状况和参展商对广告价值的理解来确定广告资源的价格。一般地，需求强，广告资源价格可以定得高一些；需求弱，价格可以定得低一些。要做到这一点，首先要做参展商调查，了解参展商心目中对广告的价值评价和可以接受的价格。这是一件非常细致的工作，既需要经验的积累，又要进行系统的分析，只有这样才能做出关于各种广告资源价格的英明决策。

第三步是对广告资源进行整合。广告资源的整合就是根据客户的需要将广告资源进行包装，有时为了方便参展商选购，还可将广告资源组合成套餐的形式进行销售。由于这类广告推广时间和展示时间都较短，故参展商广告资源的包装投入一般都不大，但形式上要有吸引力和号召力。广告套餐的形式能够很好地吸引参展商，它既能使广告资源更多地卖出，同时也为参展商节约了一定的费用。在套餐的组合上要考虑到广告展示的互补性，又要使参展商感到展会活动现场自己的广告无处不在，能强烈地吸引采购商的注意。

第四步就是确定如何进行广告资源的推广。广告资源的推广的一个重要特点是时间短，一般只有开展前一两个月的时间，而且确定购买的参展商人数也是先少后多，甚至有不少参展商到开展前的最后一天才确定。另一个特点是目标客户集中，广告资源的目标客户就是那些已经确认参展的几百上千个商家。针对这样的特点，广告推销的方式可以采取以下措施。①通过参展确认函和参展手册将广告资源的信息发布出去，也可以通过会展活动的网站和会展场馆的网站发布。②采用人员电话推广的方式。参展商一般分布在全国各地，甚至是世界各地，较难做到面对面地推广，因此可以采用电话推广。③富有弹性的价格。场馆方为了对广告资源进行收益管理，促使参展商能尽早地确定广告的购买，或者针对参展商的个体需求，应采取富有弹性的价格政策，以确保广告资源能顺利卖出。④通过广告代理销售。广告公司、行业协会、行业商会等都与参展商有着较为密切的关系，他们的推荐能为参展商做出广告购买决策起到很大的促进作用。除此之外，借助于展会的公共关系活动也可以推出参展商广告宣传服务。

策划的最后一步就是对参展商广告宣传的策划效果进行评价。通过评价，了解广告资源的界定是否正确，价格定位是否准确，是否真正把握了参展商对广告资源的购买需求，在广告的推广手段上是否有效。广告策划效果的评价能使场馆管理者总结经验，发挥所长，为以后的策划提供有益的借鉴。

二、广告宣传的管理

会展场馆是参展商进行企业和产品宣传的基地，各个参展商都使出浑身解数来表现自己：有派发资料和广告礼品的，有通过音像来宣传自己的，有将广告牌背在身上引起人注意的，有请卡通或小丑来聚集人气的。凡此种种，如果不加以管理和控制，会展场馆将如嘈杂的街市，混乱不堪，难以为采购商提供一个舒适的采购环境。

首先，场馆内的广告要按照国家制定的《广告管理条例》及其实施细则的要求进行申报。广告客户申请发布广告，应当出具相应的证明：①企业和个体工商户应当交验营业执照；②机关、团体、事业单位提交本单位的证明；③个人提交乡镇人民政府、街道办事处或所在单位的证明；④外国企业常驻代表机构，应当交验国家工商行政管理总局颁发的“外国企业在中国常驻代表机构登记证”。申请发布商品广告，应当交验符合国家标准、部颁标准（专业标准）、企业标准的质量证明。各类展销会、订货会、交易会等广告，应当提交主办单位主管部门批准的证明。广告客户申请刊登、播放、设置、张贴广告，应当提交各类证明的原件或有效复制件。派发的各种资料的内容和文字，必须符合国家有关规定，参展单位应对所派发的各种资料的真实性和合法性负全责。

其次，场馆内刊登、播放、派发广告及表演性广告要经过场馆管理部门的审核和批准。场馆管理部门应限制这些广告的投放地点，并将所作规定以书面形式告知。场馆管理部门要对所有派发、刊登和播放的广告备案，禁止在场馆内传播违反我国法律、法规的，损害我国民族尊严的，有中国国旗、国徽、国歌标志及国歌音响的，有反动、淫秽、迷信、荒诞内容的，弄虚作假的，贬低同类产品的广告。不允许在剧院、会议厅堂、体育比赛场馆等公共场所设置烟草广告。

最后，要注意场馆内广告宣传的现场管理。场馆应组织专人对馆内外发放的宣传品质量、内容和发放情况进行检查，若发现违规行为，应予以取缔。为保证安全，经批准可在场馆内外投放的广告，其投放、悬挂和拆除应由会展中心服务部门统一指定具有施工资质的广告公司施工，参展商不得擅自行动。参展单位携带的各种资料，仅限于在本展位派发，不得在他人展位和通道上派发，也不得在通道上摆放宣传品和宣传资料。企业自己播放的光碟录像等也只能在自己的展台内播出。表演性广告应在场馆管理部门限定的区域中活动，内容应健康积极。当表演性广告前人群聚集众多，有可能带来安全事故时，场馆管理人员有权要求取消表演性广告。在展厅内禁止代替他人分发宣传资料和宣传品，不能把广告擅自发至参展商展位。

第七节　后勤保障服务

后勤保障服务并不仅仅是会展场馆单方面的事，它需要整个会展城市共同来完成。安全快捷的公共交通，热情善良的当地居民，干净舒适的酒店宾馆，整洁美观的城市景观，细致周到的全面服务，这些都构成了一个广泛意义上的会展后勤保障服务。对于一个把会展作为经济支柱的城市来说，将整个城市的后勤保障服务纳入城市管理是必需的。

一、后勤保障服务的界定

以下所探讨的只是会展场馆提供给会展活动参与者的后勤保障和支持的服务，不涉及举办城市如何建立会展活动的后勤保障体系。

大量的参展商和采购商从全国、全世界各地蜂拥而至，他们满怀着希望，期待在一个陌生的城市里开展交易活动，其忐忑不安的心情是可想而知的。后勤保障服务就是为解除他们的这种陌生感而提供的服务，也是为了保证展会活动正常进行所需的服务，如紧急医务救治服务、会展值班餐饮服务、保管箱服务、电信服务、银行汇兑服务、旅游推介服务等。然而从字面上看，后勤保障服务没有一个很明显的界限，似乎什么服务内容都可以归纳到后勤保障服务中来。在此，我们对本章节的后勤保障服务作一些界定：从服务主体来看，后勤保障服务是由场馆方面提供给活动参与者的服务；从服务性质来看，它是会展活动所需的，甚至是必不可少，但又非会展活动的核心服务；从内容上看，后勤保障服务的内容可以是多种多样，主要考虑活动参与者的需求。根据这个界定，则后勤保障服务的内容可以分为两类：

第一类是与生活需求有关的服务，包括餐饮服务、住宿预订服务、医疗救助服务、往来交通服务、电信服务、银行汇兑服务、旅游推介服务等。这类服务与活动参与者自身生活需要有关。有些场馆还会提供一些特殊人群所需要的个性化服务，如祈祷室服务、手语服务等。

第二类是与会展活动需求有关的服务，包括信息咨询服务、小件物品寄存服务、保管箱服务、知识产权保护服务、翻译服务、境外采购商邀请服务等。这类服务主要是方便会展活动参与者更好地投入到会展活动中去，解决其参展活动中的困难而开展的服务。

这两类服务虽然不是会展场馆的核心服务内容，但它们对保证展会活动正常进行，方便活动参与者在展会期间的生活和工作有着重要的影响，因此不可掉以轻心。

二、与生活需求有关的服务

（一）餐饮服务

会展场馆内的餐饮服务包括快餐服务、咖啡厅服务、外卖服务、宴会服务、饮用水供应、小食品售卖等服务形式，其目标是为展会活动参与者提供卫生、快捷、美味的食物。根据会展的内容，会展餐饮可分为展览餐饮和会议餐饮两类。展览餐饮的特点是预算较低，饮食时间紧迫，菜式简单，就餐地点一般在场馆内，一般只需提供午餐。会议餐饮较展览餐饮要更丰富多样，费用预算较高，而且一般需要负责会议期间全部的饮食。一般会议餐饮的安排是：早餐以自助餐为主，少数为客房用餐；午餐采取自助餐或大型圆桌工作餐的就餐形式；晚餐作为正餐，主要以宴会为主。会议期间还可以辅以酒会的形式以加强参会者之间的交流。会议餐饮采用的就餐形式可见本书第五章。这里主要讨论展览餐饮。

展览餐饮虽然只需要提供一顿午餐的服务，但要同时满足参加展会活动成千上万的餐饮需要也是一件不容易的事，因此要做好相应的准备。

首先，从场馆内的餐饮服务功能区设计来看，有些大型会展场馆在设计时设置固定的餐饮区，这些餐饮区可以自主经营，也可以租赁给专门的餐饮企业经营。例如，广州国际会展中心就在场馆中配备有几个固定的餐饮服务功能区，这些服务功能区有自主经营，也有租赁给快餐店或咖啡厅经营。也有一些没有设置固定的餐饮区，只是根据需要在展会期间临时设置餐饮服务区，如厦门国际会展中心与会展酒店紧密相连，展会活动参与者的饮食全部由会展酒店提供，因此在厦门国际会议中心内就没有固定的餐饮区。

会展场馆是否需要设置固定的餐饮服务功能区，面积应该多大，这要根据会展场馆预计的市场前景来定。

其次，卫生管理上要严格地控制。为展会活动参与者提供食物和饮料（包括饮用水）的公司要经过卫生防疫部门的认证，不允许没有卫生许可证或未被场馆认可的供应商的食品和饮料进入场馆。进入场馆经营或售卖食品和饮料的供应商应与场馆方面签订食品卫生保证书，确保提供安全卫生的食品。场馆内自行制作的食品，应从采购到加工制作、运输、供应，全部由会展中心独立完成，且由卫生防疫站全程监督，供餐样品需24小时留样。在场馆周围要禁止未被批准的小摊小贩或餐饮销售商兜售食品。无论是餐饮供应商还是场馆本身，每一位供餐人员都必须持“卫生健康证”上岗，且要按餐饮工作人员的要求穿戴。

再次，餐饮品种上要丰富多样。虽然每位会展活动参与者一次享用的菜式可能只有几样，但成千上万的会展参与者的口味是千差万别的，因此需要最大可能地了解顾客的需求。需了解的内容包括活动参与者的来源地，来源地的饮食习惯和忌讳，不同时间的饮食要求等，以便提供符合顾客口味的餐饮。例如，如果展会活动有较多来自中东的客人，则可以考虑准备一些口味偏咸的肉类菜式；若是广东人较多的展会，可以考虑多准备一份汤；若西方客人较多的展会，则多准备一些汉堡、三明治、薯条和咖啡等食品和饮料。除了中午用餐之外，还可以考虑为有需要的客户提供下午茶和小点心，一方面可解乏，另一方面可以洽谈生意。

最后，服务上要细心到位。硬件上，要有明显的指示标志，如餐厅引领标志、禁烟标志，提醒保管好贵重物品、收银台、饭菜规格等中英文标志牌，使参展商用餐时一目了然；重复使用的餐具要完整不缺口，没有磨花的痕迹，餐具要经过严格消毒，餐具上不沾水；一次性用具要采用环保无毒无害的材料制成，饭盒的档次要感觉高档，并配有餐巾纸等用具；服务人员的着装要干净整洁，无污迹。软件上，要加强对餐饮服务人员的培训，培训服务人员的服务意识和简单的英语交流能力；根据任务制定详细时间表，严格控制厨房出菜时间；快速搬椅铺台，快速清理餐桌，以便接待下一位用餐者；引导客人到餐饮区排队，保持餐饮区的就餐秩序；及时清理残渣剩羹，保持餐饮区的环境整洁。

餐饮服务中有一个问题需要特别提出来，即在展厅中是否允许餐饮？有不少的参展商因为就餐区的人较多，或者因为业务缠身无法走开，而购买盒饭到自己的展位上就餐；有些场馆甚至还提供为展位送餐的服务。从正规的场馆管理来说，这样的做法是不妥的。一方面，这种做法影响了整个展会以及参展商的形象；另一方面，这种做法很容易使得剩饭菜四处散落，同时伴随着散发出的饭菜气味，这会对场馆环境带来不良的影响。因此，场馆方面应该禁止这种行为，同时为客人提供足够的就餐座位，并延长就餐时间。

（二）往来交通服务

这里所说的往来交通包括三层含义：一是活动参与者进出展会城市的交通，二是来往于酒店与会展场馆之间的交通，三是场馆内的交通。

活动参与者进出会展城市的交通不仅是场馆方面的工作，还涉及会展活动举办城市的交通设施完备情况。拥有多航线的国际化机场，各条铁路主干线的枢纽，四通八达的高速公路，这些都是城市举办会展活动很好的硬件条件。从场馆方面来说，当要举办大型展会活动时，要站在活动参与者的角度考虑应该提供哪些方面的服务。从活动参与者进入举办城市考虑，场馆方面应把场馆的详细地址以及简易地图通过邮件、宣传资料、网站等形式向外公布，告知与会者如何通过乘搭不同的交通工具到达场馆。如果有能力，场馆方面还可以和参会者约定时间派人到机场或火车站迎候，以减少参会者对城市的陌生感。

往来于酒店与会展场馆之间的交通，一般由酒店方面根据入住参展商的情况派出展会专车接送。作为场馆方，要准备场馆内旅客大巴的停放和上下点，并有专人维持秩序和引导。为保证场馆安全，场馆方还要对市内主要酒店发出有关通知，告知大巴在场馆区域内的行使路线和停车上下点，要事先为酒店的司机、跟车人员办理出入证。往来于酒店与会展场馆之间还可以乘搭公共交通工具，如地铁、公交车、出租车等，场馆方应将会展活动期间的市内交通指示通过公共媒体发布，同时在各个公共交通站标示进出场馆的交通路线。

会展中心一般占地较大，大型会展活动期间有时还会同时使用两个场馆，因此有必要解决场馆内的交通问题。场馆内的交通形式有穿梭巴士、自动人行道、电瓶车等。通常情况下，穿梭巴士和电瓶车应该是免费乘坐，当需要控制人数时，可适当收费。电瓶车和穿梭巴士要有固定的上下客点，上下客点要竖立注明了停车点位置的场馆地图。场馆内要慢速行车，以行人优先，场馆区域不允许按喇叭。

（三）住宿预订服务

部分参展商或采购商下了飞机或火车之后就直奔会展场馆，因此在会展服务现场一般可以设置住宿预订服务，也可以和一些酒店联系，请他们到现场直接办理酒店入住服务。通过住宿预订服务，会展场馆可按订定费用的总额，或每天场地费的形式提取一定的费用。要注意的是，对于特大型的展会，如广交会，场馆方面一般需要和所在城市的酒店协会或政府管理部门协商，确定是否需要控制酒店房价，如果控制，其上限应该是多少。

展会期间酒店价格是否应该实施行政控制一直处于争论之中。

一种观点认为，从经济学角度，酒店价格应该由市场供求决定，展会期间需求大，价格自然就高，这是符合经济规律的，因此不必去控制。

另一种观点认为，展会期间酒店的价格会影响到城市会展业的发展，酒店价格高，参展商和采购商的成本高，有可能使他们流向其他的展会，它对城市发展带来的影响是长期的，因此非常有必要对展会期间酒店价格进行控制。展会期间对酒店房价实施控制有利有弊，香港可以说是一个会展城市，在每年9~10月的会展高峰期，其酒店价格居高不下，完全由市场调节，但其会展业还是生机勃勃地发展。究其原因可以发现，真正影响会展业发展的是展会的品牌和影响力，展会活动是否能为参展商和采购商带来利益。酒店价格只是外部环境的一个方面，但不是主要方面，因此在实施酒店价格限价前要权衡利弊，做出科学的决策。

（四）医疗救助服务

场馆内的医疗救助服务只对一些急性的突发病痛进行医疗救助。场馆内的急性突发性病痛包括急性心血管病、脑血管病、消化类疾病、晕眩、外创伤等。在医疗救助站要配备有全面医学知识且有急救经验的医生现场候命。现场医生最好能有一定的英语沟通能力，能与外籍人士进行沟通，因为外籍人士聘请的翻译不一定知道医学专用名词。医疗救助站应配有相应的急救药物和物品，当病情较严重时，应立即将病人转到正规的医院予以检查治疗。

医疗救助服务除了解决一般的急性、突发性病痛外，还要特别注意场馆内的疾病控制，特别是在流行性疾病的多发季节，要严格监控场馆内活动参与者的身体状况。对于发烧、咳嗽、腹泻或有其他不适的人予以特别关注，了解其发生不适的原因，以防止出现流行性、传染性疾病。要关注场馆内的卫生消毒情况，制定场馆卫生消毒操作手册。一些浓度控制较为严格的消毒液要亲自配备。

（五）电信服务

随着无线通信工具的使用，场馆内公用电话的使用率已经显著下降，这并不意味着电信服务需要削弱或取消，相反，它要求场馆提供更为先进和有针对性的服务。现代会展中心所提供的电信服务包括：给手机现场充电、出售手机充值卡、提供手提电脑上网端口、提供自助式传真、提供网上视频通话服务等。随着这些年通信技术的飞速发展，电信服务已经有了很大的突破。例如，在香港会展中心有一台报纸机，在该机器上，只要你选择全世界任何你想看的报纸，通过网络传输，无须一分钟，一份当天的报纸便会呈现在你的眼前。快速便捷的电信服务已经成为场馆服务的一大亮点，它同时也标志着该场馆现代化程度的高低。

（六）银行汇兑服务

场馆内的银行汇兑服务有两种形式：一种是柜台式，即客人到场馆内所设置的银行柜台直接兑换；另一种是机器式，即通过场馆内的外汇兑换柜员机进行兑换。银行汇兑服务由驻场馆的指定银行提供，场馆方面需要派员在现场维护秩序。

（七）旅游推介服务

旅游推介服务是针对会展举办城市以外的客户的服务。为使他们对会展举办城市的历史文化以及自然景观有更深入的认识，会展场馆通常会和当地的旅游公司联合起来，共同向客户推介旅游景点。一般来说，推介给客户的旅游景点应具有鲜明的本地特色，能够反映当地的文化民俗，而且应该在全国或全世界有一定的知名度。

与生活需求有关的服务的目标是为活动参与者在会展城市的生活和工作提供最大的便利，这个工作目标不仅需要会展场馆方面的努力，同时也需要市政当局和全体市民的共同努力。当一个安全、友善、便利、服务周全的城市展示在活动参与者面前时，更多展览机会将眷顾这里，并为她带来更多的商业机会和财富。

三、与会展活动需求有关的服务

与会展活动需求有关的服务是为了方便参展商参加活动而提供的服务。参加会展活动的人员主要包括参展商、采购商、普通观众或听众，他们对参加展会活动有着不同的服务需求，之前已经有过一些探讨，如商务服务、秘书服务等。这里讨论的是一些使会展活动更为完美的服务，如会展值班服务、信息咨询服务、小件物品寄存服务或保管箱服务、知识产权保护服务、翻译服务、境外采购商邀请服务等。

（一）会展值班服务

会展值班服务是场馆必须提供的服务。展会期间，场馆内的参展物品均保留在场馆内，这就需要场馆内驻守一些值班人员，以处理突发和意外事件。会展期间根据展会规模的大小设定值班。如果展会规模比较小，可只设一级值班，负责安全服务、用品和设备服务、接待服务和综合服务的工作。如果展会规模较大，或者由多个展区（包括不同的展览大楼或展厅）组成，则可设置二级甚至三级值班，即设置一个一级总值班，数个二级总值班，在二级总值班下再设置各服务值班候客户的有关咨询和服务要求，对场馆内的设备和设施进行维护和维修，以及其他一些事项。

会展总值班应由会展场馆的高层管理人员轮流担任，以保证各部门工作的协调和组织。各值班岗应根据需要安排值班，确定值班人数、值班时间和联系方式。值班时应随时保持通信畅通。值班人员在值班期间不可擅自离开岗位，如有急事离开应找人接替。值班人员要严格按交接班制度交接工作，详细记录值班过程中的情况。接班人员未到，或者手头上的事情未处理完，不可交接和离开岗位。值班工作人员要本着认真负责的态度工作，严格遵守请示报告制度，遇到临时性和突发性事项时，要及时汇报。自己能协调和处理的，立即处理，不能协调和处理的，请示上级予以协调处理。

（二）信息咨询服务

信息咨询服务的涵盖面很广，包括场馆各展位位置和布置咨询、场馆内所提供的服务咨询、场馆展览企业信息查询、当地旅游景点介绍或地图、展馆周围交通指示图，市内酒店、餐馆电话和地址，其他信息咨询事项，等等。信息咨询的工作量是非常大的，因此场馆的信息咨询台一般都设置在场馆内较突出的位置，使人一目了然。

要做好信息咨询工作，首先要对信息咨询工作人员进行全方位的培训。培训前要将所需要培训的内容和他们的行为规范编辑成册。通过培训，要使咨询人员了解关于展会以及展览举办城市的种种情况，使他们能自己消化这些信息，做到熟记于心。在态度上，要热情耐心，有礼貌，有问必答；在方式上，要抓住问题，简明扼要，但内容全面地回答。工作人员在正式工作之前最好能做有关的演练，对演练过程中出现的问题及时更正。其次，在咨询现场要准备足够的信息资料以便人们索取，也便于工作人员做出解释。

（三）小件物品寄存服务或保管箱服务

在一些展会上，人们会发现拎着行李看展会的人，如果能为他们提供小件物品寄存服务，能大大降低他们的辛苦程度。这虽然是一个不起眼的服务项目，但却能获得较高的客户满意度。除此之外，相关的服务项目内容包括保管箱服务（用于保管贵重物品）、衣帽存放服务等，其目的是让人们轻轻松松地参会。

小件物品寄存服务、衣帽存放服务和保管箱服务在实施时要注意提醒寄存者妥善保管贵重物品，并且说明贵重物品丢失的免责范围。这点非常关键，否则由此产生的纠纷将会使场馆方处于被动地位。在提供该种服务时，还需要认真办好有关手续，严格按照手续要求存放和提取物品。存放的物品应经检查，防止寄存有毒有害品、易燃易爆品、具有腐蚀性的物品，以保证场馆以及其他寄存物品的安全。

（四）知识产权保护服务

知识产权保护越来越被参展商所重视，究其原因主要是由于竞争的加剧，企业生存和发展的重要法宝在于不断开发和创造新的产品，企业在新产品开发方面的投入非常大，尤其是对于一些技术含量高、更新快的产品。而且这些创新的产品虽然投入很大，但是否能满足客户需要，是否被市场接受，还需要经受种种的考验，很有可能所有的投入得不到回报。因此创新存在着很大的风险，创新的风险回报来自于被市场接受的产品所带来的超额利润，为了鼓励企业的创新行为，国家制定了相关的知识产权保护规定，如《中华人民共和国专利法》《中华人民共和国著作权法》等。随着创新投入的增加，参展商对自身创新价值的愈加重视，致使他们更希望通过法律的手段予以保护。那种剽窃、仿制、盗用他人创新成果，不劳而获地赚取利润的行为必将受到惩罚。

会展活动是向人们展示和推广自己产品的地方，自然会带来企业最新和最先进的产品，由于利益的驱使，不少不法商家借机偷取他人的研究成果。也有一些厂商甚至把盗取别人知识产权生产出来的产品以较低的价格在展览会上展示和交易，严重地损害了正规厂家的利益。因此，为了保证交易会正常健康地进行，防止道德风险，有必要在场馆内设立知识产权保护服务，接受参展商有关的投诉，并给侵权单位予以一定的处罚。

做好知识产权保护工作要未雨绸缪，在签订参展合同时就需要加入保护知识产权方面的条款。如“参展企业必须保证其所有展品和展品包装，以及宣传品或展览展位的任何展示部分，在各方面均没有违反有关法规或侵犯他人权利，包括所有知识产权；参展企业须同意赔偿场馆方因第三方指挥参展企业侵权而引致的一切费用与损失”，这样便能对参展企业的行为起到一定的警示作用。在会展活动现场应设立知识产权保护办公室，该办公室一方面可以为参展商提供有关知识产权保护方面的咨询，同时受理展会举办期间发生在展馆现场的涉嫌侵犯知识产权行为的投诉。办公室的工作人员应具备一定的法律知识，特别要通晓有关知识产权方面的法律法规。如有需要，会展场馆或活动主办方可邀请商标、专利、版权等知识产权管理部门协助处理涉嫌侵权的投诉。

由于展期时间较短，要立即判定侵犯知识产权的行为有一定的困难，因此知识产权办公室主要承担临时化解纠纷的任务，并提供可能侵权的证据。需要注意的是，投诉人必须通过知识产权保护办公室，方可对展会举办期间发生在现场的涉嫌侵权事件提出投诉。对不通过办公室，擅自与涉嫌侵权方进行交涉，在现场引起纠纷而影响交易秩序的人员，场馆方有权禁止其进入展馆。当参展商发现场馆内有侵犯自身知识产权的行为时，如在展馆内发现展位上陈列摆放的展品、宣传品及展示部分涉嫌侵权，参展商可持当届展会有效证件，到会展中心知识产权保护办公室投诉，并向服务部工作人员出示权属证据（权属证据包括专利证书等）。证据经工作人员审验有效后，投诉人须按要求填写相关的投诉表。办公室收到投诉表后，即可安排工作人员处理投诉。办公室处理涉嫌专利侵权个案，适用举证责任倒置原则，即被投诉方在被告知其展出的展品涉嫌侵权后，应立即出示权利证书或其他证据以证明其拥有该展品的展出权或经营权，作出不侵权的举证，并协助服务部工作人员对涉嫌展品进行查验。若被投诉方不能当场对被投诉涉嫌侵权的展品作出“不侵权”的有效举证，服务部工作人员有权协助国家有关部门对该涉嫌侵权展品作暂扣处理。被投诉方须立即签署“承诺书”，承诺在本届交易会期间不再经营或展出该涉嫌侵权展品。“承诺书”一式两份，分别由被投诉方和办公室持有。如被投诉人对办公室的处理结果有异议，可在规定的时间内提出不侵权的补充举证。经国家有关部门审核举证有效的，办公室立即发回暂扣展品，并允许其继续展出；举证无效、逾时举证或不作补充举证的，场馆方有权协助国家有关部门对暂扣展品作没收处理。为维持展会的交易秩序，在办公室做出处理且被投诉人接受此处理后至当届展会结束前，投诉人不得在展览现场对被投诉人采取进一步法律行动。

以上只是谈到在场馆内发生知识产权纠纷时处理的一些方法和程序，现实中要认定知识产权的侵犯事实不是一件容易的事情。因此如何在这么短的时间内处理好这些纠纷成为知识产权保护服务的重点，这需要工作人员具有高超的专业素养和灵活的处理纠纷能力。

（五）翻译服务

与会议的同声翻译服务不同，这里的翻译服务是指为参展商或采购商个人提供翻译以进行商业交易活动。会展活动中的翻译服务现在有很多都被在校读书的学生所包揽，一方面，他们有极高的热情通过这种机会锻炼自己的外语能力，同时获得一笔小小的收入；另一方面，低廉的价格也为参展商和采购商所欢迎。然而，这些“街头”翻译的水平良莠不齐，有些虽然有国家外语水平等级考试证书，但口语能力，尤其是商业英语的应用能力可能并不如人意。造成这种情况出现的原因是国内的翻译服务队伍不足，同时缺少统一的政策规范。随着国内会展业的蓬勃发展，中国翻译行业也面临巨大机遇。中国翻译行业已开始步入规范化的管理阶段：国家人事部从2003年开始试行全国翻译专业资格（水平）考试；为规范翻译服务市场，拓展行业职能，国家质量监督检验检疫总局还颁布实施了《翻译服务规范》，使消费者有了选择翻译服务的客观标准。

为满足展览活动的需要，提供有质量保证的翻译服务，场馆方面应该提供更为专业的外语翻译服务，在场馆内设置外语翻译服务中心，根据国外参展商的情况，提供英语以及其他小语种的翻译服务。会展场馆为客户提供的翻译人员应持有国家认可的翻译专业资格证书，熟悉商务运作，有良好的职业操守和行为准则，不卑不亢，热情周到。会展场馆也可委托专业的翻译公司为客人提供服务，并签订有关合同。

对于会展场馆来说，翻译服务也是其服务内容之一。相对于缺乏管理的“路边”翻译市场，场馆方提供的翻译服务应该更为专业和规范。从翻译人员的素质来看，场馆方提供的翻译人员应该达到国家规定的外语水平，能够准确把握关键的信息，并用精确的词语翻译，在翻译质量上予以保证，贸易双方不会因此而产生歧义。从翻译人员的类别来看，场馆方应能提供多语种的翻译人员，除了一些如英语、法语、日语等大语种外，场馆方还应配备小语种的翻译，如阿拉伯语、韩语、西班牙语等，以便为各类会展活动者提供服务。从对翻译人员的管理来看，场馆方应制定对翻译人员的管理规定，明确翻译人员的职业道德准则和行为规范，使翻译人员在严格遵守国家的外事政策的同时，能提供有理有节、全面周到的翻译服务。

（六）境外采购商邀请服务

为保证有足够多的有购买意向的采购商到会，会展场馆或会展主办方可代参展商邀请境外的采购商参加会展活动，这能更方便境外采购商获得来华手续的办理。

参展商如有需要，可以将境外采购商的信息，包括公司名称、公司地址、联系电话、传真号码、邮箱地址、网址、经营范围、与会代表的姓名和职务等，通过邮寄、传真或电子邮件的形式告知会展场馆或会展主办方。会展场馆或主办方将正式的邀请函通过邮寄或快递的形式发给被邀请的采购商，采购商凭此邀请函可到当地的中国使馆或领事馆申请来华签证。注意有些国家的情况比较特殊，须根据外交部的有关规定申请来华签证。参展商也可以通过在线登记申请的方式，在场馆或主办方的网站上申请。网上申请表递交后，场馆或主办方审核采购商资格，审核通过后，场馆方或主办方可直接向采购商发出邀请。

当今交易会活动的一个趋势是，对采购商的服务越来越周到，如对跨国公司采购团的服务、对 PVC 卡（贵宾采购商）的服务、对海外商会的服务。这些服务包括快速通道服务，即采用专柜办理，简化他们的入馆手续；为参展商提供免费的饮食；为采购商举办丰富隆重的狂欢晚会；免费提供跨国公司采购商的采购说明会的机会；在网站上设立跨国公司采购团的专用采购平台；为海外商会提供休息和交流的场所，等等。所有这些都是为了能通过完善的服务，吸引更多的采购商，增加成交量，从而增加展会的吸引力。展会吸引力的提高自然会引来更多的参展商，其结果是展会越来越旺。然而，与此同时，在服务上不能顾此失彼，重视采购商固然重要，但不能忽视了参展商的服务需求。两者要适当平衡，不要让参展商感觉自己是“被宰”和被忽视的“羔羊”。

【复习思考题】

1. 会展场馆服务对于会展活动举办质量的重要性有哪些？
2. 会展场馆服务对于培养会展客户忠诚度的作用有哪些？
3. 会展场馆服务的主要内容有哪些？

【案例分析】

上海新国际博览中心服务质量体系

在当前国内展览业竞争日趋激烈的新形势下，大力抓好服务工作已为许多会展企业所关注，它是一个企业建立和维系核心竞争力的重要因素。作为会展产业链的关键环节，展馆无疑是一个综合服务平台，是一种由固定的有形设施（它覆盖了展览中心各个角落和空位的有形物体，甚至包括了展厅内的温度和湿度）加上无形的服务（展览中心员工向顾客提供服务时所表现出的行为方式，包括员工的服务技巧、服务方式、服务态度、服务效率、职业道德、团队精神、礼节仪表等）所组成的综合体。

上海新国际博览中心（SNIEC）——中国第一个中外合资建立和运营的展馆，它不但吸收了国际先进的展馆设计理念，同时也引进了国际先进的管理模式。自2001年11月开业到2003年年底，SNIEC共举办了84场展览会，展览销售面积约达190万平方米，与会参展商和观众分别达39070家和300余万人。2004年，SNIEC举办的展览会达60余场，展览销售面积达170万平方米。SNIEC的成功除了得益于优越的地理位置，更重要的是与其长期奉行“服务立馆”的理念是分不开的，在实践中，SNIEC的人性化的服务常常体现在以下几个方面：

1. 以顾客为中心

场馆依存于顾客。顾客是决定场馆生存和发展的最重要因素，服务于顾客并满足他们的需要应该成为场馆存在的前提和决策的基础。为了赢得顾客，场馆必须首先深入了解和掌握顾客当前的和未来的需求，在此基础上才能满足顾客要求并争取超越顾客期望。为了确保场馆的经营以顾客为中心，场馆必须把顾客要求放在第一位。顾客的满意和认同是展馆赢得市场，创造价值的关键。

2. 持续改进

持续改进应当是组织的一个永恒目标。质量管理的目标是顾客满意。顾客需要在不断地提高，因此，场馆必须持续改进才能持续获得顾客的支持。另一方面，竞争的加剧使得场馆的经营处于一种“逆水行舟，不进则退”的局面，要求场馆必须不断改进才能生存。结合展览过程中出现的问题，SNIEC长期以来坚持服务质量持续改进计划，例如曾有位外商提出来，展馆南入口大厅与班车停车点距离较远，遇到下雨时，到会客商淋湿了非常尴尬。SNIEC采纳了他的意见，在停车点和南入口大厅间安装了雨棚；还有，考虑到展馆间距离较远，以及观众在参观展会一段时间后大多比较劳累，SNIEC增设了馆内免费穿梭电动巴士，并在东侧连廊下加装休息座椅，给观众、参展商创造了一个和谐的参观休息环境。此外，在展览的淡季通常还会针对性地进行一些技术改造项目，包括广场车道路面翻修、空调系统改造、监视系统改造、建造更人性化标识导引系统等。所有这一切的改进措施都是以方便顾客为出发点。

3. 质量测评

高质量的服务是通过有效的控制过程来实现的。为了能发现服务中的问题和提出改进建议，SNIEC建立了服务测评机制，例如，以问卷调查的方式对参展商、观众和主办者实施定期的顾客满意度调查，以便能够及时了解他们的需求以及对当前服务的评价，将服务质量测评工作变成提升SNIEC服务质量的催化剂和助推器。另一方面，是加强与国际一流会展中心的合作和交流，通过与标杆场馆的对照，来进一步提升自身的服务品质。例如，2003年11月7日，上海新国际博览中心与新达新加坡国际会议博览中心（Suntec Singapore）、日本会展中心（Nippon Convention Centre Inc）宣告正式成立亚太会展场馆战略联盟（Asia Pacific Venues Alliance，APVA），目的在于加强三方在客户服务、市场营销、运营管理、设施技术、研究等领域中的合作与交流。从某种意义上说，此次战略合作为 SNIEC 提供了一个学习和吸收国际先进服务理念和经验的机会。

4. 教育培训

优良的硬件设施是客户服务的基础，而优良的服务则能为公司创造更多的利润。亚太地区的一流展馆有很多，如香港会展中心、新加坡展览中心等。从硬件设施上来说几个展馆都不分上下，因此如何提高软件服务的质量就成了增加展馆竞争力的关键。作为软件服务中人的因素——展馆服务人员所表现出来的思想、行为和意识可以说直接反映了展馆的服务质量，影响着展商和观众的消费心理和对展馆的印象。因此，推行多层次、多种类、多规格的服务培训，充分发挥和保持服务人员的潜力是十分必要的。SNIEC 教育和培训的目的有两个方面。第一，加强服务人员的服务和质量意识，牢固树立"顾客为先，质量第一"的思想。第二，提高服务人员的专业技能，增强服务技巧和效率。例如，SNIEC 曾多次聘请国际专业管理培训机构并基于展商、观众和主办者的反馈意见，对客户服务第一线的员工进行有针对性的教育和培训，如搭建过程中员工的讲话态度、对那些不理解的客户如何处理等，结合实际和具体事例进行培训，使员工感到仿佛是现场情景的再现，或未来可能遇到情况的假设，实用性很强。同时，增强了员工对场馆文化的理解和认同，最终的目的是让服务人员以他们的精心工作、热情周到的服务、友好和事事相助的态度以及运用娴熟的服务技能和技巧让每一位与会客商在经历 SNIEC 服务的过程中真正体验到一种宾至如归的感觉。

资料来源：根据百度网、新浪网网上信息搜集、整理而成。

思考题：

为什么要对会展场馆服务管理进行质量监控？

如何更好地做到人性化会展场馆服务管理？

第十章

会展场馆危机与安全管理

会展场馆危机爆发后，将会对组织、人员、展品、场馆内资产和声誉等造成极大的危害。而且，相比其他企业活动，会展场馆的规模大，会展项目的参与者人数较多，利益相关者复杂，媒体关注度亦高，社会影响面更广，会展场馆危机的扩散性更强。此外，会展场馆对于相关产业具有较大的拉动作用，会展危机亦不可避免地波及这些相关产业。因此，会展场馆危机的发生，可能引起较大的社会反响，必须重视会展场馆危机管理。

【本章导读】

在会展举办过程中，会展场馆危机与安全管理是现实的运营过程中必须考虑，并且给予充分重视的问题。本章从会展场馆危机与安全管理入手，主要介绍会展场馆危机管理概述、会展场馆危机管理的预防、会展场馆危机管理的过程、会展场馆安全管理。

【学习目标】

1. 明确会展场馆危机管理的概念、原则、处理过程；
2. 了解、掌握会展场馆危机管理的预防、评估会展场馆危机风险；
3. 了解、掌握会展场馆危机管理过程中的危机沟通管理、危机反应管理、危机恢复管理；
4. 了解掌握会展场馆安全管理的内容。

【导入案例】

大庆千人争抢免费服装　丝绸展销会险酿踩踏事件

2006 年 5 月 14 日 7 时 50 分，在大庆市让胡路区物资大厦举办的 2006 年杭州丝绸新品服装展销会现场，因千人争抢免费服装，导致会场秩序混乱，至少四人受伤。

据悉，2006年杭州丝绸新品服装展销会在会前散发的宣传单称，展销会前三天免费赠送1000件服装。14日是第三天，又赶上星期天，很多市民凌晨2点就到现场排队，至早上7时40分左右，排队者已近千人。

此时，八、九名手臂上戴着红袖标的青年男子开始维持秩序。十几名排队者向记者证实，一"红袖标"将一名六十多岁的老人推倒在地，导致其头部受伤。随后，一男子在门前大喊，只发300件礼品，排在后面的将领不到服装。此话一出，很多排在后面的人开始向前拥挤，致使一名五十多岁的妇女摔倒，一个三十多岁的女子的双手被挤倒的栅栏夹伤，一个十多岁的女孩腿部扭伤。戴红袖标的青年男子高声大骂，用力推排队的市民，活动现场一度失去控制。不久，有人拨打报警电话。民警先后两次赶到现场，疏散排队的群众，摘下了维护现场秩序男子的红袖标。

有市民反映："我们凌晨两点多就到现场排队，五六个小时没吃饭，展销会的保安骂人、打人，展销会的主办者应该对此事负责。"自称负责展销会宣传的王先生说，他承认此次活动确实承诺发放1000件服装。但因人数太多，致使活动无法正常进行。民警赶到后，经过协商，组委会同意暂时取消活动。

资料来源：http://news.sina.com.cn/o/2006-05-16/09468937927s.shtml

第一节　会展场馆危机管理概述

一、危机和危机管理

（一）危机的定义

在研究危机的过程中，不同的专家学者站在不同的角度，给予危机不同的定义。比如，巴顿（BARTON，1993）认为危机是一个会引起潜在负面影响的具有不确定性的事件，这种事件及其后果可能对组织及其员工、产品、资产和声誉造成巨大的伤害。班克思（BANKS）则认为危机是对一个组织、公司及其产品或名声等产生潜在的负面影响的事故。

我们认为，危机是各种紧急的、出乎意料发生的，打破了组织和个人的平衡，中断其正常运转，从而带来重大损害或重大损失的突发事件。

（二）危机的特征

在企业或组织的发展过程中，经常会面临来自外部环境和内部组织的各种危机，比如自然灾害、恐怖事件、环境污染、政治冲突、经济萎缩、市场疲软、意外事故、管理失误等。这些危机的特征表现为：

1. 突发性

危机常常都是在个人或企业没有准备的情况下突然发生的，打破正常的状态，让人措手不及，从而给企业带来的是惊慌和混乱。

2. 不确定性

危机爆发前的征兆一般不是很明显，危机什么时候出现，危机出现的破坏程度，企业常常难以做出预测。

3. 破坏性

危机发生后，可能会给企业带来比较严重的后果和负面影响，有些危机甚至会使企业遭受毁灭性的后果。

4. 急迫性

危机产生后，会引起社会大众特别是媒体的关注，为了消除不良影响，需要企业迅速做出反应，立即进行事件调查和说明，避免企业内部和企业外部产生各种猜测，避免事态的进一步恶化。

5. 客观性

危机伴随着企业成长的始终，企业在运营过程中，必然会面临危机。企业在经营和发展过程中遇到危机是一种正常现象和普遍现象，危机是客观存在的。

（三）危机管理的定义和过程

危机管理是指应对危机的有关制度和方法，具体是指企业为避免或者减轻危机所带来的严重损害和威胁，有组织、有计划地制定和实施一系列管理措施和策略，包括危机的预防、危机的控制、危机的解决以及危机的善后等一系列的过程。

如果不处理好危机，再小的危机也可以让企业遭受巨大的损失。为了应付危机的出现，首先，企业应该树立强烈的危机意识，加强对企业内部员工危机意识的教育。其次，遵循危机处理的科学原则，建立预先防范和处理危机的体制和措施。要搜集掌握各种企业外部和内部的信息，建立危机管理机构，建立预防危机的预警系统。再次，危机爆发后，要妥善处理危机，争取控制危机波及的范围。最后，要采取积极稳妥的措施和方法，消除危机处理后遗留问题和影响。危机发生后，企业形象受到了影响，公众对企业会非常敏感，要靠一系列危机善后管理工作来挽回影响。

二、会展场馆危机

（一）会展场馆危机的定义

像其他企业一样，会展场馆的经营环境也是复杂多变的，不仅要面对着日益激烈的市场竞争，而且由于企业内部存在着各种不确定因素，因此会展场馆随时可能遇到突如其来的危机，有的来自外部如自然灾害、恐怖事件、环境污染、政治冲突、经济萎缩、市场疲软，有的是内部经营管理出现危机比如意外事故、管理失误、人力资源问题等，这些危机会给会展场馆带来比较严重的后果和负面影响，有些危机甚至会使会展场馆遭受毁灭性的后果。

（二）会展场馆危机的类型

会展场馆在经营过程中，容易受到多种利益相关者的影响，会展活动的主办单位、承办单位、协办单位、搭建商、运输商、参展商、专业观众、一般观众、公安、消防、餐饮、广告等部门，既相对独立又相互依赖，使得会展场馆危机的类型呈现出复杂而又多样的特点，一般主要有以下几种危机。

1. 经营危机

无论是哪种经营模式的会展场馆，如果经营管理的某些环节出现问题，营销策略不当，服务质量没有达到原定目标，使得场馆的使用率没有达到预期目标，无法维持场馆的正常经营，进而无法参与市场竞争，对于场馆来说都是危机，以至于波及到场馆企业的调研、策划、财务、人事部门等乃至整个管理系统，而后可能连锁反应。

2. 财务危机

会展场馆的财务行为包括制定预算、筹资、投资、资金使用、资金回收等，在这些财务活动环节中不管哪一个环节出现问题，都可能带来企业财务危机。会展场馆如果不能招徕更多的会展活动，无法寻找到合适的融资渠道，企业将陷入困境，高额的投资得不到回报，资金断流，财务难以为继，最后酿成场馆企业运行危机。

3. 人力资源危机

会展场馆有时候会遭遇人才频繁流动、优秀人才甚至项目团队的离职，甚至是管理高层人事震荡等，企业人力资本投资丧失，核心技术与机密（如客户数据库、策划方案、信息管理系统软件）外泄，员工士气低落，企业的凝聚力和竞争力被严重削弱，进而导致会展市场的缩减。

4. 合作危机

场馆企业和相关利益者都是合作关系，如果展会合作各方在合作目标、合作方式和合作具体事务中出现分歧，进而出现矛盾和纠纷，导致撕毁合约，合作危机出现，有时使展会各方陷入法律危机，场馆方如应对不当，则可能引发经营危机、信用危机等严重后果。

5. 突发事件危机

此类危机是指由难以预料的突发事件引起的会展危机，如战争、严重的自然灾害（地震、水灾、飓风、雪灾）、恐怖事件、示威抗议、突发公共卫生事件、突发安全事故（设施故障停电、火灾、展会中的偷盗行骗、展馆倒塌）、国家相关社会经济政策调整以及其他紧急事件。场馆经营者常受制于主客观条件，措手不及，难以正确应对这些突发事件，严重影响展会的举办。

三、会展场馆危机管理

（一）会展场馆危机管理的定义

会展场馆危机管理就是指会展场馆管理者运用组织所能支配的资源，对场馆所处的环境进行监测、分析，从而对会展场馆活动的危机进行防范和处理，以减少危机发生和降低危害程度的活动过程。会展场馆危机管理主要包括危机前预警和防范、危机中的处理方法和注意事项、危机后期的善后处理等几个主要的步骤。

（二）会展场馆危机处理原则

为了很好地进行危机管理，做好危机的预防工作，及时处理危机，使场馆尽早从危机中恢复过来，将损失最小化，通常需要遵循以下的危机处理原则。

1. 预防为主的原则

危机管理的关键在于预防，防患于未然。预防与控制是处理各种危机的成本最低、损失最小的方法。会展场馆要预先了解可能出现的各种危机，有针对性地进行管理。

2. 快速反应的原则

危机事件的破坏性和紧迫性的特点，要求会展场馆管理者在应对危机时必须要迅速、果断，越早发现危机并迅速反应、控制事态，越有利于危机的妥善解决和降低各方利益损失。尤其是在对外沟通方面，会展场馆必须当机立断，快速反应，积极与媒体和公众进行沟通，避免危机范围的扩大，甚至可能失去对全局的控制。危机发生后，能否首先控制住事态，使其不扩大、不升级、不蔓延，是处理危机的关键。

3. 主动承担责任的原则

危机发生后，企业的态度至关重要，无论谁是谁非，企业都应该主动承担责任，积极采取各种措施解决问题，及时有效地引导社会舆论，赢得社会公众的理解，为深入平息、妥善处理危机营造良好的舆论空间。

4. 公众利益至上的原则

会展场馆在管理危机的过程中，从危机预防、爆发到危机的处理和善后，都应当将公众的利益置于首位（包括客户、观众、利益相关者等），而不仅仅是会展场馆的短期利益，要拿出实际行动表明会展场馆解决危机的诚意，尽量为受到危机影响的公众弥补损失，这样才有利于维护会展的品牌及会展场馆的形象，也有利于会展场馆的长远利益。

5. 真诚沟通的原则

真诚沟通是处理危机的基础。会展场馆在处理危机过程中，必须坚持实事求是，在组织内部和外部进行真诚、有效的沟通公关，主动与新闻媒介联系，做好信息的传递发布，尽快向公众说明事实真相，促使双方互相理解，消除疑虑与不安，充分体现出场馆在危机应对中的社会责任感，从而为妥善处理危机创造良好的氛围和环境。

6. 协调统一的原则

危机发生前，要在企业内部统一部署，对全体员工进行危机意识教育，建立健全危机管理体制，组建危机管理机构。危机发生后，决策者必须加强对指挥调度权的掌握，做到协调统一行动，保证对外口径一致。此外，应充分和政府部门、行业协会及新闻媒体充分配合，联手对付危机，使公众对企业处理危机的诚意感到可以信赖。

（三）会展场馆危机处理过程

在会展场馆危机处理中，人们常从时间上划分，将危机处理分为以下三个过程：

1. 会展场馆危机预防（事前管理）

危机预防是场馆企业危机管理中最重要的一环，旨在危机发生前采取措施，防止危机的爆发。事先的预防工作做得越充分，不仅能在第一时间内发现危机的存在，同时也可以借助各种事先制定的应急预案开展目的明确的危机应对工作，进而将各种损失降到最低限度。

会展场馆预防危机的措施主要有：强化会展场馆危机意识；收集和分析相关的信息；评估风险；成立场馆危机管理小组；开展人员培训及危机模拟训练；制订场馆危机预案等。

2. 会展场馆危机处理（事中管理）

危机处理是指在危机爆发后，为减少危机的危害，按照危机处理计划或应对决策，对危机采取直接处理措施和策略。危机处理是场馆危机管理的主要环节。一旦场馆企业发生危机事件，危机处理就显得极为重要，因为它事关场馆企业的生死存亡。

这些措施和策略包括：场馆危机信息的获取及评估、场馆危机处理机构的建立和运作、确定场馆发言人进行信息发布和沟通、场馆危机处理计划的制订、场馆危机处理计划的实施、场馆危机事件的全面评估等。

3. 会展场馆危机恢复管理（事后管理）

危机恢复管理是场馆企业危机管理的最后一个环节，是在场馆危机处理完毕之后，为恢复平常时期的状态而进行的一系列活动。在这个阶段，最重要的工作是做好危机的善后工作，消除危机处理后遗留问题和影响。危机发生后，企业形象受到了影响，公众对企业会非常敏感，要靠一系列危机善后管理工作来挽回影响。

主要工作包括对危机管理工作进行全面的评价、对存在的问题进行整顿、寻找新的商机。

总之，危机并不等同于企业失败，危机之中往往孕育着转机。危机给企业制造了另外一种环境，企业管理者要善于利用危机探索经营的新路子，进行重大改革，加强危机管理工作，创新危机管理的新模式。成功的企业不仅能够妥善处理危机，而且能够化危机为商机。

第二节　会展场馆危机管理的预防

人们常说，居安思危，思则有备，有备无患。面对可能发生的会展场馆危机，预防是解决危机的最好方法，通过危机的预防措施，场馆管理者可以寻找和发现产生危机的各种诱因，并采取相应的措施，在最大程度上将这些危机诱因在爆发前进行彻底或部分清除，从而避免危机的爆发，或者至少可以降低危机的危害程度。在这个阶段解决危机花费的成本相对较小而且作用也最大。

会展场馆预防危机的措施主要有：强化会展场馆危机意识、收集和分析相关的信息、评估风险、成立场馆危机管理小组、开展人员培训及危机模拟训练、制订场馆危机预案等。

一、强化会展场馆危机意识

在会展场馆危机预防阶段，首先要完成的工作就是强化危机意识，使会展场馆管理者和工作人员在日常的经营活动中，时刻保持居安思危的心态，要对市场中的风险有足够的敏感度，并时刻保持足够的警惕性。

（一）全体成员都要有危机意识

企业上下从领导到普通员工都要树立危机意识，要善于居安思危，时刻保持高度的警惕性，要看到市场竞争的激烈性和残酷性，进一步增强紧迫感和危机感，要识危机、知危机；要主动出击，想方设法变危机为良机，变危机为商机。

（二）认识危机产生的因素

对场馆企业危机要进行较为全面的分析与认识，把握危机的规律性。客观来说，场馆企业危机是与场馆企业内部管理和外部经营环境相关联的，场馆企业管理中存在的大大小小的各类问题与缺陷，都可能导致场馆企业危机的发生。外部因素比如国家政治经济社会的变化、行业危机、竞争对手、自然灾害及各类意外事件等，也会导致场馆企业危机的发生。

（三）要认识到危机的两面性

对于危机来说，存在相互矛盾的两方面，是“危险”和“机遇”的统一体：一方面，危机不同程度上会导致场馆企业品牌形象受损，甚至导致企业亏损、倒闭、破产等不良后果；另一方面，危机同样存在可被企业借势的有利因素。在经营过程中，如果场馆企业感受到来自内部和外部的压力的存在，能够主动审视和反思自己，寻找差距，采取积极有力的应对措施，千方百计消除、化解压力，不但企业不会面对危机一蹶不振，相反能够提升经营管理水平，增强综合竞争力。

二、收集和分析会展场馆危机信息

信息是场馆危机管理的关键，信息监测是预警的核心，随时搜集各方面的信息，及时加以分析和处理，把隐患消灭在萌芽状态。根据会展场馆运作特点，对场馆企业外部环境信息及内部管理信息进行收集、整理和分析。

（一）收集会展场馆外部信息

会展场馆经营管理受外部环境影响是显而易见的，外部信息的收集范围包括政治、经济、政策、科技、金融、科技、市场、相关产业、竞争对手、客户等方面的信息。随时收集公众对产品的反馈信息，对可能引起危机的各种因素和表象进行严密的监测。

会展场馆外部信息来源的另一个重要方面是客户的信息，包括参展商、专业观众、参会者、供应商等方面的信息。研究竞争对手的现状、进行实力对比，做到知己知彼。应尽可能收集、保存及更新客户数据库，并通过这些详细的资料，在与客户保持良好关系的同时，与客户经常进行沟通，收集反馈信息。

（二）收集会展场馆内部信息

内部信息指场馆内各会展项目的运行状况。会展场馆企业内部的项目运行中出现的各种问题也可能是引发危机的因素，如会展项目市场调研是否认真、主题定位是否准确、市场营销策略是否有效、经营观念是否滞后、合作伙伴是否可靠、后勤保障是否落实、企业员工队伍是否稳定，甚至合同规章是否合法等。尤其是要及时掌握行业信息，研究和调整企业的发展战略和经营方针。

（三）分析和评估收集的信息

危机预警系统的作用不仅仅是收集有关的信息，还需要对信息进行整理和分析，因为杂乱无章的信息对于管理者的决策是毫无意义的。但是，也并非内、外环境中的任何风吹草动都需要实时监测，有些只需做一般性的了解。危机预警系统的管理者要集中精力分析那些对企业发展有重大或潜在重大影响的外部环境信息，从而敏锐地察觉环境的各种变化，以保证能及时获得会展场馆企业危机的先兆信息，有效地采取措施，趋利避害。同时，要重点收集和分析能灵敏、准确地反映会展场馆企业运行的经营和财务信息，以便能及时识别、评价会展企业经营中的薄弱环节，观察、捕捉到会展危机出现前的征兆性信息，及早进行必要的防范。

三、评估会展场馆危机风险

在会展场馆经营过程中，管理者往往面临着各种风险，包括社会环境风险、竞争风险、营销风险、人事风险、管理风险、财务风险等。风险和危机既有联系又有区别。风险仅仅是一种发生危机事件的可能性，风险不等于危机。风险如不能预测、识别，或不能抵御、规避，则风险变为现实，演变为危机；危机管理失败，将使危机扩大并进而演化为灾难。

风险管理与危机管理既有联系，又有区别。它们都是动态的管理过程，都蕴含着威胁和机遇的不确定性。在会展场馆运行过程中，对风险进行识别、分析和评估，并在此基础上有效地处置风险，以最低成本实现最大安全保障，避免危机的发生。风险管理是危机管理的一部分。

（一）识别风险的方法

1. 头脑风暴法

即由会展场馆管理的相关人员共同参与，自由地尽可能多地列举出可能的风险，再进行分类和整理，得出会展场馆企业风险列表。

2. 情境分析法

是根据会展场馆进行的各种因素，包括内在的和外在的因素，根据一定的规则和场馆管理者的经验，推想出该会展场馆可能会遇到的风险，从而得出会展场馆企业风险列表。

会展场馆的有些风险是可以通过情境分析法得到的，例如，营销风险、财务风险、竞争风险、管理风险、安全风险等。但也有很多是难以预期的，例如，关键岗位人员跳槽、客户数据库等商业机密泄漏等，很难用情境分析法来得到，因此必须结合头脑风暴法，并且在进行风险识别时一定要请相关部门人员参与。

（二）分析风险

会展场馆风险分析就是通过对已掌握的一些风险信息进行分析和预测，判断可能发生的危机种类，这个过程通常称为风险分析。分析方法有指标法、类比法等多种定性和定量的方法，视具体分析对象而定。一般地，进行会展场馆风险分析时，需要了解会展行业常规性的危机事件，会展企业的属性（展览、会议、场馆、设计搭建、运输等），企业历史上遭遇过什么危机，行业内或类似的企业发生过何种危机等，根据历史上危机的征兆建立风险分析的指标体系，或者进行类比。

就具体的会展场馆而言，可能引起危机的环节，如会展项目定位、市场环境、营销策略、财务状况、人员及设施故障等，都需要一一加以梳理分析，从而准确地预测会展场馆企业或项目所面临的各种风险和机遇。

（三）风险评估

最后，对已经确认的每种风险，根据威胁的大小程度及发生的概率进行评价，建立各种风险管理的优先次序，以有限的资源、时间和资金来防范或规避最严重的一种或几种风险，并制订相应的会展场馆危机预处理方案，以确保危机到来时，能够处于主动地位。这种方式通常称为风险评估。

（四）风险的应对策略

1. 规避风险

是指当会展项目风险引发潜在危机的可能性极大，并会带来严重的后果，且无法转移时，通过部分地改变项目或者放弃项目来规避风险。部分改变项目包括通过修改项目目标、项目范围、项目计划等方式来回避风险的威胁。例如，对于很可能不守信用的服务商或资质不够的会展搭建商，拒绝与其进行业务往来。

2. 转移风险

即将会展风险或潜在的损失与后果转由其他组织或个人承担。在会展场馆经营管理中，常用的方法有购买保险、业务分包、租赁经营、免除责任的协议等，也可用合作、合资的方法举办会展，虽然企业也会为此付出一定代价，但若发生重大事故，可以转移若干损失，使企业免遭灭顶之灾。

3. 接受风险

对于会展场馆经营管理者来说，有些是无法回避、无法转移，或无法全部转移的风险，将这些项目接受下来，其主要工作是如何减少损失，以及将有可能引发危机的风险向有利的方向转化。

4. 减少风险

减少风险主要有两方面的意思：一是控制风险因素，减少风险的发生；二是控制风险发生的概率和降低风险损害程度。减少风险的一般方法有：进行充分调研和准确的预测，准备多个实施方案进行优选，及时与政府部门沟通获取政策信息等。另外，还需要针对不同类型的风险采取不同的方法，例如，对于财务风险，可在财务上预先作出安排，提留各种风险准备金，以消除财务危机发生所造成的资金周转困难。

四、成立会展场馆危机管理小组

成立会展场馆危机管理小组是有效应对危机事件的关键。

根据会展场馆的经营模式的特点，小组由场馆的市场调研、营销、项目管理、财务、人力资源等部门的会展管理人员和专业人员兼任，负责人是场馆或会展项目的主要负责人，或在场馆内有影响力、号召力的人物，人数并不需要很多，六七名或三四名均可。

危机管理小组的主要任务是：日常负责考察场馆或会展项目的内部环境和外部环境，预测场馆变化趋势，分析可能出现的危机，制订相应的危机预防方案和危机处理预案。在危机爆发后，小组成员则是整合各种资源，领导全体人员应对危机的核心力量。

小组成员应具有较好的心理素质与较强的分析、判断、决策和沟通能力，能在危机到来时，处变不惊、统揽全局，决策迅速果断，办事严谨细致，从而有效地化解危机。

五、开展人员培训和模拟训练

有针对性地开展人员培训，提高管理层和员工应对危机事件的能力，至关重要。

危机管理培训内容包括：危机管理意识、相关知识（如危机管理手册的讲解，危机处理原则、策略或方法，危机预案的内容等）、心理承受能力、各种应急处理方式等。

培训形式应灵活多样、讲究实效，可以采用讲授、小组讨论、实战模拟演练等方式，而且要做到因人而异。例如，会展营销和公关人员，需要重点进行危机沟通能力的培训，因为他们需要在危机处理期间回应客户与媒体的询问和采访。

模拟训练是培养员工在危机情境下的处理问题的实际能力。例如，公关人员可以演练在会展危机爆发后，如何应付媒体记者的采访，如何答复各种猜测、指责与问题，如何掌控负面新闻所造成的被动局面，及主要信息的沟通、发言人的语气态度等。

通过培训和模拟训练，也有助于将危机防范措施落实到岗位。要根据不同的工作岗位，制定相应的防危规章制度或操作规则，通过短期培训、专题讲座、实际工作养成等途径，使每个岗位的人员都能按“游戏规则”运行，规避危机风险出现。

通过培训和模拟训练，可以使参训人员增强心理素质，了解危机处理的整体方案和本人所担负的具体责任，掌握必须具备的知识与技能，增强危机处理的基本功，以使他们在危机发生时能临危不乱、从容应对。

六、制订会展场馆危机预案

危机预案即危机应急处理计划。因为危机属于非常态事件，场馆组织不能只依靠现有的常规与制度来应付，必须事先拟订危机事件的处理程序与应对计划；又因为危机的发生具有突发性和紧迫性的特点，为了保证危机应急决策和措施的正确性，应事先制订科学而周密的危机应变措施和计划，避免因一项危机事件处置不当而引发其他危机的连锁反应。

危机预案应具体、明确，具有针对性。预案包含的内容很多，分析各类会展危机的特点、表现，提出应采取的措施和所需资源；人员组织和协调，岗位职责、工作流程，及相关人员资料、对外联络的名单及资料；危机的预防，危机处理步骤、危机沟通或公关的策略和行动计划、财务及法律事宜、危机事件记录要求等。总之，从人员到组织，从沟通到具体操作，尽可能详细说明。

要制订完整而实用的危机预案，关键是要对潜在危机进行系统分析、罗列与分类。对于每种可能性、危害性较大的危机都应有处理方案；对于每种类型的危机处理预案又应分为几种处理方案，分别说明其利弊得失，以便在危机发生时能迅速做出抉择。其中，一个有效的方法是制定危机管理手册，将危机管理的指导思想，组织机构与职责分工、计划、制度，危机的类型与识别，危机处理的原则、方法、程序、措施等列入其内。

建立危机管理的资源保障体系是会展危机预案的重要内容。会展场馆应建立起全面的资源保障体系，如突发事件引起的财务危机的应对措施、客户数据库或其他重要信息的安全和泄密补救措施、关键岗位的人才储备机制等。

【知识链接】

会展中心自动消防灭火系统

按建筑设计防火规范要求，单层建筑面积大于3000m^2或总面积大于9000m^2的展览设施内应设置闭式自动喷水灭火系统。其目的是控制火势，为人员疏散和建筑物的结构提供进一步的保护。

该系统主要由双波段火灾自动报警系统和数控消防炮联动系统组成，具备自动灭火的“神奇”本领：自动喷水灭火系统是全天候的自动跟踪，可围绕着火点依次打开喷头灭火。即能在热气流的作用下，敏感地打开系统喷水，有效地灭火。若在重要场所选用快速响应喷头或ESFR喷头，则灭火效果更佳，一般动作时间小于1分钟。一旦发生火灾，系统主机可根据视频信号等综合信息确定着火点，接到“出警命令”的联动器立即驱动消防炮锁定着火点，并自动开启消防水泵及阀门进行喷水灭火。灭火过程中，前方用水、水泵输出等“战斗数据”将一一显示在控制操作台上，值班人员也可通过红外视频系统监测“战况”。火警结束后，该系统会自动关闭消防水泵和阀门。当然，该系统也完全支持值班人员的手动操作灭火。该系统具有定位准确、灭火效率高、保护面积大、响应速度快等特点。

资料来源载 http：//www.arch—world.C11.

第三节　会展场馆危机管理的过程

会展场馆危机管理，主要分为三个阶段，分别是危机预防阶段、危机处理阶段、危机后的恢复阶段。

危机预防阶段是危机管理中的最重要的环节，可以通过危机预警机制的建立和实施，达到将危机损失降至最低限度的作用，这部分内容已经在前面详细讲述过。

危机处理阶段是指在危机爆发后，为减少危机的危害，危机管理小组带领全体工作人员，按照危机处理计划或应对决策，对危机采取直接处理措施和策略，包括：场馆危机信息的获取及评估、场馆危机处理机构的建立和运作、场馆危机处理计划的实施等。在这个阶段，沟通管理和危机反应管理工作最为重要。

危机恢复管理是场馆企业危机管理的最后一个环节，是在场馆危机处理完毕之后，为恢复平常时期的状态而进行的一系列活动。危机发生后，企业形象受到了影响，公众对企业会非常敏感，要靠一系列危机善后管理工作来挽回影响。主要工作包括对危机管理工作进行全面的评价、对存在的问题进行整顿、寻找新的商机。

一、危机沟通管理

危机发生的突然性、危机反应的时间紧迫性和危机事件的破坏性，迫使会展场馆需要在危机预警和危机爆发后，迅速收集信息，了解有关情况，及时落实危机管理计划，需要管理团队之间进行良好的沟通，互通信息，团结协作，应对危机的影响。此外，场馆也需要通过沟通的方式向外界公布真实的情况，避免不明真相扩大，引起社会恐慌。

（一）危机管理中的沟通策略

1. 明确沟通范围

概括来说，会展场馆危机沟通的范围主要有：场馆内部管理层和员工、参展商及观众、会展产业链上下游利益相关者、政府权威部门和行业组织、新闻媒体和社会公众等群体。

2. 组建危机沟通小组

会展场馆应选派高层管理者、财务人力资源和运营等部门的主要负责人、公关经理以及法律顾问等组成危机沟通小组，统一口径，及时公布事情的真相。

3. 使用规范化的沟通方式

在危机预警和危机反应中，可以根据情况使用规范化的沟通方式，从沟通的程序、沟通的内容、沟通渠道等几个方面，保证可以及时向外界公布真实准确的信息。选择口头、书面或电子媒介等渠道进行规范化的沟通。

（二）危机管理中的内部沟通

1. 内部沟通的重要性

良好的内部沟通对危机管理的每一个环节都是必不可少，有助于一致行动并尽快控制危机。有时，即使危机的征兆已经非常明显，但由于沟通不畅，管理者也感觉不到危机的来临。错失良机、对危机反应迟钝等往往是因为沟通不畅所引起的。沟通不畅使信息难以被快速和准确地交流，而信息的堵塞又使决策产生困难，决策的延误导致危机反应措施的滞后，这会使危机持续的时间更长，造成的损失更大。危机管理既有赖于充分发挥大家的智慧，又有赖于大家团结协作，共同努力。良好的整体沟通可以使内外部信息充分交流，及时了解全局，发动群众，群策群力，集中集体的智慧处理危机事件。

2. 内部沟通的主要内容

内部沟通的主要内容包括：在危机预防阶段，宣传危机预防意识，制订统一行动计划，增强工作人员的危机处理技能；在危机控制阶段，及时向组织成员通报信息，发动相关人员积极投入到危机处理中来；在危机恢复阶段，在内部总结和宣传危机管理的经验，对表现突出的员工进行奖励，恢复员工对企业的信心，进而提升企业的市场形象。

（三）危机管理中的外部沟通

1. 外部沟通的重要性

危机事件发生以后，与外部进行及时和有效的沟通就显得更为重要，良好的外部沟通有利于获得有关方面的协助和支持。与客户的沟通、与其他利益相关者的沟通、与媒体的沟通、与政府主管部门的沟通、与消防安全等职能部门的沟通、与社会公众的沟通等，保持这些沟通渠道的畅通和信息传递的及时与准确，是取得这些机构和部门的理解和支持的重要手段。没有他们的理解和支持，危机管理有时候是寸步难行的。

2. 危机管理中的媒体管理策略

危机一直是媒体关注的焦点。在场馆危机爆发后尤其是在会展活动期间发生的危机，如果组织方能够恰当地与媒体沟通，那么媒体能帮助展览会组织者传递信息，协助其进行危机预防、反应和恢复，提升组织者和场馆的形象，为组织者提供建议和社会支持；反之，如果因为客观事物和环境的复杂性和多变性，以及报道人员观察问题的立场角度有所不同，媒体报道出现失误，则媒体可能成为危机的促进者甚至是制造者，或者妨碍危机管理计划的正常执行。

首先，在日常工作中，充分重视媒体的作用，经常与媒体沟通，与媒体建立互信、互利的伙伴关系，为会展场馆赢得良好的舆论环境。

其次，在处理危机时，做到控制媒体的活动范围和与媒体联络并重；在第一时间召开新闻发布会；设立危机进展情报中心，主动向公众和媒体提供正确的资讯，以防止记者杜撰新闻；设立专门的发言人，统一对外发言；善用一些有用的沟通技巧；关注网络媒体。

最后，重视危机公关工作，应该建立一个运转高效的公关部门，专门负责企业文化建设，其中也包括媒体工作。

实践证明，一次成功的危机处理往往能为企业带来新的关系资源和公众支持，架构一些平时没有机会建立起来的社会关系资源，如媒介关系、政府关系或是与参展商的互信关系等。

办展机构在危机处理过程中所表现出来的风度和态度、真诚和善意甚至牺牲和妥协都将成为组织者形象的一个重要组成部分。

二、危机反应管理

当危机爆发并进入持续阶段以后，人们就不得不面对危机并对危机做出反应。适当的危机反应能够迅速消除危机或阻止、延缓危机的蔓延，阻止和减少危机的交互作用，阻止或减少危机对人、财、物的伤害。

（一）危机管理机构迅速发挥职能

危机预防阶段组建的管理小组在危机爆发第一时间要迅速展开工作，实施事先制订好的危机处理方案，在小组负责人的指挥下，分工合作，获取相关信息，做好危机严重程度的评估工作，进行信息的发布和沟通，全面而协调地对危机采取各种有效的应对措施。

（二）弄清危机源，评估环境，防止发生交互作用

对危机反应来说，在接到危机预警或危机爆发消息的最初几个小时至关重要，第一，立即弄清引起危机发生的危机源是什么，并提出控制或清除这些危机源的可行办法；第二，要评估危机发生的周边环境，并采取措施阻止危机的进一步蔓延；第三，防止发生交互作用，避免发生连锁反应。把握了这最初的几个小时就是把握了危机反应的主动权。

（三）获取信息和保持内外部的沟通畅通

及时获取真实而准确的信息，保持企业内部和外部环境的沟通畅通，是危机反应能有效进行的保证。在危机反应中，管理机构的所有成员既有收集信息的责任，也有分析信息的要求，还有传递信息的义务。收集信息是为了弄清楚事情的真相，分析信息是为了给决策提供依据，传递信息是为了保持内外沟通的畅通。

（四）分辨危机轻重缓急开展工作

接到危机预警或危机发生以后，由于危机反应的时间和资源极其有限，危机管理者不能对危机的各个方面平均地使用力量，否则，就会漏失危机中急需解决的主要矛盾而招致重大损失。

为避免更大损失，危机管理人员可以根据以下几个标准来分清危机反应行动的主次先后和轻重缓急。第一，危机继续造成损失的严重程度。第二，危机各部分继续蔓延的可能性。第三，危机各部分会否引发连锁反应。第四，危机中是否存在这样的因素：它影响到展会的生存和办展单位的可持续发展，影响到危机的尽快恢复。如果有，就要及

时采取应对措施。

（五）统一协调处理危机

危机爆发以后，按照危机应急预案，要以管理小组为核心，分工合作，避免令出多头，大家感到无所适从，危机管理工作出现混乱。危机管理者应该跟踪相关人员的部署情况和精神状态，监控每个人所处的最新位置和最新情况，在确保每个人职责分明的同时，让每个人都有特定的应变权利。

三、危机恢复管理

危机恢复管理是场馆企业危机管理的最后一个环节，是在场馆危机处理完毕之后，为恢复平常时期的状态而进行的一系列活动。在这个阶段，最重要的工作是做好危机的善后工作，消除危机处理后遗留问题和影响。危机发生后，企业形象受到了影响，公众对企业会非常敏感，要靠一系列危机善后管理工作来挽回影响。

（一）成立危机恢复小组

在危机管理的最初阶段或者在危机基本得到控制时，采取临时抽调的形式，由场馆的分管领导、公关人员、相关技术人员以及危机控制组和沟通交流组的部分成员，组成危机恢复小组，进行危机恢复的信息收集、制订恢复计划和进行恢复决策，使危机恢复工作按计划有条理地进行。

（二）注意把握危机恢复的时机，对需要恢复的对象进行排序，加快恢复工作

当危机已经不再继续造成明显的损害时，危机恢复工作小组就应该开始投入工作，尽快将展会和办展单位恢复到正常状态。当然，如果危机规模较大，危机是被一部分一部分地逐步控制，危机恢复工作也可以紧跟着一部分一部分地展开。

在此基础上，要明确需要恢复什么，然后要区分需要恢复的对象的重要性，按轻重缓急决定恢复工作的优先次序。一般的，如果在危机中有人员伤亡，那么，对人的恢复应该放在最优先的次序；如果没有人员伤亡，那么，对核心业务的恢复工作应该优先考虑。支持业务和延伸业务也是危机恢复的对象，但其优先次序比不上上述两者的重要。

（三）对危机进行评估，确定危机恢复工作的主要内容

危机恢复小组应该立即对与危机相关的因素进行评估，比如，发生危机的会展项目或企业组织是在哪些环节出现问题、损失情况如何，以及危机预防措施是否有效、人员有否到位、危机管理小组决策和策略是否正确。对场馆工作进行全面评价，如，营销策略和措施是否有效，信息管理网络运行是否顺畅，现场管理是否严格规范等。

危机过后，会展场馆需要一定的时间来消化危机带来的各种损失。比如，公司收益减少、危机处理或赔偿支出、企业人才浮动、品牌形象恶化等。可采取的措施有：加强与客户的联系，特别要防止大客户的流失；继续与媒体沟通，向公众传达积极的信息；

总结经验教训，找出场馆管理或危机管理的薄弱环节，健全规章制度；安排相关在职教育培训，从危机中接受教训，分享经验，并反馈落实到危机事前管理阶段，以增强对于危机的免疫能力等。

（四）及时沟通，关注各类人群的需求

在危机恢复时，保持及时有效的沟通仍然十分重要。通过及时有效的沟通，外界知道办展单位正在做什么，展会也知道外界期望自己去做什么，有关恢复人员也知道自己应该做什么，这对于尽快使事情恢复到正常状态十分必要。如果沟通中断，参展商没有得到应有的补偿，或者在危机处理中表现突出的员工未得到相应的奖励，利益相关者感到展会对他们的利益漠不关心，社会公众会觉得办展单位缺乏人性关怀，这样可能引起新的冲突甚至新的危机，危机的恢复工作就难以进行。

（五）总结危机经验，整合资源，寻求新发展

危机的爆发，会暴露场馆、展会及办展单位薄弱的一面，危机恢复工作可以对之加以改正和提高，使其获得新的发展。危机恢复的目标，不是使遭受危机打击的会展场馆在危机过后劫后余生而勉强维持生存，而是要使会展场馆从危机事件中总结经验，吸取教训，以便于更准确地预期甚至避免下一个危机，努力恢复到危机发生以前的水平并尽量超过该水平。

第四节　会展场馆安全管理

会展场馆是举办会议、展览、大型活动主要场所，会展场馆安全是会展活动顺利进行的根本保证。由于会展活动具有人数众多、人员构成复杂、活动内容丰富、受关注度高等特点，其安全工作特别重要，应当受到会展场馆、会展活动参与各方、政府有关部门、社会大众的重视，尤其是会展场馆要加强会场场馆安全管理工作。

一、会展场馆安全管理的内涵

会展场馆安全管理主要是指为了保障会展活动参与者以及会展场馆员工的生命、财产安全以及场馆经营活动秩序，降低危害和事故的可能性，而进行的一系列计划、组织、实施、协调等的管理活动。

二、会展场馆安全管理的内容

（一）成立会展场馆安全管理机构

在会展场馆内部设立安保部门，配备专职的安保人员，从事日常安全管理工作。会展活动举办期间，把会展主办方人员、外部聘请的专家以及内部员工，都纳入安全管理的体系中来，他们都是善于处理危机情形的人，明确自己的分工和责任。

尤其是安保人员都要接受专业训练，具备处理危机的能力，包括协助制服滋事者、防范火灾、汇报事故、熟知如何处理炸弹威胁、熟知场馆的紧急疏散示意图、行使人群管理权力、监督装货等。

（二）会展场馆安全管理内容

在会展活动举办的过程中，会展场馆是一个由人、场地、设施设备和信息组成的沟通平台，因此会展场馆管理者负责的安全管理内容丰富，重点是要对场馆的建筑物、周围环境和设施设备的安全负责。具体来说包括：

1. 建筑物安全管理

保证会展场馆的设计和建设的安全性，不发生相应的建筑物安全事故，包括：①建筑物要安全稳固，不出现倒塌或坍塌现象；②建筑物上的外墙玻璃不脱落，地面有足够的承载能力；③检查并保证消防系统的正常运作，监控整个活动现场，防止火灾的发生；④建筑物内能满足人流数量的要求，有足够的紧急通道等。

2. 周围环境安全管理

主要是指卫生健康、交通、社会治安等方面的安全管理和监控，包括：①监控会展场馆里出现的易燃、易爆、有毒、有害物品，并及时处理，以防意外发生；②及时打扫、清运垃圾，并进行场馆消毒，以保证现场的卫生健康安全；③维护活动区域的治安，采用足够和适当的设施，监控偷盗和抢劫事件；④进行相关的安全检查，防止恐怖袭击和意外事故的发生。

3. 设备设施安全管理

保养和维护会展设备，如供水、供电、电梯、音响、供电、空调、临时搭建的舞台、演示设备、通信以及保安设备，保证它们需要时能正常工作。

现代会展场馆中，通常会在有关公共场所以及展厅、各个楼层、房间，或者是在贵重物品寄存处、财务部、珠宝商场以及其他有贵重物品的地方，安装闭路电视保安监控系统、红外报警系统、楼层紧急报警系统，加强对场馆的监控。闭路监控电视的摄像头，可采用隐蔽型与外露型相结合的形式，隐蔽型的摄像头可以暗中监视会展场馆的各部位；外露型的摄像头可以起到威慑犯罪分子的作用。

4. 信息安全管理

包括：①对自然灾害的预测；②监视和控制人流情况，及时引导和疏散人群；③知识产权的保护；④计算机网络信息安全。

（三）会展场馆安全计划

针对这些安全管理内容，会展场馆需要制订场馆消防安全计划、场馆治安计划、场馆反恐计划、场馆人群管理计划、证件制作，防范以为然。

1. 场馆消防安全计划

会展场馆要遵守有关部门制定的消防安全管理规定，制定本场馆的消防安全计划，承担相应的消防安全责任。在会展活动开始之前，会展活动主办方或承办方应当向当地消防部门进行消防申报，接受公安消防机构的检查。

具体来说，会展场馆消防安全的防范重点包括以下内容：

①与消防部门一起对消防安全进行全面检查。检查内容包括场馆内是否存有大量的易燃物品；消防设施的配备和工作状态；场馆内使用电气设备的，是否遵守电气技术规范；消防设施和防火材料是否是经国家产品质量认证的产品或经法定检验机构检验合格的产品；等等。

②制订火灾疏散计划。场馆管理企业应制订火灾人员疏散计划，在一些重要的出入口要贴有明显的火灾疏散通道图，场馆内的工作人员须接受相关的培训，熟悉建筑内外的疏散路线。

③开展消防模拟演练。定期组织消防队开展消防业务培训和灭火演练，积极配合公安消防队的灭火演练。通过演练，场馆工作人员应当了解本岗位火灾的危险性、预防火灾的措施，掌握报警、使用消防器材和扑救初起火灾的方法。

④安排消防安全工作小组。会展活动开展期间，场馆内应安排紧急救援小组，以处理紧急突发事件，同时要安排消防工作人员检查各火灾易发点的情况，事先遏制火灾隐患。

⑤重点关注场馆内的明火作业。在会展场馆内进行明火作业的（包括电焊、金属切割等），应当经场馆管理企业的消防安全管理组织同意，用火单位或个人应当采取相应的防火安全措施。

⑥准备好备用照明系统。对于会展场馆来说，备用照明系统的配备非常重要，特别是在出入口的照明，它关系到人员是否能成功逃离火灾。

2. 场馆治安计划

会展场馆要遵守相关的国家法规，比如《中华人民共和国治安管理处罚法》《中华人民共和国道路交通安全法》等。在举办会展活动前，活动的主办方或承办方首先应向当地公安机关进行治安申报。

会展场馆治安计划主要包括以下内容：

首先，要成立会展活动治安管理小组，该小组的组成包括会展场馆的保安部门和活动的主办方、承办方，甚至借助当地公安部门的警力来共同维持。

其次，要确定小组成员的分工，明确各自的职责范围，确保活动举办期间各个重要位置都配备有治安管理员。

再次，对场馆内可能发生的各种治安事件进行分析，找出解决方案。在制订解决方案时，应考虑到会展活动的特殊性，做到有理有节、处理迅速、态度低调。

最后，在活动开始前，应对所有治安管理员进行安全动员和培训，使之能稳妥、及时、有效地处理违反治安管理的事件。

3. 场馆反恐计划

作为展览场馆，其反恐工作一定要跟国家安全部门和公安部门联合，针对所举办活动的性质和特点，及时与有关部门共同就可能遭遇的恐怖活动或突发事件进行识别；不仅要制订安全方案和处置突发事件预案，而且要进行风险评估；根据评估结果对场馆现场落实安全责任，配备专职安保人员，同时在场地现场配备防爆毯、金属探测器等必要的安检设备器材，其场所和设施要符合国家安全标准和消防安全规范。对于反恐或安全措施不到位的会展项目不予审批。同时，对于一些规模等级较高的会展和节日庆典活动，还应该请求警方帮助，确保整个活动过程以反恐防爆为中心，备足处置突发事件的力量，对一旦发生的恐怖袭击、各种突发性灾害事故、危害公共安全的紧急情况和群体性事件，迅速、果断、有效地依法处置，维护现场治安秩序。

4. 场馆人群管理计划

人群控制可采取的措施包括：

①要培养一支人群管理队伍，正确引导集体行为。该人群管理队伍可以由场馆的安全保卫工作人员组成，也可以要求公安部门增派警力予以协助，还可以利用接受了人群管理相关培训的活动志愿者参与。

②要研究恐慌人群的心理，加强人们在突发事件中自救能力和自救心理的训练。同时在活动前将相关规定告知活动参与者，如事先确定好人流和车流的线路，封路、改道及封闭泊车位的通告；告知活动参与者不能携带的物品，如火机、易燃物和硬物等。

③要对场馆或活动场地通道的通畅程度和门窗的大小进行检查，防止活动期间门窗被锁或封死。

④对于有重要官员和公众人士参加的会展和大型活动，要增派警力，加强对他们的保护，防止人群向他们移动。

⑤在会展或大型活动现场，不提供酒精饮料，因活动需要而必须提供时，如啤酒节，则要限定时间和场所，将人们的行为控制在一定时间和范围之内，不允许其蔓延。

⑥要研究信息的发布和传播，使人群了解自身与危险的距离和时间。在现场进行人群控制时应及时将危险的真实情况告知活动参与者，并发布如何规避危险的具体方法；在现场指挥时要站在高处指挥和疏导人群，以便人群能得到更为真实的信息。

⑦通过各种途径对活动现场进行监控，做好突发事件的防范，及时阻止过激行为。当出现个别人行为过激时，应及时将该人员带离现场。人群管理人员在现场处理过激行为时要遵循文明、克制、快速的原则，不要因为人群管理人员的行为不当而造成更大的骚乱。

5. 证件制作

证件是人员、车辆、展品进出会展场馆或大型活动现场的一种有效证明，便于人员管理和车辆管理，从某种意义上说，证件是控制场馆风险的重要手段。证件的制作、样式和证件的管理，对一个展会活动来说是很重要的。在证件管理方面，主要是主要证件版面设计与展会风格一致，注意区别管理，发放和管理要规范，采用信息技术管理。

【复习思考题】

1. 简述会展场馆危机管理的概念、原则、处理过程。
2. 简述会展场馆危机管理的预防。
3. 试述评估会展场馆危机风险。
4. 简述会展场馆危机沟通管理、恢复管理。
5. 简述会展场馆安全管理。

【案例分析】

案例一　美国音乐会发生舞台坍塌事故 已确认5死40伤

网易娱乐8月15日报道 据外国媒体报道，北京时间2011年8月14日（当地时间13日）举行的印第安纳州博览会（Indiana State Fair）发生音乐会舞台坍塌事故，日前已经造成至少5人丧生，40人受伤。

据了解，当地时间13日晚9点，一年一度的美国印第安纳州博览会准备举办一场乡村音乐会，美国乐队组合Sugarland将演出。但就在演出前，一阵强风袭来，突然导致牵引舞台的装置坍塌，数人被压埋。警方称目前已从坍塌舞台下找到5名死者遗体，另有至少40人受伤。而博览会主办方则认为，死伤人数可能更多。

意外发生后，警方封锁了现场，让紧急部门救援人员及现场的音乐会粉丝立即展开救援，伤者已被送往医院治疗，其余数千名歌迷被转移到附近的建筑物中。对此，印第安纳州州长米奇·丹尼尔斯（Mitch Daniels）发表声明称这是一场可怕的灾难，而现在已经取消计划举行的所有活动并做好各项紧急措施尽量将伤害减到最低。

据悉，当时强风来袭得毫无征兆，强风突然袭来将整个舞台从左边翻转起来。而现场的歌迷也因舞台的倒塌发生推挤踩踏。事件发生后，美国乐队组合Sugarland随即在Twitter上向乐迷表示乐队很安全并为这次的灾难祈祷，其中写道："我们很安全，现在我们一起为受到这次灾难影响的乐迷祈祷，我们希望你能加入我们。因为他们都需要大家的力量。"

案例二　阿联酋迪拜购物节发生火灾 中国展馆被毁

当地时间2月3日上午9：00，正在举办2005年迪拜购物节的"地球村"内突然起火，大火首先从尼泊尔展馆烧起，继而波及隔壁的中国展馆和约旦展馆，并导致中国展馆内120个摊位中的110多个被烧毁。据阿联酋当地警方初步调查，这起火灾的起因是电线短路所致，而展馆建材为易燃物以及事发当时风力巨大，都为火势蔓延创造了条件。所幸的是，这场大火没有造成人员伤亡，接到火灾报告后，中国驻迪拜总领馆负责人立即赶赴现场，了解中国展馆受灾情况，并与迪拜有关方面交涉善后事宜。

据悉，这已经是"地球村"自开村以来的第二次火灾了。上一次火灾发生在人流拥挤的夜晚游园活动期间，一名脚踩高跷、吞食火苗的表演者忙中出错，当场燃起熊熊大火，并迅速蔓延。幸好消防车及时赶到，才控制了火情。

为了吸引游客和发展商贸业，位于阿联酋首都阿布扎比东北约160千米处的港口城市迪拜每年初都要举办一次购物节。参展商家以国家为单位在市内的"地球村"中建设具有民族特色的销售展馆。2005年的购物节"地球村"设在迪拜市的酋长路，共设有46个不同国家的展馆，大约60个餐馆和75个凉亭，同时备有100多辆马车，此次展览于1月12日开展，至3月31日结束，总共为期79天。（摘自2005年2月4日新华网）

资料来源：根据百度网、新浪网网上信息搜集、整理而成。

思考题：

1. 分析大型节事活动临时搭建的设施、建筑物的安全、重点位置人流疏导等的重要性。

2. 分析展览会在消防工作中对电线可能引起的火灾应该有哪些措施？

3. 分析大型场馆在举办会展活动中应如何预防和应对火灾？应采取什么措施？

第十一章

会展场馆信息管理

【本章导读】

会展业作为信息密集型行业，信息管理是会展场馆开展各项工作的前提。本章从会展场馆信息管理的重要性入手，分别介绍了会展场馆信息管理要求、流程和内容、信息的传递、处理流程、会展场馆网站在信息传递中的作用、网站建立的思路厘清和管理办法、会展场馆活动宣传时广告选择和注意事项等相关知识。

【学习目标】

1. 明确会展场馆信息管理基本要求、掌握会展场馆信息管理流程和内容；
2. 了解会展场馆内部信息传递、处理及与外部各方信息交流程序；
3. 理解会展场馆网站的信息传递作用，明确网站建立思路和管理办法；
4. 了解会展场馆活动宣传时广告选择和注意事项。

【导入案例】

上海世博会信息化的建设内容

上海世博会信息化的建设包括 11 项内容：世博会信息系统基本结构、上海世博会园区运营指挥中心信息系统、上海世博会信息运营调度中心（IOC）、世博交通信息管理系统、世博智能交通系统、世博票务系统、世博安保系统、世博园区能源与环境监测系统、世博会广播电视中心（IBC）新闻共享及发布系统、世博会场馆智能化系统及网上世博会。上海世博会信息系统的基本结构如图 11-1 所示。

信息技术为世博会的组织者、参展者、参观者等提供了服务和支持的重要支柱。同时，这些富有科技含量的信息化技术也成为世博会筹备、组织管理和营运的利器。如：

集约化的建筑方式和智能网技术。园区通信基础设施以集约化的方式进行建设，实现高度共享，电信的城市光网、EPON（以太网无源光网络）、IPV6（互联网工程任务组）、东方有限的光纤+HFC（混合光纤同轴电缆网）接入和运营商普遍采用的智能网技术等，为“三网合一”以及解决信息高速公路“最后一公里”等难题进行了实践性探索。

无线宽带技术。重点普及以国产标准TD-SCDMA（时分同步码分多址）为主的3G技术的应用，同时采用WIFI（无线保真网络）+MASH（多级噪声整形）技术，并提供宽带接入服务，保证无线信号的更宽覆盖和高速传输。同时在园区内建设TD-LTE（分时长期演进）实验网络，为组织者、媒体记者、各方嘉宾游客提供丰富的移动信息服务。

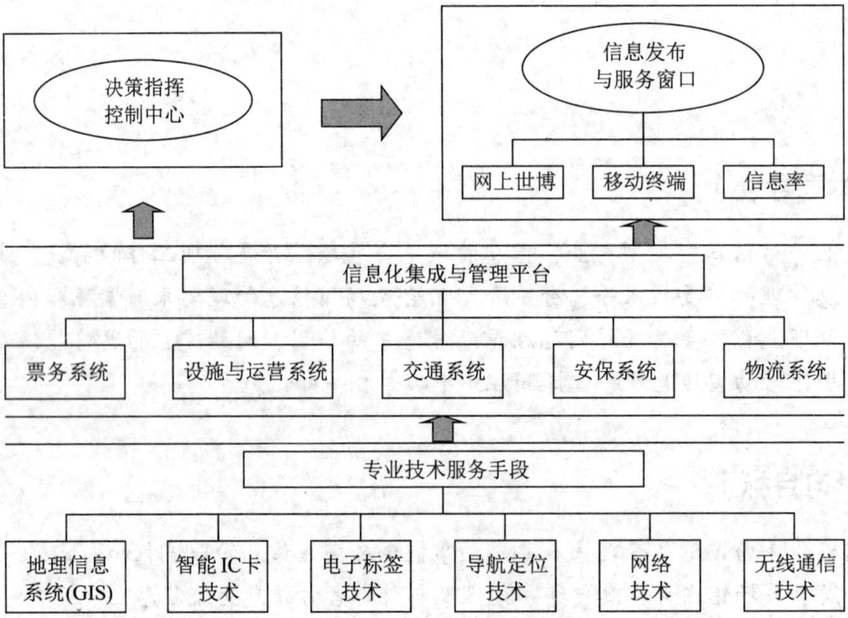

图11-1　2010上海世博会信息系统基本结构

RFID（电子标签）和传感网技术。该技术已广泛应用于世博会的门票、物流配送、展馆预约、证件管理、电子车牌等诸多方面。中国移动首次推出内置RFID模块的手机电子门票，并和交通银行合作，在园区内提供手机电子支付业务。

互联网应用技术。网上世博会将借助互联网的FLASH、Web3D（虚拟三维）、CDN（内容分发网络）及SOA（面向服务的体系结构）架构技术等，把世博的理念、精神以及世博会的内容传到全球。覆盖全球范围的CDN，可以完全满足国内外用户对于网上世博的访问需求。

多媒体技术。虚拟技术综合演播厅运用虚拟仿真技术将园区建设规划、展馆建设、大型活动的方案从抽象画、符号化转变为形象化、可视化，为科学决策、活动组织、运营指挥提供了直观生动的演示平台。

智能视频处理技术。高清视频图像处理、人像识别、图像信号智能调用等多项信息技术被大量用于本届世博会的客流引导、车载系统、视频监控等系统，通过智能视频分析和智能视频监控，使视频监控系统成为主动、智能化的识别工具，可自动提取关键信息，为组织者提供警示服务，有效提升相关系统的服务能级和响应效率。

电子地图和定位导航技术。在传统导航功能的基础上，更加注重智能化、个性化和多功能化，利用高精度电子地图和共用的GIS（地理信息系统）平台，为园区的车辆和工作人员提供多种定位导航功能。

特大型活动的信息化管理。为适应大型活动的组织管理需求，充分借鉴奥运信息系统的管理经验，针对世博会的特点，综合运用GIS技术、基于位置的信息发布技术、应急方案数字化技术等，形成数字化的综合运用管理，为大型活动的管理、服务提供信息化支撑。尤其值得一提的是，特大型活动的信息化管理系统完全由国内自主研发、建设，并提供运行保障。

资料来源于：根据百度网、新浪网网上信息搜集、整理而成。

第一节　会展场馆信息管理与信息交流

一、会展场馆信息管理

信息是反映客观世界中各种事物的特征和变化并可借各种载体加以传递的有用知识。在现今这个信息化的世界中，“信息就是金钱”“信息就是企业的生命”这些说法都不为过，信息化在现代企业的经营中已经上升到了一个全新的高度。会展业作为信息密集型行业，信息的采集、传输、加工、存储、更新、发布和维护是会展场馆开展各项工作的基石，是会展场馆赖以生存、提高效益的重要先决条件。一般而言，按照发生时间顺序，会展活动可分为展前、展中、展后三个阶段，每个阶段都会产生、传播大量的信息，都存在许多信息活动，这些信息必须得到及时准确的处理。因此，信息管理成为会展场馆经营管理活动中至关重要的一个环节，它作为一个动态的发展的概念，内涵和外延会不断地随着会展场馆经营管理实践的深化和发展而发展。

（一）会展场馆信息管理基本要求

（1）建立信息机构和应用系统平台，完善管理制度，即各场馆要有自己的信息中心和应用系统平台。

（2）有一批信息工作的专业人士，他们应具有较高的政策水平，有渊博的科学知识，执着的专业热情，甘为人梯的服务精神，熟练精湛的业务技术，及时、准确、全面、适用的情报意识和资源共享的协作风格。

（3）加快信息现代化的步伐。重视信息工作的投入，配备传递、处理信息的必要设备（如电话、电传、电脑、网络宽带、广播、电视、录像、录音等），建立以电子计算机为主要基础的信息网络，实行内外、上下联网。

（二）会展场馆信息管理流程

会展场馆信息工作的主要任务是及时、准确、全面、适用地做好信息的搜集、梳理、汇总和提供利用，为场馆经营管理决策和社会信息用户服务，具体内容包括：①通过各种信息源广泛搜集信息；②筛选；③分类编目；④储存；⑤检索；⑥发布（报道）；⑦提供利用；⑧信息反馈。这是一个由简单到复杂的不断创新的循环、变化过程，每一环节都会产生以感觉、知觉和知识为内容的智能或新信息。其流程如图 11–2 所示。

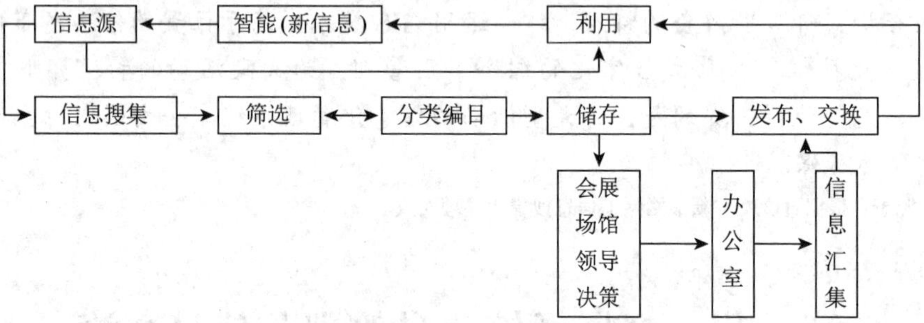

图 11–2　会展场馆信息管理流程示意图

（三）会展场馆信息管理的主要内容

（1）通过信息技术的运用和分析会展场馆发展的外部环境的变化，探讨会展场馆经营管理模式和活动的模式，尽可能运用信息化手段架构会展场馆经营管理的业务流程和管理流程，形成全新的、全局化的、信息健全的场馆经营管理。

（2）建立会展场馆的信息资源库。信息资源库包括两个部分，一个部分是用来表述会展场馆日常的经营活动和管理活动中的实际的数据及其关系，另一个部分是会展场馆高层经营者的经营决策和分析报告。

（3）建立会展场馆内部信息网。这是提供给场馆内部的一个通用的信息查询平台，利用这一网络结构，可以达到场馆的内部信息的最佳配置，节约时间，提高场馆的运作效率。

（4）建立会展场馆外部信息网。这是会展场馆与外界联系的一个交流平台，有利于与合作伙伴、供应商、顾客、参展商、观众之间达成信息共享。有利于场馆的宣传与推广，场馆形象的建立。

（5）建立一系列的自动化与管理系统。这些系统包括管理信息系统、决策支持系统、办公自动化系统、专家系统等计算机管理系统。它们构成了会展场馆内部信息源，主要进行会展场馆经营活动及管理活动中各项信息的收集、存储、加工、运输、分析和利用，为场馆高层决策提供依据。

（6）进行网上经营管理活动。通过与网络连接，获取大量与场馆经营活动有关的信息，充实场馆的内部信息资源，还可以向外界提供本公司的经营业务信息，通过建立网址，宣传场馆的产品以及服务，直接在网上开展经营活动。通过在网上与顾客建立直接联系，相互沟通，可以进一步开拓市场，提高自身产品和服务的质量。

（7）建立客户档案管理。会展场馆的竞争不外乎是会展专业人才的竞争和争夺目标市场的竞争。一方面，会展场馆开始实现从“产品为中心”的营销管理模式向“以顾客为中心”的营销模式的转变；另一方面，会展场馆的视角开始从过去关注内部资料向通过整合外部资料以提升会展场馆的竞争力转变。所以有自己一整套客户信息资料对会展场馆来说是很重要的。

（8）顾客关系管理。顾客关系管理是会展场馆与顾客之间建立的管理双方接触活动的信息系统，在网络时代顾客关系管理是利用技术手段在会展场馆与顾客之间建立一种数字的、实时的、互动的交流管理系统。

二、信息交流程序

（一）目的

及时、准确地搜集、传递及反馈有关信息，做好信息管理工作。

（二）范围

适用于会展场馆内部信息传递、处理及与外部各方相关信息的交流。

（三）职责

（1）办公室负责公司对内、对外相关信息的传递与处理。

（2）各部门负责与对口相关单位的信息交流和搜集，建立信息档案，保存和管理相关信息，并负责各自工作范围内信息的传递与交流。

（3）职工代表负责与职工有关信息的搜集和传达。

（4）保卫部负责安保、消防信息的处理。

（四）内容

1. 信息的搜集与处理

（1）外部信息。

①治安、消防、新闻媒体等监测或检查的结果及反馈的信息，由办公室、保卫部负责搜集，并传递给公司相关部门，当监测或检查结果出现不符合要求时，按照《事故报告、调查及处理程序》的规定进行处理。

②客户反馈的信息及投诉按《不合格控制程序》由各相关部门处理。

③供方反馈的信息及其投诉分别由对口部门负责与各自供方的质量、职业健康安全等信息的沟通，并对其职业健康安全方面施加影响；上述供方反馈的其他信息，对口部门应按有效的形式传递给相关部门和人员；对来自供方投诉，对口部门可按《纠正预防措施程序》提交办公室处理。

④政策法规标准类信息，如职业健康安全法律法规、条例、标准，服务质量法律法规、标准等，按《法律、法规识别程序》执行。

⑤其他外部信息，如各部门直接从外部获取的有关职业健康安全等方面的信息，由相关人员反馈给部门处理，并反馈到办公室或保卫部，由其负责分类、整理，根据需要

传递到相关部门处理。

⑥对于与外部的沟通应记录于相应的《记录本》或《联络单》中。

（2）内部信息。

①正常信息，如方针、目标、监测记录、内部审核与管理评审报告以及体系正常运行时的其他记录等，各部门依据相关文件的规定直接搜集并传递；办公室按照相应文件的规定传递方针、目标、管理方案、内部审核结果等信息。

②有关工作存在不符合或潜在不符合的信息，如体系内部审核的不符合项报告、纠正和预防措施记录等，由相关部门按《纠正预防措施程序》《内部审核程序》《管理评审程序》处理；服务的不符合信息按《不合格控制程序》规定传递。

③紧急信息，如出现火灾、爆炸、台风灾害等情况下的相关信息与记录，由发现部门迅速传递给保卫部处理。

④其他内部信息，提供者反馈给部门主管或办公室进行处理。职工还可以通过职工代表、工会组织反映有关信息。

（3）信息可采用总经理办公会或其他书面资料、记录、讨论、培训、电子媒体、声像设备、办公自动化系统等其他通信方式予以传递。

2. 信息的整理和应用

各部门及时将信息交流过程中的相关信息汇总整理后，按《记录控制程序》的要求建立信息档案。

【知识链接】

智能信息化展馆的标准要求

《智能建筑设计标准》GB/T 50314—2006 第 6.4 条规定：

（1）智能化系统结构模式宜根据会展中心展厅分散、展区分布广的特点，采用分层及集中与分散相结合的方式，并可按展厅或区域的划分设置分控中心；分控中心应独立完成该分控区域的系统功能。

（2）综合布线系统应适应灵活布展的需求，宜根据展位情况配置信息端口。

（3）宜根据展位分布情况配置有线电视终端。

（4）信息化应用系统应满足会展中心的展览、会议、商贸洽谈、信息交流、通信、广告、休闲、娱乐和办公等需求。

（5）宜配置网上展览系统。

（6）宜配置客流统计系统。

（7）建筑设备管理系统应具有检测会展场馆的空气质量和调节新风量的功能。

（8）安全技术防范系统应根据会展中心建筑客流量大、展位多以及展品开放式陈列的特点，采用合理的人防、技防配套措施，确保开展期间的人员安全、公共秩序及闭展时展品的安全，系统应符合现行国家标准《安全防范工程技术规范》（GB 50348）的有关规定。

（9）展厅的广播系统应根据面积、空间高度选择扬声器的类型、功率及合理布局，以满足最佳扬声效果。

（10）火灾自动报警系统应根据展厅面积大、空间高的结构特点，采取合适的火灾探测手段。

资料来源于：根据百度网、新浪网网上信息搜集、整理而成。

第二节 会展场馆网站的建立与管理

随着互联网和移动互联网的大潮来临，会展业的运作方式也在悄然发生着改变，基于“互联网+会展”的现代会展业正极大地助力会展行业经济提速。以互联网为依托，以用户为中心，为会展场馆建立门户网站，将场馆的资料、软硬件资源、展会信息，以及管理模式、机构设置、服务项目、相关报价等有关信息在网上对外传播，并从网上搜集办会办展单位、参展商和目标观众的资料和反馈信息，促进会展场馆与客户的信息沟通与互动，对成功举办展会有很大的帮助。

一、会展场馆网站的作用

互联网具有空间虚拟化、时间随意化、信息处理便捷化和内容个性化的特点，一个精心设计的门户网站，对扩大会展场馆的影响力，促进更多展会成功举办具有很大的作用，其表现为：

（一）为会展场馆营销和客户服务拓展了市场空间

互联网具有全球性，一旦会展场馆建立起了门户网站，不论你在世界哪个角落，只要能上网，你就能从网上看到该场馆的有关信息，因此，门户网站能极大地拓宽展会的营销渠道。从网站上，参展商可以了解在该场馆举办的展会相关交通、住宿、登记等各种必需事项的处理办法，这会极大地拓宽展会的营销空间。同时，会展场馆将各有关服务事项在网上提前通知客户，极大地便利了客户对各项参展（参观）工作的准备，使会展场馆可以在网上为客户服务。

（二）为会展场馆提供了快速的市场应变能力

现代会展业已朝着规模化、国际化和市场化的方向发展，及时适应市场变化的要求，尽快提高展会的市场应变能力，是许多展会迫切的需要。互联网具有互动性，会展场馆不仅可以在网上发布展会信息，也可以从网上搜集客户对展会的意见和建议，促进场馆与客户之间的沟通与互动，使场馆和展会更快、更直接地了解市场和客户的需求变化，并制订相应的应对措施。

（三）有利于会展场馆特定信息的传播

互联网内容具有个性化的特点，网站对各种信息内容的包容性很强，各种信息都可以在网上传播，而且信息内容的更新很方便，信息传播的成本也较小，传播的速度快。场馆和展会完全可以根据会展题材、行业的特点和客户的需要来编制网站的内容，使各种特定的信息通过网站传播到行业和客户那里。

（四）有利于场馆、展会与有关企业和机构的协作

现代大型展会往往都是多方合作的成果，许多机构的共同努力和精诚协作才能促成展会的成功举办；同时，展会的成功举办还有赖于展会与参展单位以及观众的相互合作。互联网具有超时空互联性，它可以成为各有关方面进行精诚协作的重要桥梁和纽带。

（五）有利于展会招展招商活动的展开

展会的招展和招商活动是一项费时费力的浩大工程，展会一般广泛利用各种渠道进行营销，通过各种媒体发布展会信息，使目标参展商和观众了解展会、知道展会并进而参加展会。会展场馆网站在展会招展和招商活动中可以扮演重要角色，可以为展会招展和招商提供很多帮助。

（六）有利于提高会展场馆客户服务水平

网站所附带的客户数据库是展会进行客户关系管理的信息基础，这个数据库信息的准确性和新鲜度会直接地影响到展会的客户管理和服务工作。网站通过与客户的互联互通，可以及时更新这个数据库的客户信息，改善展会的客户管理和服务工作。

二、会展场馆网站的建立与管理

网站作为会展场馆向参展商和采购商提供信息服务的一个媒介，是其开展电子商务的基础设施和信息平台。为了适应竞争日益激烈的市场环境，各大场馆纷纷建立起自身的门户网站，可以说，是否建立和办好门户网站已经成为业界评价一个场馆实力强弱和服务水平优劣的重要指标。那么，如何建立会展场馆的门户网站呢？一般来说，在建立门户网站时需要明确场馆需要建立什么类型的网站、确定网站需要哪些栏目和内容、设计网页的界面、确定网上内容的更新办法和制定网站技术维护办法。具体来说，主要包括以下方面：

（一）网站主要功能定位

会展场馆网站是展现会展场馆形象，介绍展会和服务、体现会展场馆发展战略的重要途径。因此网站的建立要以“消费者”为中心，根据用户的需求、市场的状况、会展场馆自身情况等进行综合分析及功能定位：建设网站的目的什么，为谁提供服务，会展场馆能提供什么样的服务，网站目标用户的特点是什么，会展场馆的服务适合什么样的表现形式等。网站的功能在建设场馆网站之前必须明确，功能一定要符合场馆和展会的需要，切忌贪大求全。对于一些目前还不需要的功能可以暂时不安排，但可以根据场馆的发展趋势而为其预留接口，为将来丰富网站内容和功能留有余地。

（二）确定网站栏目和内容

对会展场馆网站进行功能定位以后，还必须仔细考虑网站将开设哪些栏目，各栏目将有些什么内容。网站的栏目和内容是网站向目标客户展示的重要渠道，必须精心安排，巧妙设计，让它们既能满足会展场馆营销和宣传推广的需要，又能为目标客户服务，还能为目标客户所喜闻乐见。例如，为宣传场馆可设："展览空间""会议场所""场馆资源""场馆示图""场馆查询""技术参考""服务报价""招聘信息"等；考虑到参展商的需要，网页栏目安排可以有"参展指南""展会服务""展商报到""展会信息"等；考虑到观众的需要，网页栏目可以有"参观指南""展会新闻"；考虑到新客对展会和该城市还不了解，可以开设"展会回顾"以及"城市指南"栏目等。另外，为增加网页内容的可读性，还可以开设"行业动态"和"市场信息""会展文摘""专家论坛"等栏目。总之，网站的内容要为展会服务，为目标客户服务，要能吸引目标客户的眼球。

（三）网页的版式设计

作为一种视觉语言，网站设计要讲究编排和布局，就是在有限的版面空间中，将文字、图片、符号、动画、按钮等视觉元素进行艺术处理和组合排列，使网页界面简单明了、重点突出、图文并茂，使浏览者轻松翻阅，快捷地找到自己感兴趣的内容。也就是说，会展场馆网站的设计时既要注重会展信息的传达效率同时又要让浏览者喜闻乐见。此外，设计根据主题需要页面常需要增加装饰，但装饰形式与内容要为网站内容服务。

（四）确定网站内容更新方法

随着场馆的发展和展会的推进，网站的内容需不断更新。站点信息的不断更新，有助于参展商、采购商和观众更好更快地了解参展动态和服务等信息，同时也可以帮助会展场馆和展会建立良好的形象，它是维持网站与客户联系的黄金纽带。场馆要明确网站内容的更新办法，并安排专人负责跟进，只有这样，会展场馆网站才能发挥它应有的作用。

（五）制订网站技术维护办法

除了要及时更新网站内容以外，会展场馆网站还必须有一套切实可行的技术维护办法。场馆网站离不开专业技术支持和维护，要有专职的网络管理员，不然，将会对各种网络病毒的侵袭束手无策，对网络故障无法及时排除。不管采用哪种维护策略，场馆都要为网站的畅通运行制订一套技术维护办法，这样会展场馆网站才不会经常出现故障而关闭。

建立会展场馆门户网站是一项技术性很强的工作，在进行这一项工作时，一定要精心策划，合理安排，认真设计。如果没有这方面的人才，可以委托有关机构完成，但不管怎样，对自己网站的定位、栏目设计、内容安排和浏览界面一定要有符合场馆需要的明确主张。只有这样，会展场馆网站才不会只流于形式，才有较大的使用价值。

第三节 会展场馆相关活动的宣传

一、场馆会展广告的选择

随着科技的不断发展，会展活动的宣传渠道日益广阔，为了获得较为理想的宣传效果，会展场馆必须对宣传渠道做出合理的选择与组合。会展广告策略的具体执行可以有两种选择，一种是委托广告公司全面代理，另一种是会展场馆自己执行。

前者是指选择一家合适的广告公司，由其全面代理会展产品的营销策划、广告宣传及推广促销工作及相应费用。选择广告公司的参考标准是：丰富的行业经验及优秀的策划能力。好的广告公司拥有强大的智力资源优势和传播网络优势，对如何运作、推广展会有较深入的了解，其行为带有科学的投机性，可为企业所用。

后者则是会展活动的一切推广完全由场馆自己来做，这通常是指场馆自己拥有独立的广告公司，有组织、管理、策划、营销、公关、工程等工作人员，设施和设备以及得天独厚的广告位资源。其自办展的广告费用可以自由支配，利润独享，还可以同当地的媒体合作，承接大量会展客户的广告项目，既为在场馆举办的会议展览活动提供配套服务，又带来较好的经济效益。

广告是会展宣传的重要方式，也是吸引办会办展单位、参会参展对象的主要手段之一。会展广告是覆盖面最广的，范围可能覆盖已知的和未知的所有参展参会对象。可以将会展情况传达到直接联络所遗漏的企业，还可以加强直接联络的效果。会展广告同时也是较昂贵的宣传手段，因此要严格控制，登广告要目标明确，根据需要、意图和实力进行安排。

二、广告规模

广告预算决定广告规模，要根据需要和条件决定预算。如果经费充裕可以多在几家报刊上反复登载广告；如果经费有限，则集中力量在少数影响大、效果好的报刊上做广告，而不要使用很多家影响小的报刊。广告开支与效果不一定是正比例，选择合适的媒体是降低成本、提高效率的最好办法。

三、广告时间

广告时间也需要安排，在一般情况下，做好展会决定就开始并持续刊登。时间间隔要事先安排好。连续刊登广告有利于加深客户的印象。美国有一专项调查显示，比起未刊登广告的办展单位，连续登 6 次广告的要多 50% 的参展企业，连续登 12 次整版广告的办展单位要多 70% 的参展企业。

四、广告媒体选择

选择媒体主要看媒体的受众是否是会展活动的目标参展企业。消费品的展出，可以选择大众传媒，包括大众报刊、电台、电视、互联网、集中地的招贴、条幅、路牌、旗帜等。专业性质的贸易展出，就要在综合媒体上刊登广告，要选择使用生产和流通领域里针对观众的专业媒体，包括电、电视台、互联网、专题栏目、专业报刊、内部刊物、会展刊物等。

（一）电台

电台作为目前我国普及率最高的信息传播方式，它不受交通和路程的限制，能以最快的速度把广告信息传送到各地；具有较高的灵活性，影响范围广泛且费用便宜；但广播仅有声音效果，展露时间短，不利于反复记忆，不固定收听广播的人易错过机会。因此，广播在营利性会议或商业展会的广告宣传活动中使用得较少，在一些具有特殊意义的会议中倒是用得比较频繁，但大都是媒体为了抢新闻而主动报道的。

（二）电视

电视是通过图像和声音同时传递信息的现代广告媒体。其优点是形象生动，感染力强；送达率高，影响面广。缺点是费用高、消逝速度快，而且对观众无选择性。与电台一样，电视在各种盈利性会议或商业展会的广告宣传中使用得较少，但一些意义重大的会议特别是国际性会议往往容易得到电视媒体的报道。组织消费性质展览会的组织者可选择使用电视。

（三）互联网

随着信息技术的迅猛发展和互联网的普及，网络在会展业中得到了广泛的应用，尤其是网上展览会的诞生和发展标志着互联网与会展业的结合有了新的飞跃。越来越多的会展场馆开始利用互联网来开展日常管理、信息收集与发布以及市场营销等活动，利用互联网做广告费用低、覆盖广。但广告很可能会淹没在信息的海洋里，不被目标受众获取。会展企业可将它作为一个辅助宣传方式。

（四）专业刊物

专业刊物是指生产、流通领域的专业报纸、杂志，专业刊物如果与会展企业的目标参展一致，就可以选择刊登广告，效果很好，而且费用比大众媒体低。某一专业领域往往会有数家报刊，如果预算有限，就要选择影响最大的专业报刊刊登，如果预算充足，可以在多家报刊刊登广告，交叉使用行业内的不同刊物刊登广告还可以加深参展客户的印象。

（五）内部刊物

内部刊物指政府有关部门、贸促机构、工商会、行业协会刊物。在内部刊物上刊登广告的优势是读者专业。发行对象多是特定的专业读者，费用低、效果好。缺点往往是覆盖面不够理想。会展企业如果与内部刊物有特殊关系，可以在做广告的同时安排新闻性质的报道，以加强宣传的可能性。

（六）广告夹页

在重点刊物中设广告夹页，可以刊登较多的信息和照片，印刷质量也容易控制，可给人留下印象。也可单独印制宣传场馆及其举办会展活动的彩色宣传材料，放置场馆指定地点供观众索取。

（七）广告牌

广告牌主要用于吸引注意，激发参展兴趣。户外广告媒体已经成为扩大会展影响力、吸引人们广泛关注的重要手段。

（八）其他形式

还可充分利用场馆的广告资源，如路牌、灯箱、模型、大型电视屏、充气模型、旗帜、空飘气球条幅、航空飞艇等。

五、广告制作的注意事项

（一）广告内容要简洁、清楚、准确

清楚是广告成功的关键。阅看广告的人只关心事实，因此，广告用语一定要简洁明了。广告用语要讲究措辞语法，但切不可过于修饰。广告对象不是语言学专家，广告所表达的内容要使很随意的读者也能立即领会。

（二）广告内容要有吸引力、要全面

要将有关信息传达给目标观众，还要吸引观众的注意和兴趣，因此，仅仅刊登公司名称、联络地址、会议展览目的、展出产品还不够，必须强调项目的特色、适合哪些需要、对参展参会企业带来的益处等，要有承诺。如果可能，要在广告中提及会展企业在当地的代理或代表，可以注明有兴趣者可以索取更详细的信息。

（三）广告要有规模、要重质量

广告要有一定规模，可以相对集中做，即次数可以少些但容量可以大些（报刊的大版面、电视电台的长时间），这样做比分散做效果好。时间短、版面小往往被人忽略，效果不佳。对广告质量最有影响的人是广告设计师和撰稿人，他们可能不太在乎广告公司的赢利，他们最关心的是他们作品的质量，与他们建立良好的关系，可能会使他们下功夫制作出高质量的广告。刊登广告可以使用代理。代理有专业技术和经验，可以协调广告安排，并且报价可能比直接的媒体报价低。展会所在地的广告代理比主办者所在地的代理要好，展会所在地代理熟悉所在地的新闻媒体并与之有更近的关系，并熟悉当地的广告文化和效果。

【复习思考题】

1. 会展场馆信息管理的流程有哪些?
2. 会展场馆信息管理的主要内容有哪些?
3. 会展场馆建立门户网站的作用有哪些?
4. 会展场馆在进行广告宣传时有哪些渠道可供选择?
5. 会展广告制作应注意的事项有哪些?

【案例分析】

会展事务管理系统的实践与应用

近年来，国内会展业快速发展，会展事务管理日趋复杂，以手工方式为主的传统展会操作模式的局限性日趋凸显，如宣传手段单一，管理效率低，主办单位与参展商之间缺乏有效的互动沟通途径，管理者不能按时掌握展会的各类动态信息等。会展组织机构迫切需要一种辅助管理工具，以提升会展宣传的深度和广度，提高内部办公管理的效率，降低管理成本，加强与参展商的信息互动交流，为参展商提供方便、便捷的信息服务，提升展会整体的管理效率和市场竞争力，并能扩大展会的盈利范围，挖掘后续盈利目标。

1. 概述

会展事务管理系统为各会展中心、展会主办单位提供了一个信息管理、互动写作的平台。该系统主要是通过会展信息管理系统和会务网来提供各项管理和信息服务。

会展信息管理系统主要用于会展各项信息管理，可提供信息发布、客商报名、客商报到、项目撮合管理、展商信息管理、讨论与研讨会、邮件订阅和网上办公等功能。

会务网主要用来发布信息，是会展信息系统的前台网站，可提供中文简体、中文繁体、英文三种版本，通过发布与会展有关的基本资料，如参展、参会、投资项目、投资政策、发布、项目撮合（商业配对）、国际投资论坛及其他系列研讨会等方面的内容，为客商及时、准确地了解展会筹办的最新信息提供方便，让世界各地的用户都能随时关注展会的有关情况。

2. 基本功能

（1）系统管理。提供用户、部门、权限、系统配置等方面的管理功能。

（2）基础数据。提供国别、新闻栏目、地区、行业等基础信息的维护功能。

（3）会员管理。提供会员申请、审批、会员资格认定等一系列的功能。并针对不同级别的会员，提供不同级别的信息查看功能。

（4）客商报名。对与会客商的信息进行管理，提供网上在线报名、审核、团组客商管理、客商报名等功能。

（5）客商报到。提供团组客商、投资商、与会客商等的报到、查询、打印来宾证等功能。

（6）展商信息管理。提供展商信息录入、查询、发布等功能。利用系统中的参展商数据信息，主办单位可以快速地向目标参展商发送请柬、通知等，同时互联网用户也可以通过会务网及时了解参展商、展位、展馆布展的情况。

（7）信息发布。提供新闻报道、会展咨询、展会预告、展会公告、展会快报、展商快报等各种类型的信息发布功能。主办单位还可以根据需要灵活定制所需的信息发布类型，设置调整各种类型的信息在会务网的显示顺序等，同时提供新闻搜索功能。

（8）项目撮合管理。提供从招商信息到投资意向撮合的流程化管理功能，实现项目供应方与投资采购商的自动匹配、对接，并自动生成会晤日程表，使双方能够尽快地与合适的合作伙伴洽谈，提高洽谈效率。

（9）讨论与研讨会管理。提供发布系列研讨会、投资论坛等各类会议信息功能。主办单位可以定制各种会议类型，根据不同的会议类型，可提供相应的会议发布、管理功能。使用户能及时了解会议的最新情况，并可以根据系统的在线报名功能，进行网上报名并参加会议，同时主办单也可以提前获悉部分会议人员的参与情况。

（10）文件计划管理。提供文件的发布、查询、打印功能，是主办单位与各成员单位之间的有效沟通工具。主办单位可通过系统发布普通、重要、正式的文件以及计划。所有文件、计划均可制定阅读、修改的权限，用户方登录后只能在权限范围内阅读、修改文件或计划。

（11）广告管理。提供对前台网站的广告管理功能，根据用户对广告时间的设定，自动启用新广告，替换已过期的广告。

（12）邮件订阅与发布。用户可以根据自己的需求订阅所需的新闻或境内外的招商信息。同时提供多个模板的电子刊物发布功能，实现投资商、参展商、项目方之间的良好沟通。

（13）投资频道。提供各成员单位管理各自的基本信息、图片资料、会议预告、项目等功能。会展项目结束后，成员单位可继续登录系统修改和发布商务信息。

（14）搜索查询。根据信息的类别、内容、时间等属性，直接或模糊查询相关信息。

（15）报表分析。提供对新闻数据、客商数据、项目供应方、投资采购商、撮合数据、讨论与研讨会等多项内容的多种报表分析功能。

资料来源于：根据百度网、新浪网网上信息搜集、整理而成。

思考题：

试分析会展信息化管理在实践与应用中的重要性。

第十二章

会展场馆的可持续发展

【本章导读】

会展场馆是会展经济发展的载体，是展览业发展的基础。本章从可持续发展理念的提出和演进、可持续发展的原则入手，分别介绍了会展场馆的生命周期理论、会展场馆可持续发展道路中的功能拓展和外部合作，最后提出了会展场馆可持续发展的具体措施。

【学习目标】

1. 了解可持续发展理念的提出和演进，理解可持续发展的原则；
2. 理解会展场馆的生命周期理论；
3. 认知会展场馆可持续发展道路中功能拓展和外部合作的重要性；
4. 理解会展场馆可持续发展的措施。

【导入案例】

上海世博会场馆的后续利用与发展

历届世博会的举办都以大量的土地资源为基础，世博会结束后，对各场馆及相关设施的合理安排与使用是衡量世博后续利用效益的关键因素。上海市人民政府发展研究中心在关于世博会的研究报告中提出了衡量世博会成功与否的8个特征性指标，其中“能够有效后续利用相关设施”被列为5个硬性指标之一。这说明，世博会结束后，如何有效利用世博场馆是我们面临的重要问题。

上海世博会为了巧妙地扣住“城市，让生活更美好”这个主题，将园区选址于浦江两岸的原重工业区，且紧靠城市中心区域边缘。此外，会址跨域较广，起于南浦大桥的一端并与外滩和陆家嘴地区相连。规划控制范围总面积为6.68平方千米，规划红线总面积约占5.28平方千米，其中浦西约占1.35平方千米，浦东约占3.93平方千米。建造展馆面积达90万平方千米，配套设施面积达50万平方米，道路、广场面积为50万平方米，绿化带面积为120万平方米。

根据历届世博会后续利用的成功经验来看，上海世博会作为第四十一届综合类的世界博览会，其后续利用应以“改造和扩展城市区域”为目标。并以“可持续发展理念”和“以人为本的公众性原则”为指导思想，从环境、基础设施和永久性建筑三方面探讨上海世博会场馆的后续利用，在力求做到“零废弃”的同时，预将上海打造成具有自身特色的高品质城市空间。

2010年上海世博会举办以来，上海的城市面貌发生了较大的改变，主要体现在以下几个方面：

1. 从环境角度来讲

上海黄浦江两岸“水绿交融”，呈现出了全新的城市景观。数十公顷的大面积绿地给广大市民创造了一个永久性的休闲场地，提升了上海整个城市的环境水平，更适宜人们的居住。

2. 从基础设施来讲

世博会所采用的多模式的现代复合交通服务体系，增加了交通组织和管理的科技含量。世博会成为上海解决城市交通问题、改造和整合城市交通体系的绝佳契机，极大地促进了上海市合理交通模式的转变，从而改善了现有的交通状况。

3. 从永久性建筑来讲

世博会园区的核心建筑可保留下来发展成为国际文化、商务、交流合作场所，满足城市对文化改造和商务设施方面的需求，为上海城市的经济发展发挥积极的作用。

根据城市功能的需要，利用世博会园区打造“城市体育旅游休闲中心”和“国际品牌会展场馆”更具现实选择性。

1. 打造“城市体育旅游休闲中心”

上海目前已基本形成品牌的国际体育赛事有：

巴士公司承办的“APT网球大师杯赛”；

上海赛车场承办的“F1上海站大奖赛”；

上海盛荣公司承办的“国际田径黄金大奖赛”；

上海体育总会承办的“国际马拉松赛”；

东亚集团承办的“斯诺克大师赛”。

这些赛事在全球范围内拥有相当规模的追随者，使得上海在体育旅游休闲市场中，能够拥有数量可观的体育趣缘人群，并有助于形成开放性、规模型的发展格局，成为体育产业发展中最具特色和开放度的特色产业，这为上海发展成为“城市体育旅游休闲中心”奠定了坚实的基础。

2. 打造“国际品牌会展场馆”

上海会展产业的现有优势主要有：

完善的产业基础。上海是全国的经济和金融中心，拥有其他城市和地区无法比拟的经济实力和产业基础，不仅为会展行业的发展提供了雄厚的资金支持，还提供了优质的基础设施服务和相关配套服务。同时，上海市民强大的消费和采购需求也为各类展会提供了无限的发展空间。

国际知名度和美誉度。伴随着近年来上海在国际上的知名度和影响力的不断提升，上海会展行业也得到了迅速的发展。一个展会（尤其是国际展会）仅靠当地或国内的参展商和专业观众已经无法达到其国际化的要求，因此上海在这方面拥有得天独厚的优势，依靠强大的国际知名度和影响力，上海举办的国际展会得以逐年发展壮大。

完善的产业链条和发展机制。上海是国内会展行业发展较早的城市之一，通过20年的发展，目前已经形成了比较完善的行业发展链条和适合自身发展的机制。同时，作为中国对外发展的一个主要窗口，上海也不断吸取了国际上先进国家和地区在会展行业发展上的经验和优点，使得其行业运行能力得到了进一步的提高。

随着国际会展行业对上海会展行业的逐步认可，"2010年世博会"为上海会展业带来了大量的品牌客户。世博会主题馆在展出面积、基本功能以及智能化水平方面，已成为理想的展示场所。并通过各方面的努力，共同组建国际一流的交流平台，整合与会展相关的各种资源，形成了一条完整的包括会展公司、会展场地服务信息、短期旅游等"一条龙"服务产业链，从而提升上海在国际上"争展争会"的成功率，并激活相关外部市场，推动上海经济的可持续发展。

资料来源：根据百度网、新浪网等有关上海世博会场馆信息的资源整理而成。

第一节　可持续发展概述

一、可持续发展理念的提出与演进

工业化在推动人类文明进步的同时也带来了环境污染、生态失衡、资源枯竭等诸多棘手问题，从而需要寻求一种建立在环境和资源承受范围内的长期发展模式。可持续的概念源于生态学，最初应用于林业和渔业，指的是可再生资源的一种管理战略：如何实现将一部分资源高效、合理地加以利用，而资源总量趋于稳定，即新生资源足以弥补所消耗的资源。

1981年，美国农业科学家、世界观察研究所所长莱斯特·R. 布朗出版了《建设一个可持续发展的社会》，书中对"可持续发展观"首次做了系统的阐述，指出解决人口爆炸、经济衰退、环境污染、资源匮乏等世界性难题的根本出路在于控制人口增长、保护资源基础、开发可再生资源，建立一个可持续发展的社会。

1987年第42届联大"环境和发展会议"，对当前人类发展与环境保护方面存在的问题进行了全面系统的评价，并阐释了可持续发展的基本概念，即"可持续发展是指既满足当代人的需要，又不损害后代人满足其需要的能力的发展"，指出可持续发展是人类社会从根本上克服危机的唯一可行途经。

1992年6月，在巴西里约热内卢召开了183个国家和70多个国际组织参加的联合国环境与发展大会，通过和签署了5个文件，为面向21世纪人类的具体行动制定了准则。此后，可持续发展成为联合国有关发展问题一系列专题国际会议的指导思想。可持续发展的核心是发展，但要求在严格控制人口、提高人口素质和保护环境、资源永续利用的前提下进行经济和社会的发展。

二、可持续发展的原则

在对人类发展史以及导致人类发展面临的诸多问题的由来进行反思的过程中，人们提出并不断完善了可持续发展必须坚持的原则。

（一）公平性原则

可持续发展的公平性原则，包括两方面的内容。一是本代人的公平，即同代人之间的横向公平。同代人的公平，即指任何人或企业在合理追求利润最大化的同时，必须约束自己的行为，不得将环境成本外推给他人或社会来承担，防止“公地悲剧”的发生。二是代际间的公平，即世代的纵向公平。代际间的公平，即指本代人不要贪图自己的发展与需求而损害人类世世代代满足需求的条件——自然资源与环境，要给世世代代以公平利用自然资源的权利。可持续发展不仅要实现当代人之间的公平，而且也要求当代人与未来各代人之间的公平，向所有的人提供实现美好生活愿望的机会。

（二）发展原则

可持续发展的核心是发展，发展既是可持续的出发点，也是其归宿。为了满足人们的基本需求和日益增长的物质文化需要，必须保持较快的经济增长速度，并逐步提升发展质量，以便满足当前和未来发展的需要。只有当经济增长率达到一定水平，才可能消除贫困，提高人民生活水平，才能为持续发展提供必要的物质基础和条件，才有能力持续发展。

（三）持续性原则

持续性原则是指人类的经济建设和社会发展不能超越自然资源与生态环境的承载能力。在发展的过程中必须满足几个条件：一是人类对非再生资源的消耗速度不能大于非再生资源的替代速度；二是对可再生资源的消耗速度不能大于可再生资源的再生速度；三是对环境的污染强度不能大于环境的自净能力；四是对环境的破坏强度不能大于环境自我恢复能力，即生态系统的自组织能力；五是对环境的建设如绿化，水土保持等速度不能小于环境的退化、沙化等速度。

（四）共同性原则

现代经济是市场全球化、竞争全球化的经济，国家与国家之间，地区与地区之间依赖程度不断提高。要实现可持续发展目标，必须争取全球共同的配合行动，这是由地球的整体性和相互依存性所决定的。鉴于世界各国历史、文化和发展水平的差异，可持续发展的具体目标、政策和实施步骤不可能是唯一的。但是，可持续发展作为全球发展的总目标，所体现的公平性和可持续性原则应该是共同的。为了实现可持续发展这一总目标，必须采取全球联合行动。

（五）主权原则

1989 年 5 月，在联合国环境署理事会期间，通过了“关于可持续发展的声明”，该声明在认可定义的同时，阐明了可持续发展的主权原则。“里约宣言”称“各国拥有按照本国的环境与发展政策开发本国自然资源的主权，并负有确保在其管辖范围内或其控制下的活动不致损害其他国家或在各国管辖范围以外地区的环境的责任”。可持续发展是没有国界的，但以什么方式去实现可持续发展则是一个国家的主权。

（六）人本性原则

人的发展不仅是可持续发展的根本目标，也是可持续发展的先决条件。1994 年，在开罗召开的世界人口与发展大会，明确提出“可持续发展的中心是人”。可持续发展的关键在于人，在于人的素质的提高，在于人的生育观、消费观的转变，在于人的伦理观、价值观、文明观、自然观和发展观的升华，以及在此基础上对人类社会政府行为、市场行为和公众行为的协调和调控。

第二节　会展场馆的可持续发展

一、会展场馆的生命周期理论

美国哈佛大学教授雷蒙德·弗农（Raymond Vernon）1966 年在其《产品周期中的国际投资与国际贸易》一文中首次提出产品生命周期理论，简称 PLC，是把一个产品的销售历史比作人的生命周期，要经历出生、成长、成熟、老化、死亡等阶段。就产品而言，也就是要经历一个开发、引进、成长、成熟、衰退的阶段。作为市场经济下的产物之一，会展场馆与其他的产品一样，同样适用于生命周期理论。会展场馆的演化要经历以下几个阶段：调研阶段、试业阶段、巩固阶段、发展阶段、瓶颈阶段、再发展阶段（衰落阶段）。

（1）调研阶段：由于会展场馆具有占地广、投资大、社会效应凸显等特点，因此任何一座城市都必须在严密、科学的市场调研基础上进行会展场馆的规划建设。此阶段，只有资金的持续投入，没有盈利，利润通常为负数。

（2）试业阶段：会展场馆建成初期，展会少，知名度低，各类业务逐步开展，其承办的展会多数处于培育期，不能获取高额的回报收益，同时为了开拓市场，场馆必须投入大量的宣传资金，以及添置各类设备，并引进、培训人才。因此，在试业阶段，场馆通常利润偏低或者负增长。

（3）巩固阶段：会展场馆拥有较为成熟、稳定的展会，经营业务相对完善，场馆已受到社会的普遍认可。此时基本处于盈亏平衡的状态。

（4）发展阶段：会展场馆已培育或者引进相当数量的品牌展会，场馆使用率稳步增长，业务类型日益拓展，经营管理水平不断提升。此时，场馆在一定范围内具有较高的知名度与美誉度，场馆获取相应的盈利。

（5）瓶颈阶段：会展场馆发展到一定程度后停滞不前，如展会流失、资金匮乏、设备陈旧、展览场地不能满足日益增长的展会需求、人员素质低下、经营管理水平相对落后等种种问题，导致会展场馆出现经营危机。此时会展场馆的利润大幅下滑。

（6）再发展阶段（衰落阶段）：经历了发展瓶颈的会展场馆如果能及时采取应对措施，通过业务拓展、引资、区域合作等方式抢度危机，在原有的发展基础上注入新鲜的血液，则会展场馆可以进入再发展阶段；如果在遭遇瓶颈时束手无策，未能采取有效的挽救措施，则会展场馆将进入衰落阶段，即不得不进行产权转让，抑或由政府回收产权并进行功能转变。图 12–1 是会展场馆生命周期曲线图。

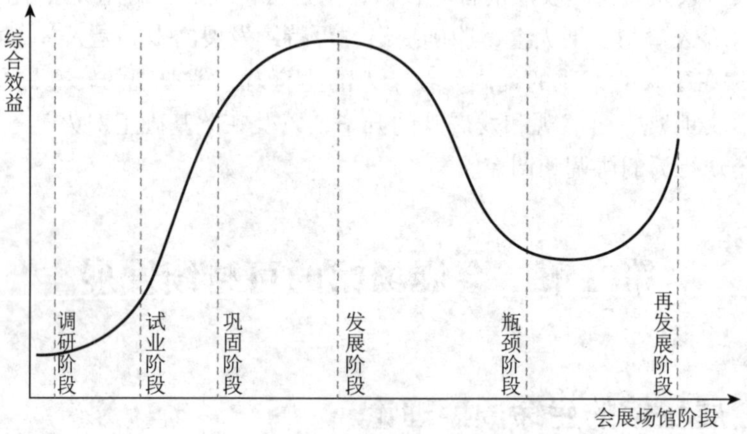

图 12–1　会展场馆生命周期曲线图

二、会展场馆功能拓展与外部合作

改革开放以来，我国会展业发展迅速，众多城市将会展业作为拉动经济增长的重要引擎，纷纷新建、改建、扩建会展场馆。时至今日，很多会展场馆均暴露出运营成本高、功能单一、场馆利用率低等问题，因此，提升会展场馆的后续开发利用、加快会展场馆市场化经营转型、使会展场馆的管理运营持续良性发展，成为摆在会展场馆经营者面前的头等大事。

（一）内部功能拓展

会展场馆的功能单一，极大程度地导致了入不敷出现象的产生，令许多会展场馆在创办不久后便走向滑坡。因此为了保持会展场馆的良性发展，必须实现其主营业务的纵向、横向拓展。

1. 社会功能拓展

会展场馆经营者应转变观念，提升场馆社会服务功能。就目前我国场馆约 30% 的利用率来看，会展场馆对市民开放不会影响场馆的经营。针对某些利用率较高的会展场馆，可以考虑仅开放某些公共场所，并关闭正在维护的部分展厅。节假日期间，如果场馆没有展会，可以考虑对市民开放，分取假日经济的一杯羹。

会展场馆还可以创造条件方便市民，规划场馆的时候适当考虑市民的休闲需要，提高会展场馆的功能和经济效益、社会效益。例如，开设一些娱乐场所、休闲饮食区域，以及观光学习交流区域，充分利用会展与旅游、休闲的密切关系创造效益。

2. 场地功能拓展

作为具备经济价值的使用空间，会展场馆应充分发挥场地的价值，实现多元化经营。例如，在没有展览、会议期间可将其作为其他用途进行场地出租，如将场地作为羽毛球场、溜冰场等体育项目活动场所，或者用于举办婚礼、宴席，或作为舞台举办文娱节目，甚至出租作为电影拍摄基地等。通过多元化经营，既可增加场馆的经济收入，又可提升场馆的知名度。

3. 业务功能拓展

会展场馆作为一个经营实体，除了场地出租之外，还可以通过拓展场馆的业务范畴，从其他的业务模块中获取收益。例如，目前某些会展场馆提供商务、物流等一体化业务。

（二）外部合作拓展

目前，我国会展场馆的外部合作尚处于起步阶段。不同会展场馆的合作，以及会展行业之间的合作尚未全面展开。实现会展业的全面合作与资源整合，是会展业发展的必然趋势，也是会展场馆生存与可持续发展的良好契机。

目前，我国众多会展场馆仍处于孤军作战的局面，会展场馆之间缺乏资源共享、信息共享及业务合作，导致资源的浪费。某些会展场馆虽然意识到合作的重要性，但是由于没有经过严密的论证便仓促上马，令许多的合作名存实亡。以下是目前国内会展场馆区域合作的实际情况：

1. 会展场馆合作流行管理输入

会展管理输入主要是指某一会展场馆通过与其在经济上存在互补性、文化上具有亲缘性、利益和理论上持有相近性的另一会展场馆合作，引入其先进的管理理念、运营模式，引来品牌会展合作，从而提升本会展场馆的实力的一种合作方式。

2. 会展场馆合作注重“利益互补”

会展场馆合作中的契合度决定其合作的成功与否。任何一个会展场馆合作的目的都在于最终所带来的市场效益。层次差距过大、经营理念存在严重差异的会展场馆之间不可能达成合作，因此，基于合作双方的利益，“门当户对”“利益互补”成为会展场馆合作的重要标准。

3. 会展场馆合作缺乏长远规划

首先，由于会展业发展不平衡，国内先进的会展场馆集聚于中东部发达地区，特别是各大中心城市，西部地区以及城市的边郊地区相对落后，因而基于“利益”基础的会展场馆合作基本上只是在发达地区之间进行，这种模式可以保证合作的顺利开展。但是，从长远的角度看，这将加大发达地区与落后地区间会展业发展的差距。同时，由于国家西部开发政策的启动，在政策、物质方面对西部地区的支持，将令较为先进的会展场馆失去与西部地区会展合作的良好时机，丧失其获取资源的先机。

其次，某些会展场馆在合作中急功近利，注重现有资源的引入，忽视人才培养、经营理念等潜力资源上的借鉴与创新，导致合作后劲不足。

4. 会展场馆合作缺乏可操作性

目前会展场馆合作基于双方的协议而达成，没有正式的管理机构统一管理。由于双方在合作中存在种种问题，没有统一的管理机构进行调解，在展会引入、宣传广告合作、人员流动、资金引入等关键问题上没有合理的管理和制约，在合作过程中的矛盾容易激化，从而影响合作的成功率。

5. 会展场馆合作尚未全面开展

目前，会展场馆与其他会展相关行业的合作还未能全面展开。会展场馆的合作对象不仅可以是其他场馆，还可以是相关的会展行业协会、展会主办公司、参展商以及会展的配套服务公司。各个会展相关企业之间都存在可共享的利益与资源，可以有效地整合资源、优势互补，是会展场馆实现可持续性发展的重要手段。但从我国目前的状况看，不同类型会展企业之间的有效合作还少之又少，是会展业发展的一大软肋。

三、会展场馆可持续发展的具体措施

作为会展业发展的基础载体，会展场馆的可持续发展与整个会展行业的可持续发展息息相关，也与整个城市的总体规划及各个行业的发展紧密相连。因此，要实现会展场馆的可持续性发展，不能片面、孤立地自求发展，亦不可停滞在某一发展阶段片面地贪大求全，而应当以发展的、全面的眼光进行总体规划与改革创新。

（一）合理的规划建设

场馆建设应从长计议，充分考虑综合效益。某些地方政府在没有考虑当地资源、产业基础的情况下盲目进行场馆建设，导致出现以下几种情况：一是某些城市场馆过于集中，展览场地供过于求，各场馆之间恶性竞争；二是某些城市场馆场地严重不足，导致重要展会流失，阻碍当地会展业的发展，会展场馆也因没有品牌展会而逐步衰落。

会展场馆的合理建设还应整体规划。完备的基础设施是成功举办展会的首要条件。例如，某些城市通过加快、加强铁路、公路、渡轮、航空等重大基础项目的建设，为会展场馆的发展提供可进入性支持。另外，通过加强宾馆、通信、餐饮、娱乐等服务业，完善城市的综合功能，为会展场馆的可持续性发展提供充足的区域空间。

会展场馆的建设应当考虑后续利用，同时，场馆的建设必须留出一定的改造余地。如通过园林景观的设计改造成旅游景点，通过光电设备的运用改造成影城，通过商贸空间的设计使之发展成长期的商贸中心等。

（二）明确的市场定位

一个会展场馆的品牌与其城市的经济及产业发展特点是密切相关的。会展场馆要实现可持续性发展，必须根据该城市的产业基础与经济发展动向，培育和提升品牌展会。与此同时，场馆要明确自身定位，在办展过程中逐步确立自己场馆的定位和特色，走专业化、品牌化的场馆发展之路。只有这样，才能提高场馆的运营效率。

（三）灵活的管理体制

单一的国有经营模式是许多会展场馆经营不善的原因。由于在会展场馆建设及管理中，完全由政府主导，会带来许多问题：一是政府缺乏专业的管理知识和经验，注重社会效益多于经济效益，最终会展场馆由于经济利益不佳而入不敷出；二是随着会展场馆规模的日益扩大及设备的科技化，政府难以支撑日益攀升的维护成本；三是经营者与所有者合二为一，导致权责不明确，资本亦未能纳入规范化管理。

随着会展经济的发展，原有的会展场馆“官建官营”单一模式被打破，取而代之的是多种经营管理模式并存，即“官建官营”“民建民营”“官民合营”“股份公司”等多种形式。例如，义乌梅湖国际会展中心采用“民建民营”的方式，通过纯粹的商业经营方式来管理场馆，体制灵活，从而得以迅速发展。另外，众多国有的会展场馆也进行改制，通过国际招标的方式选择经营管理公司，使得原有体制陈旧、发展停滞的会展场馆得以新生。“股份公司”即董事会治理结构和管理模式，是一种更为灵活的管理体制。上海新国际博览中心便是采用该种模式，由合资企业双方根据自己所拥有的资源与优势共同来经营管理。

（四）理性的投资方向

进行场馆规划时，应当避免非理性投资。各地举办大型展会期间，由于临时需要大量的场馆设施，加之大型活动的投资经常是政府部门通过银行贷款来实现，于是盲目投资时有发生。但展会前后客流量大、经济活跃，这种暂时的繁华掩盖了投资的不理性，带来了急剧的投资回报。而在大型展会结束之后，客源剧减，经济收益一落千丈，盲目投资的后果凸显。因此，在进行场馆配套设施投资的时候，应当根据一个城市实际的承载能力进行合理的规划，不得盲目扩张。例如，美国在奥运会期间，利用大中院校作为临时的居住地接待游客，有效地避免了临时性的非理性投资。有的地方还利用居民房作为社区，给游客一种宾至如归的感觉。这些都是缓解高峰期场馆配套设施不足的一种有效方式，也可以避免在展会结束之后，大量的配套设施荒废而造成经济损失。

（五）优秀的专业人才

人才是一个企业得以生存发展的血液。随着会展业的发展与会展场馆管理科技化、专业化水平的提高，是否具有高素质的专业人才队伍是决定一个会展场馆能否长足发展的关键。因此，会展场馆引进并培养具有各类专业技能的专业人才、综合性管理人才已刻不容缓。会展场馆要充分利用现有的各级教育机构，加强对专业人才的订单式培养或培训。例如，可在本地高等院校的国际贸易、外贸英语、旅游管理等专业设立会展培训基金，并为各类教育机构提供实习基地，努力培养出一批掌握会展业一般规律，懂经济、会管理，并善于利用英语、计算机等工具处理会展业务的复合型人才。另外，也可在机构内部建立会展培训制度，通过各种培训方式，提高从业人员的素质。同时，建立完善的招聘制度与人力资源管理制度，保证人才的合理引进，为人才提供广阔的发展空间。

（六）协调的社会关系

会展业是一个产业关联性极强的行业。会展场馆的发展受到城市各个部门、各个行业的牵制。因此，会展场馆必须与政府部门、行业协会，以及各类相关的行业机构、参展商、专业观众、社会团体保持良好的密切合作关系。

（七）多元的经营模式

目前会展场馆有三种主要的经营模式：其一，单纯租场地，即当地主，目前这种形势较小；其二，租场地与办展览的混合型，目前以这种形势为主，如中国小商品城会展中心；其三，将短期展览和常年商品展示、交易结合在一起，如上海的世贸商城、深圳的华南城。

（八）处理好保护与开发两个方面的矛盾

保护与开发是矛盾的两个方面，也是影响会展场馆可持续性发展的重要问题。这一矛盾更多存在于会展场馆的发展阶段。在该阶段，会展场馆通常通过深度开发拓展业务空间，吸引新的合作伙伴，引进或者培育新型展会，或者扩大原有展会规模。随着展会规模的扩大、新展会的创办、会展场馆利用率的提升，参展商与观众数量大幅度地增加，市场日益扩大。合理有度的开发必然带来会展场馆发展的繁荣，然而过度的开发必然增加场馆设施、管理工作的负荷，降低经营效益，造成设备老化，最终导致会展场馆进入停滞、衰落阶段。

因此，会展场馆的管理要注意处理好保护与开发两者的关系。当会展场馆处于试业阶段，应当以保护为主，适度开发，使得展会数量小幅增加，展会品质逐步提升，同时注重对设施、资源的保护；当会展场馆处于巩固阶段，应将重点放在维护已有的市场容量，防止展会流失，维系忠诚客户，使之保持在一个稳定的水平；当会展场馆处于发展阶段，应当加快发展的步伐，通过各种措施，适度的创新模式、引进展会、开拓市场；当会展场馆处于瓶颈阶段，如遭遇经济危机、战争、恐怖袭击、瘟疫等事件的冲击，或者由于管理不善导致发展停滞，则应当较小幅度地进行调整和改造，使之缓慢复苏。

【复习思考题】

1. 现有会展场馆的主要功能是什么？可以从哪些方面拓展会展场馆的现有功能？
2. 会展场馆区域合作的现状是什么？
3. 如何实现会展场馆的可持续性发展？

【案例分析】

中小型展馆的可持续发展道路

上海展览中心前身是中苏友好大厦，1955年3月建成，主体建筑为典型的俄罗斯风格。先后被评为“上海市十佳建筑”、“新中国成立50周年上海十大金奖经典建筑”。20世纪60年代至今称为上海展览馆，随着上海市展览业的发展和一批大型现代展览场馆的建设，原有展览会纷纷转到其他展览馆举办，上海展览中心昔日的辉煌已经不复存在，并且一度还面临着生存困境。

场馆经营者根据展览经营的需要，对整个设备设施进行了更新改造。更新全部中央空调，各个场馆增加了新风系统；新增和更换了17台电梯；对供配电系统做了调整、增容，室内照明系统和泛光照明设备全部更新换代；更换全部通信电缆，提高了通信质量；改造了电影放映系统和舞美及灯光系统；更新了会议音响。友谊会堂咖啡厅、宴会厅等主要会场新装了投影、数字扩声系统等现代化会议设备。整个展馆新装了消防报警自动控制系统、BA系统、安保监控系统、应急广播系统、计算机网络系统等。供水排水系统及会议用厨房设施亦都做了改造。此外，对全部外墙进行了清洗、修补、平色和保护，恢复其本来面目。建筑的柱、廊、顶、线脚、地面和门、窗的数百种装饰也进行了整修。结合地下管道设施改造和环境整治，对15000多平方米的6大块室外广场和四周道路重新翻造，调整绿化布局，增添了新的树种和花草。大修改造后的展览中心，总体布局上较好实现了“南展北会”的新格局，场馆使用和服务的功能更加合理完善，设备设施按现代化、智能化的要求有了很大的提升。

改造后的上海展览中心根据自身的特色，进行市场定位，最后将自己的业务范围分为3块：会议接待、展览接待以及商务楼出租。在展览方面确立了以“小型展”“精品展”作为自己的市场主营方向，上海展览中心通过2007年上海国际艺术精品展再次走到媒体面前，吸引众人的眼光，俄罗斯风格的建筑和艺术精品互相辉映，相得益彰，为其在承接精品展举办的道路上又加了浓重的一笔。

上海国际艺术精品展览会（SFJAF）于2007年10月12~21日在上海市中心的上海展览中心举行，为期10天的展览首次在中国全方位展示国际顶级艺术精品，所有参展的艺术品都来自世界各地，体现了各个不同时期的历史与文化。

本次展会的参展作品包括雷诺阿、毕加索等著名大师作品在内的许多名作精品（包括绘画、雕塑、家具、银器、珠宝及其他古董）。参展的58个参展商分别来自比利时、加拿大、中国、法国、德国、意大利、日本、韩国、摩纳哥、荷兰、俄罗斯、西班牙、瑞士、英国和美国，全球60余家顶尖画廊出席，所有参展作品均经过博物馆研究员及世界知名专家组成的审查小组的严密审查，以确保其品质符合上海国际艺术精品展览会的水准。

作为首次在上海举办的“国际艺术精品展”，本次展览会处处体现着“尊贵”的气息。

每天上午11点至中午12点，上海国际艺术精品展览会只对贵宾观众及买家开放。

为体现宾客们的尊贵，主办方精选了著名的东、西方料理大厨，为宾客们准备了雅致的正餐，宾客们还能享受到丽嘉酒店的专业服务。

展览会的重头戏是由中国富人榜胡润百富组织的慈善晚宴。10月17日在展厅内举行的大型慈善晚宴，设置了588个座席，由主办方、上海慈善基金会和胡润百富组织共同组织，高级生活管理公司提供贵宾服务，不仅为国内外社会各界名流、参展商和收藏爱好者提供了聚会和交流平台，更有艺术珍品与之相伴，气氛非常热烈。同时也提高了展馆方的知名度。

展览会由一个经验丰富的国际团队携手组织策划：尼克龙·莫里先生是位精于管理及国际金融的国际商人；马希明·伯克先生来自古董世家，代表伯克画廊活跃于国际艺术舞台并参与了众多艺术展会；邢晓舟是西方艺术博士，以其鲜活的精神和深厚的文化融贯东西。

同时上海国际艺术精品展分时段有偿向公众开放，票价定为100元/人次，200元/人次（包括目录），不满20岁的观众50元/人次。不允许携带照相机、雨伞、背包或大袋子入场，真正达到了“精品”展览会的规格。

从上海展览中心的华丽转身背后，我们可以看到，原来曾经辉煌过的展览中心，要想在展馆进入买方市场的情况下仍然可以分得一杯羹，必须得认清自己的优势和劣势，根据自身的特色进行市场定位，重新寻找自己的客户，并且把这个市场做精、做细。

资料来源：胡平．会展案例［M］．上海：华东师范大学出版社，2010.

思考题：

试分析会展场馆如何走可持续发展的道路。

参考文献

1. 杜洁莉，谭昕，江玲 . 会展场馆管理实务［M］. 沈阳：东北财经大学出版社，2008.

2. 傅婕芳 . 大型会展场馆及周边配套设施空间关系研究［D］. 上海：上海师范大学，2010.

3. 郭海霞，李艳华，杜泽文 . 会展场馆经营与管理［M］. 北京：教育科学出版社，2013.

4. 过聚荣 . 中国会展经济发展报告［R］. 北京：社会科学文献出版社，2012.

5. 胡平 . 会展案例［M］. 上海：华东师范大学出版社，2010.

6. 胡平 . 会展场馆经营与管理［M］. 北京：清华大学出版社，2013.

7. 华谦生 . 会展策划［M］.2 版 . 杭州：浙江大学出版社，2014.

8.“会展策划与实务”岗位资格考试系列教材编委会编，会展场馆管理［M］. 北京：旅游教育出版社，2013.

9. 姜仁良 . 会展运营管理［M］. 北京：机械工业出版社，2014.

10. 李雪松，张兵，李湮副 . 会展设计［M］. 北京：中国旅游出版社，2016.

11. 林大飞 . 会展场馆经营与管理［M］. 重庆大学出版社，2014.

12. 马勇 . 会展学原理［M］. 重庆大学出版社，2015.

13. 庞华 . 会展服务管理［M］. 北京：清华大学出版社，2013.

14. 王春雷，陈震 . 展览项目管理—从调研到评估［M］. 北京：中国旅游出版社，2012.

15. 武晓芳 . 会展场馆经营模式发展趋势探析［J］. 现代物业，2012（12）.

16. 游昌乔 . 危机公关—中国危机公关典型案例回放及点评［M］. 北京：北京大学出版社，2006.

17. 曾华 . 会展场馆管理［M］. 北京：机械工业出版社，2008.

18. 张以琼 . 会展场馆管理与服务［M］. 广州：广东经济出版社，2007.

19. 郑建渝 . 会展场馆经营与管理［M］. 上海：上海人民出版社，2006.

20. 郑向敏 . 会展安全与危机管理［M］. 重庆：重庆大学出版是，2014.

21. http：//www.wanfangdata.com.cn/

22. http：//www.meetingschina.com/
23. http：//xdmice.com/index.html
24. http：//www.sina.com.cn/
25. http：//www.baidu.com.cn/
26. 其他类：
中国国际贸易促进委员会官方网站
中国会展经济研究会官方网站
中国展览协会官方网站
中国进出口商品交易会官方网站
中国国际展览中心官方网站
国家会议中心官方网站
北京国际会议中心官方网站
北京展览馆官方网站
上海会展网
上海展览中心官方网站
南宁国际会展中心官方网站
深圳会展中心官方网站
昆明国际会展中心官方网站

附　录

附录一

浅谈大型展览馆的火灾危险性和防火对策

2013 年常州将迎来两件大事：在武进区举办的第八届中国花卉博览会和在金坛市举办的第七届世界盆栽大会。现各地已经兴建各式各样的展览馆。而由于展览馆是专门用于展出历史文物、艺术作品、图片、标本、模型以及商品，供人们参观、学习、交流和交易的场所。在展览馆里的藏品中，许多是无价之宝，万一发生火灾，损失相当严重。这给消防安全管理带来巨大挑战。现笔者就展览馆的火灾危险性和防火对策浅谈几点个人看法。

一、展览馆的火灾危险性

1. 防火分区难以满足规范要求

为了满足《建规》对防火分区的要求，常采用防火墙、防火门、防火卷帘等防火分隔措施，发生火灾时，将火灾限制在一个防火分区内，以防蔓延扩大。但对于大型展览馆来说，现行规范条文限制了建筑物的使用功能，在科学性、合理性、经济性等方面都表现出一些弊端。固定隔断限定了展区的面积，而活动的隔断必须与火灾自动报警系统联动，火灾时才能发挥防火分隔的作用，系统将非常复杂。满足了规范的要求，就难以实现建筑物的使用功能，展览馆的使用功能要求与规范中队防火分区的规定形成了一对矛盾。

2. 人员密集，疏散困难

展览会上往往人员集中，十分拥挤。通常人员可分为三类：一是主办人员，二是参展人员，三是参观人员。主办人员、参展人员担负着组织、布展、介绍、演示等任务，人员相对比较固定，对展厅的情况比较熟悉，遇有紧急情况，疏散较为容易；而大部分参观人员，对疏散路线、消防设备、应急措施不了解，疏散困难。特别对于中庭式展厅，往往采用防火卷帘与周围空间进行分隔，火灾情况下卷帘下降，易引起人员的恐慌心理，产生拥挤。

3. 普通消防设施难以发挥作用

根据GB 5016—98《火灾自动报警系统设计规范》和GB 50084—2001《自动喷水灭火系统设计规范》，常见的点型感烟探测器、闭式自动喷水灭火系统最大设置高度值分别是12m、8m，对于大型展馆采用普通的消防设施难以正常发挥作用。

4. 烟气的危害性严重

对于大空间建筑，由于受到空气稀释、热风压效应和烟囱效应的影响，大型展览厅的烟气具有层化分布、下降速度快、烟气层温度低等特点。大空间建筑内的烟气，危害性十分严重。

二、展览馆的防火对策和措施

1. 使用合适大小展览馆火灾报警的探测器

由于大型展览馆的建筑特点（空间结构和尺寸）、烟气特征及其他因素（空气流速、粉尘、温湿度等）的影响，常规火灾探测器很难应用在大空间场所，以下几类探测器可考虑选用：红外光束感烟探测器、双波段火灾探测器及空气采样火灾探测器。

2. 合理设计安全疏散

首先要增加安全出口的数量和宽带。由于展览馆场所人员高度集中，紧急情况下疏散时，常发生拥挤现象，应尽可能多、尽可能宽地设置安全出口。其次要布展时留出疏散通道。展览会的主办单位应在招商布展时，划出展览区域和疏散通道，确保展位的布置不影响疏散和消防设施的使用，且展品的布置不得遮挡疏散标志和安全出口标志。如上海新国际博览中心，每个展馆都有10樘6m宽的安全门，门与门之间的间距为24m，在展馆布展时，展厅中留有6m宽的消防通道。这些通道的设计不仅用于火灾情况下人员的逃生，还可以保证消防车进入展馆内灭火。再次要采用应急广播引导疏散。展厅不宜设置警铃，可选用应急广播系统，火灾时自动切换到应急录音播放。由于参观人员对逃生路线不熟悉，录音内容应详尽疏散路线和出口位置，且语音清晰。最后要在人口处设置路线图。借鉴旅馆的消防管理经验，展厅入口处应设置有疏散路线图，便于人员进入展厅前对疏散情况有所了解。

3. 选用适合大型展览馆的自动灭火设施

可以采用雨淋系统。在GB 50084—2001《自动喷水灭火系统设计规范》中指出，火灾的水平快速蔓延和净空高度大于8m的场所，应采用雨淋系统。对于大型展馆，雨淋系统市灭火设施中的一种选择。雨淋系统是一种开式系统，一旦确认或者后启动雨淋阀，阀后的所有喷头就可喷水灭火，对于大空间的展厅只要有足够的雨淋阀和开式喷头就可实现喷水保护。

4. 按照性能化设计大空间排烟系统

由于大型展览馆不宜进行防烟分隔，按楼层面积一定百分比来确定排烟口面积或每小时换气次数的方法来设计排烟系统，不尽实际合理。宜对大空间排烟系统进行性能化设计。

资料来源：周其峰（常州市消防支队）. 中国消防在线，2013-03-08.

附录二

中华人民共和国国务院令

第 505 号

《大型群众性活动安全管理条例》已经 2007 年 8 月 29 日国务院第 190 次常务会议通过，现予公布，自 2007 年 10 月 1 日起施行。

总 理 温家宝

二〇〇七年九月十四日

大型群众性活动安全管理条例

第一章 总 则

第一条 为了加强对大型群众性活动的安全管理，保护公民生命和财产安全，维护社会治安秩序和公共安全，制定本条例。

第二条 本条例所称大型群众性活动，是指法人或者其他组织面向社会公众举办的每场次预计参加人数达到 1000 人以上的下列活动：

（一）体育比赛活动；

（二）演唱会、音乐会等文艺演出活动；

（三）展览、展销等活动；

（四）游园、灯会、庙会、花会、焰火晚会等活动；

（五）人才招聘会、现场开奖的彩票销售等活动。

影剧院、音乐厅、公园、娱乐场所等在其日常业务范围内举办的活动，不适用本条例的规定。

第三条 大型群众性活动的安全管理应当遵循安全第一、预防为主的方针，坚持承办者负责、政府监管的原则。

第四条 县级以上人民政府公安机关负责大型群众性活动的安全管理工作。

县级以上人民政府其他有关主管部门按照各自的职责，负责大型群众性活动的有关安全工作。

第二章 安全责任

第五条 大型群众性活动的承办者（以下简称承办者）对其承办活动的安全负责，承办者的主要负责人为大型群众性活动的安全责任人。

第六条 举办大型群众性活动，承办者应当制订大型群众性活动安全工作方案。

大型群众性活动安全工作方案包括下列内容：

（一）活动的时间、地点、内容及组织方式；

（二）安全工作人员的数量、任务分配和识别标志；

（三）活动场所消防安全措施；

（四）活动场所可容纳的人员数量以及活动预计参加人数；

（五）治安缓冲区域的设定及其标识；

（六）入场人员的票证查验和安全检查措施；

（七）车辆停放、疏导措施；

（八）现场秩序维护、人员疏导措施；

（九）应急救援预案。

第七条 承办者具体负责下列安全事项：

（一）落实大型群众性活动安全工作方案和安全责任制度，明确安全措施、安全工作人员岗位职责，开展大型群众性活动安全宣传教育；

（二）保障临时搭建的设施、建筑物的安全，消除安全隐患；

（三）按照负责许可的公安机关的要求，配备必要的安全检查设备，对参加大型群众性活动的人员进行安全检查，对拒不接受安全检查的，承办者有权拒绝其进入；

（四）按照核准的活动场所容纳人员数量、划定的区域发放或者出售门票；

（五）落实医疗救护、灭火、应急疏散等应急救援措施并组织演练；

（六）对妨碍大型群众性活动安全的行为及时予以制止，发现违法犯罪行为及时向公安机关报告；

（七）配备与大型群众性活动安全工作需要相适应的专业保安人员以及其他安全工作人员；

（八）为大型群众性活动的安全工作提供必要的保障。

第八条 大型群众性活动的场所管理者具体负责下列安全事项：

（一）保障活动场所、设施符合国家安全标准和安全规定；

（二）保障疏散通道、安全出口、消防车通道、应急广播、应急照明、疏散指示标志符合法律、法规、技术标准的规定；

（三）保障监控设备和消防设施、器材配置齐全、完好有效；

（四）提供必要的停车场地，并维护安全秩序。

第九条 参加大型群众性活动的人员应当遵守下列规定：

（一）遵守法律、法规和社会公德，不得妨碍社会治安、影响社会秩序；

（二）遵守大型群众性活动场所治安、消防等管理制度，接受安全检查，不得携带爆炸性、易燃性、放射性、毒害性、腐蚀性等危险物质或者非法携带枪支、弹药、管制器具；

（三）服从安全管理，不得展示侮辱性标语、条幅等物品，不得围攻裁判员、运动员或者其他工作人员，不得投掷杂物。

第十条 公安机关应当履行下列职责：

（一）审核承办者提交的大型群众性活动申请材料，实施安全许可；

（二）制订大型群众性活动安全监督方案和突发事件处置预案；

（三）指导对安全工作人员的教育培训；

（四）在大型群众性活动举办前，对活动场所组织安全检查，发现安全隐患及时责令改正；

（五）在大型群众性活动举办过程中，对安全工作的落实情况实施监督检查，发现安全隐患及时责令改正；

（六）依法查处大型群众性活动中的违法犯罪行为，处置危害公共安全的突发事件。

第三章 安全管理

第十一条 公安机关对大型群众性活动实行安全许可制度。《营业性演出管理条例》对演出活动的安全管理另有规定的，从其规定。

举办大型群众性活动应当符合下列条件：

（一）承办者是依照法定程序成立的法人或者其他组织；

（二）大型群众性活动的内容不得违反宪法、法律、法规的规定，不得违反社会公德；

（三）具有符合本条例规定的安全工作方案，安全责任明确、措施有效；

（四）活动场所、设施符合安全要求。

第十二条 大型群众性活动的预计参加人数在1000人以上5000人以下的，由活动所在地县级人民政府公安机关实施安全许可；预计参加人数在5000人以上的，由活动所在地设区的市级人民政府公安机关或者直辖市人民政府公安机关实施安全许可；跨省、自治区、直辖市举办大型群众性活动的，由国务院公安部门实施安全许可。

第十三条 承办者应当在活动举办日的20日前提出安全许可申请，申请时，应当提交下列材料：

（一）承办者合法成立的证明以及安全责任人的身份证明；

（二）大型群众性活动方案及其说明，2个或者2个以上承办者共同承办大型群众性活动的，还应当提交联合承办的协议；

（三）大型群众性活动安全工作方案；

（四）活动场所管理者同意提供活动场所的证明。

依照法律、行政法规的规定，有关主管部门对大型群众性活动的承办者有资质、资格要求的，还应当提交有关资质、资格证明。

第十四条 公安机关收到申请材料应当依法做出受理或者不予受理的决定。对受理的申请，应当自受理之日起7日内进行审查，对活动场所进行查验，对符合安全条件的，做出许可的决定；对不符合安全条件的，做出不予许可的决定，并书面说明理由。

第十五条 对经安全许可的大型群众性活动，承办者不得擅自变更活动的时间、地点、内容或者扩大大型群众性活动的举办规模。

承办者变更大型群众性活动时间的，应当在原定举办活动时间之前向做出许可决定的公安机关申请变更，经公安机关同意方可变更。

承办者变更大型群众性活动地点、内容以及扩大大型群众性活动举办规模的，应当依照本条例的规定重新申请安全许可。

承办者取消举办大型群众性活动的，应当在原定举办活动时间之前书面告知做出安全许可决定的公安机关，并交回公安机关颁发的准予举办大型群众性活动的安全许可证件。

第十六条 对经安全许可的大型群众性活动，公安机关根据安全需要组织相应警力，维持活动现场周边的治安、交通秩序，预防和处置突发治安事件，查处违法犯罪活动。

第十七条 在大型群众性活动现场负责执行安全管理任务的公安机关工作人员，凭值勤证件进入大型群众性活动现场，依法履行安全管理职责。

公安机关和其他有关主管部门及其工作人员不得向承办者索取门票。

第十八条 承办者发现进入活动场所的人员达到核准数量时，应当立即停止验票；发现持有划定区域以外的门票或者持假票的人员，应当拒绝其入场并向活动现场的公安机关工作人员报告。

第十九条 在大型群众性活动举办过程中发生公共安全事故、治安案件的，安全责任人应当立即启动应急救援预案，并立即报告公安机关。

第四章 法律责任

第二十条 承办者擅自变更大型群众性活动的时间、地点、内容或者擅自扩大大型群众性活动的举办规模的，由公安机关处 1 万元以上 5 万元以下罚款；有违法所得的，没收违法所得。

未经公安机关安全许可的大型群众性活动由公安机关予以取缔，对承办者处 10 万元以上 30 万元以下罚款。

第二十一条 承办者或者大型群众性活动场所管理者违反本条例规定致使发生重大伤亡事故、治安案件或者造成其他严重后果构成犯罪的，依法追究刑事责任；尚不构成犯罪的，对安全责任人和其他直接责任人员依法给予处分、治安管理处罚，对单位处 1 万元以上 5 万元以下罚款。

第二十二条 在大型群众性活动举办过程中发生公共安全事故，安全责任人不立即启动应急救援预案或者不立即向公安机关报告的，由公安机关对安全责任人和其他直接责任人员处 5000 元以上 5 万元以下罚款。

第二十三条 参加大型群众性活动的人员有违反本条例第九条规定行为的，由公安机关给予批评教育；有危害社会治安秩序、威胁公共安全行为的，公安机关可以将其强行带离现场，依法给予治安管理处罚；构成犯罪的，依法追究刑事责任。

第二十四条 有关主管部门的工作人员和直接负责的主管人员在履行大型群众性活动安全管理职责中，有滥用职权、玩忽职守、徇私舞弊行为的，依法给予处分；构成犯罪的，依法追究刑事责任。

第五章 附 则

第二十五条 县级以上各级人民政府、国务院部门直接举办的大型群众性活动的安全保卫工作，由举办活动的人民政府、国务院部门负责，不实行安全许可制度，但应当按照本条例的有关规定，责成或者会同有关公安机关制订更加严格的安全保卫工作方案，并组织实施。

第二十六条 本条例自 2007 年 10 月 1 日起施行。

项目策划：段向民
责任编辑：孙妍峰
责任印制：谢　雨
封面设计：何　杰

图书在版编目（CIP）数据

会展场馆经营与管理 / 张兵主编. -- 北京 : 中国旅游出版社, 2018.8（2020.1重印）
中国旅游业普通高等教育应用型规划教材
ISBN 978-7-5032-6081-0

Ⅰ. ①会… Ⅱ. ①张… Ⅲ. ①展览会－经营管理－高等学校－教材 Ⅳ. ①G245

中国版本图书馆CIP数据核字(2018)第183156号

书　　名：会展场馆经营与管理

作　　者：张兵主编
出版发行：中国旅游出版社
（北京建国门内大街甲 9 号　邮编：100005）
http://www.cttp.net.cn　E-mail:cttp@mct.gov.cn
营销中心电话：010-85166536
排　　版：北京旅教文化传播有限公司
经　　销：全国各地新华书店
印　　刷：北京明恒达印务有限公司
版　　次：2018 年 8 月第 1 版　2020 年 1 月第 2 次印刷
开　　本：787 毫米 ×1092 毫米　1/16
印　　张：23
字　　数：523 千字
定　　价：39.80 元
ISBN　978-7-5032-6081-0